Die Spielerüberlassung – Rechtsfragen der gegenwärtigen Praxis der Spielerleihe

Europäische Hochschulschriften Recht

European University Studies in Law

Publications Universitaires Européennes de Droit

Band/Volume **6252**

Sören in der Stroth

Die Spielerüberlassung – Rechtsfragen der gegenwärtigen Praxis der Spielerleihe

PETER LANG

Bibliografische Information der Deutschen Nationalbibliothek
Die Deutsche Nationalbibliothek verzeichnet diese Publikation in der Deutschen Nationalbibliografie; detaillierte bibliografische Daten sind im Internet über http://dnb.d-nb.de abrufbar.

Zugl.: Gießen, Univ., FB Rechtswissenschaft, Diss., 2020

D 26
ISSN 0531-7312
ISBN 978-3-631-83817-4 (Print)
E-ISBN 978-3-631-85682-6 (E-PDF)
E-ISBN 978-3-631-85683-3 (EPUB)
E-ISBN 978-3-631-85684-0 (MOBI)
DOI 10.3726/b18511

Peter Lang – Berlin · Bern · Bruxelles · New York · Oxford · Warszawa · Wien

Diese Publikation wurde begutachtet.

www.peterlang.com

Meiner Familie

Vorwort

Die vorliegende Arbeit wurde vom Fachbereich Rechtswissenschaft der Justus-Liebig-Universität Gießen im Jahr 2020 als Dissertation angenommen.

An erster Stelle möchte ich meinem Doktorvater Herrn Prof. Dr. Martin Gutzeit für die in jeglicher Hinsicht hervorragende Betreuung der Arbeit danken. Seine Anregungen und Denkanstöße waren stets hilfreich und förderlich, genauso wie das mir zu jeder Zeit entgegengebrachte Vertrauen und der mir gewährte Freiraum.

Mein weiterer Dank gilt zudem Herrn Prof. Dr. Martin Nolte für die spontane und rasche Erstellung des Zweitvotums und der hierbei ebenfalls intensiven Auseinandersetzung mit der Arbeit.

Auch bedanken möchte ich mich bei meinen Eltern Sigrid und Dr. Sven in der Stroth, die mich die ganze Zeit über bestmöglich unterstützt haben. Sie haben mir stets mit Rat und Tat zur Seite gestanden und hierbei auch keinerlei Mühen gescheut. Auf sie konnte ich mich schon immer verlassen, was keinesfalls eine Selbstverständlichkeit ist. Gleichermaßen danken möchte ich an dieser Stelle meiner Schwester Dr. Lena in der Stroth für die ebenfalls hilfreiche Unterstützung während dieser Zeit.

Weiterer Dank gilt außerdem meinem Onkel Dr. Ronald in der Stroth, meinen langjährigen Freunden Patric Schmorde und Max Morgenstern sowie Jule Vetter, die mir bei den verschiedensten organisatorischen Herausforderungen fortlaufend behilflich waren. Auch die vielen tiefgründigen Gespräche, Diskussionen etc. waren dem Fortgang der Arbeit jederzeit zuträglich.

Zudem danke ich meinem Arbeitgeber Dr. Markus Schütz, LL.M. für das mir ununterbrochen entgegengebrachte Vertrauen und Verständnis.

Zu guter Letzt möchte ich mich bei meiner Frau Karina Carrillo Castro für die zu jeder Zeit aufgebrachte Geduld und das durchweg große Verständnis bedanken. Des Weiteren sollen an dieser Stelle auch Hella in der Stroth, Kay in der Stroth und meine ebenfalls langjährigen Freunde Sebastian Jaenich und Andreas Hoffmann nicht unerwähnt bleiben, die mir die ganze Zeit über zur Seite standen und auch für die notwendige Ablenkung gesorgt haben.

Inhaltsübersicht

Inhaltsverzeichnis

Abkürzungsverzeichnis

A

a. A.	andere(r) Ansicht
ABl.	Amtsblatt
Abs.	Absatz
AC	Alliance Club; Associazione Calcio
AEUV	Vertrag über die Arbeitsweise der Europäischen Union
a. F.	alte Fassung
AFE	Asociación de Futbolistas Españoles
AG	Aktiengesellschaft; Amtsgericht
AGG	Allgemeines Gleichbehandlungsgesetz
AiB	Arbeitsrecht im Betrieb (Zeitschrift)
AKT	Auto- ja Kuljetusalan Työntekijäliitto
Alt.	Alternative
a. M.	am Main
AöR	Archiv des öffentlichen Rechts (Zeitschrift)
AP	Arbeitsrechtliche Praxis (Zeitschrift – Rechtsprechungs-Report Arbeitsrecht)
ArbG	Arbeitsgericht
ArbGG	Arbeitsgerichtsgesetz
ArbR	Arbeitsrecht
ArbRAktuell	Arbeitsrecht Aktuell (Zeitschrift)
ArbRB	ArbeitsRechtsberater (Zeitschrift)
ArbZG	Arbeitszeitgesetz
Art.	Artikel (Singular)
Artt.	Artikel (Plural)
AS	Association Sportive

AuA	Arbeit und Arbeitsrecht (Zeitschrift)
Aufl.	Auflage
AÜG	Arbeitnehmerüberlassungsgesetz
AuR	Arbeit und Recht (Zeitschrift)
AVAVG	Gesetz über Arbeitsvermittlung und Arbeitslosenversicherung
Az.	Aktenzeichen

B

BAG	Bundesarbeitsgericht
BAGE	Entscheidungen des Bundesarbeitsgerichts
BAVC	Bundesarbeitgeberverband Chemie
BayOblG	Bayerisches Oberstes Landesgericht
BB	Betriebs-Berater (Zeitschrift)
BBL	Basketball-Bundesliga
BeckOGK	beck-online.GROSSKOMMENTAR
BeckRS	Beck online Rechtsprechung (Elektronische Entscheidungsdatenbank in beck-online)
BeschFG	Beschäftigungsförderungsgesetz
BFH	Bundesfinanzhof
BGB	Bürgerliches Gesetzbuch
BGBl.	Bundesgesetzblatt
BGH	Bundesgerichtshof
BGHZ	Entscheidungen des Bundesgerichtshofes in Zivilsachen
BRAK	Bundesrechtsanwaltskammer
BR-Drs.	Bundesrats-Drucksache
BSG	Bundessozialgericht
BSC	Berliner Sportclub
BSO	Bundesspielordnung

BT-Drs.	Bundestagsdrucksache(n)
BUrlG	Bundesurlaubsgesetz
BVerfG	Bundesverfassungsgericht
BVerfGE	Entscheidungen des Bundesverfassungsgerichts
bzw.	beziehungsweise

C

ca.	circa
CAS	Court of Arbitration for Sport
CaS	Causa Sport – Die Sport-Zeitschrift für nationales und internationales Recht sowie für Wirtschaft
CD	Club Deportivo
CDU	Christlich Demokratische Union Deutschlands
CEEP	Centre européen d´enterprises a participation publique
Co.	Compagnie
CSU	Christlich-Soziale Union in Bayern

D

DAG	Deutsche Angestellten-Gewerkschaft
DB	Der Betrieb (Zeitschrift)
DBB	Deutscher Basketball Bund
DEB	Deutscher Eishockey-Bund
DEL	Deutsche Eishockey Liga
ders.	derselbe
DFB	Deutscher Fußball-Bund
DFL	Deutsche Fußball Liga GmbH
DGB	Deutscher Gewerkschaftsbund
d. h.	das heißt

dies.	dieselbe(n)
DNotZ	Deutsche Notar-Zeitschrift
DÖV	Die Öffentliche Verwaltung (Zeitschrift)
DSGVO	Datenschutz-Grundverordnung
DStR	Deutsches Steuerrecht (Zeitschrift)
DTB	Deutscher Tennis Bund
DTTB	Deutscher Tischtennis-Bund
DVV	Deutscher Volleyball-Verband

E

ECA	European Club Association
EG	Europäische Gemeinschaft
EGB	Europäischer Gewerkschaftsbund
EGV	Vertrag zur Gründung der Europäischen Gemeinschaft
Einf	Einführung
EM	Europameisterschaft
EMRK	Europäische Menschenrechtskonvention
ErfK	Erfurter Kommentar
etc.	et cetera
EU	Europäische Union
EuGH	Europäischer Gerichtshof
EUR	Europarecht (Zeitschrift)
europ.	europäisch/europäische(n/r/s)
EUV	Vertrag über die Europäische Union
EuZA	Europäische Zeitschrift für Arbeitsrecht
EuZW	Europäische Zeitschrift für Wirtschaftsrecht
e. V./e.V.	eingetragener Verein
EWG	Europäische Wirtschaftsgemeinschaft

EWiR	Entscheidungen zum Wirtschaftsrecht, Kurzkommentare (Zeitschrift)
EWS	Europäisches Wirtschafts- und Steuerrecht (Zeitschrift)

F

f.	folgende
FA	Football Association
FAZ	Frankfurter Allgemeine Zeitung
FC	Fußballclub/Fußball-Club/Football Club/Futbol Club/Fútbol Club/Club de Fútbol/Futebol Clube
ff.	fortfolgende
FFP	Financial Fairplay
FIBA	Fédération Internationale de Basketball
FIFA	Fédération Internationale de Football Association
FIFA-Reglement	FIFA-Reglement bezüglich Status und Transfer von Spielern
FIFPro	Fédération Internationale des Associations de Footballeurs Professionnels
FIGC	Federazione Italiana Giuoco Calcio
Fn.	Fußnote
FSV	Fußball- und Sportverein

G

GewO	Gewerbeordnung
GG	Grundgesetz
ggf.	gegebenenfalls
GmbH	Gesellschaft mit beschränkter Haftung
GOAL	Gemeinschaftliche Organisation für alle Lizenzhandballer in Deutschland
GRC	Charta der Grundrechte der Europäischen Union

GRUR	Gewerblicher Rechtsschutz und Urheberrecht (Zeitschrift)
GWR	Gesellschafts- und Wirtschaftsrecht

H

h. A.	herrschende Ansicht
HBL	Handball-Bundesliga
HGB	Handelsgesetzbuch
Hk	Handkommentar
HKK	Historisch-kritischer Kommentar
h. L.	herrschende Literatur
h. M.	herrschende Meinung
HS	Halbsatz
HSV	Hamburger Sport-Verein

I

i. d. R.	in der Regel
i. d. S.	in diesem Sinne
IHF	International Handball Federation
IHK	Industrie- und Handelskammer
i. S. d.	im Sinne der/des
i. S. v.	im Sinne von
i. V. m.	in Verbindung mit

J

JArbSchG	Jugendarbeitsschutzgesetz
JURA	Juristische Ausbildung (Zeitschrift)
JuS	Juristische Schulung (Zeitschrift)
JZ	JuristenZeitung (Zeitschrift)

K

Kap.	Kapitel
KG	Kommanditgesellschaft
KGaA	Kommanditgesellschaft auf Aktien
Kommentar zum FIFA-Reglement	Kommentar zum FIFA-Reglement bezüglich Status und Transfer von Spielern

L

LA	Los Angeles
LAG	Landesarbeitsgericht
Leiharbeitsrichtlinie	EU-Richtlinie 2008/104/EG
LEV	Landes-Eishockey-Verband; Landes-Eissport-Verband
LFP	Liga Nacional de Fútbol Profesional
LG	Landgericht
lit.	littera
LOS	Lizenzordnung Spieler
Ls.	Leitsatz
LSG	Landessozialgericht

M

MBO	(Muster-)Berufsordnung für die in Deutschland tätigen Ärztinnen und Ärzte
MBO-Ä	(Muster-)Berufsordnung für die in Deutschland tätigen Ärztinnen und Ärzte-Änderung
MLS	Major League Soccer
MüKo	Münchener Kommentar

N

NAC	NOAD ADVENDO Combinatie
NJOZ	Neue Juristische Online-Zeitschrift
NJW	Neue Juristische Wochenschrift (Zeitschrift)

NJW-RR	NJW-Rechtsprechungs-Report Zivilrecht (Zeitschrift)
Nr.	Nummer
NVwZ	Neue Zeitschrift für Verwaltungsrecht
NZA	Neue Zeitschrift für Arbeitsrecht
NZA-RR	Neue Zeitschrift für Arbeitsrecht Rechtsprechungs-Report
NZG	Neue Zeitschrift für Gesellschaftsrecht

O

o. ä.	oder ähnliche(m/s)
ÖFB	Österreichischer Fußball-Bund
ÖFB-Regulativ	Regulativ für die dem ÖFB angehörigen Vereine und Spieler
OLG	Oberlandesgericht
OK	Online-Kommentar
OT	Ohne Tarifbindung
o. V.	ohne Verfasser
OWiG	Gesetz über Ordnungswidrigkeiten

P

PK	Praxiskommentar

R

RB	RasenBallsport; Red Bull
RdA	Recht der Arbeit (Zeitschrift)
RL	Richtlinie
Rn.	Randnummer(n)
Rs.	Rechtssache(n)
RV	Rahmenvereinbarung

S

S.	Satz/Sätze; Seite(n)
s.	siehe
SC	Sport-Club
SchiedsVZ	Zeitschrift für Schiedsverfahren
SchwarzArbG	Gesetz zur Bekämpfung der Schwarzarbeit und illegalen Beschäftigung (Schwarzarbeitsbekämpfungsgesetz)
SFL	Swiss Football League
SGB	Sozialgesetzbuch
sog.	sogenannt(e/er/es)
SozR	Sozialrecht
SP.IN	SP.IN spieler initiative basketball
SpuRt	Zeitschrift für Sport und Recht
SpVgg	Spielvereinigung
SV	Sport-Verein

T

TOR	Transfer-Online-Registrierungssystem
TSG	Turn- und Sportgemeinschaft
TSV	Turn- und Sportverein
TTBL	Tischtennis-Bundesliga
TV	Tarifvertrag; Television
TVG	Tarifvertragsgesetz

U

U	Unter
u.	und
u. a.	unter anderem
UD	Unión Deportiva

UEFA	Union of European Football Associations
UFC	United Football Club
UNICE	Union of Industrial and Employers' Confederations of Europe
USA	United States of America
u. U.	unter Umständen
UWG	Gesetz gegen den unlauteren Wettbewerb

V

v	vor
v.	vom/von
v. a.	vor allem
VBL	Volleyball Bundesliga
VBV	Vereinigung der Basketball Vertragsspieler
VC	Volleyball-Club
vde	Vereinigung der Eishockeyspieler
VDV	Vereinigung der Vertragsfußballspieler
verb.	verbunden(e)
ver.di	Vereinte Dienstleistungsgewerkschaft
VereinsG	Vereinsgesetz
VfB	Verein für Bewegungsspiele
VfL	Verein für Leibesübungen
vgl.	vergleiche
VO	Verordnung
Vorb.	Vorbemerkung

W

WM	Weltmeisterschaft
WRP	Wettbewerb in Recht und Praxis (Zeitschrift)

WSI	Wirtschafts- und Sozialwissenschaftliches Institut
WSI-Mitteilungen	Zeitschrift des Wirtschafts- und Sozialwissenschaftlichen Instituts der Hans-Böckler-Stiftung

Z

z. B.	zum Beispiel
ZfA	Zeitschrift für Arbeitsrecht
ZHR	Zeitschrift für das gesamte Handels- und Wirtschaftsrecht
ZIP	Zeitschrift für Wirtschaftsrecht
ZPO	Zivilprozessordnung

Kapitel 1: Einleitung und Hinführung

A. Bedeutung und Besonderheiten des Sportrechts

I. Bedeutung des Sportrechts

Sport ist v. a. in den letzten Jahren zu einem herausragenden Wirtschaftsfaktor gereift.[1] Mit der stetig steigenden Kommerzialisierung und Professionalisierung des Sports geht auch die Jahr für Jahr zunehmende Bedeutung des Sportrechts einher. Daher hat die Kommerzialisierung des Sports eine Verrechtlichung des Sports zur Konsequenz.[2]

Die Kommerzialisierung führt u. a. dazu, dass Dritte immer mehr in die Sportbranche investieren. Dies zeigt sich nicht zuletzt daran, dass immer mehr Vereine ihre Profiabteilungen in Kapitalgesellschaften ausgliedern.[3] Es liegt auf der

---

1 In der Saison 2017/2018 z. B. betrug der Gesamterlös der deutschen Fußballbundesligisten und Zweitligisten 4,42 Milliarden Euro, der Gesamterlös der Bundesligisten betrug hierbei 3,81 Milliarden Euro. S. näher hierzu den DFL Wirtschaftsreport 2019, abrufbar unter https://media.dfl.de/sites/2/2019/02/DFL_Wirtschaftsreport_2019_DE_M-1.pdf [zuletzt abgerufen am 12.03.2021].
In der Saison 2018/2019 stieg der Gesamterlös der deutschen Fußballbundesligisten und Zweitligisten noch weiter auf 4,78 Milliarden Euro, der Gesamterlös der Bundesligisten betrug hierbei 4,02 Milliarden Euro. S. näher hierzu den DFL Wirtschaftsreport 2020, abrufbar unter https://media.dfl.de/sites/2/2020/02/DE_DFL_Wirtschaftsreport_2020_S.pdf [zuletzt abgerufen am 12.03.2021].
In der Saison 2019/2020 sank der Gesamterlös der deutschen Fußballbundesligisten und Zweitligisten jedoch auf 4,53 Milliarden Euro, der Gesamterlös der Bundesligisten betrug hierbei 3,8 Milliarden Euro. S. näher hierzu den DFL Wirtschaftsreport 2021, abrufbar unter https://media.dfl.de/sites/2/2021/03/D_DFL_Wirtschaftsreport_2021_M.pdf [zuletzt abgerufen am 12.03.2021]. Dieser Umsatzrückgang in der Saison 2019/2020 basiert jedoch darauf, dass diese Saison ab dem 26. Spieltag von der Corona-Pandemie geprägt war. Ohne Ausbruch der Corona-Pandemie wäre auch in der Saison 2019/2020 ein weiterer Anstieg des Gesamterlöses zu erwarten gewesen. Zur Nichtberücksichtigung der mit der Corona-Pandemie einhergehenden (vorübergehenden) Besonderheiten im Rahmen der vorliegenden Arbeit s. Fn. 370.

2 *Berkemeyer*, Leihgabe von Berufssportlern, S. 4; allgemein zur Verrechtlichung des Sports s. *Adolphsen*, SchiedsVZ 2004, 169 (169 ff.), nach dessen Ansicht die Einführung von Schiedsgerichtsbarkeit im (internationalen) Sport eine Reaktion auf die staatliche Verrechtlichung des Sports darstellt.

3 Von den Fußballbundesligisten der Saisons 2019/2020 und 2020/2021 haben nur noch Schalke 04, SC Freiburg, 1. FSV Mainz 05, Fortuna Düsseldorf und der 1. FC Union Berlin ihre Profi- bzw. Lizenzspielerabteilungen nicht ausgegliedert und sind daher weiterhin in der Rechtsform des e. V. organisiert. Die Profiabteilungen von Bayer 04 Leverkusen, VfL Wolfsburg, Borussia Mönchengladbach, TSG 1899 Hoffenheim und RB Leipzig sind in der Rechtsform einer GmbH organisiert, diejenigen

Hand, dass durch diese stetig steigende Investitionsbereitschaft auch die rechtlichen Fragestellungen zunehmen. Beispielhaft sei hier die dauerhafte Diskussion über die Rechtmäßigkeit der „50+1"-Regel genannt.[4]

Durch diese mittlerweile erhebliche wirtschaftliche Bedeutung des Sports ist dieser auch immer mehr in das „Visier von unlauteren Machenschaften" geraten.[5] Damit gehen naturgemäß erhebliche rechtliche Probleme mit Sportwettbetrug und Spielmanipulation, Korruption, Missbrauch durch Doping etc. einher.[6]

Neben dieser elementaren Bedeutung des Sports in der Wirtschaft (was sich z. B. auch in der drastischen Zunahme der Beschäftigung im Sport zeigt) ist aber auch dessen ebenfalls stetig steigende gesellschaftliche und politische Bedeutung nicht zu unterschätzen; auch die Bedeutungszunahme des Sports auf gesellschaftlicher und politischer Ebene führt zu vermehrt auftretenden Rechtsfragen.[7]

Diese rapide Bedeutungszunahme des Sportrechts hatte in der jüngeren Vergangenheit die vermehrte Befassung der Gerichte – auch der staatlichen Gerichte – mit sportrechtlichen Fragestellungen zur Folge. Auch die wissenschaftliche Auseinandersetzung mit sportrechtlichen Themenfeldern in der Literatur hat stark zugenommen. Daher ist es wenig verwunderlich, dass auch die Anzahl sportrechtlicher Dissertationen in den letzten Jahren erheblich angestiegen ist.

II. Besonderheiten des Sportrechts

Um die zum Teil äußerst komplexen Fragestellungen in Bezug auf die vorliegende sportrechtliche Thematik der Rechtsfragen der gegenwärtigen Praxis der Spielerleihe richtig erfassen zu können, ist die Kenntnis der grundlegenden Besonderheiten des Sportrechts unumgänglich. Daher erfolgt an dieser Stelle ein kurzer Überblick über jene Besonderheiten des Sportrechts, deren Kenntnis hinsichtlich der durch die Spielerüberlassung aufgeworfenen Rechtsfragen elementar ist.

Der Begriff des Sports ist selbst nicht gesetzlich definiert, wird aber an unterschiedlichen Stellen im Gesetz verwendet. Zur Abgrenzung des Sports gebraucht die Sportwissenschaft, an der sich auch die Rechtsprechung orientiert, vorwiegend die Kriterien der körperlichen Bewegung, der Leistungs- bzw.

---

von Borussia Dortmund, 1. FC Köln, Hertha BSC Berlin, Werder Bremen, FC Augsburg, SC Paderborn 07 und Arminia Bielefeld in der Rechtsform einer GmbH & Co. KGaA. Die Profiabteilungen von Eintracht Frankfurt, FC Bayern München und VfB Stuttgart sind in der Rechtsform einer AG organisiert.

4 S. zur Diskussion über die „50+1"-Regel u. a. *Burghardt*, SpuRt 2013, 142 (142 ff.); *Deutscher*, SpuRt 2009, 97 (97 ff.); *Klees*, EuZW 2008, 391 (391 ff.); *Schaefer*, „50+1"-Regel, S. 1 ff.; *Stopper*, WRP 2009, 413 (413 ff.).

5 *Rössner/Adolphsen*, in: Adolphsen/Nolte u. a., Sportrecht in der Praxis, Rn. 5.

6 S. z. B. auch die im April 2017 neu eingeführten §§ 265c-e StGB.

7 S. näher hierzu *Nolte*, Grundlagen des Sportrechts, S. 5.

Wettkampfabsicht und des Bestehens von Vereinigungen und Regelungen; letztendlich ist die Gesamtbetrachtung entscheidend.[8]

Sportrecht befasst sich mit sämtlichen Vorschriften, die für den Sport von Relevanz sind.[9] Beim Sportrecht handelt es sich nicht um ein eigenständiges Rechtsgebiet, sondern um eine Querschnittsmaterie, die sowohl Aspekte aus dem Rechtsgebiet des Zivilrechts als auch aus dem des öffentlichen Rechts und des Strafrechts beinhaltet.[10] Da in Deutschland (zumindest noch) keine Sportrechtsordnung als Sonderprivatrecht existiert, müssen neben den verschiedensten staatlichen sportrelevanten Gesetzen auch die von den Sportvereinen bzw. Sportverbänden erlassenen Vereins- bzw. Verbandsregelungen Beachtung finden, um den jeweiligen sportrechtlichen Sachverhalt richtig einordnen zu können.

Das Spannungsverhältnis zwischen den Verbandsregelwerken und dem (zwischen-) staatlichen Recht bzw. deren Verhältnis zueinander zu bestimmen, stellt eine der größten Schwierigkeiten des Sportrechts dar. Am anschaulichsten lässt sich dieses Spannungsverhältnis anhand eines sog. „Zwei-Säulen-Modells“ darstellen:

Die erste Säule des Sportrechts wird als „lex sportiva“ bezeichnet. Sie besteht aus den Sportregeln internationaler sowie nationaler Sportorganisationen durch Satzungen, Statuten oder Richtlinien.[11] Diese Sportregeln gelten aber nur innerhalb des organisierten Sports, entfalten ihre Wirkung daher nur gegenüber Vereins- bzw. Verbandsmitgliedern und gegenüber solchen Sportbeteiligten (z. B. Spielern bzw. Athleten, Trainern oder Schiedsrichtern), welche sich freiwillig diesen Regeln unterworfen haben.[12] Die spezifische Autonomie des Sports ergibt sich daher aus Vertragsfreiheit und Vereinigungsfreiheit zusammen.[13]

---

8 *Carl/Kayser/Mechling/Preising*, in: Carl/Kayser u. a., Handbuch Sport, S. 4 ff.; *Fechner/Arnhold u. a.*, Sportrecht, S. 4 ff.; *Petermann*, Sportlexikon, S. 550; *Schnabel/Thieß*, Lexikon Sportwissenschaft, S. 763 ff.

9 *Nolte*, Grundlagen des Sportrechts, S. 7.

10 *Fechner/Arnhold u. a.*, Sportrecht, S. 1.

11 Innerhalb dieser Sportregeln ist zwischen Sportregeln im engeren Sinne bzw. Spielregeln, welche die eigentliche Sportausübung selbst betreffen (z. B. Bestimmungen über die Voraussetzungen für Regelverstöße oder Bestimmungen, welche überhaupt das Ziel des sportlichen Wettkampfs festlegen) und Sportregeln im weiteren Sinne, die nur mittelbar mit dem Geschehen auf dem Spielfeld zu tun haben bzw. den Wettkampfbetrieb im Allgemeinen regeln (z. B. Lizenzierungsvorschriften für Vereine und Spieler oder auch Vorschriften zu Transfers und Leihgaben von Sportlern). Vgl. u. a. *Pfister/Fritzweiler*, in: Fritzweiler/Pfister u. a., Praxishandbuch Sportrecht, Einführung Rn. 24 ff.; *Nolte*, Grundlagen des Sportrechts, S. 12.

12 Dies erfolgt entweder durch eine explizite Athletenvereinbarung oder mittelbar z. B. durch ihren Vereinsbeitritt.
Zu dieser sehr aktuellen und großen Diskussion über die tatsächliche Freiwilligkeit solcher Regelunterwerfungen s. z. B. BGH v. 07.06.2016 – KZR 6/15, WRP 2016, 1014 (1014 ff.).

13 *Fechner/Arnhold u. a.*, Sportrecht, S. 12.

Die zweite Säule des Sportrechts wird als „lex extra sportiva" bezeichnet. Hierunter fallen sämtliche sportrelevanten Normen von Staaten sowie Staatengemeinschaften, die als staatliche Gesetze auch ohne Unterwerfung per se gelten. Da der nationale Sport kein „Staat im Staate" außerhalb staatlicher Rechtsordnungen ist und die internationalen Sportorganisationen keine eigenständigen Völkerrechtssubjekte sind, gilt das jeweilige (zwischen-) staatliche Recht auch im Sport grundsätzlich uneingeschränkt, weshalb die Reichweite von Sportregeln durch (zwischen-) staatliches Recht begrenzt wird; überschreiten Sportregeln solche durch (zwischen-) staatliches Recht gezogenen Grenzen, sind sie unwirksam.[14]

Die Besonderheit dieses das Sportrecht prägende Zwei-Säulen-Systems ergibt sich letztendlich daraus, dass diese beiden Säulen durch die unterschiedlichsten Wechselbeziehungen miteinander verbunden bzw. verknüpft sind:[15]

Zum einen wird die erste Säule durch das (zwischen-) staatliche Recht dadurch beeinflusst, dass durch die Vereinigungsfreiheit den Sportorganisationen das Recht zur Regelgebung verliehen wird, die Reichweite von solchen Sportregeln aber wie soeben dargelegt auch durch das (zwischen-) staatliche Recht begrenzt wird. Eine solche Begrenzung ergibt sich zumeist aus den kollidierenden Rechtspositionen der Sportbeteiligten, wie z. B. der Spieler bzw. Athleten; um der Autonomie des Sports aber gerecht zu werden, ist allgemein anerkannt, dass die eigentliche Sportausübung (also Sportregeln im engeren Sinne) nur am Rande durch (zwischen-) staatliches Recht begrenzt wird, da sie in den Kernbereich der Regelungsfreiheit der Sportorganisationen fällt.[16] Die Begrenzung durch (zwischen-) staatliches Recht wird damit immer stärker, je weiter sich die Sportregel von der eigentlichen Sportausübung entfernt.

Zum anderen wird auch die zweite Säule (sportrelevante Normen des (zwischen-) staatlichen Rechts) von Sportregeln beeinflusst. Oftmals erfolgt die Auslegung bzw. das Verständnis des (zwischen-) staatlichen Rechts im Lichte von Sportregeln.

B. Bedeutung und Gründe der Spielerleihe

I. Bedeutung der Spielerleihe

Die Spielerleihe ist v. a. in den letzten Jahren, insbesondere im Profifußball, aber auch in anderen Bereichen des Profisports, zu einem immens wichtigen

---

14 *Nolte*, Grundlagen des Sportrechts, S. 8; s. hierzu auch *Pfister/Fritzweiler*, in: Fritzweiler/Pfister u. a., Praxishandbuch Sportrecht, Einführung Rn. 5 ff.

15 S. zum Ganzen auch *Nolte*, Grundlagen des Sportrechts, S. 7 ff.; *Pfister/Fritzweiler*, in: Fritzweiler/Pfister u. a., Praxishandbuch Sportrecht, Einführung Rn. 5 ff.

16 *Butte*, Das selbstgeschaffene Recht des Sports, S. 83 ff.; *Nolte*, Grundlagen des Sportrechts, S. 14.

Transfermodell gereift. Im Gegensatz zum klassischen (endgültigen) Transfer, unter dem die dauerhafte Verpflichtung eines Spielers zu verstehen ist, erfolgt die Ausleihe eines Spielers an einen anderen Verein nur für einen begrenzten Zeitraum. Über rechtliche Probleme im Zusammenhang des klassischen Transfers ist in der Vergangenheit schon viel in der Literatur diskutiert worden, es existieren aber lediglich drei Monographien, die sich ausgiebig mit der Wechselform der Ausleihe befasst haben.[17] Dies ist schon deshalb etwas verwunderlich, weil die Ausleihe von Sportlern tatsächlich und wirtschaftlich von erheblicher Bedeutung ist und auch viele durchaus interessante Rechtsfragen durch solche Leihgeschäfte aufgeworfen werden.

Solche Leihgeschäfte werden in sehr vielen Mannschaftssportarten wie Fußball, Handball, Basketball oder Eishockey vorgenommen. Die mit Abstand kommerzialisierteste Sportart in Deutschland ist zweifellos der Lizenzfußball, weshalb es auch wenig erstaunlich ist, dass solche Leihgeschäfte dort sowohl wirtschaftlich als auch zahlenmäßig die größte Bedeutung haben.

Die wirtschaftliche Bedeutung zeigt sich schon darin, dass zumindest im deutschen Profifußball die meisten Leihgaben von Spielern gegen Zahlung einer Leihgebühr des Entleihers erfolgen.[18]

Die Rekordleihgebühr auf internationaler Ebene beträgt 45 Millionen Euro.[19] Dieser Betrag floss von Paris nach Monaco, als Paris Saint-Germain den französischen Jungstar Kylian Mbappé von der AS Monaco für die Saison 2017/2018 auslieh. Allerdings sei hierbei angemerkt, dass dieses Leihgeschäft mit einer anschließenden Kaufpflicht von Paris Saint-Germain verbunden wurde. Diese Gesamtkonstruktion wurde in erster Linie deshalb gewählt, um aufseiten von Paris Probleme mit dem Financial Fairplay zu verhindern, s. näher hierzu Kapitel 1, B., II., 1., a). Freilich stand hierbei das Gesamtgeschäft im Mittelpunkt und es wurde mutmaßlich der (Teil-) Betrag als Leihgebühr vereinbart, den Paris zu dieser Zeit noch maximal aufbringen konnte, ohne Probleme mit dem Financial Fairplay (FFP) zu bekommen (damit dadurch im nächsten Jahr im Hinblick auf das Financial Fairplay eine möglichst geringe Summe in die Berechnung

---

17 *Berkemeyer*, Leihgabe von Berufssportlern; *Brömmekamp*, Spielerleihe; *Bohnau*, Vereinswechsel des Lizenzfussballspielers, S. 138 ff. hat sich neben dem klassischen Transfer zumindest auch mit der Ausleihe als Wechselform beschäftigt.

18 Aber auch eine Verleihung ohne Erhalt einer Leihgebühr kann für den Verleiher in wirtschaftlicher Hinsicht lohnenswert sein durch die Einsparung von Personalkosten, s. dazu näher in Kapitel 1, B, II., 2., a). In England hingegen erfolgen die meisten Leihgaben von Spielern ohne Zahlung einer Leihgebühr durch den Entleiher, was u. a. daran liegt, dass in England oftmals die dadurch ermöglichte Spielpraxis für den Spieler das entscheidende Motiv für den verleihenden Verein für ein solches Leihgeschäft darstellt, s. dazu näher in Kapitel 1, B., II., 2., b).

19 S. hierzu https://www.watson.de/sport/fu%C3%9Fball/451997011-privatjet-und-chauffeur-zuschuss-mbapp-s-absurde-forderungen-an-psg [zuletzt abgerufen am 12.03.2021].

einfließt). Auch steuerliche Gründe etc. werden bei der „Verteilung" der Summen eine Rolle gespielt haben. Auf welche Höhe der Leihgebühr sich die beteiligten Vereine bei einem bloßen Leihgeschäft über eine Saison ohne anschließende Kaufpflicht oder Kaufoption verständigt hätten, ist daher nicht zu eruieren und bleibt bloße Spekulation.

Die zweithöchste Leihgebühr, die auf internationaler Ebene jemals gezahlt wurde, liegt bei 18 Millionen Euro.[20] Diesen Betrag überwies Atlético Madrid im Januar 2019 an den FC Chelsea London für den Spanier Álvaro Morata und sicherte sich dadurch dessen Dienste für eineinhalb Spielzeiten bis zum Ende der Saison 2019/2020.

Die Rekordleihgebühr, die jemals ein Bundesligist für einen Spieler investiert hat, beträgt 13 Millionen Euro. Diese Summe überwies der FC Bayern München im Juli 2017 für den kolumbianischen Topspieler James Rodríguez an Real Madrid und sicherte sich damit dessen Dienste für die Saisons 2017/2018 und 2018/2019.

Die zweithöchste Leihgebühr, die jemals ein Bundesligist für einen Spieler ausgegeben hat, beträgt sieben Millionen Euro. Diesen Betrag hat ebenfalls der FC Bayern München an Juventus Turin für die Dienste des Franzosen Kingsley Coman für die Saisons 2015/2016 und 2016/2017 gezahlt.

Die höchste Leihgebühr, die ein Bundesligist jemals für einen Spieler erhalten hat, beträgt achteinhalb Millionen Euro. Dieser Betrag war dem walisischen Verein Swansea City, damaliger Teilnehmer der englischen Premier League, die Ausleihe des Portugiesen Renato Sanches vom FC Bayern München nur für die Saison 2017/2018 wert.

In der 2. Bundesliga überwies der VfB Stuttgart im Jahr 2016 eine Leihgebühr von 1,65 Millionen Euro (für zwei Jahre ab der Saison 2016/2017) für den Portugiesen Carlos Mané an Sporting Lissabon. Dies stellt die höchste jemals gezahlte Leihgebühr in der 2. Bundesliga dar.

Auch in zahlenmäßiger bzw. quantitativer Hinsicht ist die Anzahl der Leihgeschäfte im Profifußball beträchtlich.

In der Saison 2017/2018 waren die Fußballbundesligisten beispielsweise insgesamt schon an über 110 und die Zweitligisten an über 70 Spielerleihgeschäften als Verleiher oder Entleiher beteiligt.

---

20 Diese und alle folgenden Daten bzw. Zahlen beruhen auf Angaben der Transfermarkt GmbH & Co. KG, http://www.transfermarkt.de/ [zuletzt abgerufen am 12.03.2021], sofern sie nicht mit einer anderen Quelle versehen sind. Hinsichtlich von Zeitpunkt, Dauer und Anzahl können diese Daten als relativ sicher angesehen werden (zumal selbstverständlich nur solche Leihgeschäfte berücksichtigt wurden, bei denen feststeht, dass diese Wechselform gewählt wurde; bloße Vermutungen bzw. Mutmaßungen blieben unberücksichtigt). Die exakte Höhe einer Leihgebühr beruht oftmals auf Schätzungen, da sich die Vereine häufig auf Stillschweigen über das Ob und ggf. die Höhe der zu entrichtenden Leihgebühr verständigen.

In anderen europäischen Topligen wird von der Wechselform der Spielerleihe noch deutlich häufiger Gebrauch gemacht. In der Saison 2017/2018 betrug z. B. die Anzahl der Leihgeschäfte, an denen Vereine der englischen Premier League beteiligt waren, insgesamt fast 200.[21] In der italienischen Serie A wurden in der Saison 2017/2018 insgesamt 498 Spieler verliehen.[22] Dies lässt sich damit erklären, dass zum einen in England und Italien (genau wie in Spanien und Frankreich) die Liga aus 20 Mannschaften besteht. Zum anderen weisen die Vereine in diesen Ligen eine größere Kaderstärke auf als in der Bundesliga, weshalb jeder Club auch mehr Spieler hat, die für eine Leihe an einen anderen Club in Betracht kommen.[23] In England kommt hinzu, dass die dort geltenden Verbandsvorschriften Leihgeschäfte insgesamt deutlich weniger einschränken.[24] In Italien sind solche Leihgeschäfte mittlerweile sogar fast gängiger als gewöhnliche Transfers, was in erster Linie daran liegt, dass es im italienischen Vereinsfußball keine Reservemannschaften oder Zweitvertretungen wie in den anderen europäischen Topligen gibt.[25]

II. Gründe für die Spielerleihe

1. Motive der entleihenden Vereine

a) Kostengründe

Da die Leihgebühren (sofern solche überhaupt anfallen) in aller Regel deutlich unter der Ablösesumme für einen Spieler[26] liegen,[27] sind es sehr häufig finanzielle Gründe, die den aufnehmenden Verein zu einer solchen Ausleihe anstelle einer festen Verpflichtung bewegen. Da sich diverse Lizenzvereine in finanziellen Problemen befinden,[28] bietet eine solche Ausleihe v. a. den finanzschwächeren Vereinen die Möglichkeit, dass Spieler für sie auflaufen, die sie sich sonst niemals leisten könnten. Dies hat sehr häufig neben dem sportlichen Fortschritt

21 Berücksichtigt wurden hier nur Ausleihen, die zur bzw. in der jeweiligen Saison entweder begannen oder in bzw. zum Ende der jeweiligen Saison endeten.

22 *Boßmann/Osing*, in: https://sportbild.bild.de/fussball/2018/fussball/fifa-leihgeschaefte-transfers-grenze-57197004.sport.html [zuletzt abgerufen am 12.03.2021].

23 So *Berkemeyer*, Leihgabe von Berufssportlern, S. 6.

24 S. näher hierzu in Kapitel 4, B., I.

25 https://www.transfermarkt.de/serie-a-deshalb-haben-italiens-klubs-so-viele-leihspieler/view/news/240529 [zuletzt abgerufen am 12.03.2021].

26 Man denke z. B. nur an die von Paris Saint-Germain an den FC Barcelona gezahlte Rekordablösesumme von 222 Millionen Euro für den Brasilianer Neymar vor der Saison 2017/2018.

27 Dies liegt daran, dass bei einem solchen endgültigen Transfer anders als bei einem Leihgeschäft auch die Transferrechte an dem Spieler auf den aufnehmenden bzw. neuen Verein übergehen, s. dazu auch Kapitel 2, B.

28 So *Bohnau*, Vereinswechsel des Lizenzfussballspielers, S. 140.

auch speziell bei namhaften Spielern eine positive Auswirkung unter Marketingaspekten und führt zu gesteigerten Zuschauereinnahmen etc.[29] Insbesondere hat dies oftmals eine immense Zunahme beim Verkauf von Fanutensilien zur Konsequenz, v. a. in Bezug auf Trikots mit der Beflockung eines solchen namhaften Spielers. Teilweise lassen sich die verleihenden Vereine auch auf eine dahingehende Vereinbarung ein, dass nicht einmal eine Leihgebühr zu zahlen ist oder dass diese sogar auch während der Ausleihdauer das Gehalt des Spielers teilweise oder sogar ganz übernehmen.[30]

Auch wenn seit dem Bosman-Urteil[31] des EuGH aus dem Jahre 1995 für Spieler, deren Vertrag durch Zeitablauf endet, keine Entschädigung mehr verlangt werden kann, so kommt es dennoch relativ selten vor, dass ein guter Spieler ablösefrei nach Ablauf seines Vertrags erworben werden kann; stattdessen ist schon seit geraumer Zeit zu beobachten, dass die Vereine bestrebt sind, in naher Zukunft auslaufende Verträge ihrer Spieler entweder vorzeitig zu verlängern[32] oder diese vor Ablauf des Vertrags zu „verkaufen“, um diese für sie negativen Folgen des Bosman-Urteils bestmöglich zu umgehen.[33] Daher wird der aufnehmende Verein v. a. bei guten Spielern zumeist nur die beiden Möglichkeiten haben, entweder den Spieler langfristig gegen Zahlung einer Ablösesumme zu verpflichten oder ihn auf Zeit (u. U. gegen Zahlung einer Leihgebühr) auszuleihen, falls er an dessen Diensten interessiert ist.

---

29 Die Attraktivität für den Zuschauer lebt bekanntermaßen u. a. auch von einer gewissen Abwechslung. Dieses Abwechslungsbedürfnis des Zuschauers speziell hinsichtlich einer oftmals variierenden Zusammensetzung der Mannschaft ist ein allgemein bekanntes Phänomen im Leistungssport und bietet eine Grundlage für Diskussionsstoff bezüglich der Aufstellung des Trainers o. ä.

30 S. näher hierzu Kapitel 1, B., II., 2., a) und ergänzend Kapitel 3, A., II. und auch Art. 10 Nr. 4 Rn. 3 des Kommentars der FIFA zum Reglement bezüglich Status und Transfer von Spielern. Dieser Kommentar der FIFA ist abrufbar unter https://docplayer.org/25536859-Kommentar-zum-reglement-bezueglich-status-und-transfer-von-spielern.html [zuletzt abgerufen am 12.03.2021]. Seit 2007 gibt die FIFA diesen Kommentar heraus und aktualisiert ihn regelmäßig, um Mitgliedsverbänden, Vereinen und Spielern, Spielervermittlern, Anwälten etc. Zugang und Verständnis des Reglements zu vereinfachen.

31 EuGH v. 15.12.1995 – C-415/93, NJW 1996, 505 (505 ff.).

32 In der Praxis bedeutet die „Verlängerung“ eines Arbeitsvertrags zwischen einem Verein und einem Spieler i. d. R. die (einvernehmliche) Aufhebung des ursprünglichen und den gleichzeitigen Abschluss eines neuen Arbeitsvertrags mit einer anderen Laufzeit (und oftmals auch anderen Konditionen in Bezug auf die Vergütung). Dies ändert jedoch nichts daran, dass sich der Gebrauch des Wortes „Verlängerung“ bzw. „Vertragsverlängerung“ o. ä. fest in der Bevölkerung etabliert hat und daher auch im Rahmen der vorliegenden Arbeit häufig verwendet wird.

33 So auch *Berkemeyer*, Leihgabe von Berufssportlern, S. 7 f.

Ebenfalls als Auswirkung des genannten Bosman-Urteils, in dem auch die Ausländerregelungen[34] zum Nachteil von Spielern aus der Europäischen Union als mit dem Unionsrecht für unvereinbar erklärt wurden (im Hinblick auf Art. 45 AEUV), kam es zunächst bezüglich Spielern der Europäischen Union zur Aufhebung bzw. Abänderung solcher Ausländerklauseln, seit der Saison 2006/2007 wurde die Ausländerregelung in Deutschland gänzlich abgeschafft. Dies hat zur Konsequenz, dass seither für die Vereine auch die Verpflichtung von deutlich mehr ausländischen Spielern – aufgrund von deren nunmehr grundsätzlich unbeschränkter Einsatzmöglichkeit in den (Pflicht-) Spielen – Sinn ergeben kann; häufig werden die aufnehmenden Vereine dann u. a. aus finanziellen Gründen, wie eben ausgeführt, ein Leihgeschäft präferieren.

Erheblich verstärkt werden diese finanziellen Gründe für die aufnehmenden Vereine durch die Einführung des Financial Fairplay (FFP) durch die UEFA im Jahre 2015.[35] Das FFP ist ein Reglement der UEFA zur Klublizenzierung für die Teilnahme an den europäischen Klubwettbewerben der UEFA.[36] Hintergrund für dieses Reglement ist, dass wegen der in den letzten Jahren immens angestiegenen Spielergehälter und Ablösesummen immer mehr Vereine nicht mehr in der Lage sind, ihre Ausgaben durch laufende Einnahmen zu decken bzw. zu kompensieren. Dann kann die Finanzierung nur noch durch privates Kapital oder durch Kreditaufnahmen gesichert werden. Und genau dem will das FFP entgegenwirken:

Es besagt im Wesentlichen, dass innerhalb des Zeitraums der letzten drei Jahre die relevanten Einnahmen die relevanten Ausgaben decken müssen.[37] Die hierbei annehmbare Abweichung beträgt fünf Millionen Euro. Falls dies nicht der Fall ist, wird auch das Jahr zuvor betrachtet, um festzustellen, ob wenigstens eine positive Entwicklung zu verzeichnen ist. Dieses Niveau darf aber derzeit um bis zu 30 Millionen Euro überschritten werden, falls die Überschreitung vollständig durch Beiträge von Anteilseignern und/oder verbundenen Parteien gedeckt

34 Diese besagten, dass nur eine gewisse Anzahl nicht einheimischer Spieler pro Spiel von jeder Mannschaft eingesetzt werden durften.

35 Ursprünglich sollte das FFP bereits zur Saison 2013/2014 eingeführt werden.

36 Im FFP sind u. a. sportliche, infrastrukturelle, rechtliche und finanzielle Kriterien normiert, welche die Klubs erfüllen müssen, um an diesen europäischen Klubwettbewerben der UEFA teilnehmen zu dürfen. Im Vergleich zu seinem Vorgänger, dem Klublizenzierungsverfahren 2.0, haben sich v. a. die finanziellen Kriterien geändert, welche zum Ziel haben, die stetig steigende Überschuldung der europäischen Fußballklubs aufzuhalten.

37 Nicht enthalten bei den relevanten Ausgaben sind z. B. Ausgaben für die Nachwuchsförderung, Ausgaben für gemeinwohlorientierte Projekte oder ein Finanzaufwand, der direkt dem Bau von Sachanlagen zuzuschreiben ist, um die Vereine zu solchen Investitionen anzuhalten. Insgesamt enthält das FFP viele spezielle, zum Teil komplizierte Einzel- bzw. Sonderregelungen.

ist (sog. Break-Even-Rule). Falls ein Verein diese Regeln nicht einhält, kann er von der UEFA sanktioniert werden.

Daher stellt dieses Financial Fairplay-Reglement für alle Teilnehmer an der UEFA Champions League oder an der UEFA Europa League und auch für potenzielle zukünftige Teilnehmer an diesen Wettbewerben eine erhebliche Einschränkung auf dem Transfermarkt dar. Oftmals wird bei diesen Vereinen ein eigentlich in Betracht gezogener Spielerkauf an diesem Reglement scheitern. Man kann deswegen auch durchaus davon sprechen, dass sehr häufig ein millionenschwerer Transfer keine Frage des wirtschaftlichen Könnens, sondern des rechtlichen Dürfens ist.[38] Daher haben sich solche Leihgeschäfte v. a. auch für Vereine, die bereits von der UEFA sanktioniert wurden, wie z. B. Manchester City, als lukrative Möglichkeit entwickelt, um Spieler kostengünstig zu verpflichten.

Besonders Aufsehen erregend war in diesem Zusammenhang der Wechsel des französischen Offensivspielers Kylian Mbappé von der AS Monaco zu Paris Saint-Germain zu Beginn der Saison 2017/2018.[39] Die AS Monaco hatte eine Ablösesumme von bis zu 180 Millionen Euro gefordert. Da Paris Saint-Germain nur kurz zuvor bereits den brasilianischen Topspieler Neymar vom FC Barcelona für die Rekordablösesumme von 222 Millionen Euro verpflichtet hatte, wäre der Verein durch die Addition dieser beiden immensen Summen in Konflikt mit dem FFP geraten.[40] Daher musste eine alternative Lösung gefunden werden. So wurde der Spieler zunächst ausgeliehen und es wurde eine anschließende Kaufpflicht zum Ende der Saison 2017/2018 bei Nichtabstieg von Paris Saint-Germain vereinbart.[41] Hierbei kamen die Vereine über eine Leihgebühr in Höhe von 45 Millionen Euro und eine Ablösesumme von 135 Millionen Euro im Rahmen der anschließenden Kaufpflicht von Paris Saint-Germain überein, was insgesamt den anfangs von der AS Monaco geforderten 180 Millionen Euro entspricht.[42] Dass die Bedingung des Nichtabstiegs höchstwahrscheinlich eintreten würde, war bei diesem Geschäft

---

38 *Lobe*, in: https://www.welt.de/sport/fussball/article138551887/Die-fragwuerdigen-Verleihtricks-des-FC-Chelsea.html [zuletzt abgerufen am 12.03.2021].

39 Mbappé war zu diesem Zeitpunkt erst 18 Jahre alt und gilt bis heute als eines der größten Talente des Weltfußballs.

40 Paris Saint-Germain kommt hierbei bereits ohnehin zugute, dass diese Ablösesumme für Neymar in Höhe von 222 Millionen Euro nicht sofort vollumfänglich in die Bilanz einfließt. Da Neymar in Paris einen Fünfjahresvertrag unterschrieben hat wird dieser Betrag nach dem Reglement durch fünf geteilt, weshalb jedes Jahr „nur" 44,4 Millionen Euro in die Bilanz einfließen.

41 Das Transfermodell der Leihe mit anschließender Kaufbindung ist seit Sommer 2014 v. a. auch in Italien populär, nachdem der italienische Fußballverband FIGC die Kaufpflicht als offizielle Vertragsoption anerkannt hatte im Gegenzug zur Abschaffung der äußerst komplexen Teilhabegeschäfte. S. näher hierzu https://www.transfermarkt.de/tm-erklart-wie-laufen-leihen-mit-kaufoption-wie-mit-kaufpflicht-/view/news/281587/page/2 [zuletzt abgerufen am 12.03.2021].

42 S. auch Kapitel 1, B., I.

allen Beteiligten klar, da Paris Saint-Germain den mit Abstand teuersten Kader der Liga hatte und daher der absolute Topfavorit auf die französische Meisterschaft gewesen ist. In einem solchen Fall kann man daher durchaus davon sprechen, dass das Leihgeschäft als „Schlupfloch" fungiert.[43]

Im Juni 2015 hat sich der Vorstandsvorsitzende der FC Bayern München AG, Karl-Heinz Rummenigge[44], gegenüber der Deutschen Fußball Liga (DFL) auch für die Einführung eines solchen FFP in der Bundesliga ausgesprochen. Zu einer Umsetzung dieses Vorschlags kam es aber zumindest bisher noch nicht. Es wurde aber eine Kommission gegründet, die sich damit auseinandersetzt.[45] Hierbei ist zum Verständnis zu erwähnen, dass die „allgemeinen Regeln" zur UEFA-Klublizenzierung durch die DFL im Lizenzierungsverfahren umgesetzt werden, weshalb die Lizenzerteilung durch die DFL auch zur Teilnahme an den europäischen Wettbewerben berechtigt. Das Klub-Monitoring bzw. das Financial Fairplay (die Monitoring-Kriterien sind das Kernstück des FFP) ist jedoch ein Verfahren, welches die UEFA selbst durchführt; die betroffenen Vereine sind bereits für einen europäischen Wettbewerb qualifiziert und haben eine Lizenz erhalten.

b) „Testphase"

Neben diesen finanziellen Vorteilen haben solche Leihgeschäfte für den entleihenden Verein aber auch einen gewichtigen Vorteil in sportlicher Hinsicht: Der Spieler kann über die Leihdauer hinweg getestet werden. Falls eine sog. Kaufoption vereinbart wurde, was relativ häufig der Fall ist, kann der entleihende Verein nach Abschluss dieser Leihdauer entscheiden, ob der Spieler langfristig verpflichtet werden soll. Die Höhe des Kaufpreises wird dabei gleichzeitig mit dem „Leihvertrag" ausgehandelt. Diese kann auch von verschiedenen Variablen wie z. B. der Anzahl der Pflichtspieleinsätze des Spielers abhängig gemacht werden, was beispielsweise gerade bei jüngeren Spielern, deren Entwicklung relativ ungewiss ist, eine für beide Vereine sinnvolle Option darstellen kann.[46] Selbst wenn keine solche Kaufoption vereinbart worden ist, kann der entleihende Verein (falls er nun an einem endgültigen Transfer interessiert ist) auf den verleihenden Verein zugehen und mit ihm in Verkaufsverhandlungen treten.

---

43 https://web.de/magazine/sport/fussball/international/kylian-mbappe-wechsel-paris-st-germain-trickst-psg-financial-fairplay-32500306 [zuletzt abgerufen am 12.03.2021].

44 Karl-Heinz Rummenigge war von Januar 2008 bis September 2017 auch Vorsitzender der European Club Association (ECA).

45 http://www.bild.de/sport/insider/bayern-muenchen/financial-fairplay-in-der-bundesliga-41313218.bild.html [zuletzt abgerufen am 12.03.2021].

46 Zum Teil wird auch eine dahingehende Vereinbarung der Vereine getroffen, dass die Kaufoption beim Vorliegen bestimmter Voraussetzungen, z. B. einer Mindestanzahl an Pflichtspieleinsätzen des Spielers, automatisch gezogen wird.
So wurde der Mittelfeldspieler Nabil Bentaleb zu Beginn der Saison 2016/2017 vom FC Schalke 04 von den Tottenham Hotspurs zunächst für eine Saison ausgeliehen;

Die endgültige Verpflichtung eines Spielers hat häufig eine hohe Ablösesumme und auch ein u. U. hohes Spielergehalt über mehrere Jahre zur Konsequenz. Diese Ausgaben rechnen sich nur, wenn der Spieler seine sportlichen Erwartungen erfüllt. Dies hängt aber nicht nur von den Fähigkeiten des Spielers an sich, sondern von den verschiedensten Faktoren ab: Der Spieler muss in das System des Trainers passen, was häufig nicht einfach im Voraus zu beurteilen ist,[47] er muss in Bezug auf seine Persönlichkeit in die Mannschaft passen und auch die Akzeptanz bzw. Sympathie von den Zuschauern kann sich (erheblich) auf seine sportlichen Leistungen auswirken. V. a. bei ausländischen Spielern kann auch nie mit Sicherheit vorhergesehen werden, wie sie sich in der neuen Kultur etc. zurechtfinden werden bzw. wie es ihnen gelingen wird, sich zu integrieren.

Durch das vorherige „Testen" des Spielers kann daher das Risiko einer u. U. sehr kostspieligen Fehlinvestition erheblich verringert werden. Bei einem direkten endgültigen Transfer bestünde höchstens (wenn überhaupt) die Möglichkeit, den Spieler im Trainingslager o. ä. über wenige Tage zu testen, was in keiner Weise vergleichbar ist mit einem „Test" über eine gesamte Leihdauer.

In der Saison 2016/2017 verlieh der FC Bayern München den Spieler Medhi Benatia für eine Leihgebühr von drei Millionen Euro an Juventus Turin. Da Juventus Turin mit seinen Leistungen zufrieden war, wurde der Spieler nach der Saison für 17 Millionen Euro endgültig verpflichtet.

Der FC Bayern München entlieh für die Saisons 2015/2016 und 2016/2017 den französischen Nationalspieler Kingsley Coman von Juventus Turin für eine Leihgebühr von sieben Millionen Euro. Nach der Saison 2016/2017 verpflichtete der FC Bayern München ihn endgültig gegen Zahlung einer Ablösesumme in Höhe von beträchtlichen 21 Millionen Euro, obwohl Coman in der letzten Saison aufgrund einer langwierigen Verletzung und den darauffolgenden Schwierigkeiten, das alte Niveau zurückzufinden, nicht viele Einsatzzeiten bekam und nicht die gewünschten Leistungen erbrachte und daher selbst schon über einen Wechsel des Vereins nachdachte. Insgesamt überwog aber das langfristige Vertrauen v. a. aufgrund der in der Saison 2015/2016 gezeigten sehr guten Leistungen, weshalb auch der damalige Trainer des FC Bayern München, Carlo Ancelotti, langfristig

im Laufe der Saison wurde dann automatisch die Kaufoption gezogen, als Bentaleb eine bestimmte Anzahl an Bundesligaspielen bestritten hatte. Schalke überwies die für diesen Fall vereinbarten 19 Millionen Euro nach London und Bentaleb erhielt bei Schalke automatisch einen Anschlussarbeitsvertrag bis zum Ende der Saison 2020/2021. S. hierzu https://www.transfermarkt.de/tm-erklart-wie-laufen-leihen-mit-kaufoption-wie-mit-kaufpflicht-/view/news/281587 [zuletzt abgerufen am 12.03.2021].

47 Erschwert wird dies durch die allgemein hohe Fluktuation von Trainern im Profisport, speziell im Profifußball.

mit ihm plante. Mit dieser Argumentation konnte auch Coman von einem Verbleib in München überzeugt werden.[48]

c) Vorübergehende Kompensation

Ein weiterer sportlicher Beweggrund für den entleihenden Verein, einen Spieler auszuleihen, stellt ein kurzfristiger Personalengpass dar. Dies kommt relativ häufig bei der Verletzung von Leistungsträgern vor, deren Ausfall erwartungsgemäß nicht von den vorhandenen Reservespielern kompensiert werden könnte. So kann ein Verein kurzfristig auf eine solche Verletzung reagieren und für die zu erwartende Genesungszeit des verletzten Spielers einen „Ersatzspieler" ausleihen.

Als Reaktion auf die Verletzungen der beiden Innenverteidiger Jérôme Boateng und Javier Martínez lieh der FC Bayern München zur Winterpause der Saison 2015/2016 für ein halbes Jahr den ehemaligen deutschen Nationalspieler Serdar Taşçi (ebenfalls Innenverteidiger) für eine Leihgebühr von zweieinhalb Millionen Euro von Spartak Moskau aus.

Es sind aber auch noch weitere Umstände denkbar, die ein kurzfristiges Reagieren mit einem Leihgeschäft auf begrenzte Zeit erforderlich machen: Eine lange Sperre für einen Stammspieler z. B. könnte dieselbe Reaktion erfordern, genau wie ein unerwartet prekärer Tabellenplatz oder unerwartet eingetretene finanzielle Schwierigkeiten eines Vereins.[49]

2. Motive der verleihenden Vereine

a) Kostengründe

Auch für die verleihenden Vereine können solche Leihgeschäfte in finanzieller Hinsicht sinnvoll sein. Wenn kein Verein bereit ist, die geforderte Ablösesumme zu zahlen und wenn für diesen Spieler voraussichtlich kein Bedarf mehr besteht oder ein Spieler zumindest in der aktuellen Saison absehbar nicht zum Einsatz kommen wird, so bietet sich eine Verleihung des Spielers an. Gerade bei „altgedienten" Spielern ist häufig kein Verein dazu bereit, noch eine Ablösesumme für diesen zu zahlen. An einem Leihgeschäft besteht aber oftmals u. a. auch aus Image- bzw. Vermarktungsgründen Interesse. Häufig erhält der verleihende Verein dann eine Leihgebühr und auch sonst spart er sich wenigstens die oftmals beträchtlichen Gehaltskosten des Spielers.

Verstärkt wird dieses finanzielle Argument wiederum durch das Financial Fairplay-Reglement der UEFA (s. Kapitel 1, B., II., 1., a)). Dies hat auch zur Konsequenz, dass Spieler v. a. in England zum Teil zur bloßen „Manövriermasse" geworden sind, weshalb sogar teilweise der Gedanke aufkommt, dass durch

---

48 S. auch Kapitel 1, B., I.

49 Dann ist der Verein u. U. dazu gezwungen, einige gute Spieler zu „verkaufen" und für Ersatz durch Leihgeschäfte zu sorgen.

solche Leihgeschäfte das Financial Fairplay letztendlich sogar konterkariert werde.[50]

b) Spielpraxis

Ein weiteres Motiv der Vereine, Spieler zu verleihen, liegt darin, dass so v. a. jungen Spielern die nötige Spielpraxis gewährt werden kann, damit diese sich in gewünschtem Umfang weiterentwickeln können bzw. ausreichend gefördert werden.[51] Auch nach einer längeren Verletzungspause stellt eine Verleihung oftmals die einzig realistische Option dar, um dem Spieler kurzfristig die notwendige Spielpraxis zu ermöglichen. Gerade bei Spitzenvereinen kommt es häufig vor, dass mitunter sehr talentierte junge Spieler zwar aktuell noch nicht die Spielstärke für die Startformation besitzen, gerade die Wettkampferfahrung aber benötigen, um sich weiterzuentwickeln. Denn im Endeffekt kann auch ein professionelles Training oder Trainingsspiel bei einem Spitzenverein (mit entsprechend spielstarken teilnehmenden Spielern) Einsatzzeiten unter Wettkampfbedingungen nicht ersetzen. Für etwas schwächere Vereine können solche Spieler aber eine elementare Funktion in der Startformation einnehmen. Im Optimalfall erhält der verleihende Verein dann nach Ende der Ausleihe einen gereiften Topspieler mit erheblich gesteigertem Marktwert zurück.[52] Denn den Leihgeschäften ist es gerade immanent, dass die Transferrechte beim verleihenden Verein verbleiben. Der Spieler wurde dann sozusagen „auf Kosten" des entleihenden Vereins ausgebildet.[53]

Der heutige Weltklassespieler und eine der tragenden Figuren der deutschen Nationalmannschaft, Toni Kroos von Real Madrid, wurde in der Winterpause der Saison 2008/2009 (damals war Toni Kroos gerade 19 Jahre alt geworden) bis zum Ende der Saison 2009/2010 vom FC Bayern München an Bayer 04 Leverkusen

---

50 S. näher hierzu *Lobe*, in: https://www.welt.de/sport/fussball/article138551887/Die-fragwuerdigen-Verleihtricks-des-FC-Chelsea.html [zuletzt abgerufen am 12.03.2021]. Die britische Boulevardzeitschrift The Guardian schrieb von „Zuständen wie im Wilden Westen" und Arsène Wenger, ehemaliger Trainer des FC Arsenal London, ist der Meinung, dass das Leihsystem „nicht mehr zu verteidigen" sei. Seiner Meinung nach sollten Spieler nur noch in untere Ligen und nicht mehr an Konkurrenten verliehen werden dürfen. Begünstigt wird dieser Zustand auch durch den Umstand, dass es in England zudem möglich ist, ein Leihgeschäft von nur kurzer Dauer abzuschließen, s. näher hierzu in Kapitel 4, B., I., 1.

51 S. zum Ganzen auch Art. 10 Nr. 4 Rn. 3 des Kommentars der FIFA zum Reglement bezüglich Status und Transfer von Spielern, wonach diese Förderung junger Spieler der Grund dafür ist, dass verleihende Vereine u. U. auf eine Leihgebühr für diese Spieler verzichten und sich mitunter auch dazu verpflichten, deren Gehalt ganz oder teilweise weiterzubezahlen.

52 So *Bohnau*, Vereinswechsel des Lizenzfussballspielers, S. 141.

53 S. hierzu auch Art. 10 Nr. 4 Rn. 1, 3 des Kommentars der FIFA zum Reglement bezüglich Status und Transfer von Spielern.

ausgeliehen und entwickelte sich dort zum Topspieler. Nach seiner Rückkehr nach München war er dort unumstrittener Stammspieler und absoluter Leistungsträger. Zur Saison 2014/2015 wechselte Kroos gegen eine Ablösesumme in Höhe von 30 Millionen Euro zu Real Madrid.

In England werden junge Spieler auch häufig sogar mit dem Ziel verpflichtet, sie sofort wieder zu Ausbildungszwecken zu verleihen. Begünstigt wird eine solche Strategie durch das dortige verbandsrechtliche Reglement, welches auch nur sehr kurz andauernde Leihgeschäfte erlaubt.[54] Im Gegensatz zum deutschen Profifußball erfolgen in England daher auch die meisten Leihgeschäfte ohne eine Verpflichtung des entleihenden Vereins zur Zahlung einer Leihgebühr.

Das Leihsystem in dieser Hinsicht auf die Spitze getrieben hat u. a. der FC Chelsea London. Stand März 2015 hatte der Club 27 Spieler in acht verschiedene Ligen (darunter vier in die Bundesliga) verliehen. Damit hatte der FC Chelsea London zu diesem Zeitpunkt ca. einen kompletten Kader verliehen, weshalb auch davon die Rede war, dass „die Stamford Bridge [...] zu einem Verschiebebahnhof geworden [ist]“.[55]

3. *Motive der Spieler*

a) Spielpraxis

Sehr häufig liegt ein solches Leihgeschäft auch im Interesse des Spielers und daher geht auch oftmals die Initiative für ein solches Leihgeschäft vom Spieler selbst aus. Falls ein Spieler bei seinem Verein nicht (mehr) zum Zug kommt, also nur wenig bis gar keine Einsatzzeiten erhält, wird er zumeist an einem Vereinswechsel interessiert sein. Denn sowohl junge als auch erfahrene Spieler benötigen Spielpraxis unter Wettkampfbedingungen, um ihr Leistungsniveau zu steigern oder jedenfalls aufrechtzuerhalten.[56] Ansonsten läuft der Spieler Gefahr, nicht mehr im Fokus zu stehen bzw. erheblich an Attraktivität für einen potenziellen zukünftigen Arbeitgeber zu verlieren. Da es aber sehr häufig vorkommt, dass entweder kein Verein bereit ist, die geforderte Ablösesumme zu zahlen oder der bisherige Verein den Spieler nicht endgültig abgeben will bzw. im Allgemeinen die gegenwärtige Lage auf dem Spielermarkt einen endgültigen Transfer nicht hergibt, bleibt häufig nur die Möglichkeit eines Leihgeschäfts. Dies ist oftmals dem Spieler sogar auch lieber als ein endgültiger Transfer, weil er so mit Gewissheit wieder nach Ablauf der Leihdauer zu seinem ursprünglichen Spitzenverein zurückkehren kann und er häufig der Überzeugung sein wird, dann mit der gesammelten Spielpraxis dort den Durchbruch zu schaffen. Folglich stellt es

---

54 Näheres hierzu in Kapitel 4, B., I., 1.

55 *Lobe*, in: https://www.welt.de/sport/fussball/article138551887/Die-fragwuerdigen-Verleihtricks-des-FC-Chelsea.html [zuletzt abgerufen am 12.03.2021].

56 S. hierzu auch Kapitel 1, B., II., 2., b).

auch keine Seltenheit dar, dass Spieler freiwillig auf einen Teil ihres bisherigen Gehalts verzichten, damit solch ein Leihgeschäft zustande kommt.

Speziell auch für Nationalspieler ist es gerade vor großen Turnieren wie einer Welt- oder Europameisterschaft von elementarer Wichtigkeit, Spielpraxis zu erhalten, um sich vor dem Nationaltrainer beweisen und so die Chance auf eine Nominierung erhöhen zu können. Daher werden gerade Nationalspieler, die ihren Stammplatz verloren haben, v. a. in solchen Zeiten ein Leihgeschäft forcieren.

Der ehemalige deutsche Nationalstürmer Mario Gómez wurde nach zwei enttäuschenden Jahren in Italien nach der Saison 2014/2015 von der AC Florenz an Beşiktaş Istanbul für eine Saison ausgeliehen. In Istanbul blühte Gómez plötzlich wieder auf und wurde Meister und Torschützenkönig. Deshalb wurde er auch vom Bundestrainer Joachim Löw für die EM 2016 in Frankreich nominiert, was nach seinen zwei Jahren in Florenz wohl nur die wenigsten für möglich gehalten hatten. Gómez spielte auch eine erfolgreiche EM, er erzielte u. a. zwei Tore.[57]

Auch die von *Brömmekamp*[58] vorgebrachten Nachteile, welche für einen Spieler aus sportlicher Sicht mit einer Ausleihe für einen lediglich begrenzten Zeitraum an einen anderen Verein angeblich einhergehen würden, sind nicht nachvollziehbar. Freilich ist es nicht ausgeschlossen, dass ein Spieler nach einer erfolgreichen Zeit beim entleihenden Verein mit Ablauf der zwischen Verleiher und Entleiher vereinbarten Leihdauer wieder zum Verleiher zurückkehren muss, obwohl er im Prinzip noch länger für den Entleiher spielen möchte und ein solcher Verbleib des Spielers (grundsätzlich) auch im Interesse des entleihenden Vereins liegt.[59] Der Eintritt eines solchen Szenarios ist aber sowohl für den entleihenden Verein als auch für den Spieler noch immer vorteilhafter, als wenn ihnen diese (begrenzte) erfolgreiche Zeit gänzlich verwehrt worden wäre. Zudem ist auch jedem Beteiligten vor Eingehung eines solchen Leihgeschäfts bewusst, dass sich eine solche Situation ergeben kann. Außerdem sind die Vereine häufig bemüht, eine Lösung im Interesse des Spielers zu finden, wohlwissend, dass für gewöhnlich nur ein zufriedener Spieler Bestleistungen wird abrufen können.[60]

---

57 Nach der Saison 2015/2016 wurde Gómez für 1,05 Millionen Euro vom AC Florenz zum VfL Wolfsburg transferiert, nachdem Gómez sich öffentlich dahingehend geäußert hat, aufgrund von politischen Unruhen in der Türkei Beşiktaş verlassen zu wollen. Zur Winterpause der Saison 2017/2018 kehrte er dann für eine Ablösesumme in Höhe von drei Millionen Euro zu seinem Jugendverein VfB Stuttgart zurück.

58 *Brömmekamp*, Spielerleihe, S. 45.

59 Sei es, weil der verleihende Verein auf die Rückkehr des Spielers besteht und daher einen „Verkauf" oder eine nochmalige Verleihung ausschließt oder weil der entleihende Verein die nach der Kaufoption fällige Ablösesumme nicht bezahlen kann und ein nochmaliges Leihgeschäft für den Verleiher nicht in Betracht kommt.

60 Als bestes Beispiel kann an dieser Stelle der Spieler Julian Draxler genannt werden. Dieser machte auch in der Öffentlichkeit kein Geheimnis daraus, dass er gerne nach der Saison 2015/2016 wechseln würde. Der VfL Wolfsburg verweigerte ihm

b) Sonstige Gründe

Es gibt noch verschiedene weitere Gründe, die eine Verleihung für den Spieler als die attraktivste Option erscheinen lassen:

Falls ein Spieler einen endgültigen Wechsel ins Ausland zum Ziel hat, kann er diesen auf diese Weise sinnvoll vorbereiten, indem er so in diesem Land u. U. während der Leihdauer seine Popularität steigern kann.

Ein Spieler kann auch aufgrund von sonstigen unerwarteten Entwicklungen (wie z. B. der Wechsel eines Mitspielers zu einem anderen Verein etc.), die wegen der Schnelllebigkeit des Geschäfts (relativ) häufig eintreten, ein Interesse an einem Leihgeschäft zu einem bestimmten Verein haben, beispielsweise wenn er nur dadurch auch international spielen könnte. Hierbei kann es durchaus der Fall sein, dass der entleihende Verein (noch) nicht bereit ist, die bei einer festen Verpflichtung anfallende Ablösesumme zu zahlen, da er sich (noch) nicht sicher ist, ob der Spieler diese Summe auch wert ist. Der Spieler wird dann alles daransetzen, den Entleiher während des Ausleihzeitraums von seinen Qualitäten zu überzeugen, damit dieser im Anschluss bereit dazu ist, die fällig werdende Ablösesumme zu bezahlen. Häufig hat sich in solchen Fällen der Entleiher eine Kaufoption gesichert.[61]

Zudem kann es passieren, dass sich ein Spieler in einer neuen Mannschaft bzw. einem neuen Verein unwohl fühlt oder aufgrund von sonstigen persönlichen Schicksalsschlägen oder Bedürfnissen an seinen ursprünglichen Verein oder zumindest in sein Heimatland zurückverliehen werden möchte.

4. *Zwischenergebnis*

Es bleibt festzuhalten, dass solche Leihgeschäfte sehr häufig für alle Beteiligten (also für den entleihenden Verein, den verleihenden Verein und den Spieler) vorteilhaft sind, wenn nicht sogar die einzig sinnvolle (bzw. realistische) Option darstellen.

C. Ergebnis

Allgemein hat die Bedeutung des Sportrechts mit seinen Besonderheiten in den letzten Jahren erheblich zugenommen und auch speziell die Bedeutung von

---

aber (zunächst) den Wechsel aufgrund des noch weiterhin bestehenden Arbeitsvertrags. Draxler absolvierte eine sehr schwache Hinrunde, was den VfL Wolfsburg letztendlich dazu bewog, ihn in der Winterpause der Saison 2016/2017 doch für 40 Millionen Euro im Wege eines endgültigen Transfers an Paris Saint-Germain abzugeben, wo Draxler wieder deutlich bessere Leistungen zeigte.

61 Falls keine Kaufoption vereinbart wurde, hängt eine anschließende feste Verpflichtung des Spielers durch den Entleiher von der Zustimmung des Verleihers ab. Insofern müssen sich die Vereine dann auf eine Ablösesumme einigen.

Leihgeschäften im Profifußball bzw. im gesamten Profimannschaftssport ist stark angestiegen.

Solche Leihgeschäfte sind sehr häufig im Interesse aller Beteiligten, da sie für alle vorteilhaft sind, wenn nicht sogar die einzig sinnvolle (bzw. realistische) Option darstellen. Die Motive des entleihenden Vereins für solche Leihgeschäfte sind finanzielle Vorteile (v. a. liegt eine vereinbarte Leihgebühr in aller Regel deutlich unter einer sonst zu zahlenden Ablösesumme), die ausgiebige Testmöglichkeit des Spielers und die Kompensation eines kurzfristigen (vorübergehenden) Personalengpasses. Kostengründe und Spielpraxis für den Spieler stellen die Motive des verleihenden Vereins dar. Das Hauptmotiv des Spielers liegt i. d. R. darin, Spielpraxis zu erhalten, aber auch persönliche Gründe können eine Rolle spielen.

Kapitel 2: Rechtliche Einordnung bzw. Qualifizierung der Spielerleihe

Zunächst soll die gegenwärtige Praxis der Spielerleihe im deutschen Profifußball der Bundesliga und 2. Bundesliga rechtlich eingeordnet bzw. qualifiziert werden.

A. Vertragsgegenstand

Bei einem Spielerleihgeschäft handelt es sich um ein „Drei-Personen-Verhältnis", dessen einzelne Rechtsbeziehungen material durch die verbandsrechtlichen Vorgaben der Lizenzordnung Spieler (LOS) der DFL determiniert und ausgestaltet werden.

So wird u. a. in § 4 Nr. 5 lit. a LOS vorgegeben, dass bei einem Vereinswechsel zum Zeitpunkt der Antragstellung der Spielerlaubnis für den Spieler durch den aufnehmenden Verein der Arbeitsvertrag zwischen dem abgebenden Verein und dem Spieler fristgerecht gekündigt, in beiderseitigem Einvernehmen aufgelöst sein muss oder durch Zeitablauf endet. In § 5 Nr. 2 S. 2 LOS wird zunächst klargestellt, dass die Bestimmungen betreffend den endgültigen Transfer eines Spielers – also u. a. auch § 4 Nr. 5 lit. a LOS – bei der Spielerleihe entsprechend gelten. Des Weiteren wird in § 5 Nr. 2 S. 5 LOS vorgegeben, dass weiterhin eine vertragliche Bindung zwischen dem verleihenden Verein und dem Spieler nach dem Ende der Ausleihe bestehen muss. In § 13 Nr. 6 LOS ist sodann geregelt, dass die Spielerlaubnis des Spielers mit dem Tag der Beendigung des Arbeitsvertrags zwischen dem Verein oder der Kapitalgesellschaft und dem Spieler erlischt.[62]

Diese verbandsrechtlichen Vorgaben machen bei einem Spielerleihgeschäft den Abschluss verschiedener Verträge der an diesem Drei-Personen-Verhältnis Beteiligten erforderlich: Zwischen dem entleihenden Verein und dem Spieler wird für den Zeitraum der Ausleihe ein Arbeitsvertrag geschlossen. Der verleihende Verein und der Spieler schließen einen Aufhebungsvertrag in Bezug auf den bisherigen Arbeitsvertrag und gleichzeitig einen Anschlussarbeitsvertrag für den Zeitraum nach dem Ende der Ausleihe bzw. einen Vorvertrag, welcher eine beidseitige spätere Verpflichtung zum Abschluss eines solchen Anschlussarbeitsvertrags nach dem Ende der Ausleihe beinhaltet. Verleiher und Entleiher schließen einen entsprechenden „Leihvertrag" in Bezug auf den Spieler.

---

62 In der Lizenzordnung Spieler (LOS) der DFL sind neben den genannten Vorgaben in den §§ 4 Nr. 5 lit. a, 5 Nr. 2, 13 Nr. 6 LOS noch diverse weitere Regelungen in Bezug auf den Ablauf, sonstige Modalitäten etc. beim endgültigen Transfer und bei Spielerleihgeschäften normiert. Eine intensivere Auseinandersetzung mit diesen Verbandsvorschriften erfolgt in Kapitel 4, A.

Die Bestimmung des genauen Vertragsgegenstands eines solchen „Leihvertrags“ zwischen verleihendem und entleihendem Verein bedarf anders als bei den weiteren im Rahmen eines solchen Spielerleihgeschäfts durch die an diesem Drei-Personen-Verhältnis Beteiligten geschlossenen Verträgen einer etwas näheren Erörterung:

Die Übertragung der Spielerlaubnis oder die Überlassung der Spielerlaubnis zur Nutzung sind nicht Vertragsgegenstand solcher Leihverträge. Denn schon aus der Lizenzordnung Spieler (LOS) der DFL ergibt sich, dass der entleihende Verein keine Spielerlaubnis vom verleihenden Verein übertragen bekommt oder dessen Spielerlaubnis nutzt, sondern vom Verband (DFL) für die Dauer der Ausleihe eine eigene, neue Spielerlaubnis erhält, sofern die hierfür erforderlichen Voraussetzungen erfüllt sind.[63]

Vor diesem Hintergrund besteht der Vertragsgegenstand eines solchen „Leihvertrags“ darin, dass der Verleiher sich gegenüber dem Entleiher dazu verpflichtet, den (noch bestehenden) Arbeitsvertrag mit dem Spieler aufzulösen (s. auch § 4 Nr. 5 lit. a LOS) bzw. während des Ausleihzeitraums darauf zu verzichten, selbst eine Spielerlaubnis für den Spieler zu beantragen.[64] Bei Vereinbarung der Zahlung einer Leihgebühr als Gegenleistung stehen die genannte Verpflichtung des verleihenden Vereins zur Abgabe einer dementsprechenden Willenserklärung und die Verpflichtung des entleihenden Vereins zur Zahlung der Leihgebühr als Hauptpflichten in einem Synallagma zueinander.[65] Man kann insoweit daher auch zutreffend von einer „Aufhebungszahlung“ sprechen.[66]

B. Verhältnis der Spielerleihe zum endgültigen Transfer

Das genaue Verhältnis von Spielerleihe und endgültigem Transfer ist in der Literatur umstritten. Einerseits wird die Spielerleihe als Sonderform des Transfers in Form eines zeitlich begrenzten Transfers angesehen.[67] Andererseits wird die Spielerleihe als eigenständige Wechselform neben dem Transfer angesehen.[68] Beide Ansichten erscheinen vertretbar.

---

63 S. u. a. §§ 4 Nr. 5 lit. a, 5 Nr. 2, 13 Nr. 6 LOS. S. hierzu auch BFH v. 27.05.2009 – I R 86/07, SpuRt 2009, 212 (213).

64 So auch BFH v. 27.05.2009 – I R 86/07, SpuRt 2009, 212 (213); *Berkemeyer*, Leihgabe von Berufssportlern, S. 52 f.; vgl. auch *Wertenbruch*, in: Festschrift Röhricht, 1297 (1299), der beim Spielerkauf die Verpflichtung des abgebenden Vereins zur Vertragsauflösung mit dem Spieler als Vertragsgegenstand annimmt.

65 *Berkemeyer*, Leihgabe von Berufssportlern, S. 53.

66 So *Wehrheim*, BB 2004, 433 (433 ff.).

67 *Bohnau*, Vereinswechsel des Lizenzfussballspielers, S. 155 ff.; *Malatos*, Berufsfussball, S. 123.

68 *Berkemeyer*, Leihgabe von Berufssportlern, S. 66 ff.

Für die erste Ansicht spricht v. a. der Verweis in § 5 Nr. 2 S. 2 LOS, wonach bei einer Ausleihe die Bestimmungen über den endgültigen Transfer eines Spielers entsprechend gelten. Für die letztgenannte Ansicht spricht v. a., dass bei Leihgeschäften im Gegensatz zum endgültigen Transfer die Transferrechte beim abgebenden Verein bleiben (s. § 5 Nr. 2 S. 6 LOS); auch die feststehende Rückkehr des Spielers zum verleihenden Verein nach Ablauf der Leihdauer hat zur Folge, dass sich die Rechtsposition des verleihenden Vereins im Vergleich zu derjenigen des abgebenden Vereins beim endgültigen Transfer unterscheidet.[69] Wegen der mittlerweile erheblichen wirtschaftlichen Bedeutung der Transferrechte erscheint es vorzugswürdig, die Spielerleihe als eigenständige Wechselform einzuordnen, zumal sich der Verweis in § 5 Nr. 2 S. 2 LOS auch dahingehend interpretieren lässt, dass er sich nur auf das Verfahren und die Voraussetzungen zum Erhalt einer Spielerlaubnis für den Spieler bezieht und über die verbandsrechtliche Einordnung keine Aussage trifft.[70]

Diese Differenzierung ist aber im Endeffekt auch überhaupt nicht notwendig, da sie hinsichtlich der im Folgenden zu erörternden Rechtsfragen in Bezug auf die Spielerleihe keine Unterschiede nach sich zieht. Jedenfalls stellt die Spielerleihe eine echte Alternative zum endgültigen Transfer im Profifußball und auch im Profibereich anderer Mannschaftssportarten dar.

C. Vertragstypus

Es stellt sich nunmehr die Frage, welchem Vertragstypus diese zwischen dem verleihenden und entleihenden Verein vereinbarte Spielerüberlassung – also der im Rahmen dieses Drei-Personen-Verhältnisses zwischen Verleiher und Entleiher geschlossene Vertrag – zuzuordnen ist.

I. Werkvertrag

Charakteristisch für einen Werkvertrag ist, dass eine bestimmte Leistung mit Leistungserfolg geschuldet ist.[71] Der verleihende Verein verpflichtet sich aber

69 Näher zum Rechtsverhältnis zwischen verleihendem Verein und Spieler während der Überlassungszeit s. Kapitel 3, C.

70 So auch *Berkemeyer*, Leihgabe von Berufssportlern, S. 68 ff. Auch nach dem Kommentar der FIFA zum Reglement bezüglich Status und Transfer von Spielern, Art. 10 Nr. 2 Rn. 1 S. 1 und Anhang 3 Art. 4, ist die Leihgabe zumindest in administrativer Hinsicht ein Transfer. Damit ist aber eben noch nicht unbedingt eine Aussage über die verbandsrechtliche Einordnung der FIFA getroffen. Im Gegenteil: Die Betonung auf die administrative Hinsicht legt den Verdacht nahe, dass auch die FIFA selbst dies bei der grundsätzlichen Einordnung anders sieht. In diese Richtung auch *Berkemeyer*, Leihgabe von Berufssportlern, S. 70.

71 *Forster*, in: HKK zum BGB, §§ 631–651 Rn. 3; *Peters*, in: Staudinger, BGB, § 631 Rn. 1; *Voit*, in: BeckOK BGB, § 631 Rn. 4.

lediglich, den noch bestehenden Arbeitsvertrag mit dem Spieler aufzulösen. Dadurch wird dem Entleiher die Möglichkeit eingeräumt, für die vereinbarte Leihdauer einen neuen, eigenen Arbeitsvertrag mit dem Spieler abzuschließen. Damit hat in diesem Zeitraum ausschließlich der entleihende Verein Weisungsbefugnisse gegenüber dem Spieler, weshalb von einem bestimmten geschuldeten Leistungserfolg keine Rede sein kann. Folglich fällt eine solche Spielerüberlassung nicht unter den Vertragstypus des Werkvertrags i. S. d. §§ 631 ff. BGB.

II. Dienstvertrag

Die Verpflichtung zur Erbringung einer bestimmten Dienstleistung kennzeichnet den Dienstvertrag.[72] Der Verleiher erbringt aber gerade keine solche eigenständige Dienstleistung gegenüber dem Entleiher, sondern der Spieler selbst erbringt eine solche gegenüber dem entleihenden Verein, welcher während der Dauer der Ausleihe die alleinige Weisungsbefugnis gegenüber ihm hat. Daher stellt diese Spielerüberlassung auch keinen Dienstvertrag i. S. d. § 611 ff. BGB dar.

III. Geschäftsbesorgungsvertrag

Der Geschäftsbesorgungsvertrag i. S. d. §§ 675 ff. BGB als atypischer Dienst- oder Werkvertrag setzt auch eine selbstständige Tätigkeit des Verpflichteten gegenüber seinem Vertragspartner voraus.[73] Wie eben ausgeführt, erbringt eine solche selbstständige Tätigkeit aber nur der Spieler gegenüber dem Entleiher und nicht der Verleiher, weshalb auch die Annahme eines Geschäftsbesorgungsvertrags ausscheidet.

IV. Miet- oder Leihvertrag

Auch wenn der Begriff der „Spielerleihe", welcher sich allgemein in der Bevölkerung genau wie der Begriff „Spielerkauf" beim endgültigen Transfer etabliert hat, suggeriert, dass zwischen Verleiher und Entleiher ein Leihvertrag abgeschlossen wird, so ist das in juristischer Hinsicht genauso unzutreffend wie die Annahme eines Mietvertrags. Der Mietvertrag i. S. d. §§ 535 ff. BGB regelt die entgeltliche Gebrauchsüberlassung einer Sache für eine begrenzte Zeit;[74] der Leihvertrag i. S. d. §§ 598 ff. BGB regelt die unentgeltliche Gebrauchsüberlassung einer Sache für eine begrenzte Zeit.[75] Auch wenn die Spielerleihe ebenfalls in zeitlicher

---

72 *Jacoby/von Hinden*, BGB Studienkommentar, Vor § 611, 611a Rn. 1; *Lingemann*, in: Prütting/Wegen u. a., BGB, § 611 Rn. 1; *Schreiber*, in: Hk-BGB, § 611 Rn. 1.

73 S. hierzu *Berger*, in: Erman, BGB, § 675 Rn. 1 ff.; *Heermann*, in: MüKo, BGB, § 675 Rn. 2 ff.; *Mansel*, in: Jauernig, BGB, § 675 Rn. 1 ff.

74 *Heintzmann*, in: Soergel, BGB, Vor § 535 Rn. 1; *Klein-Blenkers*, in: Dauner-Lieb/Langen, BGB, Vor §§ 535–580a Rn. 1; *Zehelein*, in: BeckOK BGB, § 535, Rn. 1.

75 *Brors*, in: Dauner-Lieb/Langen, BGB, § 598 Rn. 1; *Heintzmann*, in: Soergel, BGB, § 598 Rn. 1; *Wagner*, in: BeckOK BGB, § 598 Rn. 1 ff.

Hinsicht begrenzt ist, da der Spieler nach Ablauf der vereinbarten Leihdauer wieder zum verleihenden Verein zurückkehrt, so ist die Annahme eines Mietvertrags bei Vereinbarung einer Leihgebühr und die Annahme eines Leihvertrags bei der Spielerleihe ohne vereinbarte Leihgebühr in juristischer Hinsicht dennoch verfehlt:[76] Denn der Vertragsgegenstand von Miet- und Leihverträgen ist eine Sache. Bei der Spielerleihe hingegen verpflichtet sich der Verleiher aber zur Auflösung des noch bestehenden Arbeitsvertrags mit dem Spieler, wodurch es dem Entleiher ermöglicht wird, eine Spielerlaubnis für den Spieler zu beantragen (s. Kapitel 2, A.) und dadurch sozusagen dessen Arbeitskraft für die Dauer der Ausleihe zu nutzen.[77] Den Menschen bzw. dessen Arbeitskraft mit einer Sache gleichzusetzen, wird jedoch bereits durch das allgemeine Persönlichkeitsrecht nach Art. 2 Abs. 1 i. V. m. Art. 1 Abs. 1 GG verboten.[78] Denn Art. 1 Abs. 1 GG kann gerade entnommen werden, dass der Mensch als selbstverantwortliche Persönlichkeit anerkannt bleiben muss.[79]

---

76 Dies ändert jedoch nichts daran, dass sich der Begriff des „Leihvertrags" bei der Spielerleihe fest in der Bevölkerung etabliert hat und daher auch im Rahmen der vorliegenden Arbeit häufig verwendet wird. In Art. 10 Nr. 1 S. 5 des Kommentars der FIFA zum Reglement bezüglich Status und Transfer von Spielern wird ebenfalls ausdrücklich die Begrifflichkeit „Leihvertrag" verwendet.

77 Während dies früher heftig umstritten war, kann die Einordnung von angestellten Berufssportlern als Arbeitnehmer mittlerweile als allgemein anerkannt angesehen werden, s. hierzu nur EuGH v. 15.12.1995 – C-415/93, NJW 1996, 505 (505 ff.) auf europäischer Ebene und BGH v. 27.09.1999 – II ZR 305-98, NJW 1999, 3552 (3552 ff.) und BAG v. 20.11.1996 – 5 AZR 518/95, SpuRt 1997, 94 (94 ff.) auf nationaler Ebene, welche allesamt von der Arbeitnehmereigenschaft von Berufssportlern (als Selbstverständlichkeit) ausgehen. Die Arbeitnehmereigenschaft eines Berufsbasketballspielers auch bejahend EuGH v. 13.04.2000 – C-176/96, EuZW 2000, 375 (378).

78 *Berkemeyer*, Leihgabe von Berufssportlern, S. 54 f.; *Bohnau*, Vereinswechsel des Lizenzfussballspielers, 145 f.; *Brömmekamp*, Spielerleihe, S. 46 f.

79 BVerfG v. 21.06.1977 – 1 BvL 14/76, BVerfGE 45, 187 (228).
Aus demselben Grund wird richtigerweise überwiegend auch der endgültige Transfer in juristischer Hinsicht nicht als Kaufvertrag, sondern als Vertrag eigener Art angesehen, da der Vertragsgegenstand eines Transfers eben keine Sache i. S. v. § 433 BGB oder übertragbares Recht i. S. v. § 453 BGB ist. So z. B. auch *Seip*, Vertragsrechtliche und ökonomische Analyse des Spielertransfervertrages, S. 69 ff., *Weidenkaff*, in: Palandt, BGB, Einf v § 433 Rn. 23; *Wertenbruch*, NJW 1993, 179 (182); *Westermann*, in: MüKo, BGB, § 433 Rn. 15. Dies ist jedoch streitig: Für die Einordnung als Kaufvertrag z. B. *Becker*, Verfassungsrechtliche Schranken für die Regelung des Lizenzfussballsports, S. 123 ff.; *Knauth*, Rechtsformverfehlung bei eingetragenen Vereinen, S. 171; *Westerkamp*, Ablöseentschädigungen, S. 69 ff. Dennoch haben sich die Bezeichnungen „Spielerverkauf" bzw. „Spielerkauf" in Bezug auf den endgültigen Transfer im allgemeinen Sprachgebrauch etabliert und werden vor diesem Hintergrund auch im Rahmen der vorliegenden Arbeit in diesem Zusammenhang verwendet.

V. Auftrag

Ein Auftrag ist ein unvollkommen zweiseitig verpflichtender Vertrag, durch den sich der Beauftragte gegenüber dem Auftraggeber zur unentgeltlichen Geschäftsbesorgung verpflichtet.[80] Charakteristisch für den Auftrag ist aber auch, dass es sich um eine Angelegenheit des Auftraggebers handelt, die dieser im Prinzip auch selbst hätte vornehmen können, da nur dann ein Tätigwerden für einen anderen i. S. d. §§ 662 ff. BGB vorliegt.[81] Die Auflösung des (noch bestehenden) Arbeitsvertrags mit dem Spieler kann aber nur vom Verleiher vollzogen werden. Der Entleiher als Auftraggeber hätte eine solche nicht durchführen können. Die Spielerleihe kann folglich auch nicht als Auftrag i. S. d. §§ 662 ff. BGB angesehen werden, selbst wenn keine Leihgebühr vereinbart wurde.

VI. Arbeitsvermittlungsvertrag oder Maklervertrag

Die Spielerleihe kann schon deswegen keine öffentlich-rechtliche Arbeitsvermittlung darstellen, da bei einem solchen Spielerleihgeschäft in keiner Weise die Agentur für Arbeit beteiligt ist bzw. (vermittelnde) Tätigkeiten verrichtet, s. hierzu §§ 35 SGB III ff.[82]

Auch ein privater Arbeitsvermittlungsvertrag i. S. v. § 296 Abs. 1 SGB III kann bei der Spielerleihe schon deshalb nicht einschlägig sein, weil § 296 Abs. 1 SGB III einen Vermittlungsvertrag zwischen einem Arbeitssuchenden und einem Vermittler voraussetzt.[83] Im Rahmen der Spielerüberlassung steht jedoch – wenn überhaupt – lediglich ein Vermittlungsvertrag zwischen Verleiher und Entleiher im Raum. Der Spieler jedenfalls schließt mit dem Verleiher keinen Vermittlungsvertrag.

In Bezug auf den zwischen Verleiher und Entleiher abgeschlossenen Vertrag kommt daher allenfalls ein Maklervertrag i. S. d. §§ 652 ff. BGB in Betracht. Beim Maklervertrag, welcher dem Arbeitsvermittlungsvertrag ähnlich bzw. vergleichbar ist,[84] verpflichtet sich der Auftraggeber, dem Makler für die Vermittlung eines Vertrags oder den Nachweis der Gelegenheit zum Abschluss eines Vertrags eine Vergütung (Maklerlohn) zu zahlen.[85] Zum

80 *Berger*, in: Erman, BGB, § 662 Rn. 2; *Mansel*, in: Jauernig, BGB, § 662 Rn. 1 f.; *Schäfer*, in: MüKo, BGB, § 662 Rn. 17.

81 S. hierzu auch *Schäfer*, in: MüKo, BGB, § 662 Rn. 11.

82 S. näher zur öffentlich-rechtlichen Arbeitsvermittlung u. a. *B. Schmidt*, in: BeckOK SozR, SGB III, § 35 Rn. 1 ff.

83 S. näher zur privaten Arbeitsvermittlung *Bieback*, in: BeckOK SozR, SGB III, § 296 Rn. 1.

84 Nach BVerfG v. 04.04.1967 – 1 BvR 84/65, NJW 1967, 974 (975) ist die Arbeitsvermittlung mit der Tätigkeit eines Maklers vergleichbar.

85 *Jäger*, in: jurisPK-BGB, § 652 Rn. 6; *Sprau*, in: Palandt, BGB, Einf v § 652 Rn. 1. S. hierzu ausführlich auch *Wichert*, in: Anwaltkommentar, BGB, § 652 Rn. 1 ff.

Zeitpunkt des Abschlusses des „Leihvertrags" sind sich der entleihende Verein und der Spieler aber schon einig (hinsichtlich des Abschlusses eines neuen Arbeitsvertrags), weshalb nicht von einer Vermittlung eines Vertrags oder des Nachweises der Gelegenheit zum Abschluss eines Vertrags die Rede sein kann. Die Spielerleihe stellt demnach auch keinen Maklervertrag i. S. d. §§ 652 ff. BGB dar.

VII. Arbeitnehmerüberlassungsvertrag

Den §§ 1 Abs. 1 und 2, 9 Abs. 1, 10 Abs. 1 AÜG lässt sich eindeutig entnehmen, dass bei einer Arbeitnehmerüberlassung auch während der Ausleihdauer ein Arbeitsverhältnis ausschließlich zwischen dem Verleiher und dem Leiharbeitnehmer besteht. V. a. § 10 Abs. 1 S. 1 AÜG, welcher als Sanktion bei Unwirksamkeit des Vertrags zwischen Verleiher und Leiharbeitnehmer nach § 9 Abs. 1 AÜG ein Arbeitsverhältnis zwischen Entleiher und Leiharbeitnehmer fingiert, kommt nur dann Bedeutung zu, wenn im Grundsatz ausschließlich der Verleiher während der Leihdauer Arbeitgeber des Leiharbeitnehmers ist.[86]

Weil bei solchen Leihgeschäften im deutschen Profifußball der Bundesliga und 2. Bundesliga aber der Arbeitsvertrag zwischen verleihendem Verein und Spieler aufgehoben wird und der Spieler hingegen einen neuen auf die Dauer der Ausleihe befristeten Arbeitsvertrag mit dem entleihenden Verein abschließt, ist während dieser Zeit nicht der Verleiher, sondern der Entleiher Arbeitgeber des Spielers. Daher kann eine solche Spielerüberlassung nicht als Arbeitnehmerüberlassungsvertrag i. S. v. § 1 Abs. 1 AÜG angesehen werden.[87] Dies wird auch in 1.1.5 Abs. 11 der Fachlichen Weisungen zum Arbeitnehmerüberlassungsgesetz (AÜG) der Bundesagentur für Arbeit ausdrücklich klargestellt, wonach beim sog. „Verleih" von Berufssportlern keine Arbeitnehmerüberlassung i. S. d. AÜG vorliege.[88]

---

86 Dieses Ergebnis ergab sich auch schon vor der AÜG-Reform vom 01.04.2017 aus § 10 AÜG a. F. S. hierzu *Ramm*, ZfA 1973, 263 (281 f.). Eine ausführliche Auseinandersetzung mit dem AÜG, auch mit den Unterschieden zwischen alter und neuer Fassung, erfolgt in Kapitel 6.

87 So im Ergebnis auch *Berkemeyer*, Leihgabe von Berufssportlern, S. 56 f.; *Bohnau*, Vereinswechsel des Lizenzfussballspielers, S. 152 ff.; *Brömmekamp*, Spielerleihe, S. 52 ff.; *Gitter/Schwarz*, RdA 1982, 37 (37 f.). Dieses Ergebnis entspricht daher der h. M.

88 Eine ausführliche Auseinandersetzung mit diesen Fachliche[n] Weisungen Arbeitnehmerüberlassungsgesetz (AÜG) der Bundesagentur für Arbeit (Fassung vom 01.08.2019), abrufbar unter https://www.arbeitsagentur.de/datei/fw-aueg_ba016586.pdf [zuletzt abgerufen am 12.03.2021], erfolgt ebenfalls in Kapitel 6.

VIII. Vertrag „sui generis“

Da eine solche Spielerüberlassung im deutschen Profifußball nicht in das Schema der vom Gesetzgeber vorgegebenen Vertragstypen passt, stellt sie wegen ihrer speziellen Ausgestaltung einen Vertrag „sui generis“ bzw. „eigener Art“ dar.[89]

Aufgrund der von Art. 2 Abs. 1 GG umfassten Privatautonomie sind die Vereine grundsätzlich auch berechtigt, eigenständige Verträge mit Rechten und Pflichten i. S. v. § 241 Abs. 1 BGB zu schließen.

Auch wenn gerade kein Arbeitnehmerüberlassungsvertrag i. S. v. § 1 Abs. 1 AÜG vorliegt (s. Kapitel 2, C., VII.), so ist dennoch auffällig, dass diese „Leihverträge“ über Spieler in mehrfacher Hinsicht dem Arbeitnehmerüberlassungsvertrag[90] i. S. v. § 1 Abs. 1 AÜG ähnlich sind:[91]

Sowohl beim Arbeitnehmerüberlassungsvertrag als auch bei einem solchen „Leihvertrag“ vereinbaren zwei Arbeitgeber, dass ein Arbeitnehmer[92] seine Leistung für eine bestimmte begrenzte Zeit bei einem anderen Arbeitgeber erbringen soll und dafür während dieser Zeit in den Betrieb des Entleihers integriert wird und nach Ablauf der Überlassungsdauer zum Verleiher zurückkehrt.[93] Bei der Spielerleihe wird letzteres dadurch erreicht, dass der Spieler entweder sich gegenüber dem verleihenden Verein vertraglich verpflichtet, nach Ablauf der Ausleihdauer einen erneuten Arbeitsvertrag mit diesem abzuschließen oder dadurch, dass der Spieler direkt mit dem verleihenden Verein einen zweiten Arbeitsvertrag abschließt, der gemäß § 158 Abs. 1 BGB aufschiebend bedingt ist auf den Zeitpunkt des Vertragsendes mit dem entleihenden Verein.[94]

Zudem muss sowohl bei der Arbeitnehmerüberlassung als auch bei der Spielerleihe der Arbeitnehmer seine Zustimmung zu einem solchen Überlassungsgeschäft erteilen (was ein Drei-Personen-Verhältnis zur Folge hat); dies ergibt sich

---

89 So auch BFH v. 27.05.2009 – I R 86/07, SpuRt 2009, 212 (213); *Berkemeyer*, Leihgabe von Berufssportlern, S. 57; *Bohnau*, Vereinswechsel des Lizenzfussballspielers, S. 180; *Brömmekamp*, Spielerleihe, S. 62.

90 Hierbei wird noch zwischen „echter“ und „unechter“ Arbeitnehmerüberlassung differenziert. Von „echter“ Arbeitnehmerüberlassung spricht man, wenn der Arbeitnehmer zumeist und grundsätzlich beim überlassenden Arbeitgeber tätig ist und nur „gelegentlich“ (z. B. wenn aktuell kein Bedarf für ihn besteht) an einen Dritten überlassen wird. Von „unechter“ Arbeitnehmerüberlassung hingegen spricht man, wenn der überlassende Arbeitgeber den Arbeitnehmer schon nur mit der Absicht eingestellt hat, ihn an einen Dritten zu überlassen und für ihn als Arbeitskraft selbst generell keinen Bedarf hat.

91 *Berkemeyer*, Leihgabe von Berufssportlern, S. 57 ff. ordnet die Spielerleihe daher als „Arbeitnehmerüberlassung sui generis“ ein.

92 Zur Einordnung der Berufssportler als Arbeitnehmer s. Fn. 77.

93 *Berkemeyer*, Leihgabe von Berufssportlern, S. 58.

94 S. hierzu auch *Bohnau*, Vereinswechsel des Lizenzfussballspielers, S. 153. Auf diese vertraglichen Beziehungen zwischen verleihendem Verein und Spieler wird näher in Kapitel 3, C. eingegangen.

für die Arbeitnehmerüberlassung aus § 613 S. 2 BGB und für die Spielerleihe daraus, dass der Spieler mit dem verleihenden Verein einen Aufhebungsvertrag schließen muss.[95]

Diese Ähnlichkeit zur klassischen Arbeitnehmerüberlassung ändert aber nichts daran, dass es sich bei der Spielerleihe um einen Vertrag „sui generis" handelt. Die Frage, ob auf diese Leihgeschäfte im Profisport die Vorschriften des AÜG anwendbar sind bzw. ob diese bei deren Nichtbeachtung gesetzeswidrig umgangen werden, wird ausführlich in Kapitel 6 behandelt.

D. Ergebnis

Somit bleibt festzuhalten, dass der Vertragsgegenstand des im Rahmen des Drei-Personen-Verhältnisses zwischen dem verleihenden und entleihenden Verein geschlossenen Spielerüberlassungsvertrags darin besteht, dass der Verleiher sich gegenüber dem Entleiher verpflichtet, den (noch bestehenden) Arbeitsvertrag mit dem Spieler aufzulösen bzw. während des Ausleihzeitraums darauf zu verzichten, selbst eine Spielerlaubnis für den Spieler zu beantragen.

Es sprechen die besseren Argumente dafür, die Spielerleihe als eigenständige Wechselform und nicht als Sonderform des Transfers in Form eines zeitlich begrenzten Transfers einzuordnen.

Auch wenn die Spielerleihe Ähnlichkeiten zum klassischen Arbeitnehmerüberlassungsvertrag aufweist, so ist sie dennoch als Vertrag „sui generis" einzuordnen. Denn während des Zeitraums der Ausleihe ist bei der Spielerleihe gerade nicht wie bei der klassischen Arbeitnehmerüberlassung der Verleiher der Arbeitgeber des Spielers, sondern der Entleiher.

95 *Berkemeyer*, Leihgabe von Berufssportlern, S. 59.

Kapitel 3: Darstellung der Rechtsbeziehungen

Es stellt sich nun die Frage, welche Rechtsbeziehungen zwischen den an diesem „Dreiecksverhältnis" Beteiligten bei der gegenwärtigen Praxis der Spielerleihe im deutschen Profifußball der Bundesliga und 2. Bundesliga bestehen und welche Konsequenzen mögliche Vertragsstörungen in diesem „Dreiecksverhältnis" haben. Es soll zunächst auf die konkreten Hauptleistungs- und Nebenpflichten zwischen verleihendem und entleihendem Verein, zwischen entleihendem Verein und Spieler und zwischen verleihendem Verein und Spieler eingegangen werden; anschließend soll noch näher beleuchtet werden, wie sich eine Vertragsstörung in einem dieser Rechtsverhältnisse auf das Leihgeschäft im Gesamten auswirkt.[96]

A. Rechtsbeziehungen zwischen verleihendem und entleihendem Verein

I. Essentialia negotii der Spielerüberlassung

Verleihender und entleihender Verein einigen sich über die Ausleihe eines bestimmten Spielers.

Zudem vereinbaren die beiden Vereine den Zeitpunkt des Beginns der Ausleihe, die Ausleihdauer und eine etwaige, vom Entleiher zu bezahlende, Leihgebühr. Hierbei handeln sie sowohl das „Ob" als auch die Höhe der Leihgebühr frei aus (nachdem in den Verbandsregularien keine Transferentschädigung mehr vorgesehen ist).[97] Oftmals werden auch bestimmte „Sonderzahlungen" vereinbart, welche z. B. bei Erreichen eines bestimmten Tabellenplatzes des Entleihers anfallen. Die Vereine können auf der anderen Seite aber auch festlegen, dass sich die Leihgebühr mindert, je häufiger der Spieler beim Entleiher zum Einsatz kommt

---

96 *Berkemeyer*, Leihgabe von Berufssportlern, S. 73 ff. hat sich ausführlich und detailliert mit den sich hierbei stellenden Rechtsfragen auseinandergesetzt. Der Aufbau dieses Kapitels orientiert sich zum Teil an dessen Aufbau. Vorliegend sollen nur die wichtigsten und elementaren Fragestellungen näher erörtert werden. Auch *Brömmekamp*, Spielerleihe, S. 76 ff. hat sich schon näher mit solchen Fragestellungen auseinandergesetzt (aber bei weitem nicht so detailliert wie *Berkemeyer*).

97 Bei Vereinbarung einer Ausleihgebühr handelt es sich um einen gegenseitigen Vertrag, bei dem die Spielerüberlassung durch den Verleiher und die vom Entleiher zu bezahlende Leihgebühr im Synallagma zueinander stehen; bei einer Ausleihe ohne Leihgebühr handelt es sich um einen unvollkommen zweiseitigen Vertrag. Vgl. hierzu auch *Grüneberg*, in: Palandt, BGB, Einf v § 320 Rn. 4a f.

und damit Spielpraxis erhält. Solche Vereinbarungen sind aufgrund der Privatautonomie bzw. Vertragsautonomie der Beteiligten auch ohne weiteres möglich.

II. Hauptleistungspflichten

Der Verleiher verpflichtet sich zur Auflösung des Arbeitsvertrags mit dem Spieler bzw. während des Ausleihzeitraums darauf zu verzichten, selbst eine Spielerlaubnis für den Spieler zu beantragen. Verletzt der Verleiher diese Pflicht, so macht er sich gegenüber dem Entleiher schadensersatzpflichtig. Falls in der Zwischenzeit das Transferfenster (zeitlich) geschlossen sein sollte, hat der Entleiher einen Anspruch aus den §§ 280 Abs. 1 und 3, 283 BGB, da Transfer und Ausleihe für gewöhnlich sog. absolute Fixgeschäfte darstellen; bei einer verspäteten Vertragsauflösung noch innerhalb des Transferfensters steht dem Entleiher ein Anspruch aus den §§ 280 Abs. 1 und 2, 286 BGB zu, wobei es einer vorherigen Mahnung für den Eintritt des Verzugs nach § 286 Abs. 2 Nr. 1 BGB nicht bedarf.[98]

Sofern der Verleiher den Vertrag mit dem Spieler zum vereinbarten Zeitpunkt noch nicht aufgelöst hat, steht dem Entleiher zu einem späteren Zeitpunkt noch innerhalb des Transferfensters u. U. auch ein Rücktrittsrecht nach § 323 Abs. 1 BGB zu. Ein solches könnte gemäß § 325 BGB auch neben einem etwaigen Schadensersatzanspruch ausgeübt werden. Voraussetzung hierfür ist jedoch, dass der Entleiher dem Verleiher zuvor erfolglos eine angemessene Frist i. S. v. § 323 Abs. 1 BGB zur Vornahme jener Vertragsauflösung mit dem Spieler gesetzt hat. Denn die Setzung einer angemessenen Frist ist im Regelfall nicht als entbehrlich nach § 323 Abs. 2 Nr. 2 BGB anzusehen. Hierbei ist v. a. zu berücksichtigen, dass wegen des zeitlich sehr begrenzten Transferfensters (vom 01.07. bis zum 31.08. in der Wechselperiode I bzw. Sommertransferperiode und vom 01.01. bis zum 31.01. in der Wechselperiode II bzw. Wintertransferperiode) der Spieler trotz Verspätung noch die meisten Wettkampfspiele der Saison bzw. Hin- oder Rückrunde für den Entleiher bestreiten kann, sofern der Verleiher seiner Pflicht zur Vertragsauflösung noch innerhalb des Transferfensters nachkommt.

Hauptleistungspflicht des Entleihers ist die Zahlung der Leihgebühr an den Verleiher (falls eine solche vereinbart wurde). Wenn der Entleiher diese Pflicht verletzt, steht dem Verleiher gemäß § 320 BGB die Einrede des nichterfüllten Vertrags zu, es sei denn die beiden Vereine haben entweder eine Vorleistungspflicht des Verleihers oder eine Stundung der Zahlung der Leihgebühr vereinbart.[99]

III. Nebenvereinbarungen im Rahmen der Spielerüberlassung

U. U. treffen die Vereine noch verschiedenartige Nebenvereinbarungen in einem solchen „Leihvertrag“.

98 So auch *Berkemeyer*, Leihgabe von Berufssportlern, S. 83 f.
99 Vgl. allgemein hierzu auch *Ulber*, in: Erman, BGB, § 320 Rn. 22 u. 30 f.

Die wohl bekannteste Nebenvereinbarung dürfte die Vereinbarung einer sog. „Kaufoption" für den Entleiher sein. Dann darf der Entleiher nach Ablauf der Leihdauer entscheiden, ob er diese Option wahrnehmen will oder nicht. Im ersten Fall verpflichtet der Entleiher den Spieler gegen Zahlung einer bereits ausgehandelten Transfersumme dauerhaft (wie bei einem endgültigen Transfer), im zweiten Fall kehrt der Spieler wieder zum Verleiher zurück (wie bei einer „gewöhnlichen" Ausleihe).

Dieser Optionsvertrag stellt einen unter eine aufschiebende Potestativbedingung gestellten Vertrag dar.[100] Der Transfervertrag über den Spieler wird demnach unter der aufschiebenden Bedingung der Ausübung des Optionsrechts durch den Entleiher geschlossen und dem Entleiher als Begünstigtem steht es sodann frei, ob er von seinem Recht, den Transfervertrag als Vertrag „sui generis"[101] über den Spieler zustande zu bringen, Gebrauch macht oder nicht.[102] Mit der Ausübung dieses Optionsrechts kann der Entleiher anschließend eine Spielerlaubnis für den Spieler beantragen, s. § 13 Nr. 1 LOS.[103] V. a. gehen mit der Ausübung dieses Optionsrechts sodann auch – anders als im Rahmen eines „bloßen" Leihgeschäfts – sämtliche Transferrechte an dem Spieler auf den Entleiher über. Somit kann sich der Entleiher durch die Vereinbarung einer solchen „Kaufoption" auch davor sichern, dass der Verleiher zwischenzeitlich einen Transfervertrag mit einem anderen Verein in Bezug auf diesen Spieler abschließt.[104]

Auch wenn sich in der Lizenzordnung Spieler (LOS) der DFL eine direkte Schriftformvorgabe lediglich in Bezug auf den zwischen den Vereinen vereinbarten

---

100 S. hierzu auch BGH v. 21.04.1967 – V ZR 75/64, NJW 1967, 1605 (1606); BayObLG v. 05.08.1999 – 2Z BR 98/99, DNotZ 1999, 1011 (1012); *Westermann*, in: MüKo, BGB, § 158 Rn. 60.

101 Richtigerweise wird der endgültige Transfer in juristischer Hinsicht überwiegend nicht als Kaufvertrag, sondern als Vertrag „sui generis" bzw. eigener Art angesehen, da der Vertragsgegenstand eines Transfers eben keine Sache i. S. v. § 433 BGB oder übertragbares Recht i. S. v. § 453 BGB ist. So z. B. auch *Weidenkaff*, in: Palandt, BGB, Einf v § 433 Rn. 23; *Wertenbruch*, NJW 1993, 179 (182); *Westermann*, in: MüKo, BGB, § 433 Rn. 15. Dies ist jedoch streitig: Für die Einordnung als Kaufvertrag z. B. *Becker*, Verfassungsrechtliche Schranken für die Regelung des Lizenzfussballsports, S. 123 ff.; *Knauth*, Rechtsformverfehlung bei eingetragenen Vereinen, S. 171; *Westerkamp*, Ablöseentschädigungen, S. 69 ff. S. ausführlich zur Thematik, welchem Vertragstypus der Spielertransfervertrag zuzuordnen ist auch *Seip*, Vertragsrechtliche und ökonomische Analyse des Spielertransfervertrages, S. 69 ff., der hierbei u. a. verschiedene Vertragstypen genauer in den Blick nimmt und letztendlich auch zu dem Ergebnis kommt, dass es sich bei dem Spielertransfervertrag um einen atypischen Vertrag handelt (welcher in der Praxis feste Vertragsstrukturen aufweist).

102 S. hierzu auch *Köhler*, BGB AT, § 8 Rn. 53 f.

103 Sofern auch ein wirksamer Arbeitsvertrag mit dem Spieler besteht (s. § 13 Nr. 2 lit. a LOS) und die sonstigen Voraussetzungen der LOS erfüllt sind.

104 S. hierzu auch *Köhler*, BGB AT, § 8 Rn. 54.

„Leihvertrag" in § 5 Nr. 2 S. 3 LOS wiederfindet, so achten die Vereine schon vor dem Hintergrund von § 13 Nr. 2 lit. b, h LOS aus Eigeninteresse bei der Vereinbarung einer „Kaufoption" oder der Ausübung einer solchen „Kaufoption" auf die Beachtung der Schriftform. Denn nach § 13 Nr. 2 lit. b, h LOS müssen auch sämtliche Dokumente und Erklärungen, mit welchen nachgewiesen werden kann, dass für den gleichen Zeitraum keine anderweitigen rechtlichen Bindungen des Spielers an einen anderen Verein mehr bestehen, beim DFL Deutsche Fußball Liga e. V. im Transfer-Online-Registrierungssystem (TOR) hochgeladen werden, um eine Spielerlaubnis für den Spieler zu erhalten.[105]

Da es sich bei einer solchen Kaufoption – wie geschildert – um ein einseitiges Recht zugunsten des Entleihers handelt, fällt die zwischen verleihendem und entleihendem Verein vereinbarte Leihgebühr im Regelfall höher aus, wenn dem Entleiher eine solche „Kaufoption" eingeräumt wird.

Zudem wird teilweise die weitere Nebenvereinbarung getroffen, dass der Verleiher auch während der Ausleihdauer zumindest einen Teil des Gehalts des Spielers zahlt (grundsätzlich ist durch den befristeten Arbeitsvertrag für die Leihdauer nur der Entleiher zur Gehaltszahlung verpflichtet).[106] Dies ist v. a. in solchen Konstellationen nicht unbedingt eine Seltenheit, in denen der Spieler beim verleihenden Verein ein hohes Gehalt bekommt, welches der Entleiher nicht zahlen kann oder möchte, ein Leihgeschäft aber dennoch für alle Beteiligten das Sinnvollste ist (zu den einzelnen Motiven für ein solches Leihgeschäft s. Kapitel 1, B., II.).

Nach der Saison 2014/2015 wurde der bosnische Spieler Vedad Ibišević vom VfB Stuttgart für zwei Jahre an Hertha BSC Berlin verliehen, da der VfB Stuttgart zur damaligen Zeit zu Sparmaßnahmen gezwungen war und daher der mit dreieinhalb Millionen Euro Jahresgehalt teuerste Spieler von der Gehaltsliste gestrichen werden sollte (dadurch sollte auch ein bundesweit wahrnehmbares Signal

---

105 Daher bedarf auch die teilweise kontrovers diskutierte Frage, ob bei einem formbedürftigen Optionsvertrag die Ausübung der Option ebenfalls formbedürftig ist, vorliegend keiner vertieften Erörterung. Hinsichtlich von Optionsvereinbarungen in Bezug auf Grundstückskaufverträge hat der BGH diese Frage jedenfalls verneint, s. BGH v. 28.06.1996 – V ZR 136/95, NJW-RR 1996, 1167 (1167). Generell eine solche Formbedürftigkeit der Ausübung der Option (ebenfalls) verneinend z. B. *Hecht*, in: BeckOGK, BGB, § 125 Rn. 80 ff. Eine solche Formbedürftigkeit der Ausübung der Option generell bejahend z. B. *Köhler*, BGB AT, § 8 Rn. 55.

106 *Berkemeyer*, Leihgabe von Berufssportlern, S. 82 f. führt zu Recht aus, dass es sich hierbei entsprechend der Auslegungsregel des § 329 BGB um einen Fall der Erfüllungsübernahme handelt, weshalb der Spieler keinen Anspruch auf Zahlung des Gehaltsanteils gegen den verleihenden Verein erhält. Für das Vorliegen eines Schuldbeitritts oder einer Schuldübernahme bedürfte es weiterer Anhaltspunkte, welche auf einen solchen Willen der Vereine schließen lassen; bei einer Schuldübernahme wäre dann nach § 415 Abs. 1 S. 1 BGB auch die Genehmigung des Spielers notwendig.

gesendet werden). Nach Informationen der Berliner Morgenpost übernahm der VfB Stuttgart in diesen zwei Jahren sogar 60 Prozent des Gehalts (eine Leihgebühr wurde auch nicht vereinbart).[107]

Des Weiteren wird zum Teil vereinbart, dass der ausgeliehene Spieler nicht bei Wettkampfspielen gegen den Verleiher eingesetzt wird, damit dieser dem verleihenden Verein durch starke Leistungen in diesen Spielen zumindest nicht direkt schaden kann.

Berkemeyer[108] führt zu Recht aus, dass eine solche Klausel zulässig ist: Denn der Spieler hat ohnehin keinen Anspruch, in bestimmten Spielen eingesetzt zu werden (s. hierzu Kapitel 3, B., I., 1., b)), weshalb keine Vereinbarung zu Lasten Dritter vorliegt. Auch eine Nichtigkeit nach § 74 Abs. 2 HGB analog liegt nicht vor, da eine solche Beschränkung der gewerblichen Tätigkeit des Spielers nicht aus dieser Vereinbarung der Vereine folgt, sondern aus dem in rechtmäßiger Weise ausgeübten arbeitsvertraglichen Direktionsrechts des Entleihers. Setzt der Entleiher den Spieler entgegen der Vereinbarung dennoch in einem Spiel gegen den Verleiher ein, so wäre dies zwar verbandsrechtlich zulässig, er würde sich durch die Vertragspflichtverletzung aber schadensersatzpflichtig nach § 280 Abs. 1 BGB gegenüber dem Verleiher machen. Diesen Ausführungen von *Berkemeyer* ist zuzustimmen.

In der Saison 2010/2011 lieh der VfB Stuttgart den Stürmer Julian Schieber für ein Jahr an den 1. FC Nürnberg aus und verzichtete darauf, eine solche Klausel zu vereinbaren. Mitte Februar 2011, als sich der VfB Stuttgart mitten im Abstiegskampf befand, war Julian Schieber der überragende Akteur der Nürnberger und hatte u. a. mit seinem Tor und seiner Torvorlage maßgeblichen Anteil am 4:1-Auswärtserfolg der Nürnberger in der Mercedes-Benz-Arena in Stuttgart. Am Ende konnte der VfB Stuttgart aber dennoch die Klasse halten.

IV. Vertragliche Nebenpflichten

Es ergeben sich verschiedene vertragliche Nebenpflichten von Verleiher und Entleiher i. S. v. § 241 Abs. 2 BGB, deren Verletzung jeweils eine Schadensersatzpflicht nach § 280 Abs. 1 BGB zur Folge hat. Je nach Schwere einer solchen Pflichtverletzung kann sich auch ein Rücktrittsrecht nach § 324 BGB ergeben, wenn es dem anderen Verein aufgrund einer solchen Pflichtverletzung nicht mehr zuzumuten ist, am „Leihvertrag“ festzuhalten.

107 *Meyn/Bremer*, in: https://www.morgenpost.de/sport/hertha/article207034711/Wie-Hertha-vom-doppelten-Ibisevic-profitiert.html [zuletzt abgerufen am 12.03.2021].

108 *Berkemeyer*, Leihgabe von Berufssportlern, S. 80 f.

1. Informationspflichten des verleihenden Vereins

Äußerst interessant erscheint die Frage, welche Informationspflichten nach § 241 Abs. 2 BGB den Verleiher bei Abschluss des „Leihvertrags" hinsichtlich von Verletzungen oder Sperren des Spielers (weshalb dieser nicht spielfähig bzw. -berechtigt ist) gegenüber dem Entleiher treffen.[109] An der Entscheidungserheblichkeit solcher Informationen besteht kein Zweifel. Allerdings müsste diesbezüglich, wie *Berkemeyer* zunächst richtigerweise ausführt, auch ein „Informationsgefälle" zwischen Verleiher und Entleiher bestehen.[110]

Berkemeyer ist jedoch insoweit zu widersprechen, als er ein solches Informationsgefälle bei Verletzungen des Spielers wegen der üblichen sportmedizinischen Untersuchung beim Entleiher vor der endgültigen Verpflichtung des Spielers (s. hierzu auch § 2 Nr. 4 LOS) verneint. Zwar werden die Ärzte des Entleihers bei dieser Untersuchung zumeist etwaige Verletzungen oder auch Erkrankungen feststellen, es darf aber nicht unberücksichtigt bleiben, dass die Ärzte des Verleihers mitunter über eine lange Zeit mit dem Spieler zusammengearbeitet bzw. ihn regelmäßig untersucht und behandelt haben. Es liegt daher auf der Hand, dass sie deutlich besser über den allgemeinen Gesundheitszustand oder noch nicht vollständig auskurierte Verletzungen des Spielers Bescheid wissen, welche bei einer einmaligen Untersuchung womöglich nur schwer oder sogar überhaupt nicht entdeckt werden können. Dem Verleiher kommt daher naturgemäß ein diesbezügliches überlegenes (Sach-) Wissen über den gesundheitlichen Zustand des Spielers zu. Eine solche Informationsmitteilung ist dem Verleiher auch ohne nennenswerten Aufwand möglich und damit zumutbar.[111] Freilich ist solch ein überlegenes Sachwissen des Verleihers zum Teil für den Entleiher nur schwer nachzuweisen.

Berkemeyer ist aber insoweit zuzustimmen, als er ein solches Informationsgefälle und damit eine Informationspflicht bei einer Spielsperre des Spielers (z. B. nach einer roten Karte oder einem Dopingvergehen) ablehnt, da die Dauer

109 Die nachfolgenden Problemstellungen können sich in gleichem Maße auch beim endgültigen Transfer stellen.

110 *Berkemeyer*, Leihgabe von Berufssportlern, S. 87 f., der auch ausführlich auf diese beiden Konstellationen (Verletzung und Sperre des Spielers) eingeht.

111 So im Ergebnis auch *Wertenbruch*, in: Festschrift Röhricht, 1297 (1302), der dies damit begründet, dass die Bedeutung einer solchen Untersuchung nicht überschätzt werden dürfe, da der untersuchende Arzt in besonderem Maße von den Angaben des Spielers abhängig sei, der aufgrund seines nachhaltigen Interesses am neuen Vertrag einen „gesunden" Eindruck hinterlassen wolle. Diese Begründung alleine erscheint mithin aber nicht vollends überzeugend, da es bei einer solchen vertraglichen Nebenpflichtverletzung nicht um eine etwaige Risikoverteilung geht, sondern um ein etwaiges überlegenes Sachwissen, welches weitergegeben werden muss.

der Sperre in einem öffentlichen Verfahren festgesetzt und verkündet wird.[112] Ohne nennenswerten Aufwand kann sich der Entleiher daher diese Informationen selbst beschaffen, weshalb ihm dies auch zumutbar ist. Allerdings ist auch in solchen Fällen eine Informationspflicht des Verleihers zu bejahen, sofern er (ausnahmsweise) auch diesbezüglich ein überlegenes Sachwissen innehat. Dies könnte z. B. der Fall sein, wenn dem Sportverband bei der Veröffentlichung ein Fehler o. ä. unterlaufen ist und der Verleiher dies erkannt hat.

Dieser Gedanke des überlegenen (Sach-) Wissens ist auch auf alle weiteren elementaren Eigenschaften des Spielers oder sonstige beeinflussende Gegebenheiten anzuwenden. Sei es, dass der Spieler eine besondere persönliche Charaktereigenschaft o. ä. besitzt oder sonstige (z. B. gesellschaftliche) Faktoren besonderen Einfluss auf den Spieler haben. Als Beispiel für eine solche spezielle persönliche Charaktereigenschaft kann ein nach außen nicht zu Tage tretendes vermindertes Selbstwertgefühl (welches u. U. auch in eine depressive Richtung gehen kann) des Spielers genannt werden. Einen sonstigen, auf den Spieler in besonderem Maße Einfluss nehmenden Faktor kann beispielsweise ein Unglücksfall, ein sonstiger schwerer Schicksalsschlag o. ä. in der jüngeren Vergangenheit im engen Familienkreis des Spielers darstellen. Auch solche Informationen müssen für das Vorliegen einer Informationspflicht entscheidungserheblich sein, es muss das angesprochene „Informationsgefälle“ bestehen und dem Verleiher muss die Informationserteilung auch zumutbar sein.

Des Weiteren stellt sich aber die Frage, wie mit verborgenen bzw. unerwartet auftretenden Verletzungen des Spielers, die ihren Ursprung noch aus der Zeit beim Verleiher haben, die sich dann aber erst während des Zeitraums der Ausleihe verwirklichen bzw. auswirken, umzugehen ist. Für den Fall der für beide Vereine völlig unerwarteten Spielsperre während des Ausleihzeitraums, deren Grund aber in einem Fehlverhalten des Spielers noch während der Zeit beim Verleiher liegt, stellt sich dasselbe Problem. Wenn in diesen Fällen dem Verleiher auch kein Vorwurf in Bezug auf das Nichtwissen dieser Tatsachen gemacht werden kann, scheiden jedenfalls Schadensersatzansprüche aus. Falls der Verleiher aber Anhaltspunkte oder Verdachtsmomente in Bezug auf eine etwaige Spielunfähigkeit des Spielers dem Entleiher nicht mitgeteilt hat, haftet er diesem jedenfalls aus „culpa in contrahendo“ auf Schadensersatz.[113]

In solchen Fällen von unerwartet auftretenden Verletzungen des Spielers, die ihren Ursprung noch aus der Zeit beim Verleiher haben, die sich dann aber erst während des Zeitraums der Ausleihe verwirklichen, stellt sich zudem genau wie in den Fällen einer für beide Vereine unerwarteten Spielsperre während des

112 Nach OLG Karlsruhe v. 30.01.2009 – 14 U 131/08, NJOZ 2009, 3188 (3188 ff.) ist die Veröffentlichung einer Sperre eines Spielers auf der Internetseite des Sportverbands auch zulässig, weil sie nicht geeignet sei, dem Spieler einen erheblichen Persönlichkeitsschaden zuzufügen.

113 *Dörner*, JuS 1977, 225 (226).

Ausleihzeitraums, welche jedoch auf einem Fehlverhalten des Spielers noch während der Zeit beim Verleiher beruht, die Frage, ob in solchen Konstellationen die Grundsätze des Wegfalls der Geschäftsgrundlage anzuwenden sind. Dies hätte zur Konsequenz, dass je nach Schwere der Verletzung oder Länge der Sperre im Einzelfall der „Leihvertrag" zwischen Verleiher und Entleiher entweder nach § 313 Abs. 1 BGB hinsichtlich der Höhe der Ausleihgebühr angepasst werden müsste oder dem Entleiher nach § 313 Abs. 3 BGB ein Rücktrittsrecht zusteht. *Brömmekamp* hat sich sehr ausführlich mit dieser Thematik beschäftigt.[114]

Diese Fragen stellen sich sowohl bei endgültigen Transfers als auch bei Leihgeschäften und diese sind auch in aktueller Zeit durchaus relevant. Anfang Februar 2017 wurde vom CAS die viermonatige Sperre für den türkischen Nationalspieler Hakan Çalhanoğlu (damals bei Bayer 04 Leverkusen, heute bei der AC Mailand) bestätigt, weil er 2011 zunächst einen Vertrag bei dem türkischen Erstligisten Trabzonspor unterschrieben hatte, dann jedoch beim Karlsruher SC geblieben war. Trabzonspor hatte bei der FIFA wegen Vertragsbruchs geklagt, obwohl es einige Aufforderungen in der Heimat gab, den Schlüsselspieler der türkischen Nationalmannschaft zu verschonen. Anschließend hat Çalhanoğlu von sich aus auf sein Gehalt von Bayer 04 Leverkusen während der Sperre verzichtet.

Der BGH kam in einem Fall, in dem ein Spieler nachträglich wegen der zunächst unerkannten Verwicklung in einen Bestechungsskandal gesperrt wurde, zu dem Ergebnis, dass die Grundsätze des Wegfalls der Geschäftsgrundlage anwendbar seien und bejahte daher einen Rückzahlungsanspruch des aufnehmenden Vereins hinsichtlich der Ablöseentschädigung.[115] Ob ein solcher Rückzahlungsanspruch auch beim Transfer eines verletzungsbedingt sportuntauglichen Spielers besteht, wurde vom BGH offengelassen. Auch *Brömmekamp* kam in seinen Erörterungen letztendlich zu dem Ergebnis, dass diese Grundsätze dann anwendbar seien, wenn die eingetretene Störung zur Risikosphäre des Verleihers gehöre (zur Bestimmung dieser Risikosphäre sollten die kaufrechtlichen Gefahrtragungsregeln entsprechend angewendet werden)[116]. Dies sei in den oben geschilderten Fällen zu bejahen.

---

114 *Brömmekamp*, Spielerleihe, S. 89 ff. u. 98 ff.

115 BGH v. 13.11.1975 – III ZR 106/72, NJW 1976, 565 (565 ff.).

116 Nach § 446 S. 1 BGB geht die Gefahr des zufälligen Untergangs und der zufälligen Verschlechterung der verkauften Sache mit der Übergabe auf den Käufer über. Im auf die vorliegenden Konstellationen übertragenen Sinne bedeutet dies – so ist *Brömmekamp* zumindest zu verstehen –, dass bei entsprechender Anwendung der kaufrechtlichen Gefahrtragungsregeln die Gefahr in Bezug auf Verletzungen oder Fehlverhalten des Spielers mit dem Zeitpunkt der Vollziehung des Leihgeschäfts auf den Entleiher übergeht. Wenn die Verletzung des Spielers jedoch ihren Ursprung in der vorherigen Zeit beim Verleiher hat bzw. das die Sperre auslösende Fehlverhalten des Spielers sich in der vorherigen Zeit beim Verleiher ereignet hat, solle dies in den Gefahren- bzw. Risikobereich des Verleihers fallen.

Zunächst wurde sowohl vom BGH als auch von *Brömmekamp* zu Recht festgestellt, dass die Spielfähigkeit bzw. Spielberechtigung eines Spielers bei einem Wechselgeschäft zur Geschäftsgrundlage gehören.[117] Denn diese werden für gewöhnlich von beiden Vereinen vorausgesetzt und sind so bedeutsam, dass jedenfalls der aufnehmende Verein ein solches Geschäft bei Kenntnis der Sachlage (fehlende Spielfähigkeit bzw. Spielberechtigung des Spielers) nicht getätigt hätte.[118]

Wenn sich ein Spieler während der Leihdauer verletzt, wegen eines Fehlverhaltens in dieser Zeit gesperrt wird oder nicht die erwarteten Leistungen erbringt, so fällt dies eindeutig in den Risikobereich des Entleihers. Es erscheint aber nicht ersichtlich, warum bei den genannten Fällen der beidseitig unerkannten Verletzungen oder unerwarteten nachträglichen Sperren dieses Risiko auf den Verleiher übertragen werden sollte. Auch wenn einige Fälle der Dritthaftung (wie die Elternhaftung, die Haftung für einen Verrichtungsgehilfen oder die Haftung des Arbeitgebers für seine Arbeitnehmer) allgemein anerkannt sind, so kann dies dennoch nicht zu einer solchen Risikoverlagerung führen. Grundsätzlich ist es sämtlichen Verträgen immanent, dass der Erwerber ein gewisses Risiko übernimmt, ob dieser Vertragsschluss auch die gewünschten Ziele zur Folge hat. Es handelt sich dabei gewissermaßen um die Verwirklichung des allgemeinen Lebensrisikos bzw. des vertragstypischen Risikos. Dies stimmt auch damit überein, dass wegen der überragenden Bedeutung, die im Vertragsrecht dem Grundsatz der Vertragstreue zukommt, die Berufung auf die Störung der Geschäftsgrundlage nur im Ausnahmefall zulässig ist, wenn dies zur Vermeidung eines untragbaren, mit Recht und Gerechtigkeit nicht zu vereinbarenden und damit der betroffenen Partei nach Treu und Glauben nicht zumutbaren Ergebnisses unabweislich erscheint.[119] Zudem geht dies auch damit einher, dass die Ausübung von Leistungssport stets die Gefahr einer Verletzung, auch einer solchen, die sich erst zu einem späteren Zeitpunkt in vollem Umfang auswirkt, mit sich bringt.[120] Bei Transfers ist auch zu beachten, dass der abgebende Verein ebenfalls Planungssicherheit hinsichtlich der Kaderzusammenstellung o. ä. benötigt. Ansonsten wäre er mitunter einem unüberschaubaren Risiko ausgesetzt. Und dies, obwohl es ihm mit Sicherheit auch zu der Zeit, als der Spieler noch bei ihm

---

117 S. hierzu auch *Dörner*, JuS 1977, 225 (225 f.); *Westerkamp*, Ablöseentschädigungen, S. 153 ff.

118 S. allgemein zu den Voraussetzungen für den Wegfall der Geschäftsgrundlage *Medicus/Petersen*, Bürgerliches Recht, Rn. 164 ff.

119 BGH v. 11.07.1958 – VIII ZR 96/57, NJW 1958, 1772 (1772 f.); BGH v. 29.09.1961 – V ZR 136/60, NJW 1962, 29 (30); BGH v. 26.09.1996 – I ZR 265/95, NJW 1997, 1702 (1704); BGH v. 01.02.2012 – VIII ZR 307/10, NJW 2012, 1718 (1720); BAG v. 27.06.2018 – 10 AZR 295/17, NJW 2018, 3601 (3605).

120 *Siegmann*, in: Württembergischer Fußballverband e.V., Rechtsprobleme beim Vereinswechsel, 40 (46).

unter Vertrag stand, äußerst missfallen hätte, wenn der Spieler sich einem erhöhten Verletzungsrisiko ausgesetzt oder sich fehlverhalten hätte. Außerdem hat der Entleiher Schadensersatzansprüche gegen den Spieler, wenn dieser aufgrund eines solchen damaligen Fehlverhaltens jetzt gesperrt ist oder z. B. eine damalige Verletzung verschwiegen hat. Darüber hinaus kann dem Entleiher u. U. das Recht zustehen, den Arbeitsvertrag mit dem Spieler wegen arglistiger Täuschung nach § 123 Abs. 1 Alt. 1 BGB anzufechten. Ohnehin kann der Verleiher nicht für ein etwaiges Fehlverhalten des Spielers außerhalb der Dienstzeit in seiner Freizeit verantwortlich gemacht werden, da der Verleiher auf die Freizeitgestaltung des Spielers schon generell nur eine begrenzte Einflussmöglichkeit hat.[121] Daher stellt sich die Interessenlage auch anders dar als in den genannten anerkannten Fällen der Dritthaftung. Daran ändert auch die sportmedizinische Untersuchung der medizinischen Abteilung des Entleihers nichts. Denn u. U. sind solche Verletzungen auch zu diesem Zeitpunkt noch nicht erkennbar bzw. zumindest nicht durch eine einmalige Untersuchung feststellbar oder sie sind deshalb erschwert, weil der Spieler einen möglichst gesunden Zustand vorgibt, um seinen neuen in Aussicht stehenden (oftmals lukrativeren) Arbeitsvertrag mit dem Entleiher nicht zu gefährden.[122] Somit sind bei diesen Fällen die Grundsätze der Störung der Geschäftsgrundlage generell nicht anzuwenden.

Eine Anfechtungsmöglichkeit des Entleihers in Bezug auf den „Leihvertrag" mit dem Verleiher wegen Irrtums über eine verkehrswesentliche Eigenschaft nach § 119 Abs. 2 BGB ist in den genannten Konstellationen von unerwartet auftretenden Verletzungen des Spielers, die ihren Ursprung noch aus der Zeit beim Verleiher haben, die sich dann aber erst während des Zeitraums der Ausleihe verwirklichen und in den Fällen einer für beide Vereine unerwarteten Spielsperre während des Ausleihzeitraums, welche jedoch auf einem Fehlverhalten des Spielers noch während der Zeit beim Verleiher beruht, ebenfalls grundsätzlich abzulehnen. Die besagten Gründe, weshalb bei diesen Fällen die Grundsätze der Störung der Geschäftsgrundlage generell nicht anzuwenden sind, lassen sich insoweit übertragen. Letztendlich stellt eine solche beidseitig unerkannte Verletzung oder unerwartete nachträgliche Sperre des Spielers jeweils zumindest keinen dauerhaft anhaftenden wertbildenden Faktor und damit keine verkehrswesentliche Eigenschaft des Spielers dar.[123]

Allerdings dürfte die Grenze des nicht mehr vertragstypischen Risikos bzw. des Vorliegens einer verkehrswesentlichen Eigenschaft bei einer vollständigen Sportinvalidität bzw. einer verletzungsbedingten Spielunfähigkeit des Spielers über die komplette Ausleihdauer (dies muss aber schon feststehen) oder bei einer bereits feststehenden Spielsperre des Spielers über die vollständige Ausleihdauer

121 S. hierzu beispielhaft LAG Düsseldorf v. 25.02.1997 – 8 Sa 1673/96, NZA-RR 1997, 381 (382).

122 S. hierzu auch *Wertenbruch*, NJW 1993, 179 (183).

123 S. allgemein zum Eigenschaftsirrtum *Ellenberger*, in: Palandt, BGB, § 119 Rn. 23 ff.

überschritten sein.[124] In diesen Fällen sind die Grundsätze der Störung der Geschäftsgrundlage sonach generell anzuwenden und dem Entleiher kommt auch eine Anfechtungsmöglichkeit in Bezug auf den „Leihvertrag" mit dem Verleiher nach § 119 Abs. 2 BGB zu.

2. Auskunftspflichten des entleihenden Vereins

Der Entleiher ist nach Treu und Glauben (§ 242 BGB) verpflichtet, dem Verleiher während des Ausleihzeitraums auf dessen Bitten Auskunft über Verletzungen oder Erkrankungen des Spielers oder sonstige seine Spielfähigkeit beeinträchtigende Umstände zu geben. Denn der Verleiher benötigt solche Informationen, um ggf. noch innerhalb der Wechselperiode auf den möglicherweise längerfristigen Ausfall des Spielers reagieren zu können, wenn absehbar ist, dass der Spieler zum vereinbarten Zeitpunkt der Rückkehr noch nicht wieder genesen sein wird. Im Gegensatz zur (bloßen) Informationspflicht ist die Auskunftspflicht nicht retrospektiv, sondern sie bezieht sich auf Informationen, welche der Vertragspartner benötigt, um Entscheidungen für die Zukunft treffen zu können.[125] Durch den „Leihvertrag" besteht eine Sonderverbindung zwischen verleihendem und entleihendem Verein und für gewöhnlich hat der Verleiher auch zumindest keine genaueren Informationen über die Schwere der Verletzung o. ä., da die Öffentlichkeit regelmäßig – wenn überhaupt – nur rudimentär und oberflächlich informiert wird. Der Verleiher hat (wohl) auch regelmäßig keine andere Möglichkeit, an diese Informationen zu gelangen.[126] Jedenfalls kann der Entleiher während des Ausleihzeitraums solche Informationen durch seine Ärzte deutlich einfacher erlangen (da zu dieser Zeit der Spieler bei ihm unter Vertrag steht) und die Weitergabe dieser Informationen an den Verleiher bedeutet auch keinen nennenswerten Aufwand, weshalb ihm diese auch zumutbar ist.

Wenn der Spieler zustimmt, was er in der Praxis auch i. d. R. tun wird oder ggf. sich hierzu schon in einer Nebenvereinbarung im Aufhebungs- oder Anschlussarbeitsvertrag mit dem Verleiher verpflichtet hat, ist eine solche Auskunftserteilung auch rechtlich zulässig ohne gegen die ärztliche Schweigepflicht zu verstoßen.[127] Bei Fehlen dieser Zustimmung des Spielers in einer der genannten Formen wird man vor dem Hintergrund von § 9 Abs. 1 und 2 der (Muster-)

---

124 So hinsichtlich der Sportinvalidität und einer Sperre von über sechs Monaten oder eines kompletten Lizenzentzugs für den Spieler auch *Wertenbruch*, NJW 1993, 179 (183 f.), der in solchen Fällen dann aber einen Rückzahlungsanspruch aus § 812 BGB gewährt.

125 S. hierzu *Olzen*, in: Staudinger, BGB, § 241 Rn. 439.

126 Zur Frage, ob den Spieler während der Ausleihe (auch) eine Untersuchungspflicht gegenüber dem Verleiher trifft s. Kapitel 3, C., II., 1.

127 Zur Thematik einer etwaigen Zustimmungspflicht des Spielers gegenüber dem Verleiher diesbezüglich s. Kapitel 3, C., II., 1.

Berufsordnung für die in Deutschland tätigen Ärztinnen und Ärzte[128] und § 203 Abs. 1 Nr. 1 Alt. 1 StGB die Zulässigkeit einer solchen Auskunft und damit eine diesbezügliche Auskunftspflicht ablehnen müssen.[129] Denn in diesem Fall würden die Ärzte des Entleihers bei entsprechender Auskunftserteilung an die Ärzte des Verleihers gegen ihre in § 9 Abs. 1 und 2 der(Muster-)Berufsordnung für die in Deutschland tätigen Ärztinnen und Ärzte normierte Schweigepflicht verstoßen (ebenfalls in § 9 Abs. 1 und 2 der (Muster-)Berufsordnung für die in Deutschland tätigen Ärztinnen und Ärzte normierte eng begrenzte Ausnahmefälle von dieser ärztlichen Schweigepflicht wie die Erforderlichkeit der Offenbarung zum Schutze eines höherwertigen Rechtsguts oder gesetzliche Aussage- und Anzeigepflichten liegen offensichtlich nicht vor) und sich wegen der Verletzung von Privatgeheimnissen nach § 203 Abs. 1 Nr. 1 Alt. 1 StGB strafbar machen. Insoweit ist der Straftatbestand des § 203 Abs. 1 Nr. 1 Alt. 1 StGB auch dann erfüllt, wenn diese Informationen bzw. „Privatgeheimnisse" an einen Arzt, der wiederum selbst der Schweigepflicht unterliegt, weitergeleitet werden.[130]

Bei Bestehen eines solchen Auskunftsanspruchs hat der Entleiher dem Verleiher sämtliche (Untersuchungs-) Unterlagen über die Diagnose und den Fortschritt der Heilung (in Kopie) zur Verfügung zu stellen. Ansonsten macht er sich schadensersatzpflichtig nach §§ 280 Abs. 1, 241 Abs. 2 BGB. Da der Auskunftsanspruch auf die Zukunft gerichtet ist, kann er im Gegensatz zur auf die Vergangenheit gerichteten Aufklärungspflicht auch eingeklagt werden, wobei v. a. auch der einstweilige Rechtsschutz häufig relevant werden dürfte.[131]

B. Rechtsbeziehungen zwischen entleihendem Verein und Spieler

Auch zwischen entleihendem Verein und Spieler ergeben sich verschiedenartige Rechtsbeziehungen.[132] Entleiher und Spieler schließen für die Dauer der

---

128 (Muster-)Berufsordnung für die in Deutschland tätigen Ärztinnen und Ärzte – MBO-Ä 1997 – in der Fassung der Beschlüsse des 121. Deutschen Ärztetages 2018 in Erfurt – geändert durch Beschluss des Vorstandes der Bundesärztekammer am 14.12.2018, abrufbar unter https://www.bundesaerztekammer.de/fileadmin/user_upload/downloads/pdf-Ordner/MBO/MBO-AE.pdf [zuletzt abgerufen am 12.03.2021].

129 So zu Recht *Berkemeyer*, Leihgabe von Berufssportlern, S. 91 f.

130 S. hierzu BayObLG v. 08.11.1994, NJW 1995, 1623 (1623); *Heger*, in: Lackner/Kühl, StGB, § 203 Rn. 17.

131 Zur Einklagbarkeit des Auskunftsanspruchs im Allgemeinen s. *Artz*, in: Erman, BGB, § 260 Rn. 21.

132 Diese Rechtsbeziehungen stellen keine Besonderheiten bei der Ausleihe eines Spielers dar, sondern existieren ebenso in fast identischer Weise beim endgültigen Transfer. Dennoch werden hier zumindest die wesentlichen Rechtsbeziehungen dieser Art vorgestellt.

Ausleihe einen Arbeitsvertrag, woraus sich verschiedene Rechte und Pflichten für beide Beteiligten ergeben.[133] Häufig verwenden sie hierfür den Muster-Lizenzspielervertrag der DFL.[134] Zeitlich müssen sie den Vertrag auf die mit dem Verleiher vereinbarte Ausleihdauer befristen, da nur so die Rückkehr des Spielers zum Verleiher nach Ablauf der Ausleihdauer möglich ist. Eine kürzere Frist als die Ausleihdauer würde jedenfalls den Interessen des Spielers zuwiderlaufen, da er dann vom Ablauf dieser Frist bis zum Beginn bzw. Inkrafttreten des Anschlussarbeitsvertrags mit dem Verleiher ohne Verein dastehen würde.

I. Hauptleistungspflichten

1. Hauptleistungspflichten des entleihenden Vereins

a) Vergütung

Die wichtigste Hauptleistungspflicht des Entleihers stellt die Zahlung der vereinbarten Vergütung nach § 611a Abs. 2 BGB dar.[135] Diese besteht zumeist aus einem feststehenden Grundgehalt und unterschiedlichen (zusätzlichen) Prämien, welche von der Leistung des Spielers und/oder der Mannschaft abhängen (beispielsweise das Erreichen einer bestimmten Anzahl von bestrittenen Spielen des Spielers oder das Erreichen eines bestimmten Tabellenplatzes), welche

---

133 Auch wenn Entleiher und Spieler grundsätzlich bei der Gestaltung ihres Vertrags frei sind (s. auch § 6 Nr. 2 LOS), so werden diesen von den Sportverbänden doch zumindest indirekt einige Vorgaben hinsichtlich des Inhalts des Arbeitsvertrags gemacht.

134 Abgedruckt ist dieser Muster-Lizenzspielervertrag der DFL in Fritzweiler/Pfister u. a., Praxishandbuch Sportrecht, Anhang 2.

135 Die Ausführungen von *Brömmekamp*, Spielerleihe, S. 86 f., dass der Spieler einen Schadensersatzanspruch gegenüber dem Entleiher hat, wenn dieser sich weigert, mit ihm einen Arbeitsvertrag abzuschließen, sind heute nur noch wenig relevant, da heutzutage alle mit dem Leihgeschäft zusammenhängende Verträge i. d. R. gleichzeitig oder zumindest ohne große zeitliche Abstände abgeschlossen werden (und es daher unwahrscheinlich ist, dass der Entleiher seinen Willen bezüglich des Leihgeschäfts in nur so kurzer Zeit ins Gegenteil verkehrt); sie sind aber dennoch richtig.
Auf das Problem, dass zumeist vereinbart wird, dass der Spieler sich in zeitlicher Hinsicht an den durch Training und Spiel vorgegebenen Rhythmus halten muss und es daher (praktisch) nie zur Vergütung von Überstunden kommt, soll hier nicht näher eingegangen werden. S. ausführlich zum Thema Arbeitszeitschutz im Sport *Heink*, Sportspezifischer Arbeitszeitschutz, S. 19 ff. Auch nach *Fechner/Arnhold u. a.*, Sportrecht, S. 70 und *Wüterich/Breucker*, in: Adolphsen/Nolte u. a., Sportrecht in der Praxis, Rn. 578 ff. wird bei Profisportlern das Arbeitszeitgesetz häufig nicht eingehalten, ohne dass darauf in der Praxis oder Gesetzgebung bislang erkennbar reagiert worden ist.

damit als Leistungsanreiz fungieren.[136] Solche Prämienvereinbarungen sind auch aus wirtschaftlicher bzw. unternehmerischer Sicht des Vereins vorteilhaft, weil die Einnahmen des Vereins je nach sportlichem Erfolg variieren; eine solche Prämienvergütung ist auch rechtlich zulässig, sofern nicht ausnahmsweise die Vergütung des Spielers ausschließlich durch solche Prämien ohne festes Grundgehalt erfolgt, was dann i. d. R. gegen § 138 Abs. 1 BGB verstoßen würde.[137]

Regelmäßig vereinbaren Entleiher und Spieler (in einer zusätzlichen Klausel) „Stillschweigen" u. a. über die Vergütungshöhe. Die Lohn- und Gehaltsdaten können bei Profifußballvereinen bzw. deren Kapitalgesellschaften als eine im Zusammenhang mit dem Betrieb stehende Tatsache, die nicht offenkundig, sondern nur einem eng begrenzten Personenkreis bekannt ist und nach dem Willen des Betriebsinhabers aufgrund eines berechtigten wirtschaftlichen Interesses geheim gehalten werden soll, und damit als ein Betriebs- oder Geschäftsgeheimnis angesehen werden.[138] Wenn nur die vereinbarte Vergütung betroffen ist und auch der Entleiher zu einem solchen Stillschweigen verpflichtet wird, ist eine solche Vereinbarung auch wirksam, da sie den Spieler nicht unangemessen benachteiligt.[139] Denn aufgrund der betriebswirtschaftlichen Bedeutung der summierten Vergütungen an die Spieler hat der Entleiher ein berechtigtes Interesse daran, dass Konkurrenten diese Daten nicht erfahren und außerdem fördert ein solches Stillschweigen auch den vereinsinternen Frieden.[140] Denn durch eine solche Vereinbarung von Stillschweigen kann der Gefahr begegnet werden, dass sich ein Spieler im Vergleich zu anderen Spielern in Bezug auf die Vergütungshöhe ungerecht behandelt fühlt.[141] Da bereits feststeht, dass der Spieler nach Ablauf der Ausleihdauer zum Verleiher zurückkehrt (oder u. U. bei Ziehung einer ggf. vereinbarten Kaufoption beim Entleiher verbleibt), wird auch nur selten die Situation vorliegen, dass ein Spieler auf die Offenbarung seines aktuell bezogenen Gehalts gegenüber einem potenziellen neuen Verein als Verhandlungsgrundlage angewiesen ist.[142] Außerdem wird zwischen dem Verein bzw. der

---

136 Vgl. *Imping*, Die arbeitsrechtliche Stellung des Fußballspielers, S. 52; *Rüsing*, Sportarbeitsrecht, S. 27 f.; s. zum Prämienlohn allgemein auch *Edenfeld*, in: Erman, BGB, § 611 Rn. 444; *Preis*, in: ErfK zum Arbeitsrecht, 230 BGB § 611a Rn. 395.

137 Richtig hierzu *Berkemeyer*, Leihgabe von Berufssportlern, S. 116 f.

138 S. hierzu BAG, NZA 1988, 63 (63 f.).

139 So auch *Berkemeyer*, Leihgabe von Berufssportlern, S. 117.

140 So zu Recht *Berkemeyer*, Leihgabe von Berufssportlern, S. 117.

141 So richtigerweise *Berkemeyer*, Leihgabe von Berufssportlern, S. 117.

142 *Rybak*, Rechtsverhältnis zwischen dem Lizenzfußballspieler und seinem Verein, S. 126 führt zu Recht aus, dass grundsätzlich ein Spieler darauf angewiesen ist, rechtzeitig vor Vertragsauslauf mit einem anderen Verein in Verhandlungen zu treten und hierbei auch sein aktuell bezogenes Gehalt als Verhandlungsgrundlage offenbaren zu dürfen. In einer solchen Ausnahmekonstellation ist er zu jener Offenbarung aber nur gegenüber einem bestimmten begrenzten Personenkreis befugt, welcher selbst diesbezüglich anschließend zum Stillschweigen verpflichtet ist.

Kapitalgesellschaft und dem Spieler für gewöhnlich vereinbart, dass eine solche Verschwiegenheitspflicht ihre Grenzen in gesetzlichen oder verbandsrechtlichen Verpflichtungen bzw. in entsprechenden gerichtlichen oder behördlichen Anordnungen zur Offenlegung der Vergütungshöhe sowie bei einer Offenbarung gegenüber berufsrechtlich zur Verschwiegenheit verpflichteten Personen in Ausübung dieses Berufes findet.[143]

Falls der Entleiher seiner Vergütungspflicht nicht nachkommen sollte, kann der Spieler im Regelfall seine Arbeitsleistung zurückhalten. Dieses Zurückbehaltungsrecht des Spielers ergibt sich dabei aus § 273 BGB[144] (und nicht etwa aus § 320 BGB), weil der Spieler als Arbeitnehmer vorleistungspflichtig ist nach § 614 BGB.[145] Die Ausübung jenes Zurückbehaltungsrechts wäre jedoch dann nicht mehr mit Treu und Glauben nach § 242 BGB zu vereinbaren, wenn die ausstehende Vergütung des Spielers verhältnismäßig gering ist und durch die Arbeitsverweigerung ein unverhältnismäßig hoher Schaden beim (entleihenden) Verein entstehen würde oder die Vergütung des Spielers auf eine andere Weise gesichert ist.[146] Zu denken ist hierbei z. B. an das Szenario, dass der Entleiher nur mit einem sehr geringfügigen Teil der Vergütung des Spielers rückständig ist und der Spieler dennoch seine aktive Mitwirkung beim entscheidenden bzw. finalen Saisonspiel verweigern möchte.

Auch wenn Verleiher und Entleiher hinsichtlich der Vergütung des Spielers die teilweise Gehaltsübernahme des Verleihers während der Leihdauer vereinbart haben, so steht dem Spieler ebenfalls bei Zahlungsrückstand des Verleihers ein solches Zurückbehaltungsrecht nach § 273 BGB gegenüber dem Entleiher zu, sofern dieser nicht dazu bereit ist, den vom Verleiher nicht gezahlten Teil der Vergütung an den Spieler zu bezahlen.[147]

---

143 S. hierzu J.4. des Muster-Lizenzspielervertrags der DFL.

144 Im Ausnahmefall kann der Spieler seine Arbeitsleistung nach § 321 auch ohne Zahlungsrückstand des Entleihers zurückhalten, wenn wegen der Verschlechterung der finanziellen Situation des Vereins zu befürchten ist, dass dieser in Zukunft seiner Vergütungspflicht nicht nachkommen können wird. So auch *Berkemeyer*, Leihgabe von Berufssportlern, S. 118.

145 BAG v. 25.10.1984 – 2 AZR 417/83, ZIP 1985, 302 (302 f.); *Preis*, in: ErfK zum Arbeitsrecht, 230 BGB § 611a Rn. 458.

146 S. hierzu *Artz*, in: Erman, BGB, § 273 Rn. 26; *Kerwer*, in: jurisPK-BGB, § 273 Rn. 21.

147 So richtigerweise und ausführlich *Berkemeyer*, Leihgabe von Berufssportlern, S. 118 f. *Berkemeyer* führt hierbei anschaulich und insoweit zustimmungswürdig aus, dass dem Spieler ein solches Zurückbehaltungsrecht nach § 273 BGB gegenüber dem Entleiher unabhängig davon zusteht, ob zwischen Verleiher und Entleiher eine Erfüllungsübernahme, ein Schuldbeitritt oder eine befreiende Schuldübernahme vereinbart wurde.

b) Beschäftigung

Aus dem Persönlichkeitsrecht des Arbeitnehmers folgt ein Anspruch gegen den Arbeitgeber auf Beschäftigung nach §§ 611a, 613, 242 BGB.[148] Problematisch hierbei aber ist, ob der Spieler als Mannschaftssportler auch im Trainingsbetrieb oder sogar im Wettkampfspiel in die 2. Mannschaft „abgestellt" werden kann. Denn zumeist ist der Spieler nach dem Arbeitsvertrag für die 1. (Profi-) Mannschaft vorgesehen. Allerdings werden häufig sogenannte „Abstellungsklauseln" vereinbart. Solche Klauseln halten letztlich unter Berücksichtigung der Besonderheiten des Sports einer Inhaltskontrolle i. S. v. § 307 BGB stand.[149] Gerade nach einer Verletzung des Spielers hat der Verein nämlich ein berechtigtes Interesse, ihn wieder „langsam" durch Trainings- und Spielpraxis in der 2. Mannschaft an das Niveau der 1. Mannschaft heranzuführen. Auch wenn bei einer solchen „hierarchischen Abstufung" ebenso Persönlichkeitselemente des Spielers zu berücksichtigen sind, so sind solche Maßnahmen dann letztlich auch im Interesse des Spielers, da er ansonsten wohl nach einer Verletzung vorerst gar nicht zum Einsatz kommen würde. Allerdings muss auch in der 2. Mannschaft ein professioneller Trainingsbetrieb gewährleistet sein, was bei den Fußballvereinen der Bundesliga und 2. Bundesliga aber i. d. R. der Fall sein dürfte. Die jeweilige konkrete Entscheidung des Trainers ist dann aber unter Berücksichtigung von § 106 GewO einer Ausübungs- bzw. Billigkeitskontrolle i. S. v. § 315 BGB zu unterziehen.

Der entleihende Verein schuldet auch „nicht lediglich eine qualifizierte Trainingsmöglichkeit ohne jegliche Aussicht auf einen qualifizierten Spieleinsatz, sondern ein ebensolches qualifiziertes Training mit der Chance, die vorhandenen, erworbenen und antrainierten Fähigkeiten auch in einem qualifizierten Spieleinsatz einzusetzen".[150]

Aufgrund dieser Beschäftigungspflicht ist auch eine Suspendierung (also die vorübergehende Freistellung von den Arbeitsaufgaben) des Spielers nur bei einem Fehlverhalten möglich, das auch eine fristlose Kündigung nach § 626 BGB rechtfertigen würde, da dann die Suspendierung im Vergleich zur fristlosen Kündigung das mildere Mittel darstellt.[151] Dies dürfte aber nur bei schwerwiegenden Vertrauensverletzungen oder bei Beeinträchtigungen oder Gefährdungen anderer Mitarbeiter o. ä. zu bejahen sein. Eine dahingehende Vereinbarung mit dem

---

148 BAG v. 10.11.1955 – 2 AZR 591/54, NJW 1956, 359 (359 f.) in Bezug auf den damals (bis zur Neueinführung des § 611a BGB) noch ausschlaggebenden § 611 BGB.

149 So im Ergebnis auch ArbG Bielefeld v. 16.02.2011 – 6 GA 7/11, openJur 2015, 4319; ArbG Berlin v. 17.02.2014 – 38 Ga 2145/14, juris.

150 So ArbG Mannheim v. 28.08.2013 – 10 Ga 3/13, juris im Fall der „Trainingsgruppe 2 – für Spiele ohne Wettbewerbscharakter" bei der TSG 1899 Hoffenheim, der u. a. auch der Torwart Tim Wiese angehörte. Nach diesem Urteil des ArbG Mannheim wurde jene „Trainingsgruppe 2" aufgelöst.

151 *Preis*, in: ErfK zum Arbeitsrecht, 230 BGB § 611a Rn. 567; s. ausführlicher hierzu auch *Preis*, Prinzipien des Kündigungsrechts, S. 462 f.

Spieler, dass dieser nicht mehr am Training teilnimmt und dennoch weiterhin sein Gehalt bekommt, bleibt natürlich möglich.

Der Beschäftigungsanspruch des Spielers beinhaltet auch einen Anspruch auf medizinische und sporttherapeutische Betreuung.

Allerdings ist der entleihende Verein im Regelfall nicht dazu verpflichtet, den Spieler auch tatsächlich in Wettkampfspielen einzusetzen.[152] Ob ein Spieler aufgestellt oder wenigstens eingewechselt wird, darf der entleihende Verein als Arbeitgeber entscheiden. Solche Entscheidungen sind vom allgemeinen Direktionsrecht i. S. d. § 106 GewO gedeckt, welches der Verein für gewöhnlich zumindest konkludent auf den Trainer übertragen hat.[153] Dass der Trainer darüber entscheidet, ob ein Spieler überhaupt spielt und wenn ja, auf welcher Position, ist bereits die Folge der Besonderheiten des Mannschaftssports.[154] Der Kader einer Mannschaft umfasst i. d. R. deutlich mehr Spieler als die Anzahl der Spieler, die tatsächlich im Wettkampfspiel zum Einsatz kommen können. Dies ist gerade eine Besonderheit des Mannschaftssports, um in taktischer Hinsicht möglichst variabel agieren und sich auf etwaige Stärken oder Schwächen des Gegners angemessen einstellen zu können. Mit dieser Besonderheit geht auch einher, dass die Anzahl der Ersatzspieler die Anzahl der Spieler, die tatsächlich eingewechselt werden können, deutlich übersteigt, um auf Verletzungen oder einzelne Schlechtleistungen von Spielern adäquat reagieren zu können. Der Trainer muss daher die Möglichkeit haben, Aufstellung und Ein- und Auswechslungen an taktischen Kriterien zu orientieren. Diese Besonderheiten des Mannschaftssports sind dem Spieler im Übrigen auch schon bei Abschluss des Arbeitsvertrags bewusst, weshalb er auch nicht als schutzwürdig in dieser Hinsicht erscheint.

Etwas anderes ergibt sich nur dann, wenn Entleiher und Spieler in einer gesonderten Klausel eine „Stammplatzgarantie" für den Spieler vereinbart haben. Dann ist das Direktionsrecht des Vereins i. S. d. § 106 GewO in diesem Punkt begrenzt. Dieser Anspruch des Spielers, aufgestellt zu werden, kann auch gerichtlich durchgesetzt werden, was sinnvollerweise regelmäßig durch einen Antrag auf Erlass einer einstweiligen Verfügung erfolgen sollte.[155] Hinsichtlich bereits vergangener Wettkampfspiele, bei denen der Spieler trotz Stammplatzgarantie nicht aufgestellt wurde, hat er auch einen Schadensersatzanspruch nach

---

152 BAG v. 22.08.1984 – 5 AZR 539/81, DB 1985, 1243 (1243 f.); s. hierzu auch *Poschenrieder*, Sport als Arbeit, S. 129 f.

153 S. hierzu *Ittmann*, Pflichten des Sportlers, S. 58; *Kaske*, Das arbeitsrechtliche Direktionsrecht, S. 24 f.

154 S. hierzu auch BAG v. 22.08.1984 – 5 AZR 539/81, DB 1985, 1243 (1243 f.); *Imping*, Die arbeitsrechtliche Stellung des Fußballspielers, S. 62 f.; *Rüsing*, Sportarbeitsrecht, S. 32.

155 Allerdings dürfte diese Möglichkeit u. U. nur theoretischer Natur sein, da in einem solchen Fall der Verein die Aufstellung wohl so lange wie möglich auch gegenüber dem Spieler geheim halten wird.

§ 280 Abs. 1 BGB gegen den Verein, der mindestens die Prämien umfasst, die der Spieler im Falle seiner Aufstellung erhalten hätte. Wegen der negativen Auswirkungen des Nichtspielens auf den Marktwert des Spielers wird dieser mitunter aber auch erheblich höher ausfallen (gerade, wenn eine Vielzahl von Spielen betroffen ist).

Jürgen Klinsmann hatte es im Jahr 1995 bei seinem Wechsel zum FC Bayern München durchgesetzt, dass eine solche Stammplatzgarantie in seinen Kontrakt aufgenommen wurde.

Die Entscheidungen des Trainers sind nur sehr eingeschränkt justiziabel. Das Recht des Trainers, über Aufstellung, Aus- und Einwechslungen frei zu entscheiden, findet seine Grenze aber in der Willkür, da der Spieler ein nachvollziehbares Interesse daran hat, neben dem Training auch in Wettkampfspielen zum Einsatz zu kommen, weil er nur so die Chance hat, sein Leistungsniveau der Öffentlichkeit zu präsentieren und damit seinen Marktwert in die Höhe zu treiben.[156] Eine gewisse Wettkampfpraxis ist unumgänglich zur Leistungssteigerung oder -erhaltung. Der Trainer darf seine Entscheidungen daher nicht auf unsachliche bzw. sachfremde Gründe stützen. Z. B. darf der Nichteinsatz keine Sanktion für einen angekündigten Vereinswechsel darstellen, s. § 612a BGB. Es wird dem Spieler in der Praxis aber kaum möglich sein, nachzuweisen, dass der Trainer jegliche sachgerechten Überlegungen wie Leistungsfähigkeit in spielerischer oder taktischer Hinsicht bei seiner Entscheidung völlig außen vor gelassen hat.[157]

2. Hauptleistungspflichten des Spielers

a) Leistungspflicht

Der Spieler hat sich durch den Abschluss des Arbeitsvertrags in erster Linie dazu verpflichtet, für die vereinbarte Laufzeit fußballerische Leistungen ausschließlich für den Entleiher als seinem Arbeitgeber zu erbringen.[158] Es liegt auf der Hand, dass diese Leistungspflicht nicht nur in Wettkampfspielen (sofern er aufgestellt oder eingewechselt wird), sondern auch in Testspielen,

---

156 So im Ergebnis auch *Weisemann/Spieker*, Sport, S. 13.

157 So auch *Berkemeyer*, Leihgabe von Berufssportlern, S. 122.

158 Die Ausführungen von *Brömmekamp*, Spielerleihe, S. 87 ff. zur Frage der Schadensersatzpflicht des Spielers, wenn er entgegen der Vereinbarung mit dem Entleiher entweder den Arbeitsvertrag mit dem Verleiher nicht auflöst oder mit dem Entleiher keinen (neuen) Arbeitsvertrag abschließt, sind heutzutage wohl eher nur noch theoretischer Natur, da in der heutigen Praxis i. d. R. alle mit dem Leihgeschäft zusammenhängenden Verträge gleichzeitig geschlossen werden. Ihm ist aber insoweit zuzustimmen, dass ein solches Verhalten grundsätzlich eine Schadensersatzpflicht zur Folge hat, wenngleich die Bezifferung des Schadens selbst bei Stellung eines Antrags nach § 287 ZPO bei Gericht nicht einfach sein dürfte.

Mannschaftsbesprechungen etc. und natürlich im Training (zu welchem auch Regenerationsmaßnahmen zu zählen sind)[159] besteht.[160] Nur so ist es dem Spieler möglich, die für den Entleiher bestmögliche Leistung zu erbringen. Normalerweise wird diese umfassende Leistungspflicht explizit im Arbeitsvertrag geregelt sein, ansonsten ergibt sie sich in aller Regel zumindest konkludent.

Kommt der Spieler dieser Leistungspflicht überhaupt nicht nach, erlischt sein Vergütungsanspruch nach § 326 Abs. 1 S. 1 BGB (wenn nicht ausnahmsweise ein Fall des § 326 Abs. 2 BGB vorliegt), da diese Leistungspflichten absolute Fixschulden darstellen, welche nachträglich unmöglich i. S. v. § 275 Abs. 1 BGB werden.[161]

Deutlich komplizierter stellt sich die Situation dar, wenn der Spieler nicht die von ihm erwarteten sportlichen Leistungen in qualitativer Hinsicht erbringt, er also (mitunter erheblich) „schlechter“ spielt als vom Entleiher gewünscht. Der Spieler ist nur dazu verpflichtet, die für ihn bestmögliche Leistung in subjektiver Hinsicht zu erbringen, zu einer Bestleistung in objektiver Hinsicht kann er nicht verpflichtet werden.[162] Es ist auch allgemein bekannt, dass (wohl) kein Spieler seine Leistungen konstant auf dem gleichen Niveau erbringen kann. Jeder Spieler unterliegt mehr oder weniger großen Formschwankungen, welche häufig ihre Ursache auch im persönlichen Umfeld des Spielers haben.[163] Es ist für den Entleiher folglich äußerst schwierig, dem Spieler eine qualitative Schlechtleistung nachzuweisen, auch wenn der Spieler gewisse Mindeststandards an

159 *Ittmann*, Pflichten des Sportlers, S. 82 f.; *Rybak*, Rechtsverhältnis zwischen dem Lizenzfußballspieler und seinem Verein, S. 101.

160 S. auch BAG v. 17.01.1979 – 5 AZR 498/77, NJW 1980, 470 (471); bezüglich des Trainings so auch *Poschenrieder*, Sport als Arbeit, S. 129 f.
Auf das Problem, dass es dadurch wohl häufig zumindest in intensiven Trainings- oder Wettkampfphasen zu einer Nichteinhaltung der Vorgaben des § 3 ArbZG kommt, soll hier nicht näher eingegangen werden. S. ausführlich zum Arbeitszeitschutz im Sport *Heink*, Sportspezifischer Arbeitszeitschutz, S. 19 ff.
Bei „englischen Wochen“, Pokalspielen oder Freitagabendspielen etc. kann es bei noch minderjährigen Spielern auch zu einem Problem mit § 14 JArbSchG kommen, wonach im Grundsatz ab 20 Uhr Nachtruhe für Minderjährige ist. S. hierzu ausführlich *Gutzeit/Vrban*, SpuRt 2011, 60 (60 f.).

161 S. hierzu auch *Berkemeyer*, Leihgabe von Berufssportlern, S. 99 f.; *Beuthien*, ZfA 1972, 73 (74 f.); *Henssler*, RdA 2002, 129 (132); *Maschmann*, NZA Beilage 1/2006, 13 (13).

162 S. hierzu *Berkemeyer*, Leihgabe von Berufssportlern, S. 100 f.; Vgl. auch BAG v. 11.12.2003 – 2 AZR 667/02, NZA 2004, 784 (784 ff.); *Hromadka/Maschmann*, Arbeitsrecht, § 6 Rn. 123 f.; *Stoffels*, in: Preis, Arbeitsvertrag, II H 20 Rn. 30 f. Nach BAG v. 11.12.2003 – 2 AZR 667/02, NZA 2004, 784 (786) hat ein Arbeitnehmer allgemein „zu tun was er soll, und zwar so gut wie er kann“.

163 Aufgrund der bereits feststehenden Rückkehr des Spielers zu seinem früheren Verein nach Ablauf der Ausleihdauer, erscheint es auch denkbar, dass sich gerade in Krisenzeiten u. U. eine geringere Identifikation mit dem aktuellen Verein noch weiter leistungsmindernd auswirkt.

Professionalität erfüllen muss.[164] Dies erscheint nur möglich, wenn die „Schlechtleistung" ihrerseits auf objektiven Pflichtverstößen beruht, an die angeknüpft werden kann, wie z. B. grob mangelhaftes Training, Diskothekenbesuche mit Alkoholkonsum etc. Daher ist der Entleiher gut beraten, als Vergütung in größerem Umfang erfolgs- und leistungsabhängige Prämien zu vereinbaren, um diese missliche Lage zumindest etwas umgehen zu können.[165]

Bei Vorliegen einer solchen Schlechtleistung des Spielers, steht dem Entleiher ein Schadensersatzanspruch nach den §§ 280 Abs. 1, 3, 281 Abs. 1 S. 1 BGB gegen den Spieler zu, wobei auch die Grundsätze des innerbetrieblichen Schadensausgleichs zu berücksichtigen sind.[166] Aber auch in dieser Situation wird es gerade in Mannschaftssportarten freilich relativ schwierig sein, die Schadenshöhe zu beziffern und nachzuweisen, dass dieser Schaden genau die Folge der Schlechtleistung eines bestimmten Spielers ist.

b) Mitwirkung bei Öffentlichkeitsarbeit

Aufgrund der stetig gestiegenen und steigenden Kommerzialisierung des Profisports (ganz speziell im Fußball) ist es heutzutage unumgänglich, an der Öffentlichkeitsarbeit (sog. „Public Relations") des aktuellen Vereins aktiv mitzuwirken und so dessen Vermarktung zu fördern. Nur durch eine u. a. medienwirksame Präsenz in der Öffentlichkeit ist es dem Verein möglich, Einnahmen von Sponsoren etc. zu generieren. Und nur durch diese Einnahmen sind die Vereine auch in der Lage, die ebenfalls drastisch gestiegenen Spielergehälter zu bezahlen.[167] Als Beispiele solcher Mitwirkungspflichten seien Interviews, die Zurverfügungstellung der Autogrammunterschrift oder die Teilnahme an einem Werbespot genannt.

---

164 Zu letzterem s. *Maschmann*, NZA Beilage 1/2006, 13 (16).

165 S. hierzu auch Kapitel 3, B., I., 1., a).

166 Vgl. hierzu ebenfalls *Berkemeyer*, Leihgabe von Berufssportlern, S. 102 f., der auch richtigerweise ausführt, dass in solchen Fällen nicht der Verleiher in Anspruch genommen werden kann, da der Spieler nicht sein Erfüllungsgehilfe ist und der Verleiher durch den Abschluss des „Leihvertrags" auch gar nicht die Leistungsfähigkeit des Spielers gewährleisten will und zudem eine Minderung der Vergütung durch den Entleiher gegenüber dem Spieler an § 326 Abs. 1 S. 2 BGB scheitert.

167 Da dieser Zusammenhang auch allen Beteiligten schon bei Vertragsschluss bewusst ist, erscheint es als gerechtfertigt, diese Mitwirkungspflicht des Spielers an der Öffentlichkeitsarbeit des Vereins als eine Hauptleistungspflicht im Rahmen des mit dem Entleiher bestehenden Arbeitsvertrags und nicht als eine bloße Nebenpflicht des Spielers einzustufen. Dies ist aber umstritten. Zustimmend u. a. BAG v. 05.02.1986 – 5 AZR 564/84, NZA 1986, 782 (783); *Borchard*, Wirksamkeit der im deutschen Lizenzfußball verwendeten Musterverträge, S. 140; ablehnend u. a. *Börner*, Berufssportler als Arbeitnehmer, S. 106 f.; *Poschenrieder*, Sport als Arbeit, S. 130 f.

II. Nebenpflichten

1. Nebenpflichten des entleihenden Vereins

Zum einen hat der entleihende Verein auf die Gesundheit des Spielers zu achten. Dies ergibt sich schon aus § 618 BGB. Diese Pflicht beinhaltet, gewisse technische Standards bei Spiel- und Trainingsstätte, Umkleidekabinen etc. zu erfüllen sowie bei der Trainingsgestaltung, der Aufstellung oder Einwechslung in Wettkampfspielen auf Verletzungen des Spielers Rücksicht zu nehmen und bei der Trainingsgestaltung allgemein auf die sportmedizinische Sinnhaftigkeit von Übungen Acht zu geben.[168] Diese Pflicht aus § 618 BGB ist nach § 619 BGB unabdingbar.

Zum anderen hat der Entleiher in jeder Hinsicht die Persönlichkeitsrechte des Spielers zu wahren. Aus dieser Fürsorgepflicht ergibt sich beispielsweise die Pflicht, gegen beleidigende bzw. unsachliche Aussagen eines Mitspielers, die dem Spieler gegenüber geäußert wurden, zumindest vereinsintern vorzugehen. Auch bei einem zu großen Ansturm der Medien o. ä. hat sich der Verein schützend vor den Spieler zu stellen und ihn „aus der Schusslinie zu nehmen", wenn offensichtlich ist, dass andererseits nicht nur die sportliche, sondern auch die persönliche Entwicklung des Spielers gefährdet ist. Dies ist gerade bei jungen Spielern eine immens wichtige Aufgabe des Vereins. Soweit ihm das möglich ist, hat der Verein ebenso auf einen bestmöglichen Schutz der Privatsphäre des Spielers hinzuwirken. Hierzu gehört auch, private Informationen oder andere bestimmte persönliche Eigenschaften des Spielers, welche dem Verein von diesem anvertraut wurden oder die er erfahren hat, weitestgehend von der Öffentlichkeit fernzuhalten, sofern der Spieler dies wünscht oder der Verein zumindest davon ausgehen muss, dass eine Geheimhaltung dem Interesse des Spielers entspricht.

Kommt der entleihende Verein einer solchen Nebenpflicht nicht nach, so macht er sich gegenüber dem Spieler schadensersatzpflichtig nach §§ 280 Abs. 1, 241 Abs. 2 BGB. Je nach Schwere der Nebenpflichtverletzung kann auch eine außerordentliche fristlose Kündigung nach § 626 BGB gerechtfertigt sein.

2. Nebenpflichten des Spielers

Auch den Spieler treffen diverse Nebenleistungspflichten – um die Erfüllung der Hauptleistungspflichten zu sichern – und Nebenpflichten.

Problematisch ist, ob der Spieler vertraglich dazu verpflichtet werden kann, sich bei einer Verletzung von einem Vereinsarzt des Entleihers untersuchen und behandeln zu lassen oder sogar dazu, sich ausschließlich von diesem Vereinsarzt untersuchen und behandeln zu lassen.[169] Hierbei erscheint es angemessen, zwischen diesen beiden Verpflichtungen zu differenzieren. Zweifellos ist das Interesse

---

168 S. hierzu auch *Berkemeyer*, Leihgabe von Berufssportlern, S. 124 f.

169 S. zur ganzen Problematik ausführlich auch *Ittmann*, Pflichten des Sportlers, S. 105 ff.

des Entleihers an einer Untersuchung und Behandlung des Spielers durch einen vereinseigenen Arzt (welchem er am meisten vertraut) durchaus nachvollziehbar, da er einen vollständig gesunden Spieler wünscht und ihm daher auch an einer raschen Genesung gelegen ist. Auf der anderen Seite ist das Recht auf freie Arztwahl grundsätzlich vom Persönlichkeitsrecht des Spielers geschützt. Bei einer Verpflichtung, sich auch von einem Vereinsarzt des Entleihers untersuchen zu lassen, ist der Spieler aber nur marginal in seinem Persönlichkeitsrecht betroffen, weshalb den berechtigten Interessen des Entleihers diesbezüglich der Vorrang einzuräumen ist. Eine Verpflichtung zur „Exklusivbehandlung" wäre dagegen zu einschneidend für den Spieler, da zu einem Arzt eigener Wahl i. d. R. ein besonderes Vertrauensverhältnis besteht bzw. aufgebaut wird, weshalb hierbei das Persönlichkeitsrecht des Spielers überwiegt. Aus demselben Grund wäre auch eine Verpflichtung, sich zuerst vom Vereinsarzt des Entleihers untersuchen und behandeln zu lassen, (wohl) nicht mehr hinnehmbar. Ohnehin angebracht erscheint, in jedem Einzelfall die konkrete Schwere der Verletzung oder Krankheit zu berücksichtigen.

Ein ähnliches Problem stellt die Frage dar, ob der Spieler vertraglich dazu verpflichtet werden kann, seinen Arzt gegenüber dem Entleiher als Arbeitgeber von der Schweigepflicht zu entbinden.[170] Das Interesse des Spielers an der Geheimhaltung ist durch sein Persönlichkeitsrecht geschützt. Der Entleiher ist aber auf solche Informationen dringend angewiesen, um ggf. zur richtigen Zeit auf dem Transfermarkt aktiv zu werden und auch, um Trainingseinheiten o. ä. effektiv planen zu können.[171] Daher erscheint es als angemessen, diesen berechtigten Interessen des Entleihers dann (aber auch nur dann) den Vorrang einzuräumen, wenn es sich um Verletzungen oder Krankheiten handelt, die Einfluss auf die vertraglich geschuldete Leistungserbringung haben.

Die Hauptleistungspflicht des Spielers, an der Öffentlichkeitsarbeit des Entleihers mitzuwirken, ergänzend ist die Nebenpflicht – bei einer dementsprechenden Vereinbarung – während der Tätigkeit für den entleihenden Verein auf dessen Wunsch ausschließlich die zur Verfügung gestellten Vertragsprodukte des Ausrüsters zu tragen. Eine solche vertragliche Vereinbarung stellt den Regelfall dar. Da eine solche (ergänzende) vertragliche Vereinbarung eine optimale Vermarktung des Entleihers ermöglicht und die Vereine auch nur aufgrund der hierdurch generierten Einnahmen in der Lage sind, die erheblich gestiegenen Spielergehälter zu bezahlen (s. Kapitel 3, B., I., 2., b)), sind dahingehende (ergänzende) Klauseln aus denselben Gründen ebenfalls nicht zu beanstanden.

Außerdem wird i. d. R. bereits im Arbeitsvertrag vereinbart, dass der Entleiher für die Dauer der Ausleihe die Persönlichkeitsrechte des Spielers (also sein Bildnis, seinen Namen, sein gesprochenes Wort und sonstige fußballbezogene

---

170 S. zu dieser Problematik ausführlich auch *Ittmann*, Pflichten des Sportlers, S. 111 ff.

171 So auch *Kaske*, Das arbeitsrechtliche Direktionsrecht, S. 91; *Rybak*, Rechtsverhältnis zwischen dem Lizenzfußballspieler und seinem Verein, S. 105 f.

Persönlichkeitsmerkmale) uneingeschränkt nutzen und verwerten darf. Auch wenn die Vermarktung der eigenen Person im Grundsatz vom Persönlichkeitsrecht gedeckt ist, so sind solche Vereinbarungen dennoch wirksam, sofern sie einen Sachzusammenhang zur dienstlichen Tätigkeit verlangen und den privaten Bereich außen vor lassen, da nur so eine effektive Vermarktung des Entleihers möglich ist.[172]

Zudem vereinbaren der Verein und der Spieler regelmäßig, dass der Spieler Informationen über seine Tätigkeit für den Verein und über Angelegenheiten des Vereins, die nicht für Außenstehende bestimmt sind (sog. „Interna") für sich zu behalten hat und nicht nach außen tragen darf; vergleichbare Verschwiegenheitsvereinbarungen sind insoweit auch in den allermeisten Branchen üblich und nicht zu beanstanden, da sie für den Spieler i. d. R. keine wesentlichen Einschränkungen bedeuten, für den Verein bzw. die Kapitalgesellschaft als Unternehmen hingegen elementar sind.[173]

Häufig wird auch in den Arbeitsvertrag gesondert ein Dopingverbot und ein Verbot des Spielers, Sportwetten zu platzieren – zumindest auf Spiele in der Liga, welcher auch der Arbeitgeber des Spielers angehört –, aufgenommen. Wegen der ansonsten drohenden gravierenden negativen Auswirkungen auf den gesamten Sport (speziell für den Verein und den Verband) sind solche Klauseln auch rechtmäßig; selbst in den Fällen, in welchen solche Klauseln nicht gesondert in den Arbeitsvertrag aufgenommen wurden, sind diese Verbote aufgrund der ansonsten erheblichen negativen Konsequenzen auch der allgemeinen Treuepflicht zu entnehmen.[174]

Trotz der auch im dienstlichen Zusammenhang geschützten Meinungsfreiheit hat der Spieler auf der anderen Seite auch bei sämtlichen Äußerungen und sonstigem Verhalten in der Öffentlichkeit den Ruf und das Ansehen des Vereins als seinem Arbeitgeber zu bewahren; die Grenze wird hierbei wiederum richtigerweise im Kriterium der Sachlichkeit zu ziehen sein, z. B. bei unsachlicher Kritik am Verein ist eine Einschränkung der Meinungsfreiheit des Spielers gerechtfertigt.[175] Allerdings ist auch zu beachten, dass im privaten Lebensbereich der Spieler deutlich mehr Spielraum hinsichtlich seines Verhaltens hat, da dieser Privatbereich

---

172 S. ausführlich hierzu *Ittmann*, Pflichten des Sportlers, S. 151 ff. Diese effektive Vermarktung eines Vereins ist wiederum elementar dafür, dass die enorm gestiegenen Spielergehälter von diesem bezahlt werden können (Kapitel 3, B., I., 2., b)).

173 S. ausführlich zu dieser Thematik *Berkemeyer*, Leihgabe von Berufssportlern, S. 110 ff. S. ebenfalls hierzu D.7.2. des Muster-Lizenzspielervertrags der DFL.

174 So zum Dopingverbot auch *Holzer/Fritzweiler*, in: Fritzweiler, Doping, 57 (66); *Teschner*, NZA 2001, 1233 (1234 f.); *Walker*, in: Vieweg, Doping, 135 (153 f.). Dies ist erst recht anzunehmen seitdem im Dezember 2015 das Anti-Doping-Gesetz (AntiDopG) in Kraft getreten ist und im April 2017 die §§ 265c-e neu in das StGB eingefügt wurden.

175 S. hierzu auch *Kaske*, Das arbeitsrechtliche Direktionsrecht, S. 176 f.; *Kissel*, NZA 1988, 145 (150).

grundsätzlich weitgehend geschützt ist; daher sind in diesem Bereich deutlich höhere Anforderungen für die Annahme einer Pflichtverletzung durch Imageschädigung des Vereins zu stellen als im dienstlichen Bereich.[176]

Der Publikumsliebling Kevin Großkreutz hatte nach einer heftigen „Partynacht" Ende Februar 2017 keine Zukunft mehr beim VfB Stuttgart. Da Großkreutz zu dieser Zeit verletzungsbedingt ohnehin nicht am Trainingsbetrieb teilnehmen konnte, waren die damaligen Vorkommnisse seinem privaten Lebensbereich zuzuordnen. Daher hätte der VfB Stuttgart über die Teilnahme an einer „Abi-Party" und der anschließenden Verwicklung in eine Schlägerei (mit der Konsequenz eines Krankenhausaufenthalts) wohl noch hinwegsehen können. Der Besuch des Stuttgarter Rotlichtviertels mit minderjährigen Jugendspielern des VfB Stuttgart war dann aber zu viel und eine Trennung war unausweichlich, da Großkreutz seine Vorbildfunktion in so gravierender Art und Weise missachtet hatte.[177]

Verletzt der Spieler eine dieser Nebenpflichten, so steht dem Entleiher ggf. ein Schadensersatzanspruch nach den §§ 280 Abs. 1, 241 Abs. 2 BGB zu, er kann den Spieler abmahnen und je nach Schwere der Pflichtverletzung diesem auch außerordentlich fristlos nach § 626 BGB kündigen.

C. Rechtsbeziehungen zwischen verleihendem Verein und Spieler

Während des Zeitraums der Ausleihe besteht zwischen Verleiher und Spieler keine vertragliche Verbindung und damit bestehen auch keine gegenseitigen Hauptleistungspflichten.[178] Fraglich aber ist, ob sich nicht dadurch gegenseitige Nebenpflichten ergeben, dass beiden Parteien bei Auflösung des bisherigen Arbeitsvertrags die zeitliche Begrenzung der Ausleihdauer und die anschließende Rückkehr des Spielers zum Verleiher bewusst war und diese Rückkehr auch durch einen erst später in Kraft tretenden Anschlussarbeitsvertrag bzw. durch die Vereinbarung der gegenseitigen Pflicht zum späteren Abschluss eines neuen Arbeitsvertrags nach Ablauf der Leihdauer abgesichert wurde, weshalb sie

176 So zu Recht auch *Berkemeyer*, Leihgabe von Berufssportlern, S. 113.

177 Am Ende einigten sich der VfB Stuttgart und Großkreutz auf eine vorzeitige Vertragsauflösung in beiderseitigem Einvernehmen und vereinbarten beiderseitiges Stillschweigen über alle sonstigen Umstände und Details. Letzteres wird in solchen Fällen relativ häufig vereinbart, um den Ruf sowohl des Vereins als auch des Spielers nicht noch weiter zu beschädigen.

178 Völlig zu Recht lehnt *Berkemeyer*, Leihgabe von Berufssportlern, S. 127 ff. insoweit auch die Konstruktionen eines Doppelarbeitsverhältnisses oder einer Aufspaltung der Arbeitgeberfunktion ab.

daher auch während der Ausleihdauer in gewisser Weise miteinander verbunden sind.[179]

Als Nebenpflichten kommen einerseits nachvertragliche Nebenpflichten aus dem Aufhebungsvertrag und andererseits vorvertragliche Nebenpflichten aus dem bereits geschlossenen Anschlussarbeitsvertrag (bzw. der Vereinbarung einer beidseitigen späteren Verpflichtung hierzu in Form eines Vorvertrags) in Betracht.[180]

I. Nachvertragliche Nebenpflichten

Ganz allgemein sind die Parteien eines Vertrags auch im Nachhinein zumindest in gewissem Maße zur Sicherung des erreichten Leistungserfolgs und zum Schutz der Rechtsgüter des Vertragspartners verpflichtet.[181] Dass ein ehemaliges Arbeitsverhältnis Nachwirkungen für Arbeitgeber und Arbeitnehmer zur Konsequenz haben kann, ergibt sich auch aus § 2 Nr. 3 lit. c Alt. 2 ArbGG. Falls die Parteien im Arbeitsvertrag solche nachträglichen Pflichten explizit vereinbaren, wirken solche Vereinbarungen daher rein deklaratorisch; falls sie den Umfang

---

179 Die Erörterungen von *Brömmekamp*, Spielerleihe, S. 76 ff., zu der Frage, ob dem Spieler u. a. ein Recht zur außerordentlichen Kündigung des Arbeitsvertrags mit dem Verleiher zusteht, wenn dieser trotz der Vereinbarung mit dem Entleiher den Arbeitsvertrag mit dem Spieler nicht auflöst, sind heute wohl nur noch wenig relevant, da heutzutage i. d. R. alle mit dem Leihgeschäft zusammenhängenden Verträge gleichzeitig abgeschlossen werden oder zumindest ohne große Zeitabstände; daher ist es unwahrscheinlich, dass der Verleiher seinen Willen bezüglich des Leihgeschäfts in nur so kurzer Zeit ins Gegenteil verkehrt. *Brömmekamp* nimmt aber wohl richtigerweise an, dass grundsätzlich keine außerordentliche Kündigung in Betracht kommt, wenn nicht ausnahmsweise die Zumutbarkeitsgrenze überschritten wird (z. B. wenn der Spieler schon erhebliche finanzielle Dispositionen in Erwartung des Wechsels getätigt hat). Obwohl der Verleiher sich formell nur gegenüber dem Entleiher zur Auflösung des Arbeitsvertrags mit dem Spieler verpflichtet, kommt *Brömmekamp* dennoch zu dem weiteren Ergebnis, dass auch der Spieler einen Anspruch auf Erfüllung und bei Nichterfüllung Schadensersatzansprüche gegen den Verleiher hat, da allen Beteiligten bei Abschluss dieser Vereinbarung bewusst war, dass das Leihgeschäft insgesamt nur mit Zustimmung des Spielers durchgeführt werden kann. Dies lässt sich durchaus hören und erscheint auch zustimmungswürdig, mitunter wird die genaue Bezifferung der Schadenshöhe für den Spieler aber teilweise nicht einfach sein.

180 *Berkemeyer*, Leihgabe von Berufssportlern, S. 130 ff. lehnt zu Recht die Konstruktion des Vertrags mit Schutzwirkung zugunsten Dritter (in Bezug auf den Arbeitsvertrag zwischen Entleiher und Spieler) mangels Leistungsnähe des Verleihers und aufgrund fehlenden Einbeziehungsinteresses des Entleihers ab; auch die Anwendung der Grundsätze der Drittschadensliquidation lehnt er zu Recht wegen des Nichtvorliegens einer zufälligen Schadensverlagerung ab.

181 So auch *Wertheimer*, BB 1999, 1600 (1603).

dieser ohnehin bestehenden nachvertraglichen Nebenpflichten explizit erweitern, wirken solche Vereinbarungen konstitutiv.[182]

Falls in dem damaligen Arbeitsvertrag zwischen Verleiher und Spieler Nebenpflichten ausdrücklich vereinbart wurden, stellen diese den Ausgangspunkt zur Bestimmung der inhaltlichen und umfänglichen Reichweite der nachträglichen Nebenpflichten dar (Vorrang der Parteivereinbarung); unter Berücksichtigung der Interessen sowohl von Verleiher als auch von Spieler ist dann zu ermitteln, inwiefern diese Pflichten auch nach Auflösung des Arbeitsvertrags Geltung beanspruchen sollen.[183] Fehlt es an einer solchen ausdrücklichen Vereinbarung, sind Inhalt und Umfang der ohnehin bestehenden nachvertraglichen Nebenpflichten nach § 241 Abs. 2 BGB unter Berücksichtigung der beidseitigen Interessen zu ermitteln. Auch werden der Verleiher und der Spieler nur in den seltensten Fällen im Rahmen des Aufhebungsvertrags das Bestehen dieser nachträglichen Pflichten explizit ausschließen.[184]

Diese nachvertraglichen Nebenpflichten zwischen Verleiher und Spieler für den Zeitraum der Ausleihe sind sogar noch als erheblich gewichtiger anzusehen als diese für gewöhnlich in den „Normalfällen" existieren. Denn in den Fällen der Spielerleihe ist das Verhältnis nach Aufhebung der Hauptleistungspflichten nicht wie in den „Normalfällen" auf vollständige Trennung ausgerichtet, sondern es wurde durch einen Anschlussarbeitsvertrag oder einen entsprechenden Vorvertrag im beiderseitigen Interesse bereits die feststehende Rückkehr des Spielers zum Verleiher vereinbart. Dadurch, dass die Rückkehr des Spielers bereits feststeht und damit nur eine kurzzeitige Trennung Ziel des Aufhebungsvertrags ist, besteht während der Dauer der Ausleihe eine deutlich stärkere Verbindung zwischen Verleiher und Spieler. Damit geht ebenso einher, dass die Transferrechte an dem Spieler auch in dieser Zeit für gewöhnlich beim Verleiher verbleiben. Das bedeutet, dass ein Spieler während des Ausleihzeitraums lediglich mit (schriftlicher) Zustimmung des Spielers und v. a. auch des Verleihers an einen dritten Verein transferiert werden könnte, sei es im Wege eines endgültigen Transfers oder eines weiteren Leihgeschäfts (s. § 5 Nr. 2 S. 6 LOS); der Verleiher erhält in einem solchen Fall dann auch die etwaige Ablösesumme oder Leihgebühr.[185]

---

182 *Bodewig*, JURA 2005, 505 (507).

183 So hierzu auch *Berkemeyer*, Leihgabe von Berufssportlern, S. 135 f.

184 S. hierzu ausführlicher *Berkemeyer*, Leihgabe von Berufssportlern, S. 136 f.

185 Eine solche Entwicklung stellt auch keine Seltenheit dar. Wenn ein Spieler während einer (länger als eine bloße Hin- oder Rückrunde vereinbarten) Leihdauer beim Entleiher nicht die gewünschte Entwicklung nimmt und mitunter beim Entleiher kaum oder sogar überhaupt nicht zum Einsatz kommt (und insoweit auch keine andersartige Entwicklung realistisch ist), liegt eine entsprechende Veränderung oftmals im Interesse aller an jenem Leihgeschäft Beteiligten – eine vorzeitige Rückkehr des Spielers zum regelmäßig leistungsstärkeren Verleiher erscheint jedoch allen am Leihgeschäft Beteiligten häufig als ebenfalls zumindest noch zu verfrüht. Ein (vorzeitiger) „Weitertransfer" oder „Weiterverleih" des Spielers kommt aber nur in

Diese Sonderverbindung hat zur Folge, dass die nachvertraglichen Nebenpflichten sowohl hinsichtlich von Inhalt und Umfang als auch in zeitlicher Hinsicht deutlich größer sind als in den sonstigen „Normalfällen".[186]

1. *Nachvertragliche Nebenpflichten des Spielers*

Eine nachträgliche (Neben-) Pflicht des Spielers, auch den Verleiher bei der Vermarktung durch Zurverfügungstellung seiner Persönlichkeitsrechte zu unterstützen, muss verneint werden, da der Spieler sich für gewöhnlich gegenüber dem Entleiher im Rahmen des Arbeitsvertrags dazu verpflichtet, ausschließlich diesem sämtliche Persönlichkeitsrechte zur Nutzung zu überlassen (s. hierzu Kapitel 3, B., II., 2.). Daher ist dem Spieler i. d. R. eine Unterstützung des Verleihers während des Zeitraums der Ausleihe gar nicht möglich und dies wissen auch alle Beteiligten. Etwas anderes könnte sich nur ergeben, wenn Verleiher, Entleiher und Spieler als die drei an dem Leihgeschäft beteiligten Parteien gesondert etwas Abweichendes vereinbart haben, worauf sich der Entleiher im Normalfall nicht einlassen wird.[187]

In den meisten Fällen haben der Verleiher und der Spieler bereits in ihrem früheren Arbeitsvertrag auch eine Pflicht des Spielers vereinbart, Betriebs- und

---

Betracht, wenn neben dem dritten (nunmehr aufnehmenden) Verein auch sämtliche am ursprünglichen Leihgeschäft Beteiligten hiermit einverstanden sind. In der Praxis läuft dies sodann auf die Weise ab, dass der „Leihvertrag" zwischen Verleiher und Entleiher genau wie der Arbeitsvertrag zwischen Entleiher und Spieler (vorzeitig) zwischen den jeweils Beteiligten aufgehoben werden und zwischen Verleiher und drittem Verein ein neuer Transfervertrag oder „Leihvertrag" und zwischen drittem Verein und Spieler ein neuer Arbeitsvertrag abgeschlossen werden. Bei der Vereinbarung eines erneuten Leihgeschäfts ist je nach nunmehr vorgesehener Leihdauer auch noch eine zeitliche Anpassung des Beginns des Anschlussarbeitsvertrags bzw. der vereinbarten Verpflichtung zum späteren Abschluss eines solchen nach Ablauf der Ausleihdauer zwischen Verleiher und Spieler erforderlich.

Verleiher und Entleiher des ursprünglichen Leihgeschäfts könnten zwar vor dem Hintergrund der Vertragsfreiheit theoretisch im Rahmen der (vorzeitigen) Aufhebung des „Leihvertrags" auch eine Partizipation des ursprünglichen Entleihers an der vom dritten Verein nunmehr an den (ursprünglichen) Verleiher zu bezahlenden Ablösesumme oder Leihgebühr vereinbaren. Jedoch wird sich der (ursprüngliche) Verleiher hierauf nur in den seltensten Fällen einlassen, da der Spieler gerade nicht die gewünschte (wertsteigernde) Entwicklung beim Entleiher genommen hat. Und auch der ursprüngliche Entleiher wird i. d. R. damit zufrieden sein, nicht weiter das Gehalt eines ihn (anders als erwartet) nicht weiterbringenden Spielers bezahlen zu müssen. Allerdings wird hierbei regelmäßig eine anteilige Rückerstattung der vom ursprünglichen Entleiher an den (ursprünglichen) Verleiher überwiesenen Leihgebühr vereinbart.

186 So auch ausführlich *Berkemeyer*, Leihgabe von Berufssportlern, S. 137 ff.

187 So auch *Berkemeyer*, Leihgabe von Berufssportlern, S. 141.

Geschäftsgeheimnisse bzw. Vereinsinterna auch nach Beendigung des Arbeitsverhältnisses nicht zu offenbaren. Die vertragliche Vereinbarung einer nachvertraglichen Verschwiegenheitspflicht auch ohne Zahlung einer Entschädigung ist im Grundsatz zulässig.[188] Falls Verleiher und Spieler dies nicht ausdrücklich vereinbart haben, so fällt die Geheimhaltung zumindest von wesentlichen bzw. elementaren Betriebs- und Geschäftsgeheimnissen richtigerweise unter die nachvertragliche Nebenpflicht des Spielers. Denn auch nach Beendigung des Arbeitsverhältnisses hat der Verleiher weiterhin das gleiche berechtigte Interesse an der Geheimhaltung solcher Informationen wie zur Zeit des bestehenden Arbeitsvertrags. Deren Offenbarung kann nämlich gleichermaßen fatale einschneidende Konsequenzen für den Verleiher haben. Beispielhaft sei hier der Fall genannt, dass sich der Gegner auf ein spezielles taktisches System der Mannschaft oder des Trainers nur durch diese Informationen perfekt einstellen kann (die diesbezügliche Gefahr erscheint besonders hoch, wenn beim verleihenden Verein auch während der Ausleihdauer noch immer derselbe Trainer tätig ist). Für den Spieler erscheint eine solche Geheimhaltung auch durchaus zumutbar, da er dadurch nicht in nennenswerter Weise in seiner Berufsausübung tangiert wird.[189]

Die genannten nachvertraglichen Nebenpflichten des Spielers sind nicht abschließend. So treffen den Spieler auch die üblichen nachvertraglichen Nebenpflichten eines jeden Arbeitnehmers wie die Rückgabe der ihm zur Arbeitsverrichtung vom Arbeitgeber zur Verfügung gestellten Arbeitsmittel.[190]

2. *Nachvertragliche Nebenpflichten des verleihenden Vereins*

Gleichermaßen trifft auch den Verleiher nach der Auflösung des Arbeitsvertrags eine Verschwiegenheitspflicht gegenüber dem Spieler hinsichtlich dessen persönlicher Daten. Dies ergibt sich schon aus dem Persönlichkeitsrecht des Spielers und wird durch die erhöhten nachvertraglichen Nebenpflichten (auch) des Verleihers noch verstärkt. Dies gilt v. a. auch hinsichtlich (früherer) Krankheiten oder Verletzungen des Spielers, die der Verleiher je nach Einzelfall zumindest nicht in der Öffentlichkeit offenlegen darf. Auf der anderen Seite ist er aber sogar dazu verpflichtet, dem Entleiher beim Abschluss des „Leihvertrags“ solche Verletzungen oder Krankheiten des Spielers mitzuteilen (s. Kapitel 3, A., IV., 1.), demzufolge hat der Spieler in dieser Hinsicht auch kein berechtigtes Interesse an deren Geheimhaltung.

Auch spezielle spielerische bzw. technische Fertigkeiten, an deren Geheimhaltung der Spieler ein Interesse hat, da er z. B. diesbezüglich das Überraschungsmoment ausnutzen möchte, fallen ggf. unter diese nachvertragliche Verschwiegenheitspflicht des Vereins. Dies kann jedoch nicht soweit gehen, dass

188 BAG v. 16.03.1982 – 3 AZR 83/79, NJW 1983, 134 (134 f.).
189 *Berkemeyer*, Leihgabe von Berufssportlern, S. 149.
190 S. hierzu *Preis*, in: ErfK zum Arbeitsrecht, 230 BGB § 611a Rn. 754.

der Verleiher bei Spielen gegen seinen ehemaligen und zukünftigen Spieler diese Informationen nicht nutzen und seinen aktuellen Spielern (und dem aktuellen Trainer) vereinsintern mitteilen dürfte.

Auch wenn der Spieler diesen Anspruch wohl nur in den seltensten Fällen geltend machen wird, so steht ihm dennoch nach § 109 GewO ein Anspruch auf Zeugniserteilung gegen den Verleiher als ehemaligem Arbeitgeber zu. Denn diese Pflicht wirkt sich auch nach Beendigung des Arbeitsverhältnisses fort.[191]

II. Vorvertragliche Nebenpflichten

Auch vor Erbringung der jeweiligen Hauptleistungen bestehen für Spieler und Verleiher vorvertragliche Nebenpflichten nach § 241 Abs. 2 BGB.[192] Dabei hat der jeweilige Schuldner alles zu tun, um den Leistungserfolg vorzubereiten und herbeizuführen, und alles zu unterlassen, was zur Beeinträchtigung oder Gefährdung von diesem führen könnte.[193] Die sich ergebenden vorvertraglichen Rechte und Pflichten sind unter Berücksichtigung der beidseitigen Interessen von Verleiher und Spieler zu ermitteln.[194]

1. Vorvertragliche Nebenpflichten des Spielers

Die Annahme einer dahingehenden vorvertraglichen Nebenpflicht des Spielers, sich bei einer Verletzung auch von Vereinsärzten des Verleihers untersuchen und behandeln zu lassen, wäre zu weitgehend.[195] Auch wenn der Verleiher ein nachvollziehbares Interesse an einem möglichst fitten und genesenen Spieler zum Zeitpunkt der Rückkehr und auch daran hat, bestmöglich über den genauen Gesundheitszustand des Spielers Bescheid zu wissen, um ggf. auf dem Transfermarkt nach Ersatz Ausschau zu halten, so ist eine solche Verpflichtung zur zusätzlichen Behandlung zumeist schon logistisch nicht möglich. Zudem werden die Ärzte von Entleiher und Verleiher u. U. auch unterschiedliche Therapieziele verfolgen. Dem Entleiher wird es v. a. bei einer kurzen Leihdauer u. U. mehr auf eine kurzfristige Genesung ankommen, dem Verleiher ist naturgemäß an einer vollständigen und langfristigen Genesung gelegen. Solche u. U. entstehenden

---

191 *Preis*, in: ErfK zum Arbeitsrecht, 230 BGB § 611a Rn. 752.

192 *Berkemeyer*, Leihgabe von Berufssportlern, S. 151 führt zu Recht aus, dass in Anbetracht von § 311 Abs. 2 i. V. m. § 241 Abs. 2 BGB, wonach schon mit der Aufnahme von Vertragsverhandlungen bzw. bei der Anbahnung eines Vertrags ein Schuldverhältnis mit Rücksichtnahme- und Schutzpflichten zwischen den Parteien besteht, dies erst recht auch dann gelten muss, wenn die Parteien schon einen Vertrag geschlossen haben, welcher aber erst später wirksam werden soll.

193 BGH v. 19.10.1977 – VIII ZR 42/76, NJW 1978, 260 (260); *Olzen*, in: Staudinger, BGB, § 241 Rn. 176.

194 S. hierzu auch *Olzen*, in: Staudinger, BGB, § 241 Rn. 176.

195 So im Ergebnis auch *Berkemeyer*, Leihgabe von Berufssportlern, S. 152 f.

Interessenkonflikte können nicht zulasten des Spielers gehen. Es kommt in allererster Linie auf seine Gesundheit an. Dies steht auch damit im Einklang, dass nach den Vorschriften zum Behandlungsvertrag in den §§ 630a ff. BGB der Wille und das Wohl des Patienten stets im Vordergrund zu stehen haben.[196] Daher haben sich der Vertrauensarzt des Spielers und der Vereinsarzt des Entleihers in Bezug auf mögliche Therapieansätze abzustimmen, wobei die Gesundheit des Spielers oberste Priorität zu genießen hat und auch die eigene Meinung des Spielers miteinzubeziehen ist. Unbenommen bleibt es dem Spieler natürlich, von sich aus den Vereinsarzt des Verleihers als Vertrauensarzt zu wählen.

Allerdings ergibt sich aus dem berechtigten Interesse des Verleihers, bestmöglich über den Gesundheitszustand des Spielers Bescheid zu wissen, um ggf. nochmals auf dem Transfermarkt aktiv zu werden, eine Auskunftspflicht des Spielers über seine Krankheiten und Verletzungen.[197] Die Interessenlage ist insoweit mit derjenigen vergleichbar, die sich bei der Fragestellung ergibt, ob der Spieler vertraglich dazu verpflichtet werden kann, seinen Arzt gegenüber dem Entleiher als Arbeitgeber von der Schweigepflicht zu entbinden.[198] Bei Verletzungen oder Krankheiten mit Einfluss auf die zukünftig geschuldete Leistungserbringung (aber auch nur dann) überwiegt dieses berechtigte Interesse des Verleihers im Verhältnis zum Persönlichkeitsrecht des Spielers. Diese Auskunft ist dem Spieler auch unschwer möglich, da die den Spieler behandelnden Ärzte nach § 630f BGB eine umfassende Dokumentationspflicht in Bezug auf die Behandlung(en) haben und der Spieler sowohl nach § 630g Abs. 1 BGB ein Recht auf Einsicht in seine Patientenakte hat als auch nach § 630g Abs. 2 S. 1 BGB elektronische Abschriften von seiner Patientenakte verlangen kann. Der Spieler kann seiner diesbezüglichen Auskunftspflicht zudem auch dadurch nachkommen, dass er die ihn behandelnden Ärzte von ihrer Schweigepflicht (auch) gegenüber dem Verleiher entbindet. Durch eine entsprechende Einwilligung des Spielers läge in Bezug auf diesen speziellen Zweck auch eine rechtmäßige Offenlegung durch Übermittlung (als Unterfall der Verarbeitung, s. Art. 4 Nr. 2 DSGVO) personenbezogener Daten im Sinne von Art. 6 Abs. 1 lit. a DSGVO durch die den Spieler behandelnden Ärzte vor.

Durch seine feststehende Rückkehr zum Verleiher ist der Spieler auch diesem gegenüber dazu verpflichtet (genauso wie dem Entleiher gegenüber, s. hierzu Kapitel 3, B., II., 2.), dessen Ansehen und Ruf nicht durch beleidigende oder unsachliche Äußerungen (z. B. unsachliche Kritik an Trainer oder Spielern des Verleihers) oder unsachgemäßes Verhalten in der Öffentlichkeit zu schaden.[199] Sofern die Äußerungen des Spielers die Grenze der Sachlichkeit überschreiten,

---

196 Besonders zum Ausdruck kommt dies in den §§ 630a, 630c Abs. 2, 630d, 630e Abs. 1, 2 und 5 BGB.

197 So im Ergebnis auch *Berkemeyer*, Leihgabe von Berufssportlern, S. 153 f.

198 S. hierzu ausführlicher Kapitel 3, B., II., 2.

199 So auch *Berkemeyer*, Leihgabe von Berufssportlern, S. 154 f.

muss er auch die damit einhergehende Einschränkung seiner Meinungsfreiheit hinnehmen.[200]

Wenn ein Spieler während der Ausleihdauer Dopingmittel zu sich nimmt und deswegen vom Verband gesperrt wird, so hat er zumindest dann eindeutig eine vorvertragliche Pflichtverletzung gegenüber dem Verleiher begangen, wenn die Sperre so lange ausfällt, dass sie auch noch nach der planmäßigen Rückkehr des Spielers andauert.[201] Gerade bei einer solchen erheblichen Pflichtverletzung des Spielers stehen dem Verleiher etwaige Schadensersatzansprüche nach §§ 280 Abs. 1, 241 Abs. 2 BGB und §§ 280 Abs. 1 und 3, 281 BGB (letzterer, weil der Spieler wegen der Sperre einen Teil seiner geschuldeten Leistung nicht erbringt) zu. Bei diesen beiden Schadensersatzansprüchen wird aber die Schadenshöhe hinsichtlich der Kausalität der Sperre für genau diesen Schaden mitunter nicht einfach zu beziffern sein.[202]

2. Vorvertragliche Nebenpflichten des verleihenden Vereins

Wie den Spieler trifft auch den verleihenden Verein bzw. dessen Vereinsverantwortliche die vorvertragliche Pflicht, dem Ansehen oder Ruf des Spielers nicht durch beleidigende oder unsachliche Äußerungen in der Öffentlichkeit zu schaden. Auch hier ist die damit einhergehende Einschränkung der Meinungsfreiheit hinzunehmen, sobald die Äußerungen die Grenze der Sachlichkeit überschreiten. Mit sachlicher Kritik muss ein Profispieler hingegen umgehen können.

Der verleihende Verein hat aber auch dafür Sorge zu tragen, dass ebenso die eigenen Spieler wenn möglich gar nicht solche beleidigenden oder unsachlichen Äußerungen zulasten des verliehenen Spielers in der Öffentlichkeit tätigen, und falls dies doch geschieht, die entsprechenden Spieler mit der angemessenen Härte zu sanktionieren (z. B. in Form einer Geldstrafe oder im Extremfall einer außerordentlichen Kündigung).

Damit geht einher, dass der Verleiher auch sonstige Aktivitäten oder Verhaltensweisen der eigenen Spieler zu unterbinden hat, die hinsichtlich der Rückkehr des verliehenen Spielers in der Zukunft von Nachteil sind. So z. B. wenn sich ein gezieltes (zukünftiges) „Mobbing" gegen den verliehenen Spieler abzeichnet. Dies erscheint auch gar nicht so abwegig, da gerade im Profifußball nur die wenigsten Spieler ihren Stammplatz sicher haben.

---

200 S. hierzu auch *Kaske*, Das arbeitsrechtliche Direktionsrecht, S. 177; *Kissel*, NZA 1988, 145 (150).

201 So auch *Berkemeyer*, Leihgabe von Berufssportlern, S. 150.

202 S. hierzu auch *Berkemeyer*, Leihgabe von Berufssportlern, S. 150, 155 ff.; zu den genau in Betracht kommenden Schadenspositionen und zur genauen Schadensermittlung bei Doping durch den Sportler im Allgemeinen s. *Horst/Jacobs*, RdA 2003, 215 (220 f.).

Des Weiteren hat der Verleiher auch die vorvertragliche Pflicht, dem Spieler bereits eingetretene oder sich in naher Zukunft abzeichnende wesentliche (strukturelle) Veränderungen im Verein oder im näheren Umfeld des Vereins mitzuteilen. Nur so kann sich der Spieler angemessen an die veränderten bzw. sich verändernden Umstände anpassen und die notwendigen Vorkehrungen treffen. So ist der Verein beispielsweise verpflichtet, dem Spieler sich konkret abzeichnende finanzielle Schwierigkeiten des Vereins und die damit einhergehende Gefahr eines Lizenzentzugs bzw. einer Lizenzverweigerung mitzuteilen, damit dieser sich ggf. frühzeitig nach einem Alternativverein umschauen kann.

Die vorvertraglichen Pflichten des Verleihers gehen aber nicht so weit, von dem Transfer weiterer Spieler auf der gleichen Position wie derjenigen des verliehenen Spielers Abstand zu nehmen.[203] Mit welcher Qualität und Quantität ein Verein seinen Spielerkader bzw. einzelne Positionen besetzt, liegt in seinem freien Ermessen.

D. Konsequenzen von Vertragsstörungen für das Leihgeschäft im Gesamten

Nach der Erörterung der einzelnen Rechtsbeziehungen der an dem Leihgeschäft Beteiligten stellt sich nun die Frage, wie sich eine Vertragsstörung in einem dieser Vertragsverhältnisse auf das Leihgeschäft im Gesamten auswirkt.[204]

Am anschaulichsten lässt sich die Problemstellung anhand des Beispiels darlegen, dass der Spieler seinen Arbeitsvertrag mit dem Entleiher noch während der Leihdauer wegen erheblichem Zahlungsrückstand außerordentlich kündigt; dann stellt sich die Frage, ob dies auch Auswirkungen auf den zwischen Verleiher und Spieler geschlossenen Aufhebungsvertrag hat bzw. ob durch diese Kündigung sodann das gesamte Leihgeschäft vorzeitig endet.[205]

I. Keine auflösende Bedingung

Zunächst ist hervorzuheben, dass es Verleiher und Spieler vor dem Hintergrund ihrer Vertragsautonomie grundsätzlich unbenommen ist, den zwischen ihnen geschlossenen Aufhebungsvertrag unter die auflösende Bedingung im Sinne von

---

203 Zur Frage, inwieweit die einzelnen Positionen der Spieler überhaupt bestimmbar sind, s. ausführlich Kapitel 6., D., III., 2., d), aa), [2].

204 *Berkemeyer*, Leihgabe von Berufssportlern, S. 157 ff. hat sich sehr ausführlich mit dieser Thematik auseinandergesetzt und hierbei auch verschiedene Beispielskonstellationen angeführt. Vorliegend soll in angemessenem Rahmen auf die von ihm hierbei vorgebrachten entscheidenden juristischen Fragestellungen eingegangen werden.

205 Auch *Berkemeyer*, Leihgabe von Berufssportlern, S. 157 ff. legt seinen ausführlichen Erörterungen daher diesen Beispielsfall zugrunde.

§ 158 Abs. 2 BGB zu stellen, dass kein wirksamer Arbeitsvertrag mehr zwischen Entleiher und Spieler besteht.[206] Von der Vereinbarung einer solchen auflösenden Bedingung sehen Verleiher und Spieler jedoch regelmäßig bewusst ab. Denn in der Praxis halten Verleiher und Spieler i. d. R. explizit im Aufhebungsvertrag fest, dass dessen Wirksamkeit unter die aufschiebende Bedingung i. S. v. § 158 Abs. 1 BGB gestellt wird, dass zum einen ein wirksamer Überlassungsvertrag zwischen Verleiher und Entleiher und zum anderen ein wirksamer Arbeitsvertrag zwischen Entleiher und Spieler zustande kommt.

Daraus wird ersichtlich, dass Verleiher und Spieler im Rahmen des Abschlusses des Aufhebungsvertrags mögliche Szenarien und Entwicklungen in Bezug auf die anderen im Rahmen des Leihgeschäfts abgeschlossenen Verträge genau bedenken. Diese Schlussfolgerung kann erst recht gezogen werden, wenn man sich vor Augen führt, dass heutzutage durch die in jeglicher Hinsicht erheblich zugenommene Professionalisierung der gesamten Branche sowohl die Vereine als auch die Spieler beim Abschluss solcher Verträge fachkundig beraten werden.[207] Demnach ist von einer von den Parteien (Verleiher und Spieler) bewusst vorgenommenen Verteilung der jeweiligen Risiken auszugehen. Demnach wird vereinbart, dass das Risiko einer späteren Zahlungsunfähigkeit des Entleihers in den Risikobereich des Spielers fällt. Dieses Insolvenzrisiko des Entleihers kann demzufolge ohne entsprechende Anhaltspunkte auch nicht durch ergänzende Vertragsauslegung nach den §§ 133, 157 BGB auf den Verleiher übertragen werden; es mangelt insoweit schon an einer planwidrigen Regelungslücke.[208]

II. Keine Anfechtungsmöglichkeit des Spielers

Da sich bei der Insolvenz des Vertragspartners das vertragstypische Risiko verwirklicht, das jedem Rechtsgeschäft immanent ist, kann der Spieler in einem solchen Fall auch nicht den Aufhebungsvertrag mit dem Verleiher nach § 119 Abs. 2 BGB wegen Irrtums über eine verkehrswesentliche Eigenschaft anfechten und damit nach § 142 Abs. 1 BGB „ex tunc" die Nichtigkeit des Aufhebungsvertrags herbeiführen; dieses Insolvenzrisiko des Vertragspartners hat grundsätzlich allein derjenige zu tragen, der sich den Vertragspartner ausgesucht (und mit diesem das Rechtsgeschäft abgeschlossen) hat und vor diesem Hintergrund kann die Zahlungsfähigkeit und Zahlungswilligkeit des Entleihers auch nicht

---

206 So auch *Berkemeyer*, Leihgabe von Berufssportlern, S. 160 f.

207 Auf Seiten des Vereins erfolgt eine solche Beratung regelmäßig durch die eigene (interne) Rechtsabteilung oder eine auf das Sportrecht spezialisierte (externe) Rechtsanwaltskanzlei o. ä. und auf Seiten des Spielers durch einen Spielerberater oder ebenfalls durch einen spezialisierten Rechtsanwalt o. ä.

208 So im Ergebnis auch *Berkemeyer*, Leihgabe von Berufssportlern, S. 160, der mit weiteren Verweisen auch näher auf die Voraussetzungen für das Vorliegen einer planwidrigen Regelungslücke eingeht.

als verkehrswesentliche Eigenschaft i. d. S. im Rahmen des zwischen Verleiher und Spieler abgeschlossenen Aufhebungsvertrags angesehen werden.[209]

Eine (ausnahmsweise) andersartige Behandlung der vorliegenden Konstellation erscheint auch schon deshalb nicht sachgerecht, da der Spieler dem Ausleihgeschäft ebenfalls vorher zustimmen musste (nicht selten ist der Spieler sogar der „Initiator" eines solchen Leihgeschäfts, s. hierzu Kapitel 1, B., II. 3.) und ihm daher vor Abschluss des Aufhebungsvertrags genauestens bekannt war, mit welchem Verein er für den Zeitraum der Ausleihe einen Arbeitsvertrag abschließen wird; bei Zweifeln an der Zahlungsfähigkeit und Zahlungswilligkeit des Entleihers wäre es dem Spieler unbenommen gewesen, seine Zustimmung in Bezug auf eine Ausleihe zu diesem Verein zu verweigern.[210]

III. Keine Anwendbarkeit der Grundsätze des Wegfalls der Geschäftsgrundlage

Zwar können zwei rechtlich selbstständige Verträge grundsätzlich auch dadurch miteinander verbunden sein, dass die Wirksamkeit des einen Vertrags als die Geschäftsgrundlage für den anderen Vertrag anzusehen ist und zudem die Auflösung des einen Vertrags einen wichtigen Grund für die Kündigung des anderen Vertrags darstellt.[211] Allerdings können in der vorliegenden Konstellation die Grundsätze des Wegfalls der Geschäftsgrundlage dennoch keine Anwendung finden: Eine Anwendbarkeit von § 313 BGB kann nur dann in Betracht kommen, „soweit einem Teil unter Berücksichtigung aller Umstände des Einzelfalls, insbesondere der vertraglichen oder gesetzlichen Risikoverteilung, das Festhalten am unveränderten Vertrag nicht zugemutet werden kann". Im Verhältnis zwischen Verleiher und Spieler (hinsichtlich des Aufhebungsvertrags) beruhen diese veränderten Umstände aber auf Gründen, welche ausschließlich in der Sphäre des Spielers liegen, und v. a. verwirklicht sich bei einer Zahlungsunfähigkeit oder Zahlungsunwilligkeit des Entleihers lediglich das vertragstypische Risiko, welches jedem Vertragsschluss immanent ist (s. Kapitel 3, D., II.).[212] Bei Verwirklichung eines vertragstypischen Risiko ist es aber stets zumutbar, dass an dem Vertrag in unveränderter Form festgehalten wird.[213] Es ist auch nichts dafür ersichtlich, weshalb in der vorliegenden Konstellation etwas anderes gelten soll.

---

209 S. hierzu richtig und ausführlicher mit weiteren Verweisen *Berkemeyer*, Leihgabe von Berufssportlern, S. 159 f.

210 So auch *Berkemeyer*, Leihgabe von Berufssportlern, S. 160.

211 Vgl. *Grüneberg*, in: Palandt, BGB, Überbl v § 311 Rn. 17; s. hierzu auch BGH v. 24.02.1959 – VIII ZR 64/58, BeckRS 1959, 31197322.

212 So auch *Berkemeyer*, Leihgabe von Berufssportlern, S. 163.

213 Vgl. BGH v. 21.09.2005 – Az. XII ZR 66/03, NJW 2006, 899 (901 f.); s. hierzu auch *Böttcher*, in: Erman, BGB, § 313 Rn. 23.

IV. Keine Anwendbarkeit von § 139 BGB

Demnach verbleibt als einziger Anknüpfungspunkt, um aus der (vorzeitigen) außerordentlichen Kündigung des Arbeitsverhältnisses mit dem Entleiher durch den Spieler ggf. das vorzeitige Ende des gesamten Leihgeschäfts (und damit auch des Aufhebungsvertrags zwischen Verleiher und Spieler) herleiten zu können, eine etwaige (analoge) Anwendung von § 139 BGB.[214]

Hierfür müssten zunächst die einzelnen Verträge des Leihgeschäfts ein einheitliches Rechtsgeschäft i. S. v. § 139 BGB darstellen. Aber bereits hieran scheitert eine Anwendbarkeit von § 139 BGB. Im Gegensatz zu den geschilderten Ausführungen von *Berkemeyer* zur nicht bestehenden auflösenden Bedingung, zum Nichtbestehen einer Anfechtungsmöglichkeit des Spielers und zur Nichtanwendbarkeit der Grundsätze des Wegfalls der Geschäftsgrundlage, welche ganz überwiegend zustimmungswürdig sind (s. Kapitel 3, D. I.-III.), ist ihm bei seiner diesbezüglichen Ansicht, die Spielerleihe sei als ein solches einheitliches Rechtsgeschäft anzusehen, zu widersprechen.[215]

Grundsätzlich ist es zwar möglich, dass mehrere rechtsgeschäftliche Regelungen als „verbundene Rechtsgeschäfte" ein einheitliches Rechtsgeschäft darstellen.[216] Nach ganz h. M. ist § 139 BGB auch auf mehrere Rechtsgeschäfte, an denen verschiedene Personen als Vertragspartner beteiligt sind, anzuwenden.[217]

Es ist sodann umstritten, ob bei der Bestimmung einer solchen Verbundenheit mehrerer Verträge entscheidend auf den Einheitlichkeitswillen der Parteien zum Zeitpunkt des Vertragsschlusses oder auf einen objektiven Sinnzusammenhang der einzelnen Verträge abzustellen ist.[218] Dies kann aber im Endeffekt dahinstehen, da nach beiden Ansichten letztlich eine solche Einheitlichkeit der Rechtsgeschäfte in der vorliegenden Konstellation zu verneinen ist.

Bei Abstellung auf den Einheitlichkeitswillen stellen mehrere Geschäfte generell dann verbundene Verträge dar, wenn diese nach dem Willen der Parteien derart voneinander abhängig sind, dass sie miteinander „stehen und fallen" sollen.[219] Auch

---

214 Die §§ 358 ff. BGB finden hingegen schon deshalb keine Anwendung, weil im Rahmen eines Leihgeschäfts in keiner Weise ein Darlehensvertrag o. ä. mit dem Spieler abgeschlossen wird. Daher können allenfalls die Rechtsgedanken der §§ 358 ff. BGB vereinzelt in die jeweilige Argumentation miteinfließen.

215 *Berkemeyer*, Leihgabe von Berufssportlern, S. 163 ff. hat sich ausführlich mit der Thematik der Anwendbarkeit des § 139 BGB in der vorliegenden Konstellation auseinandergesetzt, der konkreten Frage nach dem Vorliegen eines einheitlichen Rechtsgeschäfts im Sinne von § 139 BGB geht er auf S. 164 ff. nach.

216 *Roth*, in: Staudinger, BGB, § 139 Rn. 27 u. 37.

217 BGH v. 30.04.1976 – V ZR 143/76, NJW 1976, 1931 (1932); *Roth*, in: Staudinger, BGB, § 139 Rn. 43; *Arnold*, in: Erman, BGB, § 139 Rn. 12.

218 Für die erstgenannte Ansicht z. B. BGH v. 25.03.1987 – VIII ZR 43/86, NJW 1987, 2004 (2007); *Roth*, in: Staudinger, BGB, § 139 Rn. 37; für die letztgenannte Ansicht z. B. *Busche*, in: MüKo, BGB, § 139 Rn. 15.

219 BGH v. 08.10.1990, NJW 1991, 105 (106); *Roth*, in: Staudinger, BGB, § 139 Rn. 39.

wenn sämtliche mit einem Leihgeschäft im Profifußball zusammenhängende Verträge regelmäßig in relativ kurzem zeitlichen Abstand von den jeweiligen Beteiligten abgeschlossen werden, so vereinbaren die Beteiligten hierbei in aller Regel jeweils detaillierte aufschiebende Bedingungen für das Wirksamwerden des Vertrags (s. hierzu auch Kapitel 3, D., I.). Verleiher und Spieler halten i. d. R. explizit im Aufhebungsvertrag fest, dass dessen Wirksamkeit unter die aufschiebende Bedingung i. S. v. § 158 Abs. 1 BGB gestellt wird, dass zum einen ein wirksamer Überlassungsvertrag zwischen Verleiher und Entleiher und zum anderen ein wirksamer Arbeitsvertrag zwischen Entleiher und Spieler zustande kommt. Auch im Rahmen des Überlassungsvertrags zwischen Verleiher und Entleiher und des Arbeitsvertrags zwischen Entleiher und Spieler werden i. d. R. entsprechende aufschiebende Bedingungen in Bezug auf das wirksame Zustandekommen der jeweiligen beiden anderen Verträge explizit festgehalten. Dadurch bringen die an einem solchen Leihgeschäft Beteiligten zwar zum Ausdruck, dass das wirksame Entstehen der jeweiligen vertraglichen Bindungen voneinander abhängig sein soll. In Bezug auf eine erst später, nach wirksamem Zustandekommen dieser mit dem Leihgeschäft zusammenhängenden Verträge, während der Leihdauer eintretende Vertragsstörung in einem dieser Vertragsverhältnisse – bis hin zum vorzeitigen Ende eines dieser Vertragsverhältnisse – vereinbaren die am Leihgeschäft Beteiligten jedoch bewusst keine auflösenden Bedingungen o. ä. in den jeweiligen Verträgen, s. Kapitel 3, D., I. Daher erscheint eine dem Willen der am Leihgeschäft Beteiligten entsprechende differenzierte Betrachtungsweise angebracht. Im Interesse aller am Leihgeschäft Beteiligten soll das wirksame Entstehen der jeweiligen Einzelverträge jeweils voneinander abhängig sein. Wenn diese Einzelverträge jedoch einmal allesamt wirksam zustande gekommen sind, sollen sie sodann jeweils ihrem eigenen Schicksal folgen und von den anderen Einzelverträgen unabhängig sein. Bei einem solchen Parteiwillen kann keine Rede mehr davon sein, dass die jeweiligen Einzelverträge miteinander „stehen und fallen" sollen. Daher kann bei einem Abstellen auf den Einheitlichkeitswillen in der vorliegenden Konstellation § 139 BGB keine Anwendung finden.

Der objektive Sinnzusammenhang dieser Verträge ist aber ebenso zu verneinen. Auch wenn ein solches Leihgeschäft im Profifußball mitunter in der Öffentlichkeit teilweise als ein Leihgeschäft wahrgenommen und insoweit nicht die soeben geschilderte differenzierte Betrachtung vorgenommen wird, so ist in der Verkehrsanschauung der beteiligten Branche eine genaueste Differenzierung angebracht.[220] *Berkemeyer* führt zwar richtigerweise aus, dass für jeden am Leihgeschäft Beteiligten der jeweilige – einzeln betrachtete – Vertragsabschluss mit einem anderen Beteiligten nur dann sinnvoll erscheint, wenn auch die weiteren Verträge

---

220 Insoweit ist der Aussage von *Berkemeyer*, dass es sich „sowohl in der Öffentlichkeit als auch in der Verkehrsanschauung der beteiligten Kreise weiterhin um nur ein Leihgeschäft" handelt, zu widersprechen. S. *Berkemeyer*, Leihgabe von Berufssportlern, S. 160.

im Rahmen eines solchen Leihgeschäfts wirksam zustande kommen.[221] Dabei übergeht er jedoch die insoweit gebotene differenzierte Betrachtung zwischen wirksamem Zustandekommen des Leihgeschäfts bzw. der jeweiligen Einzelverträge und einer späteren, während der Leihdauer eintretenden Vertragsstörung in einem dieser Vertragsverhältnisse. Hierüber helfen auch seine anschließenden Ausführungen, dass eine Vereinslosigkeit des Spielers hinsichtlich von daraus resultierender mangelnder Spielpraxis, der Nichtteilnahme an professionellem Mannschaftstraining und des damit u. U. verbundenen Wertverlustes des Spielers auch nicht im Interesse des Verleihers sein kann, nicht hinweg.[222] Diese Ausführungen – welche freilich im Prinzip richtig sind – können nicht die von den Beteiligten bewusst gewählte Risikoverteilung ad absurdum führen. Auch wenn eine solche Entwicklung wie in der vorliegenden Konstellation ebenfalls in keiner Weise im Interesse des Verleihers liegt (aus den insoweit von *Berkemeyer* anschaulich dargelegten Gründen), so ist es für den Verleiher dennoch erheblich vorteilhafter, wenn er die entsprechenden Konsequenzen auf freiwilliger und gerade nicht auf zwanghafter Basis treffen kann.

So bleibt es dem Verleiher unbenommen, mit dem Spieler in einer solchen Konstellation einen vorzeitigen Beginn des ohnehin geplanten Anschlussarbeitsverhältnisses gesondert zu vereinbaren (sofern auch der Spieler diesbezüglich zustimmt). Jedoch ist zu beachten, dass der Verleiher für den geplanten Ausleihzeitraum für gewöhnlich die entsprechend notwendigen Dispositionen hinsichtlich der (u. U. ebenfalls vorübergehenden) Verpflichtung anderer Spieler getroffen haben wird. Bei Verneinung des objektiven Sinnzusammenhangs der Verträge obliegt die entsprechende Abwägung in Bezug auf eine vorzeitige Rückkehr des Spielers allein dem Verleiher und entspricht insoweit der im Rahmen des Aufhebungsvertrags bewusst getroffenen Risikoverteilung. Auch eine entsprechende Vereinbarung mit dem Spieler, dass der Anschlussarbeitsvertrag nunmehr vorzeitig beginnen soll, der Spieler hierbei jedoch eine (vorübergehende) Gehaltsreduktion hinzunehmen hat, erscheint sodann denkbar.

Im Übrigen würde die Annahme eines einheitlichen Rechtsgeschäfts im Sinne von § 139 BGB nach dem objektiven Sinnzusammenhang auch dem verbandsrechtlichen Grundgedanken in Bezug auf die jeweilige Risikoverteilung zwischen den einzelnen Vertragspartnern zuwiderlaufen. Es ist insoweit davon auszugehen, dass im Rahmen der verbandsrechtlichen Vorgaben bewusst darauf verzichtet wurde, die entsprechenden Konsequenzen bei einer Konstellation wie der vorliegenden zu bestimmen, was jedoch zu erwarten gewesen wäre, wenn die jeweils freie Risikoverteilung zwischen den Beteiligten nicht im Interesse des Regelungsgebers liegen würde. Hierfür spricht auch die Existenz der §§ 358 ff. BGB, welche zeigt, dass auch der (staatliche) Gesetzgeber bei insoweit (aufgrund

221 *Berkemeyer*, Leihgabe von Berufssportlern, S. 166 f.
222 S. hierzu *Berkemeyer*, Leihgabe von Berufssportlern, S. 167 f.

der Schutzbedürftigkeit einer Vertragspartei) gewollten Konstellationen detaillierten Regelungsbedarf in Bezug auf Fälle von verbundenen Verträgen sieht.

Diese von den am Leihgeschäft Beteiligten bewusst vereinbarte Risikoverteilung erscheint im Endeffekt auch interessengerecht. Man denke nur an den Fall, dass der Verleiher (und nicht der Entleiher) während der Leihdauer die Gehälter der bei ihm unter Vertrag stehenden Spieler nicht mehr bezahlen kann. Dann wäre der Spieler, der während dieser Zeit beim Entleiher unter Vertrag steht, hiervon nicht (zumindest nicht direkt) betroffen und würde weiterhin das ihm vom Entleiher zustehende Gehalt bekommen. Dieses Gegenbeispiel zeigt sehr anschaulich, dass das vertragstypische Risiko im Regelfall der jeweilige Vertragspartner zu tragen hat, sofern nicht ausdrücklich etwas Abweichendes vereinbart wurde. Hierbei ist im Rahmen von befristeten Arbeitsverhältnissen auch irrelevant, welcher Befristungszeitraum vereinbart wurde. In der vorliegenden Konstellation trifft die Zahlungsunfähigkeit des Entleihers mit den damit einhergehenden Konsequenzen zumindest im Kern alle zu diesem Zeitpunkt beim Entleiher unter Vertrag stehenden Spieler gleichermaßen. Es ist hierbei auch nichts ersichtlich, was für eine „Bevorzugung" der Leihspieler im Vergleich zu den anderen Spielern des Entleihers sprechen könnte. Insoweit erscheint die von *Berkemeyer* in Bezug auf die vorliegende Konstellation getätigte Aussage, der Grund für die vorzeitige Beendigung des Arbeitsverhältnisses mit dem Entleiher liege nicht in der Sphäre des Spielers, zumindest etwas unglücklich.[223] Wie *Berkemeyer* in Bezug auf das Nichtvorliegen einer Anfechtungsmöglichkeit für den Spieler und die Nichtanwendbarkeit der Grundsätze des Wegfalls der Geschäftsgrundlage selbst richtig ausführt, hat im Verhältnis zum Verleiher der Spieler das Insolvenzrisiko des Entleihers zu tragen, da in Bezug auf den Aufhebungsvertrag mit dem Verleiher diese veränderten Umstände auf Gründen beruhen, welche ausschließlich der Sphäre des Spielers entstammen, s. hierzu Kapitel 3, D., II. und III.[224]

Damit ist sowohl bei einem Abstellen auf den Einheitlichkeitswillen als auch bei einer Zugrundelegung des objektiven Sinnzusammenhangs von keinem einheitlichen Rechtsgeschäft im Sinne von § 139 BGB auszugehen.[225]

V. Zwischenergebnis

Demnach ist beim vorstehend erörterten Beispielsfall – in welchem der Spieler seinen Arbeitsvertrag mit dem Entleiher noch während der Leihdauer wegen

---

223 *Berkemeyer*, Leihgabe von Berufssportlern, S. 171.

224 S. *Berkemeyer*, Leihgabe von Berufssportlern, S. 159 f. u. 162 f.

225 Daher bedarf es vorliegend keiner näheren Ausführungen in Bezug auf die Teilbarkeit des Rechtsgeschäfts und die (analoge) Anwendbarkeit von § 139 BGB bei Kündigungen etc. S. hierzu mit weiteren Verweisen hinsichtlich der vorliegenden Konstellation *Berkemeyer*, Leihgabe von Berufssportlern, S. 169 ff.

erheblichem Zahlungsrückstand außerordentlich kündigt – festzuhalten, dass insoweit zwischen Verleiher und Spieler im Rahmen des Aufhebungsvertrags keine dahingehende auflösende Bedingung, dass kein wirksamer Arbeitsvertrag mehr zwischen Entleiher und Spieler besteht, vereinbart wurde. Zudem hat der Spieler in einer solchen Konstellation keine Anfechtungsmöglichkeit, die Grundsätze des Wegfalls der Geschäftsgrundlage sind ebenso wenig anwendbar und die im Rahmen eines Leihgeschäfts abgeschlossenen Verträge stellen auch kein einheitliches Rechtsgeschäft dar.

Diese Gedanken lassen sich auf weitere Vertragsstörungen in einem dieser im Rahmen des Leihgeschäfts entstehenden Vertragsverhältnisse übertragen. Die jeweiligen Vertragsparteien tragen insofern jeweils das vertragstypische Risiko.[226] Zunächst müssen jedoch sämtliche im Rahmen des Leihgeschäfts abgeschlossenen Verträge wirksam zustande kommen, da insoweit i. d. R. in den jeweiligen (Einzel-) Verträgen entsprechende aufschiebende Bedingungen explizit vereinbart werden.[227]

Folglich hat eine Vertragsstörung in einem der im Rahmen des Leihgeschäfts abgeschlossenen und wirksam zustande gekommenen Vertragsverhältnisse auf das Leihgeschäft im Gesamten zumindest keine direkten Auswirkungen.

---

226 Demzufolge bedarf es im Regelfall auch keiner Korrektur des Ergebnisses aus Wertungsgesichtspunkten o. ä. Bei Befürwortung der Ansicht, dass es sich beim Leihgeschäft im Profisport um ein einheitliches Rechtsgeschäft i. S. v. § 139 BGB handelt, wäre hingegen bei jedem Einzelfall genauestens zu überprüfen, ob Wertungsgesichtspunkte einer Anwendbarkeit von § 139 BGB entgegenstehen bzw. ob das Berufen einer Partei auf die Wirkungen des § 139 BGB als rechtsmissbräuchlich erscheint. S. hierzu *Berkemeyer*, Leihgabe von Berufssportlern, S. 171 f. Freilich wäre eine solche in jedem Einzelfall stets gesondert vorzunehmende Überprüfung, ob § 242 BGB einem Berufen auf die Wirkungen des § 139 BGB entgegensteht, häufig auch in erheblichem Maße von subjektiven Einschätzungen abhängig und daher mit großer Rechtsunsicherheit behaftet.

227 Als weiterer Beispielsfall sei an dieser Stelle die Nichtzahlung der vereinbarten Leihgebühr an den Verleiher zum Fälligkeitszeitpunkt durch den Entleiher genannt. Diese Nichtzahlung des Entleihers hat genauso wenig das vorzeitige Ende des gesamten Leihgeschäfts zur Konsequenz. Vielmehr verwirklicht sich insoweit das vertragstypische Risiko des Verleihers und er muss seine Zahlungsforderung gegenüber dem Entleiher (ggf. gerichtlich) durchsetzen. Dasselbe gilt beispielsweise bei einer außerordentlichen Kündigung des Arbeitsverhältnisses mit dem Spieler durch den Entleiher aufgrund von Trainingsverweigerung o. ä. des Spielers in erheblichem Umfang. Auch diese außerordentliche Kündigung des Entleihers hat nicht das vorzeitige Ende des gesamten Leihgeschäfts zur Folge. Der Entleiher muss vielmehr etwaige Schadensersatzansprüche gegenüber dem Spieler (ggf. gerichtlich) durchsetzen.

E. Ergebnis

Die Hauptleistungspflichten zwischen Verleiher und Entleiher bestehen darin, dass der Verleiher zur Auflösung des Arbeitsvertrags mit dem Spieler verpflichtet ist und der Entleiher zur Zahlung der vereinbarten Leihgebühr (falls eine solche vereinbart wurde). Der Verleiher hat den Entleiher auch über etwaige Verletzungen des Spielers zu informieren, hinsichtlich eventueller Spielsperren trifft ihn eine solche Informationspflicht aber nicht. Im Regelfall sind die Grundsätze der Störung der Geschäftsgrundlage weder bei unerkannten Verletzungen noch bei unerwarteten Sperren anwendbar. Bei Zustimmung des Spielers ist der Entleiher während der Dauer der Ausleihe auf Bitten des Verleihers dazu verpflichtet, diesem umfänglich Auskunft über Verletzungen und Erkrankungen des Spielers zu geben.

Die durch den geschlossenen Arbeitsvertrag bestehenden Hauptleistungspflichten zwischen Entleiher und Spieler bestehen für den Entleiher darin, dem Spieler die vereinbarte Vergütung zu zahlen und ihn angemessen zu beschäftigen; er muss den Spieler aber nicht unbedingt in Wettkampfspielen einsetzen. Der Spieler ist dazu verpflichtet, während der Ausleihdauer seine fußballerischen Leistungen ausschließlich für den Entleiher zu erbringen. Zudem hat der Spieler aktiv an der Öffentlichkeitsarbeit des Entleihers mitzuwirken. Der Entleiher hat die Nebenpflichten, auf die Gesundheit des Spielers zu achten und dessen Persönlichkeitsrechte zu wahren. Der Spieler muss sich bei Verletzungen auch von den Ärzten des Entleihers untersuchen lassen, muss die ihn behandelnden Ärzte gegenüber dem Entleiher von ihrer Schweigepflicht entbinden, darf regelmäßig ausschließlich die Ausrüstungsgegenstände des Vertragspartners des Entleihers tragen, stellt dem Entleiher i. d. R. auch seine Persönlichkeitsrechte zur Nutzung zur Verfügung, darf sog. Vereinsinterna des Entleihers nicht offenlegen, darf keine Dopingmittel einnehmen, darf keine Sportwetten platzieren (zumindest nicht auf Spiele der gleichen Liga, der auch der Entleiher angehört) und muss Ruf und Ansehen des Entleihers in der Öffentlichkeit bewahren.

Während des Zeitraums der Ausleihe bestehen zwischen Verleiher und Spieler keine Hauptleistungspflichten. Aus dem Aufhebungsvertrag und dem Anschlussarbeitsvertrag bzw. dem Vorvertrag ergeben sich aber jeweils Nebenpflichten. Durch die bereits feststehende Rückkehr des Spielers sind die nach- und vorvertraglichen Nebenpflichten für beide erheblich größer als in den „Normalfällen". Der Spieler kann zwar i. d. R. nicht zur Zurverfügungstellung seiner Persönlichkeitsrechte zugunsten des Verleihers verpflichtet werden, aber u. a. elementare Betriebs- und Geschäftsgeheimnisse des Verleihers hat der Spieler geheim zu halten. Auch den Verleiher trifft eine Verschwiegenheitspflicht hinsichtlich der persönlichen Daten und Fertigkeiten des Spielers. Der Spieler muss sich nicht auch von Ärzten des Verleihers untersuchen lassen, seine vorvertraglichen Nebenpflichten verletzt er aber, wenn er dem Verleiher keine umfängliche Auskunft über seine Krankheiten und Verletzungen erteilt. Auch Ruf und Ansehen des Verleihers in der Öffentlichkeit hat der Spieler zu bewahren. Zudem führt auch die Einnahme von Dopingmitteln zumindest bei einer Sperre über den Ausleihzeitraum hinaus zu einer solchen Pflichtverletzung. Ebenso muss der Verleiher Ruf und Ansehen des Spielers bewahren und sollte – wenn möglich – auf dessen weiteren Werdegang Rücksicht nehmen. Außerdem muss er dem Spieler (sich abzeichnende) wesentliche Veränderungen im Verein mitteilen.

Zwischen Verleiher und Spieler wird im Rahmen des Aufhebungsvertrags i. d. R. keine dahingehende auflösende Bedingung vereinbart, dass kein wirksamer Arbeitsvertrag mehr zwischen Entleiher und Spieler besteht. Zudem hat der Spieler in einer solchen Konstellation, in welcher der Spieler seinen Arbeitsvertrag mit dem Entleiher noch während der Leihdauer wegen erheblichem Zahlungsrückstand außerordentlich kündigt, keine Anfechtungsmöglichkeit, die Grundsätze des Wegfalls der Geschäftsgrundlage sind ebenso wenig anwendbar und die im Rahmen eines Leihgeschäfts abgeschlossenen Verträge stellen auch kein einheitliches Rechtsgeschäft dar. Diese Gedanken lassen sich auf weitere Vertragsstörungen in einem dieser im Rahmen des Leihgeschäfts entstehenden Vertragsverhältnisse übertragen. Die Vertragsparteien tragen insofern jeweils das vertragstypische Risiko. Zunächst müssen jedoch sämtliche im Rahmen des Leihgeschäfts abgeschlossenen Verträge wirksam zustande kommen, da insoweit i. d. R. in den jeweiligen (Einzel-) Verträgen entsprechende aufschiebende Bedingungen explizit vereinbart werden. Folglich hat eine Vertragsstörung in einem der im Rahmen des Leihgeschäfts abgeschlossenen und wirksam zustande gekommenen Vertragsverhältnisse auf das Leihgeschäft im Gesamten zumindest keine direkten Auswirkungen.

Kapitel 4: Internationale Leihgeschäfte und Spielerleihen in anderen Sportarten

In diesem Kapitel erfolgt eine Auseinandersetzung mit den internationalen Leihgeschäften im Profifußball, wobei auch ein Rechtsvergleich mit den in anderen europäischen Ligen praktizierten Spielerleihen vorgenommen wird. Auch auf die gegenwärtige Praxis der Spielerleihe in anderen Mannschaftssportarten auf nationaler Ebene wird eingegangen.

A. Internationale Leihgeschäfte im Profifußball

Die Frage, welches Verbandsrecht für einen Transfer oder ein Leihgeschäft maßgeblich ist, ist im Prinzip eindeutig zu beantworten: Wenn ein Spieler zwischen Vereinen verschiedener Länder und damit verschiedener Verbände transferiert oder verliehen wird, so findet auf einen solchen grenzüberschreitenden Wechsel das FIFA-Reglement bezüglich Status und Transfer von Spielern Anwendung. Bei einem landesinternen Wechsel eines Spielers, also innerhalb desselben Verbands, sind die jeweiligen Vorschriften des entsprechenden nationalen Fußballverbands maßgeblich. Dies ergibt sich schon aus Art. 1 Abs. 2 S. 1 des FIFA-Reglements, wonach jeder Verband den Transfer von Spielern zwischen den eigenen Vereinen in einem verbandsinternen Reglement regelt.[228] Letzteres ist im deutschen Profifußball durch die Lizenzordnung für Spieler (LOS) der DFL geschehen.

Die jeweiligen nationalen Verbandsregelwerke müssen aber nach Art. 1 Abs. 2, 3 des FIFA-Reglements bestimmten Vorgaben des FIFA-Reglements entsprechen. Hierdurch soll eine einheitliche und deckungsgleiche Behandlung aller Akteure im internationalen Fußball sichergestellt werden, s. Art. 1 Nr. 1 Rn. 2 des Kommentars der FIFA zum Reglement bezüglich Status und Transfer von Spielern. Daher werden die jeweiligen nationalen Regelwerke mitunter stark durch dieses FIFA-Reglement beeinflusst. Auch Art. 10 des FIFA-Reglements ist ausdrücklich von Art. 1 Abs. 3 lit. a des FIFA-Reglements umfasst. Deswegen sind diese Bestimmungen zur Spielerleihe im Prinzip auch auf nationaler Ebene verbindlich und ohne

---

228 S. hierzu auch Art. 1 Nr. 2 Rn. 1 des Kommentars der FIFA zum Reglement bezüglich Status und Transfer von Spielern. Dieser Kommentar der FIFA ist abrufbar unter https://docplayer.org/25536859-Kommentar-zum-reglement-bezueglich-status-und-transfer-von-spielern.html [zuletzt abgerufen am 12.03.2021]. Seit 2007 gibt die FIFA diesen Kommentar heraus und aktualisiert ihn regelmäßig, um Mitgliedsverbänden, Vereinen und Spielern, Spielervermittlern, Anwälten etc. Zugang und Verständnis des Reglements zu vereinfachen.

jegliche Änderung ins Verbandsreglement zu integrieren. Dennoch bestehen teilweise gewisse Unterschiede zwischen den nationalen Regelungen zur Spielerleihe und den diesbezüglichen Vorschriften der FIFA, was von dieser aber (scheinbar) nicht beanstandet wird.[229]

I. Rechtliche Konstruktion der Spielerleihe nach dem FIFA-Reglement

Aus dem Wortlaut des § 4 Nr. 5 lit. a LOS ergibt sich eindeutig: Voraussetzung für die Registrierung eines neuen Spielers im deutschen Profifußball ist, dass bei einem Wechsel zum Zeitpunkt der Antragstellung die Verträge fristgerecht gekündigt, in beiderseitigem Einvernehmen aufgelöst worden sind oder durch Zeitablauf enden. Nach § 5 Nr. 2 LOS gelten die Bestimmungen betreffend den endgültigen Transfer eines Spielers bei der Ausleihe entsprechend und darin wird u. a. auch klargestellt, dass eine vertragliche Bindung mit dem verleihenden Club nach dem Ende der Ausleihe bestehen muss.[230] Daher ist im Verbandsrecht des deutschen Profifußballs vorgeschrieben, dass während des Ausleihzeitraums der Vertrag zwischen Verleiher und Spieler aufgelöst werden muss und zwischen diesen aber bereits ein Anschlussarbeitsvertrag bzw. zumindest die Verpflichtung zum späteren Abschluss eines solchen für die Zeit nach der Ausleihe existieren muss. Aus § 5 Nr. 1 i. V. m. § 5 Nr. 2 LOS ergibt sich auch, dass während der Dauer der Ausleihe ein Arbeitsvertrag zwischen dem Entleiher und dem Spieler bestehen muss.

Auch wenn dies in den Artt. 5, 10 des FIFA-Reglements nicht ausdrücklich normiert ist, so ergibt sich dennoch aus dem Kommentar zum FIFA-Reglement, dass es genügt, wenn Verleiher und Spieler ein Ruhen des Arbeitsvertrags während der Ausleihdauer vereinbaren, um dem FIFA-Reglement bei einem internationalen Ausleihgeschäft zu entsprechen.[231] Dass die FIFA auch ein solches Ruhen des Arbeitsvertrags gestattet und damit nicht die Auflösung des Arbeitsvertrags vorschreibt, ergibt sich aus dem Kommentar der FIFA zu diesem Reglement. So ist in diesem Kommentar in Art. 10 Nr. 1 (Fn. 49) davon die Rede, dass Verleiher und Spieler einen Vertrag abschließen müssen, „damit die Wirkung

229 S. auch Art. 1 Abs. 2 S. 1 des FIFA-Reglements, wonach die jeweiligen verbandsinternen Reglements bezüglich des Transfers von Spielern zwischen eigenen Vereinen von der FIFA genehmigt werden müssen.

230 In § 13 Nr. 6 LOS wird auch klargestellt, dass die Spielerlaubnis des Spielers mit dem Tag der Beendigung des Vertrages mit dem Verein oder der Kapitalgesellschaft erlischt.

231 Nach Art. 9 Abs. 1 (i. V. m. Art. 10 Abs. 1 S. 3) des FIFA-Reglements ist sowohl beim internationalen Transfer als auch bei einem internationalen Leihgeschäft ein sog. Internationaler Freigabeschein erforderlich. Ein solcher ist erforderlich, um zu vermeiden, dass der Spieler bei zwei Verbänden registriert ist (s. auch Art. 5 Abs. 2 des FIFA-Reglements).

des Arbeitsvertrags vorübergehend aufgehoben wird". Und in diesem Kommentar wird in Art. 10 Nr. 4 Rn. 2 ausgeführt, dass „[w]ährend der Dauer der Ausleihe [...] die Wirkungen des ursprünglichen Arbeitsvertrags aufgehoben [sind]". Zudem ist in diesem Kommentar davon die Rede, dass „[w]ährend der Dauer der Leihgabe [...] die Wirkungen, Rechte und Pflichten des Arbeitsvertrags zwischen dem Spieler und dem ausleihenden Klub zeitweilig aufgehoben [sind]", s. Art. 10 Nr. 4 Rn. 1 (Fn. 54 S. 1). Aus diesen Formulierungen ergibt sich, dass die FIFA auch eine (bloße) Verständigung auf ein Ruhen des Arbeitsvertrags genügen lässt. Dies ist v. a. den Wörtern „vorübergehend" und „zeitweilig" zu entnehmen.

Das FIFA-Reglement normiert daher sozusagen ein weiteres (eigenständiges) rechtliches Konstrukt der Spielerleihe.[232] Diese im Vergleich zur Spielerleihe im deutschen Profifußball andersartige rechtliche Ausgestaltung hat auch Auswirkungen auf die vertragliche Absicherung der Rückkehr des Spielers zwischen Verleiher und Spieler. Weil der Arbeitsvertrag zwischen diesen bloß für den Zeitraum der Ausleihe ruht, bedarf es keines Abschlusses eines Anschlussarbeitsvertrags oder einer Vereinbarung zu einer späteren Verpflichtung hierzu. Denn nach Ablauf der Dauer der Ausleihe leben die Wirkungen, Rechte und Pflichten des Arbeitsvertrags (automatisch) wieder auf.[233] Demzufolge kann der Verleiher auch nach der Ausleihe auf der Grundlage dieses ursprünglichen Arbeitsvertrags eine neue Spielerlaubnis für den Spieler beantragen.[234]

II. Rechtliche Qualifizierung solcher Leihgeschäfte und einzelne Rechtsbeziehungen der an solchen Leihgeschäften Beteiligten

Die rechtliche Qualifizierung solcher Leihgeschäfte und die einzelnen Rechtsbeziehungen der an diesen Leihgeschäften Beteiligten (s. hierzu Kapitel 2 und 3) sind aber auch beim Konstrukt der FIFA identisch wie beim Konstrukt im deutschen Profifußball. Einzig bei den einzelnen Rechtsbeziehungen zwischen Verleiher und Spieler fällt die (dogmatische) Begründung der einzelnen Rechte und Pflichten teilweise etwas anders aus. Durch das Ruhen des Arbeitsvertrags bestehen während des Ausleihzeitraums zwischen diesen auch beim Konstrukt der FIFA keine Hauptleistungspflichten. Die sonstigen (vertraglichen) Nebenpflichten ergeben sich nicht aus den gesteigerten nach- und vorvertraglichen Pflichten, sondern aus dem weiterhin bestehenden ursprünglichen Arbeitsvertrag. Durch das bloße Ruhen dieses Vertrags wurde dieser nicht aufgelöst,

---

232 Dass auch bei diesem Konstrukt der FIFA während des Ausleihzeitraums ein Arbeitsvertrag zwischen Entleiher und Spieler bestehen muss, ergibt sich schon aus Art. 2 Abs. 2 S. 1 des FIFA-Reglements und ist auch in Art. 10 Nr. 1 S. 8 des Kommentars zum FIFA-Reglement ausdrücklich vorgeschrieben.

233 S. Art. 10 Nr. 4 Rn. 1 (Fn. 54 S. 2) des Kommentars zum FIFA-Reglement.

234 So auch *Berkemeyer*, Leihgabe von Berufssportlern, S. 216.

weshalb etwaige Nebenpflichten weiterhin auch während der Dauer der Ausleihe Bestand haben. Hinsichtlich von Inhalt und Umfang dieser Pflichten ergeben sich aber keine Unterschiede im Vergleich zum Konstrukt im deutschen Profifußball (s. hierzu Kapitel 3, C.). Im Kommentar zum FIFA-Reglement ist in Art. 10 Nr. 4 Rn. 1 (Fn. 54 S. 2 und 3) auch ausdrücklich erwähnt, dass der Verleiher während der Dauer der Ausleihe ein „gewisses Mitspracherecht" haben muss, weil nach Ablauf der vereinbarten Ausleihdauer die entsprechenden Wirkungen des Arbeitsvertrags wieder aufleben. Nähere Konkretisierungen in Bezug auf Inhalt und Umfang dieses Mitspracherechts sind aber auch in diesem Kommentar nicht enthalten.

B. Spielerleihen in anderen europäischen Fußballligen

I. Spielerleihen in England

Bei den im englischen Profifußball praktizierten Spielerleihen sind einige Besonderheiten auffällig.

1. „Long Term Loan" und „Short Term Loan"

In England ist zwischen einer langfristigen Leihe („Long Term Loan") und einer kurzzeitigen Leihe („Short Term Loan") zu differenzieren. Im Grundsatz entspricht die langfristige Spielerleihe bei dortigen nationalen Leihgeschäften der gegenwärtigen Praxis der Spielerleihe im deutschen Profifußball und bei internationalen Leihgeschäften derjenigen Praxis, welche im FIFA-Reglement vorgesehen ist. Nach 6.6.3 der „Standardised Rules" 2020–2021 der FA sind solche Langzeitleihen im Grundsatz für eine Saison konzipiert, aber auch eine Ausleihe bloß für die Hin- oder Rückrunde ist nach dieser Vorschrift möglich. Jeder Verein darf aber maximal sechs Spieler pro Saison in Form einer solchen langfristigen Spielerleihe ausleihen. Jeder Verein darf auch nicht mehr als zwei Spieler gleichzeitig an denselben Verein verleihen oder von demselben Verein entleihen.[235] Diese Vorgaben stellen einen erheblichen Unterschied zur deutschen und internationalen Spielerleihe dar. Bei solchen Langzeitleihen darf bei entsprechender Vereinbarung einer sog. „recall clause" ein Spieler auch vor dem 31.08. und zwischen dem 01.01. und 31.01. vom Verleiher „zurückgerufen" werden.[236] In Bezug auf Torhüter kann eine solche „recall clause" im Rahmen einer „Long Term Loan" nicht vereinbart werden.

---

235 Dies gilt jeweils in Bezug auf Vereine des englischen Profifußballs. Auch die FIFA plant auf ähnliche Weise die Leihgeschäfte zahlenmäßig zu begrenzen, s. hierzu ausführlich Kapitel 5, A., VII.

236 Auf diese Besonderheit des „recalls" bei Spielerleihen in England wird auch sogleich im Rahmen der „Short Term Loans" näher eingegangen.

Eine Besonderheit in England stellt die Möglichkeit dar, einen Spieler auch kurzzeitig, also mindestens 28 Tage und höchstens bis zum Ende der (aktuellen) Saison, auszuleihen. Geregelt ist diese „Short Term Loan“ in 6.6.2 der Standardised Rules. Insgesamt dürfen maximal zwölf Spieler pro Saison auf diese Weise von jedem Verein ausgeliehen werden, wobei wiederum maximal zwei Spieler gleichzeitig an denselben Verein verliehen oder von demselben Verein entliehen werden dürfen.[237] Bei einer anschließenden Verlängerung einer solchen „Short Term Loan“ besteht die weitere Besonderheit, dass ausschließlich dem Verleiher nach Ablauf von 28 Tagen nach Beginn dieses Verlängerungszeitraums das Recht auf einen sog. „recall“ des Spielers zusteht. In einem solchen Fall darf dann der Verleiher den Spieler bei Bedarf (also prinzipiell zu jedem Zeitpunkt nach Ablauf von 28 Tagen seit Beginn des Verlängerungszeitraums) auch vor Ablauf der vereinbarten (verlängerten) Leihdauer zurückfordern bzw. zurückrufen. Eine solche Möglichkeit zum „recall“ stellt daher ein einseitiges „Rückrufrecht“ für den Verleiher dar. Torhüter können bei einer Verlängerung des (kurzzeitigen) Leihgeschäfts im Falle der Vereinbarung einer entsprechenden „recall clause“ zwischen Verleiher und Entleiher sogar zu jedem Zeitpunkt im Verlängerungszeitraum (also auch innerhalb der ersten 28 Tage) zurückgerufen werden.

Diese kurzzeitigen Ausleihen stehen eigentlich im Widerspruch zu Art. 10 Abs. 2 des FIFA-Reglements, wonach ein Spieler mindestens für die Dauer zwischen zwei Registrierungsperioden ausgeliehen werden muss.[238] Nach Art. 1 Abs. 3 lit. a des FIFA-Reglements ist diese Vorschrift grundsätzlich auch zwingend. Es ist aber vor dem Hintergrund von Art. 1 Abs. 2 S. 1 des FIFA-Reglements, wonach jedes verbandsinterne Reglement von der FIFA genehmigt werden muss, davon auszugehen, dass die FIFA diese Möglichkeit der Kurzzeitleihe in England akzeptiert bzw. nicht beanstandet. Dies ist umso mehr anzunehmen, wenn man sich vergegenwärtigt, wie häufig englische Vereine diese Möglichkeit zur Kurzzeitleihe nutzen.

2. *„Youth Loan“*

In 6.6.4 der Standardised Rules sind spezielle Vorgaben für die Leihgeschäfte mit Jugendvertragsspielern, die 20 Jahre alt oder jünger sind, oder mit Schülern, welche sich im zweiten oder dritten Jahr einer Stipendienvereinbarung befinden, normiert. U. a. muss sichergestellt sein, dass der Jugendspieler sein Bildungsprogramm („programme of education“) vollständig erfüllt.

---

237 Dies gilt jeweils in Bezug auf Vereine des englischen Profifußballs.

238 Die Ausnahmevorschrift des Art. 5 Abs. 3 des FIFA-Reglements kann schon deswegen nicht einschlägig sein, weil 6.6 Standardised Rules nur die nationalen Leihgeschäfte zwischen zwei englischen Vereinen regelt.

3. *„Emergency Loan“*

Bis zur Saison 2015/2016 bestand in England für die Vereine der zweiten bis zur vierten Liga die Möglichkeit, Spieler zu jeder Zeit, also auch außerhalb der Transferperioden, mit Kurzzeitverträgen zwischen 28 und 93 Tagen auszustatten, die anschließend in der nächsten Transferperiode auch verlängert werden konnten; die Vereine der Premier League konnten so zwar nicht selbst Spieler ausleihen, sie konnten aber auf diese Weise ihre eigenen Spieler an unterklassige Vereine verleihen, um diesen dadurch Einsatzzeiten zu ermöglichen.[239] Mit diesen „Notfall-Leihen“ sollten die Vereine zwar in erster Linie auf Verletzungen oder Suspendierungen von Spielern reagieren können, diese „Emergency Loans“ wurden aber von den Vereinen (der zweiten bis zur vierten Liga) oftmals auch gezielt dazu genutzt, um kurzfristig den Kader zu verstärken.[240]

---

239 https://www.transfermarkt.de/emergency-loan-in-england-darf-schon-wieder-gewechselt-werden/view/news/211584 [zuletzt abgerufen am 12.03.2021].

240 https://www.transfermarkt.de/emergency-loan-in-england-darf-schon-wieder-gewechselt-werden/view/news/211584 [zuletzt abgerufen am 12.03.2021].
Der Gedanke, dass eine große Verletzungsmisere eines Vereins eine Ausnahme von den grundsätzlich zu beachtenden Transferfristen rechtfertigen kann, ist auch aus Spanien bekannt. Dort kann die spanische Liga bzw. der spanische Verband in solchen speziellen Situationen einem Verein eine Ausnahme bewilligen; so wurde dem spanischen Erstligisten UD Levante aufgrund von erheblichen Verletzungsproblemen Ende Oktober 2017 bewilligt, den türkischen Nationalspieler Enes Ünal auch außerhalb der Transferperiode vom FC Villareal mit sofortiger Wirkung auszuleihen. S. hierzu http://www.goal.com/de/meldungen/villarreal-enes-uenal-levante-leihe-spanien-primera-division/15m2wa9fvrfh41eggp9ap4ymid [zuletzt abgerufen am 12.03.2021]; https://www.laola1.at/de/red/fussball/international/spanien/la-liga/news/fc-villareals-enes-uenal-per-sofort-leihe-zu-ud-levante/ [zuletzt abgerufen am 12.03.2021].
Nach Spanien kamen in der Winterpause der Saison 2017/2018 auch aufgrund eines keinesfalls unumstrittenen Abkommens neun Leihspieler aus Saudi-Arabien für die Rückrunde in die dortige erste und zweite Liga (also in die Primera und Segunda División): Zwischen Spaniens Fußball-Liga LFP, dem saudi-arabischen Fußballverband und dem Sportministerium Saudi-Arabiens wurde eine dahingehende Kooperation vereinbart, dass neun (potenzielle) Nationalspieler Saudi-Arabiens für die Rückrunde in spanischen Vereinen aufgenommen werden, um für die Weltmeisterschaft im Sommer 2018 in Russland Spielpraxis auf höchstem Niveau erhalten zu können. So wechselte z. B. Salem Al-Dawsari zum FC Villareal, Yahya Al-Sheri zum CD Leganés und Fahad Al-Muwallad zu UD Levante. Die LFP verfolgte dabei ganz überwiegend kommerzielle Zwecke; u. a. erhoffte sie sich dadurch die Übertragungsrechte im arabischen Raum teurer als zuvor verkaufen zu können. Pikant an der ganzen Sache ist, dass es dem spanischen Verband genau wie den aufnehmenden Vereinen im Grunde von Anfang an klar war, dass diese Spieler sie sportlich nicht wirklich weiterbringen und mutmaßlich allenfalls Ergänzungsspieler sein werden. Daher mussten die Vereine auch weder eine Leihgebühr noch das Gehalt der Spieler zahlen und eine Einsatzgarantie für die Spieler mussten sie ebenso wenig zusichern;

Ab der Saison 2015/2016 wurden solche „Emergency Loans“ zum Schutz der Integrität des Wettbewerbs von der FIFA verboten. Dies ist in England auf zum Teil heftige Kritik gestoßen hinsichtlich einer etwaigen Benachteiligung der finanzschwächeren Vereine und der Beeinträchtigung der Jugendentwicklung, da v. a. die jugendlichen Spieler so mutmaßlich häufiger auf der Bank Platz nehmen müssten; dies deshalb, weil die Vereine dadurch gezwungen wären, einen größeren Kader in der Transferperiode zusammenzustellen.[241] Es ist offensichtlich, dass durch dieses Verbot der FIFA die Vereine der zweiten bis vierten englischen Liga aufgrund jener nun abhanden gekommenen Flexibilität dazu gezwungen werden, mehrere Spieler sozusagen „auf Vorrat“ zu verpflichten, um bei Verletzungen o. ä. von Spielern adäquaten Ersatz zur Verfügung zu haben.

II. Spielerleihe in Österreich

Aus den §§ 3 Abs. 2 S. 2, 4 Abs. 1 S. 1, 20 Abs. 1 S. 1 des Regulativs für die dem ÖFB angehörigen Vereine und Spieler ergibt sich, dass in jedem Fall während des Ausleihzeitraums ein Arbeitsvertrag zwischen entleihendem Verein und Spieler bestehen muss. Auch wenn ein Spielervertrag nach § 20 Abs. 1 S. 2 und 3 des ÖFB-Regulativs im Grundsatz mindestens bis zum Ende der laufenden Meisterschaft (also bis 31. Mai; höchstens aber fünf Jahre) zu dauern hat, so ist nach § 25 Abs. 2 des ÖFB-Regulativs ausdrücklich auch eine Ausleihe nur für die Herbst- oder Frühjahrmeisterschaft (als Saison i. d. S.) gestattet. Daher muss es in einem solchen Fall auch möglich sein, nur für diesen Zeitraum einen Arbeitsvertrag abzuschließen.

---

im Gegenteil, angeblich erhielten die aufnehmenden Vereine sogar zwischen einer und fünf Millionen Euro dafür, dass ein solcher Spieler einen ihrer 25 Kaderplätze erhielt. Außerdem erhofften sich auch die aufnehmenden Vereine dadurch ein erheblich erweitertes Vermarktungspotential auf dem arabischen Markt. Dieses Geschäftsmodell war schon in Saudi-Arabien selbst nicht unumstritten, da die dortigen Vereine so ihre besten Spieler verloren. Aber auch der spanischen Spielergewerkschaft AFE missfiel dieses Kooperationsabkommen, da so die Entwicklung und Förderung der Jugendspieler dem Geschäft zum Opfer fallen und alles nur noch dem Geld untergeordnet werden würde. S. näher zur ganzen Thematik *Cáceres*, in: http://www.sueddeutsche.de/sport/spanien-millionenschwere-praktika-1.3837725 [zuletzt abgerufen am 12.03.2021]; *Fuchs*, in: http://www.spiegel.de/sport/fussball/la-liga-neun-saudi-araber-wechseln-nach-spanien-a-1189379.html [zuletzt abgerufen am 12.03.2021]; http://www.kicker.de/news/fussball/intligen/startseite/716062/artikel_seltsames-geschaeft_warum-neun-saudis-in-la-liga-landen.html [zuletzt abgerufen am 12.03.2021].

241 *Barlow*, in: http://www.dailymail.co.uk/sport/football/article-3427432/Next-transfer-deadline-day-set-chaos-FIFA-s-emergency-loan-ban-comes-play-Football-League-clubs-bound-suffer.html [zuletzt abgerufen am 12.03.2021]; *Wilkinson*, in: http://www.skysports.com/football/news/11095/10509644/emergency-loan-window-system-changes-explained [zuletzt abgerufen am 12.03.2021].

III. Spielerleihe in der Schweiz

Aus Art. 6 Abs. 1 S. 1 des Reglements über die Qualifikation der SFL-Spieler ergibt sich, dass zwischen Entleiher und Spieler während der Ausleihdauer ein Arbeitsvertrag bestehen muss. Interessant ist § 7 dieses Reglements, welcher zusätzliche Voraussetzungen bei Leihverträgen normiert. Nach Art. 7 Abs. 1 S. 2 dieses Reglements ist der Spieler nach Ablauf der Ausleihe automatisch wieder für seinen Stammklub qualifiziert.

Eine Besonderheit in der Schweiz stellt dar, dass der Spieler bei Einigung zwischen den zwei Klubs und dem Spieler auch schon vor Ablauf der Ausleihe zu seinem Stammklub zurückkehren und der Verleiher dann auch sofort (wieder) einen Qualifikationsantrag stellen kann, s. Art. 7 Abs. 1 S. 3 des Reglements über die Qualifikation der SFL-Spieler. Daraus ergibt sich, dass auch in der Schweiz Kurzzeitleihen möglich sind, welche nach Art. 7 Abs. 2 S. 1 Alt. 1 dieses Reglements aber mindestens 30 Tage betragen müssen.

Nach Art. 7 Abs. 3 des Reglements über die Qualifikation der SFL-Spieler sind Klauseln, welche es dem Spieler untersagen, gegen seinen Stammklub zu spielen, nicht möglich.

C. Spielerleihen in anderen Mannschaftssportarten

Auch in anderen Mannschaftssportarten haben sich die Leihgeschäfte im Profibereich zu einer teilweise sehr bedeutenden Wechselform entwickelt. Daher soll hier etwas näher auf die nationalen Spielerleihen dieser Mannschaftssportarten in Deutschland eingegangen werden.

I. Spielerleihen im Handball

Die Leihgeschäfte im nationalen Profihandball sind in den §§ 69 ff. DHB-Spielordnung geregelt. Dabei ist auffällig, dass diese Vorschriften zum Teil in nicht nur geringfügigem Maße von denen des FIFA-Reglements oder der LOS der DFL abweichen, weshalb sich die Leihgeschäfte im Profihandball teilweise von den Leihgeschäften im Profifußball unterscheiden.

1. „Gewöhnliche" Spielerleihe

Nach § 69a DHB-Spielordnung darf ein Spieler nach Vollendung des 23. Lebensjahres von einem Verein der Bundesliga oder Zweiten Bundesliga an einen anderen Verein der Bundesliga oder Zweiten Bundesliga verliehen werden.[242] Aus § 34

242 Diese Möglichkeit, auch Spieler nach Vollendung des 23. Lebensjahres verleihen zu können, existiert erst seit der Saison 2011/2012, als § 69a DHB-Spielordnung neu eingefügt wurde. So *Berkemeyer*, Leihgabe von Berufssportlern, S. 220.

Abs. 1 HS 2 i. V. m. § 69a S. 6 DHB-Spielordnung ergibt sich, dass eine solche Spielerleihe vor dem 16.02. zu jeder Zeit durchgeführt werden kann. Dies stellt einen Unterschied zum Fußball dar, wo nur im Zeitraum der Transferperioden und nicht auch während der Hinrunde ein Spieler zu einem anderen Verein wechseln kann und dann auch für diesen spielberechtigt ist. Nach § 34 Abs. 1 HS 1 i. V. m. § 69a S. 6 DHB-Spielordnung kann ein Spieler mit vertraglicher Bindung in einem Spieljahr auch höchstens für zwei Vereine die Spielberechtigung erhalten.

Aus § 69a S. 5 DHB-Spielordnung ergibt sich, dass ein Spieler maximal für einen Zeitraum von ca. eineinhalb Jahren verliehen werden kann, da nur vor dem 16.02. der folgenden Spielsaison eine Rückkehr zum Verleiher möglich ist. Eine solche Beschränkung existiert im Fußball nicht; § 5 Nr. 1 Abs. 4 S. 2 LOS schreibt nur allgemein vor, dass die Höchstlaufzeit eines Vertrags mit dem Spieler fünf Jahre nicht überschreiten soll.

Aus § 34 Abs. 3 S. 1 i. V. m. § 69a S. 6 DHB-Spielordnung wird ersichtlich, dass bei einer solchen Spielerleihe notwendig der Arbeitsvertrag zwischen Verleiher und Spieler aufgelöst werden muss. Dies wird auch durch § 69a S. 4 DHB-Spielordnung bestätigt, wonach eine solche Ausleihe einen Vereinswechsel darstellt (im Gegensatz zu einer Ausleihe eines Spielers, der das 23. Lebensjahr noch nicht vollendet hat, vgl. § 69 Abs. 3 DHB-Spielordnung; s. hierzu näher Kapitel 4, C., I., 2.). Aus § 69a S. 2 DHB-Spielordnung ergibt sich zumindest mittelbar, dass auch der Abschluss eines Anschlussarbeitsvertrags zwischen Verleiher und Spieler für die Zeit nach Ablauf der Ausleihdauer erforderlich ist. Insoweit ähneln sich die Vorgaben für Leihgeschäfte im nationalen Profihandball und im nationalen Profifußball.

2. Spielerleihe von U 23-Spielern

Eine absolute Besonderheit bei Leihgeschäften im nationalen Handballprofisport stellt die Differenzierung zwischen Spielern, welche das 23. Lebensjahr noch nicht vollendet haben, und älteren Spielern dar. Die Unterschiede sind zum Teil erheblich, wie sich aus einem Vergleich von § 69 DHB-Spielordnung mit § 69a DHB-Spielordnung ergibt. Für die Ausleihe von U 23-Spielern existieren einige Besonderheiten.

Nach § 69 Abs. 1 DHB-Spielordnung darf ein U 23-Spieler eines Vereins der Bundesliga, Zweiten Bundesliga oder Dritten Liga an einen anderen Verein zum Einsatz in der Bundesliga, Zweiten Bundesliga oder Dritten Liga ausgeliehen werden, der Spieler darf jedoch nicht in derselben Staffel eingesetzt werden (in welcher der Verleiher spielt). Dadurch muss der Erstverein zumindest in dieser Hinsicht nicht befürchten, dass der Spieler ihm unmittelbar (u. U. sogar in einem Spiel gegen ihn) durch gute Leistungen Schaden zufügt. Eine solche Spielerleihe ist ebenfalls bis zum 15.02. eines Spieljahres möglich, s. § 69 Abs. 1 lit. c DHB-Spielordnung. Aus § 69 Abs. 1 lit. e DHB-Spielordnung ergibt sich, dass solche

Ausleihen grundsätzlich wie im Profifußball für unbeschränkte Zeit möglich sind, allerdings können sie auch vorzeitig einvernehmlich von beiden Vereinen und dem Spieler widerrufen werden und sie enden zwangsläufig mit Ende des Spielervertrags zwischen Erstverein und Spieler und mit dem Ende der Spielsaison, die auf die Vollendung des 23. Lebensjahres des Spielers folgt (sofern zu diesem Zeitpunkt ein Vertrag des Spielers mit dem Erstverein besteht). Anders im Vergleich zur Ausleihe von älteren Spielern ist, dass nach § 69 Abs. 1 lit. f und g DHB-Spielordnung eine Ausleihe desselben Spielers während eines Spieljahres nur einmal und nur an einen Verein möglich ist und zudem der Erstverein im laufenden Spieljahr pro Mannschaft maximal drei Spieler ausleihen darf und der Zweitverein maximal drei Ausleihspieler aufnehmen darf.

In § 69 Abs. 2 S. 1 DHB-Spielordnung ist ausdrücklich vorgeschrieben, dass während der Ausleihdauer der Vertrag des Spielers mit seinem Erstverein gültig bleibt. Zudem gilt eine solche Ausleihe nach § 69 Abs. 3 DHB-Spielordnung nicht als Vereinswechsel (im Gegensatz zur Ausleihe von älteren Spielern, s. § 69a S. 4 DHB-Spielordnung). In dieser Hinsicht unterscheidet sich die Spielerleihe eines U 23-Spielers daher elementar von der Ausleihe eines älteren Spielers. Wenn man sich dann noch das nur für U 23-Spieler bestehende, im Vergleich zum Fußball einzigartige Zweifachspielrecht (entweder für jeweils eine Mannschaft von Erst- und Zweitverein oder unter bestimmten Voraussetzungen für zwei Mannschaften des Zweitvereins) nach § 70 Abs. 1 DHB-Spielordnung vor Augen führt, so liegt der Rückschluss nahe, dass bei U 23-Spielern insgesamt eine gänzlich andere Konstruktion bei Leihgeschäften gewollt ist. Es ist davon auszugehen, dass nach diesem Konstrukt der Spieler einen gültigen und auch nicht als ruhend vereinbarten Arbeitsvertrag mit dem Erstverein während des Ausleihzeitraums besitzen muss. Nur so ist auch das in § 70 Abs. 3 DHB-Spielordnung normierte Recht zum Entscheidungsvorrang des Erstvereins gegenüber dem Zweitverein bei Interessenkollisionen, welche sich z. B. bei zeitgleichen Spielansetzungen oder sonstigen sich zeitlich überschneidenden Verpflichtungen durchaus ergeben können, zu erklären. Dies steht auch im Einklang mit § 69 Abs. 2 S. 2 DHB-Spielordnung, wonach die Ausleihe an den Vertrag des Spielers mit dem Erstverein gebunden ist (s. zusätzlich auch § 69 Abs. 1 lit. e Alt. 2 DHB-Spielordnung). Außerdem ist auch nur so erklärbar, dass in den §§ 69, 70 DHB-Spielordnung im Gegensatz zu § 69a DHB-Spielordnung stets von Erst- und Zweitverein und nicht etwa von Verleiher und Entleiher oder von verleihendem und entleihendem Verein die Rede ist.

II. Spielerleihen im Basketball, Eishockey und Volleyball

Im nationalen Basketball, Eishockey oder Volleyball sind in den entsprechenden Spielordnungen und Statuten jeweils keine gesonderten Vorschriften für die Spielerleihe enthalten. Die jeweiligen Spielordnungen und Statuten enthalten nur detaillierte Vorschriften in Bezug auf die Spielberechtigung und zum Teil mehr oder weniger detaillierte Vorschriften zum „gewöhnlichen“ Vereinswechsel bzw. Transfer. Allerdings ergibt sich schon aus der Vertragsautonomie, dass auch Spielerleihen möglich sein müssen, wenn sie im Interesse beider Vereine und des Spielers liegen. Daher erscheint es als angemessen, die jeweiligen Vorschriften zum „gewöhnlichen" Vereinswechsel bzw. Transfer auch auf die Spielerleihe anzuwenden. Bei diesen Mannschaftssportarten werden solche Leihgeschäfte auch tatsächlich praktiziert.

Im nationalen Basketball ergibt sich aus § 4 Abs. 3 BBL-Spielordnung, dass Spielerleihen nur bis zum 28.02. bzw. 31.03. (je nach Ausschreibung) des laufenden Wettbewerbs möglich sind. Vergleichbar mit dem Zweifachspielrecht im Handball sind nach § 6 Abs. 1 BBL-Spielordnung für Jugendspieler verschiedene Sonderlizenzen möglich. Aus den §§ 18 Nr. 4, 19 lit. c, 20 Nr. 1 lit. a BBL-Lizenzstatut lässt sich erschließen, dass während der Ausleihdauer ein Arbeitsvertrag zwischen entleihendem Verein und Spieler bestehen muss und auch keine anderweitigen entgegenstehenden arbeitsvertraglichen Bindungen des Spielers zu einem anderen Verein während dieser Zeit bestehen dürfen.

Im nationalen Eishockey ist nach Art. 55 Nr. 5 S. 1 DEB Spielordnung in einer Wechselzeit für jeden Spieler innerhalb des Verbandsgebietes des DEB nur ein Wechsel möglich. Aus Art. 58 Nr. 1 lit. b DEB Spielordnung ergibt sich, dass es zumindest möglich ist, einen Arbeitsvertrag zwischen Verein und Spieler abzuschließen; dies ist zumindest im Profibereich erforderlich und daher auch im Bereich der Spielerleihe notwendig. Nach Art. 49 Nr. 1 DEB Spielordnung darf ein Spieler nur von einem DEB-Club für den Meisterschaftsspielbetrieb und bei Freundschafts- und Pokalspielen eingesetzt werden. Nach Art. 49 Nr. 1.1 S. 1 DEB Spielordnung ist aber eine mehrfache Spielberechtigung sowohl für den Spielbetrieb des DEB, der LEV, der DEL 2 oder der DEL grundsätzlich zulässig.

Im nationalen Volleyball existiert beim „gewöhnlichen" Vereinswechsel nach 8.3.1 Bundesspielordnung (BSO) für den allgemeinen Spielbetrieb die Besonderheit einer Wechselsperre. Denn dort ist die Spielberechtigung für einen neuen Verein an eine Wartezeit von drei Monaten gebunden; die Wartezeit endet aber spätestens mit dem ablaufenden Spieljahr und entfällt nach einer Freigabe im Juli. Mangels anderweitiger Normierungen sind diese Grundsätze der Wechselsperre auch auf die Spielerleihe anzuwenden. Aus 16.4.2 des VBL Lizenzstatuts (i. V. m. 6.3.3 S. 2 BSO) ergibt sich zumindest mittelbar, dass jedenfalls im Profibereich ein Arbeitsvertrag zwischen Verein und Spieler bestehen muss. In 6.4.2, 6.4.5, 6.4.6 BSO sind verschiedene Möglichkeiten der Beantragung und Erteilung eines Doppelspielrechts für DVV-Kaderspieler bzw. Spielern aus Stützpunktmannschaften der 1. Bundesliga normiert (und in 6.4.4 BSO für Landeskaderspieler).

III. Spielerleihen im Tennis und Tischtennis

Tennis und Tischtennis sind zwar im Prinzip Einzelsportarten, jedoch findet bei diesen auch ein Mannschaftsspielbetrieb statt. Spielerleihen spielen hierbei aber keine nennenswerte Rolle. Ein Spieler kann zwar im Grundsatz nur für einen Verein auf nationaler Ebene gemeldet werden, was so auch in den Wettspielordnungen des DTB und des DTTB geregelt ist (zumindest im Rahmen derselben

Altersklasse; die dortigen Regelungen zur Mannschaftsmeldung etc. sind sehr detailliert).

Im Tennis wird häufig nicht einmal ein Arbeitsvertrag zwischen Verein und Spieler abgeschlossen. Bei Profispielern läuft das vielmehr oftmals so ab, dass diese für jedes Spiel, das sie bestreiten, eine vereinbarte Summe erhalten (ggf. wird auch eine Siegprämie vereinbart); denn es gibt auch nur neun Spiele pro Saison in der 1. Bundesliga der Herren (und in der 1. Bundesliga der Damen hat jedes Team sogar nur sechs Spiele pro Saison). Daher schließen Verein und Spieler oftmals für jedes Spiel einen gesonderten Dienstvertrag i. S. v. § 611 BGB ab. Leihgeschäfte spielen daher im Tennis keine nennenswerte Rolle.

Auch im Tischtennis wird dies je nach Spielstärke der Spieler teilweise so gehandhabt, wobei es in der Tischtennis-Bundesliga (TTBL) der Herren immerhin 22 Saisonspiele (zzgl. Play-off-Spiele für die vier bestplatziertesten Mannschaften) gibt (und in der 1. Bundesliga der Damen hat jedes Team immerhin 12 Spiele). Jedenfalls ist auch im Tischtennis nichts dafür ersichtlich, dass Leihgeschäfte hierbei eine nennenswerte Rolle spielen.

In den Wettspielordnungen des DTB und des DTTB sind (daher) auch weder Vorgaben zu Spielerleihen noch zu endgültigen Transfers normiert. Der Wechsel eines Spielers spielt nur im Rahmen der Spielberechtigung eine Rolle.

D. Ergebnis

Das FIFA-Reglement normiert ein weiteres (eigenständiges) rechtliches Konstrukt der Spielerleihe für die internationalen Leihgeschäfte. Anders als im deutschen Profifußball lässt es die FIFA genügen, wenn Verleiher und Spieler ein Ruhen des Arbeitsvertrags während der Ausleihdauer vereinbaren; einer Auflösung des ursprünglichen Arbeitsvertrags bedarf es daher nicht. Unterschiede hinsichtlich der rechtlichen Qualifizierung solcher Leihgeschäfte und der einzelnen Rechtsbeziehungen der an solchen Leihgeschäften Beteiligten im Vergleich zum Konstrukt im deutschen Profifußball sind aber nicht ersichtlich.

In England existieren im Profifußball die Besonderheiten, dass die maximale Anzahl an Spielerleihen pro Verein pro Saison begrenzt ist, sog. „Short Term Loans" möglich sind, dem Verleiher ggf. ein Recht zum sog. „recall" des Spielers zustehen kann und es spezielle Vorschriften für die Ausleihe von jugendlichen Spielern gibt. Die Spielerleihe im österreichischen Profifußball beinhaltet keine nennenswerten Besonderheiten. Auch in der Schweiz sind im Profifußball Kurzzeitleihen möglich; eine dortige Besonderheit stellt dar, dass der Spieler bei Einigung zwischen beiden Vereinen und dem Spieler auch schon vor Ablauf der Ausleihe zu seinem Stammklub zurückkehren und dann der Verleiher auch sofort (wieder) einen Qualifikationsantrag stellen kann.

Im nationalen Handballprofisport existiert die Besonderheit, dass zwischen Leihgeschäften mit U 23-Spielern und älteren Spielern differenziert wird und die Unterschiede zum Teil erheblich sind. Während die Spielerleihen von älteren Spielern im Grundsatz vergleichbar zu denjenigen im nationalen Profifußball sind – jedoch ist die maximale Dauer solcher Spielerleihen im nationalen Profihandball auf ca. eineinhalb Jahre begrenzt –, so liegt bei Spielerleihen von U 23-Spielern eine gänzlich andere Konstruktion vor: Auch während des Ausleihzeitraums – grundsätzlich sind solche Spielerleihen wie im Profifußball für unbeschränkte Zeit möglich – besteht ein gültiger und auch nicht als ruhend vereinbarter Arbeitsvertrag zwischen dem Erstverein und dem Spieler. Grund hierfür ist u. a. auch das im Vergleich zum Fußball einzigartige Zweifachspielrecht für ausgeliehene U 23-Spieler, wobei bei Interessenkollisionen dem Erstverein das Recht zum Entscheidungsvorrang zukommt. Im nationalen Basketball, Eishockey und Volleyball sind hingegen keine Besonderheiten hinsichtlich der Praxis der Spielerleihe ersichtlich. Im Tennis und Tischtennis als Einzelsportarten, bei denen auch ein Mannschaftsspielbetrieb stattfindet, spielen Leihgeschäfte keine nennenswerte Rolle.

Kapitel 5: Vereinbarkeit des jeweiligen Verbandsrechts mit höherrangigem Recht

Im folgenden Kapitel sollen nun einzelne Vorschriften des jeweiligen Verbandsrechts, welche die Spielerleihe im Profisport reglementieren, auf ihre Vereinbarkeit mit höherrangigem Recht überprüft werden. Schwerpunktmäßig wird hierbei auf die Vereinbarkeit mit der europarechtlichen Arbeitnehmerfreizügigkeit (Art. 45 AEUV) und mit der Berufsfreiheit (Art. 12 GG) bzw. § 138 Abs. 1 BGB i. V. m. Art. 12 Abs. 1 GG eingegangen. Aber auch die Vereinbarkeit mit dem AGG soll zumindest kurz fokussiert werden.

A. Vereinbarkeit mit Art. 45 AEUV und § 138 Abs. 1 BGB i. V. m. Art. 12 Abs. 1 GG

Seit dem Bosman-Urteil[243] des EuGH vom 15.12.1995 sind verbandsrechtliche Transferregularien in großem Umfang zum Diskussionsstoff im juristischen Schrifttum geworden. Es sind zahlreiche Dissertationen, Publikationen, Urteilsanmerkungen etc. erschienen. Auch die nationalen Gerichte mussten sich vermehrt mit solchen Transferregularien der einzelnen Sportverbände auseinandersetzen.[244] Diese Diskussionen und gerichtlichen Auseinandersetzungen beinhalteten aber überwiegend die Rechtmäßigkeit sog. Transferentschädigungen bzw. Aus- und Weiterbildungsentschädigungen. Der EuGH hat sich in der Rechtssache Bernard wiederum ausführlich mit einer solchen Ausbildungsentschädigungsregelung auseinandergesetzt.[245]

Vorliegend geht es aber um solche verbandsrechtlichen Regularien, welche die Leihgeschäfte im Profisport durch Transferfristen, Mindestausleihdauer etc. reglementieren. Die einzige bislang ersichtliche gerichtliche Entscheidung, die sich unmittelbar mit einer solchen Wechselfrist im Profisport befasst hat, stellt das Urteil des Europäischen Gerichtshofs in der Rechtssache Lehtonen[246] vom

---

243 EuGH v. 15.12.1995 – C-415/93, NJW 1996, 505 (505 ff.).

244 S. hierzu nur BGH v. 27.09.1999 – II ZR 305-98, NJW 1999, 3552 (3552 ff.); BGH v. 27.09.1999 – II ZR 377/98, NJW 2000, 1028 (1028 ff.); BAG v. 20.11.1996 – 5 AZR 518/95, SpuRt 1997, 94 (94 ff.); OLG Oldenburg v. 10.05.2005 – 9 U 94/04, SpuRt 2005, 164 (164 ff.); letzterem vorhergehend LG Oldenburg v. 29.10.2004 – 13 O 1195/04, SpuRt 2005, 72 (72 ff.).

245 EuGH v. 16.03.2010 – C-325/08, NJW 2010, 1733 (1733 ff.).

246 EuGH v. 13.04.2000 – C-176/96, EuZW 2000, 375, (375 ff). Auf dieses Urteil wird in Kapitel 5, A., II., 1. (s. v. a. Kapitel 5, A., II., 1., c) und Fn. 414) ausführlicher eingegangen.

13.04.2000 dar.[247] Auch im Schrifttum erfolgte bisher nur eine recht marginale Erörterung solcher Verbandsvorschriften. Diese werden daher im Folgenden ausführlich untersucht.[248]

I. Allgemeines

Mittlerweile ist die Anwendbarkeit von Art. 45 AEUV und Art. 12 GG jedenfalls auf entgeltlich tätige Spieler mit vertraglicher Bindung, also auch auf die Lizenzspieler, allgemein anerkannt.[249] Auch wenn dies zum Teil früher heftig umstritten war, so bedarf es daher keiner eingehenden Erörterung dieser Problematik mehr.

Um die einzelnen verbandsrechtlichen Vorschriften besser im Hinblick auf ihre Vereinbarkeit mit Art. 45 AEUV und § 138 Abs. 1 BGB i. V. m. Art. 12 Abs. 1 GG beurteilen zu können, erscheint es sinnvoll, zunächst die wesentlichen allgemeinen Gesichtspunkte sowohl in Bezug auf Art. 45 AEUV als auch in Bezug auf Art. 12 GG herauszuarbeiten, die auch für den (Berufs-) Sport bzw. speziell für Leihgeschäfte im Profisport relevant sind bzw. sein könnten.

---

247 Mit ähnlichen Wartefristen im Jugendbereich des Fußballs setzten sich LG Bochum v. 08.04.1997 – 11 S 516/96, SpuRt 1999, 240 (240 ff.); LG Dortmund v. 24.09.1997, 21 S 165/97, SpuRt 1999, 242 (242 ff.) und AG Heidelberg v. 28.11.1997 – 21 C 465/97, SpuRt 1999, 160 (160 f.) auseinander.

248 Da sämtliche verbandsrechtliche Regelungen in Bezug auf die Wechselfristen, die Mindestausleihdauer, die Maximalanzahl von Vereinen, für die ein Spieler im Laufe eines Spieljahres spielen darf, die vertragliche Bindung nur zu einem Verein und die Maximalausleihdauer die Vereine (bzw. deren ausgegliederte Kapitalgesellschaften) zumindest weitaus geringfügiger in ihrer unternehmerischen Freiheit bzw. Berufsfreiheit einschränken als die Spieler in ihrer Arbeitnehmerfreizügigkeit bzw. Berufsfreiheit, beschränkt sich die folgende Prüfung auf die Vereinbarkeit dieser Regelungen mit der Arbeitnehmerfreizügigkeit und Berufsfreiheit der Spieler.

249 S. hierzu nur EuGH v. 15.12.1995 – C-415/93, NJW 1996, 505 (505 ff.); EuGH v. 13.04.2000 – C-176/96, EuZW 2000, 375 (378); BGH v. 27.09.1999 – II ZR 305-98, NJW 1999, 3552 (3552 ff.). Nach jener Rechtsprechung wird der Kreis der geschützten Berufssportler ohnehin weit gezogen, indem nicht nur solche entgeltlich tätigen Spieler mit vertraglicher Bindung, sondern jeder, der auf gewisse Dauer nicht generell verbotene sportliche Tätigkeiten entfaltet – welche zur Schaffung und Erhaltung seiner Lebensgrundlage wenigstens mehr als unerheblich beitragen – von Art. 12 GG geschützt sein soll; daher sind neben den Lizenzspielern beispielsweise auch die Vertragsspieler nach den Regularien des DFB von Art. 12 GG geschützt – nicht in den Schutzbereich des Art. 12 GG fällt jedoch der bloße „Amateursportler“, welcher den Sport als reines Hobby betreibt und höchstens seine Aufwendungen ersetzt erhält. S. näher zu dieser gesamten Thematik mit weiteren Verweisen *Breucker/Wüterich*, in: Stopper/Lentze, Handbuch Fußball-Recht, Kap. 9 Rn. 34.

1. *Allgemeines zu Art. 45 AEUV*

a) *Abgrenzung und keine Bereichsausnahme im Sport*

Die Grundfreiheit der Arbeitnehmerfreizügigkeit ist in Art. 45 AEUV normiert. Die allgemeine Freizügigkeit aller Unionsbürger ist auch schon nach Art. 21 AEUV geschützt. In rechtlicher Hinsicht stehen diese allgemeine Personenverkehrsfreiheit und die Arbeitnehmerfreizügigkeit in einem Verhältnis von General- und Spezialnorm, weshalb innerhalb seines Anwendungsbereichs Art. 45 AEUV dem Art. 21 AEUV vorgeht.[250]

Schon deutlich diskussionswürdiger erscheint die Frage des Verhältnisses von Art. 45 AEUV zu Art. 15 GRC, welche sich inhaltlich weitgehend decken.[251] Zum Teil wird vertreten, die Grundfreiheiten seien gegenüber dem Grundrecht der Berufsfreiheit „lex specialis".[252] Dies ergebe sich daraus, dass Art. 15 Abs. 2 GRC die einschlägigen Grundfreiheiten aufgreife und ohne die Grundfreiheiten und die ihnen durch den EuGH über Anwendungsvorrang und unmittelbare Wirkung verliehene Dynamik die Integration nicht erreichbar gewesen wäre.[253] Nach einer anderen Ansicht habe die Berufsfreiheit Grundlagenfunktion für die Ausübung der Grundfreiheiten inne, weshalb im Grundsatz die Berufsfreiheit parallel zu den Grundfreiheiten zu prüfen sei.[254] Anders sei dies nur, wenn der Schwerpunkt der Maßnahme im Bereich der jeweiligen Grundfreiheit liege und dadurch die grundrechtlichen Beeinträchtigungen eher in den Hintergrund treten bzw. die Berufsfreiheit als solche gar nicht angetastet würde.[255] Bei Sachverhalten, die einen europarechtlichen Bezug aufweisen, werden aber i. d. R. die Grundfreiheiten dominieren, da das grenzüberschreitende Moment und die spezifische berufliche Betätigung im Vordergrund stehen werden.[256] Daher ist zumindest i. d. R. auch nach dieser Ansicht nur die jeweilige Grundfreiheit, also hier Art. 45 AEUV, zu prüfen. Jedoch ergibt sich aus der Rechtsprechung des EuGH in der Rechtssache Fransson[257] und in der Rechtssache

250 *Steinmeyer*, in: Franzen/Gallner u. a., Komm. zum europ. Arbeitsrecht, Art. 45 AEUV Rn. 9.

251 So auch *Steinmeyer*, in: Franzen/Gallner, Komm. zum europ. Arbeitsrecht, Art. 45 AEUV Rn. 9.

252 *Ruffert*, in: Ehlers, Europ. Grundrechte und Grundfreiheiten, § 19 Rn. 21 f.; *Wunderlich*, Grundrecht der Berufsfreiheit, S. 104 (letztere zum Verhältnis der Grundfreiheiten zum ungeschriebenen Grundrecht der Berufsfreiheit, als die GRC noch nicht existierte).

253 So *Ruffert*, in: Ehlers, Europ. Grundrechte und Grundfreiheiten, § 19 Rn. 22.

254 *Frenz*, Handbuch Europarecht, Band 4 Rn. 2499.

255 *Frenz*, Handbuch Europarecht, Band 4 Rn. 2499.

256 So *Frenz*, Handbuch Europarecht, Band 4 Rn. 2499.

257 EuGH v. 26.02.2013 – C-617/10 [Åklagare/Hans Åkerberg Fransson], NJW 2013, 1415 (1415 ff.).

Kücükdeveci[258], dass eine Vorschrift der GRC nicht als bloße Generalnorm im Verhältnis zu einer entsprechenden Vorschrift des AEUV anzusehen ist, sondern eine grundrechtliche Bestätigung der Aussage im AEUV darstellt mit der möglichen Aussicht, eine vergleichbare Sichtweise zu entwickeln wie sie in der deutschen Grundrechtsdogmatik existiert.[259] Allerdings kann auch dies nur insoweit Wirksamkeit in der Praxis entfalten als das Schutzniveau der Charta bei der konkret sich stellenden Frage über das Schutzniveau des AEUV hinausgeht.[260] Ein grundsätzlicher Vorrang der Grundrechtecharta gegenüber dem AEUV ist daraus nicht abzuleiten.[261] Bei einem Vergleich von Art. 15 GRC und Art. 45 AEUV ist aber nicht ersichtlich, dass das Schutzniveau von Art. 15 GRC über dasjenige von Art. 45 AEUV hinausgehen würde.[262] Deswegen werden im Folgenden die einzelnen Verbandsvorschriften auf europarechtlicher Ebene auch nur auf ihre Vereinbarkeit mit Art. 45 AEUV überprüft.[263]

Art. 45 AEUV findet nur bei grenzüberschreitenden Sachverhalten Anwendung.[264] Es ist nur relevant, ob ein Hindernis der grenzüberschreitenden Freizügigkeit besteht, und es kommt nicht darauf an, ob innerhalb eines Staates die Freizügigkeit begrenzt ist.[265] Bei der Arbeitnehmerfreizügigkeit wird die Grenzüberschreitung dadurch verwirklicht, dass sich eine Person in einen anderen Mitgliedstaat begibt bzw. begeben will, um dort Arbeit aufzunehmen.[266] Daher

---

258 EuGH v. 19.01.2010 – C-555/07 [Seda Kücükdeveci/Swedex GmbH & Co. KG], NZA 2010, 85 (85 ff.).

259 So *Steinmeyer*, in: Franzen/Gallner u. a., Komm. zum europ. Arbeitsrecht, Art. 45 AEUV Rn. 9.

260 *Steinmeyer*, in: Franzen/Gallner u. a., Komm. zum europ. Arbeitsrecht, Art. 45 AEUV Rn. 9.

261 *Steinmeyer*, in: Franzen/Gallner u. a., Komm. zum europ. Arbeitsrecht, Art. 45 AEUV Rn. 9.

262 *Schroeder*, JZ 1996, 254 (256) sprach schon im Jahr 1996 davon, dass die Grundfreiheiten „mittlerweile mit den Insignien eines gemeinschaftlichen Grundrechts auf Berufsfreiheit ausgestattet“ seien.

263 Ohnehin kann in dieser Tendenz des EuGH noch keinesfalls eine gesicherte Rechtsprechung gesehen werden, der EuGH befindet sich diesbezüglich vielmehr noch in einer Phase der Orientierung und eine Grundrechtsdogmatik zur Grundrechtecharta muss erst noch von der Rechtsprechung entwickelt werden. So auch *Steinmeyer*, in: Franzen/Gallner u. a., Komm. zum europ. Arbeitsrecht, Rn. 9.

264 EuGH v. 28.03.1979 – 175/78, NJW 1979, 1763 (1763 f.); EuGH v. 05.06.1997 – verb. Rs. C-64/96 u. C-65/96, EuZW 1997, 636 (636 ff.); *Epiney*, in: Bieber/Epiney u. a., Die Europ. Union, § 12 Rn. 15 i. V. m. § 10 Rn. 11; s. hierzu auch *Epiney*, in: Vedder/Heintschel von Heinegg, Europ. Unionsrecht, Art. 45 AEUV Rn. 15; *Oppermann/Classen u. a.*, Europarecht, § 27 Rn. 25.

265 So *Steinmeyer*, in: Franzen/Gallner u. a., Komm. zum europ. Arbeitsrecht, Art. 45 AEUV Rn. 35.

266 So *Becker*, in: Ehlers, Europ. Grundrechte und Grundfreiheiten, § 9 Rn. 19. Zu der sehr interessanten Frage, ob die Arbeitnehmerfreizügigkeit auch gilt, wenn ein

werden im Rahmen der nachfolgenden Untersuchungen vornehmlich die jeweiligen Vorgaben des FIFA-Reglements auf ihre Vereinbarkeit mit Art. 45 AEUV überprüft (s. näher hierzu Kapitel 5, A., II., 1., a)). Sofern sich ein Sachverhalt nicht nur innerstaatlich abhandelt, kann dieses grenzüberschreitende Erfordernis auch dann gegeben sein, wenn es um einen Sachverhalt zwischen einer Person und seinem eigenen Mitgliedstaat geht, z. B. wenn ein Staatsangehöriger in seinen Mitgliedstaat zurückkehren will.[267] Demzufolge ist dieses grenzüberschreitende Erfordernis auch dann erfüllt, wenn ein Spieler wieder in seinen eigenen Mitgliedstaat zurückkehren bzw. wechseln will. Nicht unter den Schutz von Art. 45 AEUV fällt hingegen die sog. Inländerdiskriminierung (auch sog. „umgekehrte Diskriminierung" genannt).[268]

Nach mittlerweile gesicherter Rechtsprechung des EuGH existiert keine generelle Bereichsausnahme des Sports von der Geltung des Gemeinschaftsrechts.[269] In den Rechtssachen Walrave[270], Dona[271], Bosman[272], Deliège[273] und Lehtonen[274] hat der EuGH wiederholt klargestellt, dass das Gemeinschaftsrecht auch auf den Sport Anwendung findet, sofern dieser zum Wirtschaftsleben zu rechnen ist. Bis dahin waren aber nach Ansicht des EuGH zumindest Regelungen oder Praktiken aus „nicht wirtschaftlichen Gründen", welche „nur den Sport als solchen

---

ausländischer Spieler aus einem Mitgliedstaat der Europäischen Union innerhalb eines anderen Mitgliedstaates den Verein wechseln will s. Kapitel 5, A., II., 1., a).

267 S. ausführlicher hierzu *Steinmeyer*, in: Franzen/Gallner u. a., Komm. zum europ. Arbeitsrecht, Art. 45 AEUV Rn. 36. Zur Anwendbarkeit des Art. 45 AEUV bei der Rückkehr eines Staatsangehörigen in seinen Mitgliedsstaat s. auch EuGH v. 12.12.2002 – C-385/00 [F.W.L. de Groot/Staatssecretaris van Financiën], EuZW 2003, 114 (117); EuGH v. 26.01.1999 – C-18/95 [F. C. Terhoeve/Inspecteur van de Belastingdienst Particulieren-Ondernemingen buitenland], EuZW 1999, 380 (382).

268 EuGH v. 05.06.1997 – verb. Rs. C-64/96 u. C-65/96, EuZW 1997, 636 (637); *Epiney*, in: Bieber/Epiney u. a., Die Europ. Union, § 12 Rn. 15 i. V. m. § 10 Rn. 11; *Oppermann/Classen u. a.*, Europarecht, § 27 Rn. 25; *Streinz*, Europarecht, Rn. 851 ff. Eine andere Frage ist, ob eine solche Inländerdiskriminierung von der jeweiligen nationalen Rechtsordnung verboten wird (im deutschen Recht wäre hierbei Art. 3 Abs. 1 GG der Maßstab). S. hierzu *Steinmeyer*, in: Franzen/Gallner u. a., Komm. zum europ. Arbeitsrecht, Art. 45 AEUV Rn. 38.

269 Zustimmend auch *Streinz*, SpuRt 1998, 1 (2 ff.). Auf ablehnende Ansichten wie z. B. von *Palme*, JZ 1996, 238 (238 ff.) oder *Scholz/Aulehner*, SpuRt 1996, 44 (44 f.) wird aufgrund dieser mittlerweile gesicherten Rechtsprechung des EuGH vorliegend gar nicht mehr eingegangen.

270 EuGH v. 12.12.1974 – 36/74, NJW 1975, 1093 (1093 ff.).

271 EuGH v. 14.07.1976 – 13/76, NJW 1976, 2068 (Ls.).

272 EuGH v. 15.12.1995 – C-415/93, NJW 1996, 505 (505 ff.).

273 EuGH v. 11.04.2000 – verb. Rs. C-51/96 u. C-191/97, EuZW 2000, 371 (371 ff.).

274 EuGH v. 13.04.2000 – C-176/96, EuZW 2000, 375 (375 ff.).

betreffen“ vom Anwendungsbereich des Gemeinschaftsrechts ausgenommen.[275] Im Jahr 2006 hat der EuGH allerdings in der Rechtssache Meca-Medina und Majcen[276] entschieden, dass auch Regelungen rein sportlichen Charakters bzw. Regelungen, welche „allein von sportlichem Interesse sind und als solche nichts mit wirtschaftlicher Betätigung zu tun haben“, nicht generell vom Geltungsbereich des EU-Rechts ausgenommen sind.[277] Daher sind auch auf solche Regelungen die Grundfreiheiten und das europäische Kartellrecht anwendbar, deren Voraussetzungen jeweils unabhängig voneinander geprüft werden müssen.[278] In der Rechtssache Bernard[279] hat der EuGH völlig darauf verzichtet, die Regelungen rein sportlichen Charakters zu erwähnen, weshalb davon auszugehen ist, dass er diesbezüglich seine Rechtsprechung nun endgültig geändert hat.[280] Diese Aufgabe der Unterscheidung zwischen wirtschaftlichen und nichtwirtschaftlichen Gründen ist auch begrüßenswert. Somit existiert größere Rechtssicherheit, da die Differenzierung zwischen wirtschaftlichen und nichtwirtschaftlichen Gründen oftmals nicht einfach ist.[281] Zudem sollte für die europarechtliche Bedeutung nicht die Intention des Normgebers, sondern die Auswirkung auf den Binnenmarkt entscheidend sein.[282] Schließlich erscheint es auch in systematischer Hinsicht vorzugswürdig, die unterschiedlichen Motive für solche Regelungen erst auf der Rechtfertigungsebene zu berücksichtigen.[283] Freilich wird bei Regelungen von rein sportlichem Interesse, die nichts mit der wirtschaftlichen Betätigung zu tun haben, häufig die Arbeitnehmerfreizügigkeit nicht betroffen sein.[284] Es ist jedoch festzuhalten, dass sämtliche verbandsrechtliche Regelungen auf ihre Vereinbarkeit mit Art. 45 AEUV zu überprüfen sind.

Dies auch deshalb, weil keine sekundärrechtlichen Regelungen ersichtlich sind, welche in Bezug auf die verbandsrechtlichen Vorgaben für Spielerleihgeschäfte im Verhältnis zu Art. 45 AEUV vorrangig zu prüfen wären. Zwar können die Grundfreiheiten nach der Rechtsprechung des EuGH grundsätzlich durch sekundärrechtliche Regelungen präzisiert sein, welche als leges speciales

275 EuGH v. 11.04.2000 – verb. Rs. C-51/96 u. C-191/97, EuZW 2000, 371 (374); EuGH v. 13.04.2000 – C-176/96, EuZW 2000, 375 (377).
276 EuGH v. 18.07.2006 – C-519/04 P [David Meca-Medina u. a./Kommission], EuZW 2006, 593 (593 ff.).
277 EuGH v. 18.07.2006 – C-519/04 P [David Meca-Medina u. a./Kommission], EuZW 2006, 593 (595).
278 EuGH v. 18.07.2006 – C-519/04 P [David Meca-Medina u. a./Kommission], EuZW 2006, 593 (595).
279 EuGH v. 16.03.2010 – C-325/08 [Olympique Lyonnais SASP/Olivier Bernard, Newcastle UFC], EuZW 2010, 342 (342 ff.).
280 So *Eichel*, EuR 2010, 685 (688).
281 *Eichel*, EuR 2010, 685 (689).
282 *Schroeder*, SpuRt 2005, 23 (24).
283 So *Eichel*, EuR 2010, 685 (689); *Röthel*, EuZW 2000, 379 (379).
284 S. hierzu auch *Röthel*, EuZW 2000, 379 (379).

vorrangige Berücksichtigung zu finden haben, sofern sie (ggf. nach primärrechtskonformer Auslegung) mit dem Primärrecht vereinbar sind.[285] Jedoch sind in der VO 492/2011[286], in der VO 883/2004[287] und in der RL 2004/38/EG[288] solche in Bezug auf Spielerleihgeschäfte relevante Präzisierungen genauso wenig auffindbar wie in sonstigen sekundärrechtlichen Regelungen.

b) Beschränkungsverbot

Die Frage, ob die Arbeitnehmerfreizügigkeit neben dem Diskriminierungsverbot auch ein Beschränkungsverbot enthält, war in der Vergangenheit lange Zeit äußerst streitig und ist auch heute noch nicht völlig unumstritten.[289] Dies beruht vorwiegend darauf, dass es zum einen schon grundsätzlich schwierig ist, mittelbare Diskriminierungen von Beschränkungen abzugrenzen und zum anderen Art. 45 AEUV die geschützten Rechte im Einzelnen umschreibt, weshalb es eines allgemeinen Beschränkungsverbots schon daher nicht bedürfe.[290] Allerdings hat der EuGH im Bosman-Urteil deutlich zum Ausdruck gebracht, dass seiner Ansicht nach Art. 45 AEUV auch ein Beschränkungsverbot beinhalte, indem er ausführt, „dass sämtliche Vertragsbestimmungen über die Freizügigkeit den Gemeinschaftsangehörigen die Ausübung jeder Art von Berufstätigkeit im Gebiet der Gemeinschaft erleichtern sollen und Maßnahmen entgegenstehen, die die Gemeinschaftsangehörigen benachteiligen könnten, wenn sie im Gebiet eines anderen Mitgliedstaats eine wirtschaftliche Tätigkeit ausüben wollen".[291] Vergleichbar hatte sich der EuGH auch bereits u. a. in den Rechtssachen Singh[292]

---

285 S. EuGH v. 19.05.2009 – verb. Rs. C-171/07 u. C-172/07, NJW 2009, 2112 (2112 ff.); EuGH v. 05.12.2013 – C-514/12, NZA 2014, 204 (206 f.); s. hierzu auch *Brechmann*, in: Callies/Ruffert, EUV/AEUV, AEUV Art. 45 Rn. 4; *Streinz*, JuS 2009, 1034 (1035).

286 Verordnung (EU) Nr. 492/2011 des Europäischen Parlaments und des Rates vom 5. April 2011 über die Freizügigkeit der Arbeitnehmer innerhalb der Union.

287 Verordnung (EG) Nr. 883/2004 des Europäischen Parlaments und des Rates vom 29. April 2004 zur Koordinierung der Systeme der sozialen Sicherheit.

288 Richtlinie 2004/38/EG des Europäischen Parlaments und des Rates vom 29. April 2004 über das Recht der Unionsbürger und ihrer Familienangehörigen, sich im Hoheitsgebiet der Mitgliedstaaten frei zu bewegen und aufzuhalten, zur Änderung der Verordnung (EWG) Nr. 1612/68 und zur Aufhebung der Richtlinien 64/221/EWG, 68/360/EWG, 72/194/EWG, 73/148/EWG, 75/34/EWG, 75/35/EWG, 90/364/EWG, 90/365/EWG und 93/96/EWG.

289 *Becker*, in: Ehlers, Europ. Grundrechte und Grundfreiheiten, § 9 Rn. 41.

290 So *Becker*, in: Ehlers, Europ. Grundrechte und Grundfreiheiten, § 9 Rn. 41. Dieser führt auch aus, dass letzterer Punkt dadurch entkräftet werden könne, dass Art. 45 Abs. 2 und 3 AEUV eine Konkretisierungsfunktion zukomme und Art. 45 Abs. 1 AEUV eine umfassend zu schützende Freiheitsgarantie beinhalte.

291 EuGH v. 15.12.1995 – C-415/93, NJW 1996, 505 (509 f.).

292 EuGH v. 07.07.1992 – C-370/90, NVwZ 1993, 261 (262).

und Kraus[293] geäußert und auch nach dem Bosman-Urteil hat er sich u. a. in den Rechtssachen Kranemann[294] und Bernard[295] fast identisch geäußert. Daher kann man auch insoweit von einer gesicherten Rechtsprechung des EuGH ausgehen. Diese Ansicht des EuGH ist auch richtig, denn einerseits wäre Art. 45 AEUV zumindest zum Teil überflüssig, da diesem ansonsten bis auf die in Art. 45 Abs. 3 AEUV enthaltenen Ausflüsse der Arbeitnehmerfreizügigkeit kein eigenständiger, über Art. 18 AEUV hinausgehender, Regelungsgehalt zukommen würde.[296] Dies würde dann letztendlich auch dem „effet utile"-Grundsatz zuwiderlaufen.[297] Diese Interpretation des EuGH steht auch im Einklang mit Art. 18 S. 1 AEUV („unbeschadet besonderer Bestimmungen der Verträge"). Nur so kann auch eine größtmögliche Freizügigkeit gewährleistet werden.[298] Dadurch wird auch ein bestimmtes Schutzniveau unabhängig von mitgliedschaftlichen Vorschriften festgelegt, weshalb ein unionsweit einheitliches Schutzniveau gewährleistet ist.[299] Zudem ist diese Sichtweise auch i. S. d. einheitlichen Behandlung der Grundfreiheiten zu begrüßen.[300] Folglich ist diese Rechtsprechung des EuGH in jeglicher Hinsicht zustimmungswürdig, auch wenn der Wortlaut des Art. 45 AEUV allein zumindest noch keine eindeutigen Rückschlüsse dieser Art zulässt.[301]

c) Drittwirkung

Unter der unmittelbaren Drittwirkung der Grundfreiheiten ist ganz allgemein die Verpflichtung privater Rechtssubjekte zu verstehen, die Grundfreiheiten auch ohne Vermittlung des staatlichen Rechts zu beachten.[302]

Nach ständiger Rechtsprechung des EuGH ist die Arbeitnehmerfreizügigkeit nicht auf behördliche Maßnahmen beschränkt, sondern findet auch auf Vorschriften Anwendung, die Personen des Privatrechts im Rahmen ihrer

293 EuGH v. 31.03.1993 – C-19/92, EuZW 1993, 322 (324).

294 EuGH v. 17.03.2005 – C-109/04 [Karl Robert Kranemann/Land Nordrhein-Westfalen], EuZW 2005, 305 (306).

295 EuGH v. 16.03.2010 – C-325/08 [Olympique Lyonnais SASP/Olivier Bernard, Newcastle UFC], EuZW 2010, 342 (344).

296 *Wassmer*, Auswirkungen der Grundfreiheiten, S. 126.

297 S. hierzu *Oberthür*, Transfersystem, S. 145 f.

298 *Wassmer*, Auswirkungen der Grundfreiheiten, S. 126.

299 S. hierzu auch *Frenz*, Handbuch Europarecht, Band 1 Rn. 478 f. u. 486 ff.

300 S. hierzu ausführlicher *Wassmer*, Auswirkungen der Grundfreiheiten, S. 127 f. S. hierzu auch *Hobe/Tietje*, JuS 1996, 486 (490), die von „Konvergenz der Freiheiten" sprechen.

301 In Art. 45 Abs. 2 AEUV ist davon die Rede, dass das Diskriminierungsverbot von der Arbeitnehmerfreizügigkeit umfasst ist. Daraus kann man wohl noch nicht direkt schließen, dass die Arbeitnehmerfreizügigkeit auch ein (allgemeines) Beschränkungsverbot zeitigt. So auch *Wassmer*, Auswirkungen der Grundfreiheiten, S. 126; a. A. aber *Oberthür*, Transfersystem, S. 145.

302 *Vieweg/Röthel*, ZHR 2002, 6 (17).

rechtlichen Autonomie zur kollektiven Regelung unselbständiger Arbeit setzen.[303] Für eine solche unmittelbare Drittwirkung der Arbeitnehmerfreizügigkeit bei kollektiven Regelungen eines Sportverbands hat sich der EuGH erstmals in der Rechtssache Walrave ausgesprochen, als er eine Bindung der Sportverbände an das Diskriminierungsverbot annahm.[304] Im Bosman-Urteil hat er dann diese Rechtsprechung bestätigt und darüber hinausgehend ausgesprochen, dass die Freizügigkeitsgarantie in ihrer Funktion als Beschränkungsverbot auch für privat gesetzte kollektive Regelungen zur unselbständigen Arbeit wie solche eines Sportverbands gilt.[305] Dogmatische Grundlage einer solchen unmittelbaren Drittwirkung ist in erster Linie der Gedanke des „effet utile".[306] Denn die Beseitigung der Hindernisse für die Arbeitnehmerfreizügigkeit zwischen den Mitgliedstaaten wäre gefährdet, wenn die Abschaffung der Schranken staatlichen Ursprungs durch Hindernisse ersetzt werden könnte, die nicht dem öffentlichen Recht unterliegende Vereinigungen und Einrichtungen im Rahmen ihrer rechtlichen Autonomie setzen könnten.[307] Ansonsten bestünde auch die erhebliche Gefahr einer uneinheitlichen Anwendung dieser Freizügigkeitsgarantie innerhalb der Gemeinschaft.[308] Solche kollektiven Regelungen z. B. eines Sportverbands (oder auch beispielsweise von Berufsverbänden, Tarifvertragsparteien o. ä.) können nämlich in vergleichbarer Weise wie staatliche Regeln die Verwirklichung der

303 EuGH v. 12.12.1974 – 36/74, NJW 1975, 1093 (1093 ff.); EuGH v. 15.12.1995 – C-415/93, NJW 1996, 505 (509); EuGH v. 13.04.2000 – Rs. C-176/96, EuZW 2000, 375 (377 f.); EuGH v. 16.03.2010 – C-325/08 [Olympique Lyonnais SASP/Olivier Bernard, Newcastle UFC], EuZW 2010, 342 (343 f.). Auch herrscht inzwischen Einigkeit darüber, dass das zwischenzeitlich ergangene Urteil des EuGH zu den französischen Bauernprotesten (EuGH v. 09.12.1997 – C-265-95, NJW 1998, 1931 (1931 ff.)) keine Kehrtwende in der Drittwirkungsjudikatur bedeutet hat, sondern dass Drittwirkung und Schutzpflicht bzw. Garantenpflicht des Staates in Zukunft vielmehr kumulativ nebeneinander stehen. So *Röthel*, EuZW 2000, 379 (380); *Vieweg/Röthel*, ZHR 2002, 6 (18 ff.).

304 EuGH v. 12.12.1974 – 36/74, NJW 1975, 1093 (1093 ff.).

305 EuGH v. 15.12.1995 – C-415/93, NJW 1996, 505 (509).

306 *Vieweg/Röthel*, ZHR 2002, 6 (18). S. hierzu auch *Streinz*, JuS 2000, 1015 (1016). Zwar beinhaltet auch Art. 7 Abs. 4 der Verordnung über Freizügigkeit der Arbeitnehmer vom 15.10.1968 (VO EWG/1612/68, ABl. Nr. L 245/1), die den Regelungsgehalt der Arbeitnehmerfreizügigkeit konkretisiert, die Kontrolle tarif- und einzelvertraglicher Kollektivvereinbarungen; jedoch beschränkt die Freizügigkeitsverordnung diese Kontrolle auf das Diskriminierungsverbot, weshalb die Anwendbarkeit des Beschränkungsverbots auf kollektiv geltende arbeitsrechtliche Regelungen nicht aus der Freizügigkeitsverordnung, sondern unmittelbar aus Art. 45 AEUV (früher Art. 39 EGV) folgt. So *Oberthür*, Transfersystem, S. 149.

307 EuGH v. 12.12.1974 – 36/74, NJW 1975, 1093 (1094); EuGH v. 15.12.1995 – C-415/93, NJW 1996, 505 (509); EuGH v. 13.04.2000 – C-176/96, EuZW 2000, 375 (377).

308 EuGH v. 12.12.1974 – 36/74, NJW 1975, 1093 (1094); EuGH v. 15.12.1995 – C-415/93, NJW 1996, 505 (509).

Arbeitnehmerfreizügigkeit verhindern und weder Arbeitnehmer noch Arbeitgeber eine Ausweichmöglichkeit lassen, weshalb eine Regulierung durch den Markt unmöglich ist.[309]

Auf die Diskussion, ob nur solche Verbandsregelungen von der Reichweite dieser Drittwirkung umfasst sind, deren erlassende Verbände eine (marktbeherrschende) Monopolstellung rechtlicher oder faktischer Art innehaben,[310] braucht vorliegend nicht näher eingegangen zu werden, da die Sportverbände aufgrund des sog. „Ein-Platz-Prinzips" eine solche faktische Monopolstellung innehaben.

Das Ein-Platz-Prinzip stellt eine Besonderheit des Sportrechts dar. Dieses besagt, dass es für jede Sportart pro Region vom Bezirk über den nationalen bis zum internationalen Fachverband nur einen autorisierten Verband geben darf.[311] Nur so kann erreicht werden, dass weltweit einheitliche Spielregeln gelten, denn aufgrund von dementsprechenden Vorgaben der Weltverbände wird gewährleistet, dass die Spielregeln auch in den beigetretenen Mitgliedsverbänden zur Durchsetzung gelangen.

Das Ein-Platz-Prinzip hat aber eben auch zur Konsequenz, dass die Verbände eine Monopolstellung erlangen. Durch diese Monopolstellung sind die Vereine und Sportler zumindest faktisch dazu gezwungen, die Vorgaben des Verbands zu akzeptieren und sich damit einverstanden zu erklären, zumindest wenn sie den Sport professionell ausüben wollen. Besonders augenscheinlich ist dies z. B. bei Profifußballspielern, die sämtliche Regularien des Verbands (deren Inhalte auch nicht verhandelbar sind bzw. nicht zur Disposition stehen) im Rahmen eines Lizenzvertrags anerkennen müssen, um überhaupt eine Spielerlizenz zu erhalten. In anderen Mannschaftssportarten läuft dies vergleichbar ab. Der Sportler hat dann nur die Wahl, diese Regularien anzuerkennen oder gänzlich auf die professionelle Ausübung des Sports zu verzichten.

---

309 *Forsthoff*, EWS 2000, 389 (393 f.); *Frenz*, Handbuch Europarecht, Band 1 Rn. 1392.

310 So z. B. *Röthel*, EuR 2001, 908 (912) und z. B. auch angedeutet von *Kainer*, JuS 2000, 431 (432), der von privaten Organisationen mit marktbeherrschendem Einfluss spricht. Teilweise wird für eine solche Begrenzung vorgebracht, dass hinsichtlich des „effet utile" eine Drittwirkung nur dann gerechtfertigt werden könne, sofern staatliches und verbandliches Recht auch tatsächlich dieselbe Wirkung haben, weshalb der Einzelne einer solchen Verbandsregelung in gleicher Weise ausgesetzt ist wie einer staatlichen Vorschrift und deshalb in gleichem Maße schutzbedürftig sei. S. näher hierzu *Vieweg/Röthel*, ZHR 2002, 6 (22).

311 *Rössner/Adolphsen*, in: Adolphsen/Nolte u. a., Sportrecht in der Praxis, Rn. 10; s. hierzu auch *Pfister/Fritzweiler*, in: Fritzweiler/Pfister u. a., Praxishandbuch Sportrecht, Einführung Rn. 14 ff.; *Vieweg*, Normsetzung, S. 61 ff., der von „Ein-Verbands-Prinzip" spricht und zwischen der fachlichen und der geographischen Komponente differenziert, worauf er auch ausführlicher eingeht.

Ebenso wenig soll hier die Frage erörtert werden, ob die Arbeitnehmerfreizügigkeit in ihrer Funktion als Beschränkungsverbot auch außerhalb von solchen kollektiven Regelungen Privater eine Drittwirkung entfaltet.[312]

d) Schutzniveau

Für die Warenverkehrsfreiheit nach Art. 34 AEUV ist seit der Keck-Rechtsprechung des EuGH anerkannt, dass bloße Verkaufsmodalitäten von deren Anwendungsbereich ausgeklammert sind, sofern sie alle betroffenen inländischen und ausländischen Marktteilnehmer gleichermaßen betreffen, für diese auch gleichermaßen gelten und zudem sowohl Produkte aus dem Inland als auch Produkte aus anderen Ländern der Europäischen Union rechtlich wie tatsächlich in gleicher Weise betreffen (unterschiedslose Maßnahmen).[313] Ob diese Rechtsprechung auf die Arbeitnehmerfreizügigkeit in der Weise übertragen werden kann, dass bloße „Aufenthalts- und Beschäftigungsmodalitäten“, die für alle Arbeitnehmer gleichermaßen gelten, bereits keinen Eingriff in Art. 45 AEUV darstellen und damit schon dessen Tatbestand einschränken, ist bis heute noch nicht ganz geklärt.[314] Im Bosman-Urteil[315] hat der EuGH die Ausländerklauseln und Transferentschädigungsregeln noch grundsätzlich an den Keck-Kriterien gemessen.[316] Auch in der Rechtssache Graf[317] hat der EuGH nur die Beschränkung des Berufszugangs als relevante Beschränkung der Arbeitnehmerfreizügigkeit angesehen.[318] In der Rechtssache Deliège schien der EuGH in Bezug auf die Dienstleistungsfreiheit ebenso die Keck-Kriterien anzuwenden, als er ausführte, dass diese Bestimmungen „nicht die Bedingungen des Zugangs zum Arbeitsmarkt“ für Berufssportler regeln und auch keine Diskriminierungen enthalten würden.[319] Indem er anschließend aber Überlegungen zur Verhältnismäßigkeit anstellte,

---

312 Der EuGH hat in der Rechtssache Angonese im Jahr 2000 entschieden, dass das Diskriminierungsverbot auch für Privatpersonen gilt (EuGH v. 06.06.2000 – C-281/98, EWS 2000, 402 (404)). Ob dies auch für das Beschränkungsverbot gilt, ist zwar umstritten, muss aber richtigerweise wohl verneint werden, s. hierzu z. B. *Forsthoff*, EWS 2000, 389 (389 ff.); *Frenz*, Handbuch Europarecht, Band 4 Rn. 1157 ff.

313 EuGH v. 24.11.1993 – verb. Rs. C-267/91 u. C-268/91, NJW 1994, 121.

314 In der Literatur wird dies überwiegend bejaht, s. nur *Frenz*, Handbuch Europarecht, Band 1 Rn. 1915 ff.; *Oberthür*, Transfersystem, S. 147 f.; *Röthel*, EuZW 2000, 379 (380). Diese h. M. in der Literatur erscheint im Ergebnis zustimmungswürdig, da ansonsten die gesamte mitgliedstaatliche Wirtschaftsordnung unter eine Verbotsnorm fallen würde und vom EuGH auf ihre Rechtfertigung überprüft werden müsste, was weder systematisch noch teleologisch überzeugen kann. So ausführlicher *Nettesheim*, NVwZ 1996, 342 (343 f.).

315 EuGH v. 15.12.1995 – C-415/93, NJW 1996, 505 (510).

316 So *Eichel*, EuR 2010, 685 (690).

317 EuGH v. 27.01.2000 – C-190/98, EuZW 2000, 252 (253).

318 So *Oberthür*, Transfersystem, S. 148.

319 EuGH v. 11.04.2000 – verb. Rs. C-51/96 u. C-191/97, EuZW 2000, 371 (375).

hat er hinsichtlich der Frage der Übertragbarkeit der Keck-Rechtsprechung auf die Arbeitnehmerfreizügigkeit jedoch wieder für Verwirrung gesorgt.[320] In der Rechtssache Bernard[321] hat es der EuGH dann abermals versäumt, diesbezüglich Klarheit zu schaffen, indem er auf die Keck-Rechtsprechung überhaupt nicht einging. Damit ist diese Frage wohl zumindest noch nicht endgültig entschieden und man darf auf die Entwicklung in der Zukunft gespannt sein. Vorliegend muss auf diese Diskussion jedoch nicht näher eingegangen werden, da die im Folgenden zu untersuchenden Transferregularien (und ergänzenden Verbandsvorschriften) auf den Zugang der Spieler als Arbeitnehmer zum Arbeitsmarkt eines anderen Mitgliedsstaats negativen Einfluss haben und nicht nur mitgliedschaftliche Gepflogenheiten o. ä. darstellen, weshalb die Spieler in jedem Fall in ihrer Arbeitnehmerfreizügigkeit betroffen sind.[322]

Unstreitig ist aber auch auf europäischer Ebene der Verhältnismäßigkeitsgrundsatz als Teil des Rechtsstaatsprinzips allgemein anerkannt.[323] Dieser ist auch als allgemeiner Grundsatz des Unionsrechts in Art. 5 Abs. 1 und 4 EUV ausdrücklich normiert. Fraglich erscheint jedoch, welche Rechtfertigungsgründe genau den Verbänden zukommen, um ihre Verbandsregularien gegenüber dem Geltungsanspruch der Arbeitnehmerfreizügigkeit zu verteidigen.[324] Schon im Bosman-Urteil hat der EuGH die geschriebenen und ungeschriebenen Schranken der Grundfreiheiten, welche grundsätzlich an die Mitgliedstaaten gerichtet sind, vollumfänglich auch für die Verbände geöffnet, indem er ausführte, dass die Verbände freizügigkeitshindernde Diskriminierungen mit Gründen der öffentlichen Ordnung, Sicherheit und Gesundheit rechtfertigen könnten und dass die Verbände Beschränkungen ebenso wie die Mitgliedstaaten mit „zwingenden Gründen des Allgemeininteresses" rechtfertigen könnten.[325] Auch in der Rechtssache Lehtonen hat er diese Rechtsprechung fortgeführt, indem er prüfte, „ob dieses Hindernis objektiv gerechtfertigt werden kann".[326]

---

320 EuGH v. 11.04.2000 – verb. Rs. C-51/96 u. C-191/97, EuZW 2000, 371 (375).

321 EuGH v. 16.03.2010 – C-325/08 [Olympique Lyonnais SASP/Olivier Bernard, Newcastle UFC], EuZW 2010, 342 (342 ff.).

322 So auch *Frenz*, Handbuch Europarecht, Band 1 Rn. 1927 bezüglich Transferentschädigungsregelungen von Fußballverbänden. Darauf wird in Kapitel 5, A., II., 1., b), III., 2. und IV. noch näher eingegangen.
Dadurch ist aber noch nichts darüber ausgesagt, ob Verbandsvorschriften über Wechselfristen etc. auf nationaler Ebene einen Eingriff in die Berufswahlfreiheit oder in die Berufsausübungsfreiheit des Art. 12 GG darstellen. S. dazu ausführlich in Kapitel 5, A., II., 2., c), aa), III., 2., IV., V., VI. und VII.

323 S. hierzu *Pache*, NVwZ 1999, 1033 (1033 ff.); *Streinz*, SpuRt 2000, 221 (227 f.); *Vieweg/Röthel*, ZHR 2002, 6 (26).

324 S. hierzu auch *Röthel*, EuZW 2000, 379 (380).

325 EuGH v. 15.12.1995 – C-415/93, NJW 1996, 505 (509 f.).

326 EuGH v. 13.04.2000 – C-176/96, EuZW 2000, 375 (378).

Allerdings ist den Verbänden mit der bloßen Zurverfügungstellung von Rechtfertigungsgründen noch nicht ausreichend gedient; vielmehr muss durch diese Rechtfertigungsgründe auch den gegenläufigen Verbandsinteressen, also insbesondere der Verbandsautonomie, zur Geltung verholfen werden.[327] Hierbei ist zu beachten, dass diese Verbandsautonomie, welche nach Art. 12 GRC und Art. 11 EMRK geschützt ist, in ihrem Kernbereich bzw. Wesensgehalt unangetastet bleiben muss.[328] Daher müssen den Verbänden auch „zwingende Verbandsinteressen" als Rechtfertigungsgrund zustehen – es muss den Verbänden möglich sein, ihre Verbandsregelungen auch mit Verbandsinteressen zu rechtfertigen, die nicht auch der Allgemeinheit zuzurechnen sind.[329] Dies erscheint auch deswegen angemessen, da es sich eben nicht um staatliche Normen, sondern um Normen eines Verbands handelt.[330] Weil die Sportverbände aufgrund ihrer Monopolstellung hinsichtlich der Machtposition aber dem Staat vergleichbar sind, erscheint es als angemessen, dass sich diese neben ihren zwingenden (privaten) Verbandsinteressen auch auf zwingende Allgemeininteressen zur Rechtfertigung berufen können.[331]

Bei der Überprüfung, ob die Beschränkung der Arbeitnehmerfreizügigkeit dem Verhältnismäßigkeitsgrundsatz gerecht wird, hat letztendlich eine umfassende Interessenabwägung der widerstreitenden Interessen im Rahmen der Angemessenheit bzw. der Verhältnismäßigkeit im engeren Sinne zu erfolgen.[332] Im Wege der „praktischen Konkordanz" sollte dabei allen Beteiligten möglichst viel von allen Rechten bzw. Freiheiten erhalten bleiben.[333] Der Tatsache, dass es sich bei der Arbeitnehmerfreizügigkeit um eine Grundfreiheit und nicht um ein Grundrecht handelt, sollte dadurch Rechnung getragen werden, dass eben auch im Rahmen der (privaten) Interessen der Verbände „zwingende Verbandsinteressen"

---

327 *Röthel*, EuZW 2000, 379 (380).
Auf dieses Spannungsverhältnis zwischen Verbandsautonomie und Grundfreiheiten wird auch in Kapitel 5, A., II., 1., b) und c) nochmals näher eingegangen.

328 *Gramlich*, DÖV 1996, 801 (811); *Vieweg/Röthel*, ZHR 2002, 6 (26).

329 So auch *Vieweg/Röthel*, ZHR 2002, 6 (31).

330 *Vieweg/Röthel*, ZHR 2002, 6 (31).

331 S. hierzu auch *Frenz*, Handbuch Europarecht, Band 1 Rn. 2107 ff., der aber nur auf die zwingenden Gründe des Allgemeininteresses als Rechtfertigungsgrund eingeht und dies bejaht.

332 Solche Verbandsregularien sind allgemein (wie gewöhnlich) an den Kategorien legitimer Zweck, Geeignetheit, Erforderlichkeit und Angemessenheit zu messen. S. hierzu auch EuGH v. 15.12.1995 – C-415/93, NJW 1996, 505 (509, 511); *Pache*, NVwZ 1999, 1033 (1036).

333 So auch ausführlicher *Gramlich*, DÖV 1996, 801 (810 f.); *Schroeder*, JZ 1996, 254 (256). Auch *Persch*, NZA 2010, 986 (988) spricht davon, dass die Besonderheiten des Sports und die Grundfreiheiten i. S. d. „praktischen Konkordanz" in Ausgleich zueinander zu bringen sind.

zu fordern sind.[334] Dadurch, dass man aber jedenfalls im Grundsatz das Erreichen der „praktischen Konkordanz“ als Zielsetzung und einen unantastbaren Kern der Vereinigungsfreiheit anerkennt, wird auch zumindest eine Annäherung des europäischen Schutzniveaus der Vereinigungsfreiheit an dasjenige des deutschen Verfassungsrechts erreicht.[335]

2. *Allgemeines zu Art. 12 GG*

a) Persönlicher Geltungsbereich

Nach seinem Wortlaut sind Träger der Berufsfreiheit als sog. „Deutschengrundrecht“ nur Deutsche i. S. v. Art. 116 GG. Es ist aber umstritten, ob Art. 12 Abs. 1 GG auch Bürger der Europäischen Union schützt. Einerseits wird vertreten, dass das Grundrecht der Berufsfreiheit ausschließlich Deutschen zustehe und sich EU-Bürger darauf genauso wenig wie andere Ausländer oder Staatenlose berufen könnten.[336] Mittlerweile dringt aber immer weiter die Ansicht vor, dass EU-Bürger wegen des Diskriminierungsverbots in Art. 18 AEUV Deutschen als Inhaber der Berufsfreiheit des Art. 12 Abs. 1 GG gleichgestellt werden müssten und Art. 12 Abs. 1 GG daher dementsprechend auszulegen sei.[337] Allerdings ist allgemein anerkannt, dass sich auch alle Ausländer auf Art. 2 Abs. 1 GG berufen können.[338] So lässt sich auch dadurch ein unionsrechtskonformer Grundrechtsschutz für EU-Bürger erreichen, dass EU-Bürgern durch dementsprechende Auslegung von Art. 2 Abs. 1 GG der gleiche Schutz der Berufsfreiheit gewährt wird wie Deutschen im Rahmen von Art. 12 Abs. 1 GG.[339] Für diese Ansicht spricht

---

334 S. hierzu auch *Vieweg/Röthel*, ZHR 2002, 6 (27 f.), wonach insofern nicht von „praktischer Konkordanz“ gesprochen werden sollte, sondern vielmehr von einem „Schutz des Individualinteresses vor unverhältnismäßiger Zurücksetzung“, da sich eben nicht zwei Grundrechte, sondern eine Grundfreiheit und ein Grundrecht gegenüberstehen und bei den Grundfreiheiten im Gegensatz zu den Grundrechten die objektive Dimension den Ursprung darstellt.

335 So *Gramlich*, DÖV 1996, 801 (811).

336 So *Kämmerer*, in: von Münch/Kunig, GG, Art. 12 Rn. 10; *Scholz*, in: Maunz/Dürig, GG, Art. 12 Rn. 103 ff.

337 *Ruffert*, in: BeckOK GG, Art. 12 Rn. 37; *Wernsmann*, JURA 2000, 657 (659 ff.).

338 BVerfG v. 10.05.1988 – verb. Rs. 1 BvR 482/84 u. 1 BvR 1166/85, BVerfGE 78, 179 (196 f.); BVerfG v. 15.01.2002 – 1 BvR 1783/99, BVerfGE 104, 337 (346); *Dreier*, in: Dreier, GG, Art. 2 I Rn. 44; *Hufen*, Staatsrecht II Grundrechte, § 11 Rn. 15.
Für gewöhnlich stellt Art. 2 Abs. 1 GG ein gegenüber Art. 12 GG subsidiäres Auffanggrundrecht dar. S. näher hierzu beispielsweise *Schulz*, Grundrechtskollisionen im Berufssport, S. 91.

339 So auch *Bauer/Kahl*, JZ 1995, 1077 (1085); *Oberthür*, Transfersystem, S. 176; *Riese/Noll*, NVwZ 2007, 516 (520). S. hierzu auch *Dreier*, in: Dreier GG, Art. 2 I Rn. 45 f.; *Wieland*, in: Dreier, GG, Art. 12 Rn. 58.
Daher hat diese umstrittene Frage bislang auch nur wenig an praktischer Relevanz gewonnen. So *Ruffert*, in: BeckOK GG, Art. 12 Rn. 35.

auch, dass der Wortlaut die äußerste Grenze jeder Auslegung bildet.[340] Zudem wäre auch ansonsten nur schwer erklärlich, warum das Grundgesetz zwischen „Deutschenrechten" wie in den Artt. 8, 9, 12, 38 GG und „Jedermannsrechten" wie in den Artt. 2, 3, 4, 5 GG differenziert. Jedenfalls ist auch Spielern aus einem Mitgliedstaat der Europäischen Union zumindest auf diese Weise derselbe Schutz der Berufsfreiheit zu gewähren wie deutschen Spielern.

b) Drittwirkung

Nach der Rechtsprechung des BVerfG und der h. L. steht heute fest, dass Grundrechte keine unmittelbare Drittwirkung unter Privaten entfalten.[341] Dies ergibt sich schon aus dem eindeutigen Wortlaut des Art. 1 Abs. 3 GG, der nur die drei Staatsgewalten nennt.[342] Auch die Geschichte der Grundrechte, die Systematik und deren Sinn und Zweck sprechen dagegen.[343]

Allerdings müssen sämtliche Normen des Privatrechts verfassungsgemäß sein und Generalklauseln oder unbestimmte Rechtsbegriffe müssen verfassungskonform ausgelegt werden.[344] Letztere sind daher nach der ständigen Rechtsprechung und h. L. der richtige Anknüpfungspunkt für die sog. mittelbare Drittwirkung der Grundrechte und damit die Einbruchstelle der Grundrechte in das Bürgerliche Recht, da die objektiv-rechtliche Funktion der Grundrechte bedeute, dass sie „als verfassungsrechtliche Grundentscheidung für alle Bereiche des Rechts Geltung haben, mithin auch das Privatrecht beeinflussen".[345]

---

340 So beispielsweise *Wieland*, in: Dreier, GG, Art. 12 Rn. 58.

341 S. nur BVerfG v. 22.02.2011 – 1 BvR 699/06, BVerfGE 128, 226 (249); *Gröpl*, in: Studienkommentar GG, Art. 12 Rn. 26; *Michael/Morlok*, Grundrechte, § 15 Rn. 478. Das BAG (BAG v. 03.12.1954 – 1 AZR 150/54, BAGE 1, 185 (193 f.)) hatte früher einmal eine solche unmittelbare Drittwirkung gefordert. Jedoch hat auch das BAG diese Ansicht längst revidiert, vgl. nur BAG v. 27.02.1985 – GS 1/84, BAGE 48, 122 (138 f.).

342 So auch *Kingreen/Poscher*, Grundrechte, Rn. 239.

343 S. ausführlicher hierzu *Kingreen/Poscher*, Grundrechte, Rn. 239 i. V. m. Rn. 89 ff.

344 S. hierzu auch *Kingreen/Poscher*, Grundrechte, Rn. 139.

345 BVerfG v. 23.04.1986 – 2 BvR 487/80, BVerfGE 73, 261 (261, 269); so auch schon BVerfG v. 15.01.1958 – 1 BvR 400/51, BVerfGE 7, 198 (198, 205 ff.). Das BVerfG spricht insofern auch von einer „Ausstrahlungswirkung" der Grundrechte in das Privatrecht, s. BVerfG v. 15.01.1958 – 1 BvR 400/51, BVerfGE 7, 198 (207).
Regelungen der Berufsfreiheit im Sinne von Art. 12 Abs. 1 S. 2 GG können generell auch durch Satzungen getroffen werden, die Rechtsprechung des BVerfG und des BGH differenziert insoweit etwas dahingehend, ob hierzu eine gesetzliche Ermächtigungsnorm vorliegt; aber auch die von einer mit Autonomie begabten Körperschaft erlassenen, die Berufsfreiheit regelnden Satzungsbestimmungen ohne gesetzliche Ermächtigungsnorm genügen innerhalb bestimmter Grenzen. S. hierzu BVerfG v. 09.05.1972 – 1 BvR 518/62 und 308/64, BVerfGE 33, 125 (155 f.); BVerfG v. 16.12.1997 – 2 BvR 1991, 2004/95, NJW 1998, 2341 (2341); BGH v. 27.09.1999 – II ZR 377/98, NJW 2000, 1028 (1028). Eine Grenze ist jedenfalls darin zu sehen, dass auch im Rahmen einer an sich zulässigen Autonomiegewährung

Daher sind auch sämtliche Transferregularien der Sportverbände nach § 138 Abs. 1 BGB auf ihre Sittenwidrigkeit hin zu untersuchen. Zumindest für Vereine oder Verbände mit einer überragenden Machtstellung im wirtschaftlichen oder sozialen Bereich wird eine solche Kontrolle der verbandsinternen Rahmenbedingungen als zulässig und auch erforderlich angesehen.[346] Dass die Sportverbände eine solche überragende Machtstellung durch ihre Monopolstellung innehaben, wurde bereits in Kapitel 5, A., I., 1., c) erläutert. Wegen der mittelbaren Drittwirkung der Grundrechte müssen die Gerichte dann aber bei der Heranziehung wertungsausfüllungsbedürftiger zivilrechtlicher Generalklauseln die jeweils auszulegenden Normen am Maßstab des Grundgesetzes orientiert konkretisieren und demzufolge auch die gegeneinander kollidierenden Grundrechte der Beteiligten gegeneinander abwägen.[347]

Demnach hat v. a. bei der Auslegung und Anwendung der §§ 138, 242 BGB – welche solche zivilrechtlichen Generalklauseln darstellen – Beachtung zu finden, dass das Grundgesetz in seinem Abschnitt der Grundrechte (Art. 1 GG bis Art. 19 GG) verfassungsrechtliche Grundentscheidungen für alle Rechtsbereiche enthält.[348] Diese verfassungsrechtlichen Grundentscheidungen finden ihre Entfaltung durch die das jeweilige Rechtsgebiet unmittelbar beherrschenden Normen und sind vor allem auch bei der Interpretation der zivilrechtlichen Generalklauseln von Bedeutung.[349] Durch den ganz allgemeinen Verweis von § 138 BGB und § 242 BGB auf die guten Sitten, Treu und Glauben sowie die Verkehrssitte wird von diesen eine Konkretisierung am Maßstab von Wertvorstellungen gefordert, welche vornehmlich von den Grundsatzentscheidungen der Verfassung determiniert werden.[350] Demzufolge sind die Grundrechte – und damit auch

der Gesetzgeber sich seiner Rechtsetzungsbefugnis nicht völlig entäußern und seinen Einfluss auf den Inhalt der von körperschaftlichen Organen zu erlassenden Normen nicht vollständig aufgeben darf. So BVerfG v. 9. 5. 1972 – 1 BvR 518/62 u. 308/64, NJW 1972, 1504 (1506). Zum Schutzniveau des Art. 12 Abs. 1 GG und der vorzunehmenden Differenzierung zwischen Berufswahl und Berufsausübung – welche auch Auswirkungen auf die jeweiligen Regelungsmöglichkeiten im Sinne von Art. 12 Abs. 1 S. 2 GG hat – s. sogleich Kapitel 5, A., I., 2., c).

346 BGH v. 24.10.1988 – II ZR 311/87, BGHZ 105, 306 (306, 318 f.), der dies u. a. auch damit begründet, dass die Mitglieder solcher Vereine oder Verbände auf die Mitgliedschaft bei diesen angewiesen sind.

347 *Schulz*, Grundrechtskollisionen im Berufssport, S. 71.
Zu dieser Abwägung bei der Frage der Rechtfertigung eines Eingriffs in die Berufsfreiheit s. auch Kapitel 5, A., I., 2., c).

348 BGH v. 27.09.1999 – II ZR 305-98, NJW 1999, 3552 (3552).

349 BVerfG v. 15.01.1958 – 1 BvR 400/51, GRUR 1958, 254 (255); BVerfG v. 11.05.1976 – 1 BvR 671/70, NJW 1976, 1677 (1677); BGH v. 27.09.1999 – II ZR 305-98, NJW 1999, 3552 (3552).

350 BGH v. 27.09.1999 – II ZR 305-98, NJW 1999, 3552 (3552).

Art. 12 GG – als „Richtlinien“ bei der Auslegung und Anwendung der zivilrechtlichen Generalklauseln zu berücksichtigen.[351]

c) Schutzniveau

Zwar scheint der Wortlaut des Art. 12 Abs. 1 GG auf den ersten Blick eine Differenzierung zwischen der Berufswahl- und der Berufsausübungsfreiheit nahezulegen.[352] Seit dem „Apotheken-Urteil“[353] hat das BVerfG aber in ständiger Rechtsprechung betont, dass es sich bei der Berufsfreiheit um ein einheitliches Grundrecht handelt.[354] Dem stimmt auch nahezu das gesamte Schrifttum zu.[355] Dies erscheint auch sachgerecht, da es nicht immer eindeutig zu differenzieren ist, ob die Berufswahl- oder die Berufsausübungsfreiheit betroffen ist.[356] Denn Berufswahl und Berufsausübung können nicht in zwei zeitlich separate Phasen unterschieden werden, weil die Berufsaufnahme einerseits die Berufswahl manifestiert und zugleich den Beginn der Berufsausübung darstellt und andererseits durch die fortwährende Berufsausübung die vorausgegangene Berufswahl kontinuierlich bestätigt wird.[357]

Dadurch steht im Grundsatz das gesamte einheitliche Grundrecht der Berufsfreiheit unter dem Regelungsvorbehalt des Art. 12 Abs. 1 S. 2 GG, der als einfacher Gesetzesvorbehalt zu verstehen ist.[358] Neben Regelungen, welche auf Art. 12 Abs. 1

---

351 BGH v. 27.09.1999 – II ZR 305-98, NJW 1999, 3552 (3552); s. hierzu auch BVerfG v. 19.10.1993 – verb. Rs. 1 BvR 567/89 u. 1 BvR 1044/89, NJW 1994, 36 (38) und die ständige Rspr. des BGH, vgl. z. B. BGH v. 28.04.1986 – II ZR 254/85, NJW 1986, 2944 (2944).

352 So *Hufen*, NJW 1994, 2913 (2917); *Lücke*, Berufsfreiheit, S. 1 ff.

353 BVerfG v. 11.06.1958 – 1 BvR 596/56, BVerfGE 7, 377 (378, 401 f.).

354 BVerfG v. 18.07.1972 – verb. Rs. 1 BvL 32/70 u. 1 BvL 25/71, BVerfGE 33, 303 (329 f.); BVerfG v. 21.02.1995 – 1 BvR 1397/93, BVerfGE 92, 140 (151); BVerfG v. 26.02.1997 – verb. Rs. 1 BvR 1864/94 u. 1 BvR 1102/95, BVerfGE 95, 193 (214); BVerfG v. 20.03.2001 – 1 BvR 491/96, BVerfGE 103, 172 (183).

355 S. hierzu nur *Epping*, Grundrechte, Rn. 381; *Kingreen/Poscher*, Grundrechte, Rn. 933; *Schneider*, in: Merten/Papier, Handbuch der Grundrechte, § 113 Rn. 31.

356 So auch BVerfG v. 21.02.1995 – 1 BvR 1397/93, BVerfGE 92, 140 (151); BVerfG v. 26.02.1997 – verb. Rs. 1 BvR 1864/94 u. 1 BvR 1102/95, BVerfGE 95, 193 (214); *Epping*, Grundrechte, Rn. 381.

357 BVerfG v. 11.06.1958 – 1 BvR 596/56, BVerfGE 7, 377 (401); *Mann*, in: Sachs, GG, Art. 12 Rn. 14.

358 S. BVerfG v. 01.07.1980 – 1 BvR 23/75, BVerfGE 54, 224 (234 f.); BVerfG v. 01.07.1980 – 1 BvR 247/75, BVerfGE 54, 237 (245 f.), wo ausdrücklich von einem „Gesetzesvorbehalt“ die Rede ist. S. auch *Zippelius/Würtenberger*, Deutsches Staatsrecht, § 30 Rn. 19. Nach Art. 19 Abs. 1 S. 1 GG müssen solche Regelungen jedoch allgemein und nicht nur für den Einzelfall gelten. Diesem Erfordernis genügen die verbandsrechtlichen Transferregularien und die jene ergänzenden Verbandsvorschriften aber allesamt unproblematisch.

S. 2 GG zurückzuführen sind, können sich Schranken für das gesamte Grundrecht der Berufsfreiheit auch aus kollidierendem Verfassungsrecht ergeben, man spricht insoweit dann von sog. verfassungsimmanenten Schranken.[359] Nach Art. 19 Abs. 2 GG darf aber auch das gesamte einheitliche Grundrecht der Berufsfreiheit unter keinen Umständen in seinem Wesensgehalt angetastet werden.

Die Abgrenzung zwischen einer Berufswahlregelung und einer Berufsausübungsregelung nimmt das BVerfG nach ständiger Rechtsprechung nach der sog. „Berufsbildlehre" bzw. „Traditionsrechtsprechung" vor.[360] Hiernach wird zwar nicht bereits der Schutzbereich des Grundrechts anhand von bestimmten gesetzlich vorgeprägten Berufsbildern begrenzt; allerdings haben solche traditionellen und gesetzlichen Prägungen sodann Auswirkungen bei der Einstufung einer Regelung als Berufswahl- oder Berufsausübungsregelung. Ausschlaggebend für die jeweilige Unterscheidung ist demzufolge, ob eine Regelung die Tätigkeit als Teil eines umfassenden Berufsbildes oder die Tätigkeit in einem eigenständigen bzw. selbstständigen Berufsbild einschränkt. Im ersten Fall ist eine solche Regelung nach dieser ständigen Rechtsprechung des BVerfG als Berufsausübungsregelung anzusehen, im letzten Fall als Berufswahlregelung.

Diese Differenzierung, ob die Berufswahl oder die Berufsausübung betroffen ist, kann trotz der Behandlung der Berufsfreiheit als einheitliches Grundrecht keinesfalls offenbleiben. Das BVerfG hat nämlich im „Apotheken-Urteil"[361] die sog. Dreistufentheorie (bzw. auch Stufentheorie oder Stufenlehre genannt) entwickelt, wonach im Rahmen der Prüfung der verfassungsrechtlichen Rechtfertigung eines Eingriffs in die Berufsfreiheit eine abgestufte Verhältnismäßigkeitsprüfung vorzunehmen ist:

Die Berufsausübungsfreiheit kann bereits durch vernünftige, zweckmäßige Gründe des Allgemeinwohls beschränkt werden. Der Grundrechtsschutz beschränkt sich auf die Abwehr in sich verfassungswidriger Auflagen, was bei übermäßiger Belastung und damit einhergehender Unzumutbarkeit der Fall sein kann.

Eine Beschränkung der subjektiven Berufswahlfreiheit kann durch wichtige Gemeinschaftsgüter gerechtfertigt werden.

An eine Beschränkung der objektiven Berufswahlfreiheit sind besonders strenge Anforderungen zu stellen. Zur Rechtfertigung eines solchen Eingriffs

359 S. hierzu u. a. *Jarass*, in: Jarass/Pieroth GG, Art. 12 Rn. 27 i. V. m. Vorb. vor Art. 1 Rn. 48 ff.; *Sodan*, in: Sodan, GG, Art. 12 Rn. 27 i. V. m. Vorb. Art. 1 Rn. 53.

360 S. hierzu nur BVerfG v. 11.06.1958 – 1 BvR 596/56, BVerfGE 7, 377 (377 ff.); BVerfG v. 1. 7. 1980 – 1 BvR 247/75, NJW 1980, 2123 (2123); BVerfG v. 05.05.1987 – 1 BvR 724/81, NJW 1988, 545 (546); BVerfG v. 06.10.1987 – 1 BvR 1086/82, NJW 1988, 1195 (1196).

361 BVerfG v. 11.06.1958 – 1 BvR 596/56, BVerfGE 7, 377 (378 f., 405 ff.).

sind im Allgemeinen nachweisbare oder höchstwahrscheinliche schwere Gefahren für ein überragend wichtiges Gemeinschaftsgut erforderlich.

Insgesamt müssen Beschränkungen immer auf der „Stufe" vorgenommen werden, auf welcher der Eingriff in die Berufsfreiheit am geringsten ist. Die nächste „Stufe" darf erst dann betreten werden, wenn mit hoher Wahrscheinlichkeit dargelegt werden kann, dass den befürchteten Gefahren mit Beschränkungen auf der vorigen „Stufe" nicht wirkungsvoll entgegengetreten werden kann.

Durch diese vom BVerfG entwickelte Dreistufentheorie macht es auch einen Unterschied, ob eine Verbandsnorm „nur" eine Berufsausübungsregelung oder eine (subjektive oder objektive) Berufswahlregelung darstellt, da hierdurch Art. 12 Abs. 1 GG in einem jeweils anderen Maße bzw. mit einem anderen Maßstab die Auslegung des § 138 Abs. 1 BGB determiniert (s. hierzu Kapitel 5, A., I., 2., b)).[362]

Das BVerfG hat zwar diese Stufenlehre mit der Zeit nach und nach „aufgeweicht" bzw. spezifiziert und ausgebaut und ist damit sukzessiv zur Verhältnismäßigkeitsprüfung mit den bekannten Stufen Geeignetheit, Erforderlichkeit und Verhältnismäßigkeit im engeren Sinne übergegangen.[363] Dies liegt daran, dass sich in der weiteren Entwicklung gezeigt hat, dass die Stufen „ineinander verschwimmen" können, was nicht nur die Zuordnung eines Eingriffs zu einer der Stufen erschweren, sondern auch dazu führen kann, dass ein Eingriff auf einer niedrigeren Stufe intensiver ist als auf einer höheren.[364] In solchen Fällen kann deshalb im Rahmen der Erforderlichkeit nicht einfach gefragt werden, ob es auch einen Eingriff auf einer niedrigeren Stufe geben würde, der auch den Zweck erreichen würde, sondern die Intensität des Eingriffs und seiner in Betracht kommenden Alternativen muss aus den Umständen des Einzelfalls bestimmt werden.[365] *Mann* vermutet sogar, dass das BVerfG im Jahr 1958 (also zum Zeitpunkt des „Apotheken-Urteils") die Bedeutung des Übermaßverbots noch nicht realisiert hatte.[366] Es wurde zudem in der Mehrzahl der Anwendungsfälle der

---

362 Daher wird im Rahmen der einzelnen Verbandsnormen auch erörtert, ob diese als Berufswahl- oder Berufsausübungsregelungen anzusehen sind. S. Kapitel 5, A., II., 2., c), aa), III., 2., IV., V., VI und VII., 2.

363 S. hierzu *Hufen*, Staatsrecht II Grundrechte, § 35 Rn. 34; *Mann*, in: Sachs, GG, Art. 12 Rn. 137 ff.; *Tettinger*, AöR 1983, 92 (117 ff.). S. zu dieser vom BVerfG vorgenommenen „gewöhnlichen" Verhältnismäßigkeitsprüfung BVerfG v. 16.03.1971 – 1 BvR 52/66 u. 1 BvR 665/66 u. 1 BvR 667/66 u. 1 BvR 754/66, BVerfGE 30, 292 (315 ff.) und zuletzt BVerfG v. 11.07.2006 – 1 BvL 4/00, NJW 2007, 51 (54 ff.). Im Rahmen der Prüfung der Verhältnismäßigkeit im engeren Sinne wird dann auch eine (umfassende) Güterabwägung vorgenommen.

364 So *Kingreen/Poscher*, Grundrechte, Rn. 981; s. zu den Phasenverschiebungen im modernen Berufsleben auch *Schneider*, in: Merten/Papier, Handbuch der Grundrechte, § 113 Rn. 33.

365 So *Kingreen/Poscher*, Grundrechte, Rn. 983.

366 So *Mann*, in: Sachs, GG, Art. 12 Rn. 138.

Dreistufentheorie klar, dass es auch um die Relation von der Schwere des Eingriffs und dem Gewicht des mit der Regelung verfolgten Gemeinwohlbelangs ging und nicht bloß um die Ziele des Gesetzgebers.[367]

Auch wenn heute Einigkeit in der Hinsicht besteht, dass zumindest im Grundsatz alle Gemeinwohlbelange Einschränkungen der Berufsfreiheit rechtfertigen können und das BVerfG gelegentlich auch Gründe hat ausreichen lassen, die zumindest nicht allgemein als Gemeinwohlziele anerkannt sind, so enthalten dennoch viele Entscheidungen des BVerfG auch heute noch Formulierungen wie „vernünftige Gründe des Allgemeinwohls" oder „überragend wichtige Gemeinschaftsgüter".[368] Hieraus ist der Schluss zu ziehen, dass durch diese „Aufweichung" der Dreistufentheorie die Unterscheidung zwischen (subjektiven und objektiven) Berufswahl- und Berufsausübungsregelungen zwar u. U. etwas an Bedeutung verloren hat. Aber gerade im Rahmen der vorzunehmenden Verhältnismäßigkeitsprüfung ist diese Differenzierung weiterhin von Relevanz.[369]

II. Wechselfristen[370]

In Art. 6 Abs. 2 i. V. m. Art. 6 Abs. 1 S. 1 (i. V. m. Art. 10 Abs. 1 S. 3) des FIFA-

---

367 So *Hufen*, Staatsrecht II Grundrechte, § 35 Rn. 34.

368 *Hufen*, Staatsrecht II Grundrechte, § 35 Rn. 35.

369 Daher erscheint es weiterhin als notwendig, die einzelnen Verbandsnormen auch (zunächst) dahingehend zu untersuchen, ob sie Berufswahl- oder Berufsausübungsregelungen darstellen. S. hierzu Kapitel 5, A., II., 2., c), aa), III., 2., IV., V., VI und VII., 2.

370 Bei den folgenden Überprüfungen der Wechselfristen und jeglicher weiterer verbandsrechtlicher Regelungen bleiben die vor dem Hintergrund der Corona-Pandemie (bzw. der damit einhergegangenen behördlichen und gesetzlichen Restriktionen) übergangsmäßig bzw. für einen begrenzten Zeitraum vorgenommenen verbandsrechtlichen Anpassungen bzw. Änderungen für die Saison 2020/2021 unberücksichtigt, da jene nur für diese außergewöhnliche Sondersituation (durch das behördlich bzw. gesetzlich angeordnete Spielverbot konnte z. B. die Saison im deutschen Profifußball 2019/2020 erst um einen nicht unerheblichen Zeitraum verzögert zu Ende gespielt werden und dementsprechend konnte die neue Saison auch erst zeitlich verzögert beginnen; in den Fußballprofiligen anderer Länder und in anderen Mannschaftssportarten in Deutschland wurde teilweise die Saison 2019/2020 sogar ganz abgebrochen und es war auch lange Zeit ungewiss, ob die jeweilige Saison 2020/2021 überhaupt ausgetragen werden kann) eingeführt wurden und davon auszugehen ist, dass nach Ende jeglicher mit der Corona-Pandemie zusammenhängender Restriktionen etc. die jeweiligen ursprünglichen verbandsrechtlichen Regelungen (welche unmittelbar vor Ausbruch der Corona-Pandemie noch galten) wieder unverändert Geltung erlangen werden. Die folgenden Überprüfungen orientieren sich daher ausschließlich an den unmittelbar vor Ausbruch der Corona-Pandemie Anfang März 2020 geltenden verbandsrechtlichen Regelungen. Auch die im Zeitraum der Corona-Pandemie durch die behördlich

Reglements[371] und in § 4 Nr. 2 (i. V. m. § 5 Nr. 2 S. 2) LOS sind Registrierungs- bzw. Wechselperioden für einen Vereinswechsel im Profifußball vorgeschrieben. Art. 10 Abs. 1 S. 3 des FIFA-Reglements und § 5 Nr. 2 S. 2 LOS erklären die jeweiligen Regelungen zu den (endgültigen) Transfers auch für Leihgeschäfte für anwendbar, weshalb die Wechselfristen auch bei Leihgeschäften gelten. Das FIFA-Reglement normiert allgemein, dass ein Spieler grundsätzlich nur während einer von zwei vom zuständigen Verband festgelegten Perioden registriert werden darf. Die erste Registrierungsperiode beginnt am Ende einer Spielzeit und endet im Normalfall zu Beginn der neuen Spielzeit und ist auf zwölf Wochen beschränkt. Die zweite Registrierungsperiode soll im Normalfall in der Mitte der Spielzeit festgelegt werden und ist auf vier Wochen beschränkt. In § 4 Nr. 2 LOS sind die Wechselperioden für die Bundesliga und 2. Bundesliga in Deutschland exakt vorgegeben: Die Wechselperiode I vom 1.7. bis zum 31.8. und die Wechselperiode II vom 1.1. bis zum 31.1. eines Kalenderjahres.

Diese Wechselperioden sind von der FIFA in keiner Weise beanstandet worden (s. auch Art. 1 Abs. 2 S. 1 des FIFA-Reglements, wonach jedes verbandsinterne Reglement von der FIFA genehmigt werden muss) und die Wechselperioden sind auch in den meisten europäischen Ligen mehr oder weniger identisch. Unter den Verbänden aller Konföderationen ist heute ebenso ein Trend zu einheitlichen Registrierungsperioden festzustellen.[372] Eine solche Einheitlichkeit bei den Wechselperioden hat naturgemäß Vorteile sowohl für die Vereine als auch für die Spieler hinsichtlich von Planung, Vorhersehbarkeit oder Reaktion etc. Nur so ist auch eine Chancengleichheit bei Transfers gewährleistet.

Nach dem Wechselwahnsinn in der Sommertransferperiode im Jahr 2017, in der insgesamt deutlich mehr Geld ausgegeben wurde als in den Transferperioden der Jahre zuvor (beispielhaft sei hier wiederum nur der Rekordtransfer von Neymar vom FC Barcelona zu Paris Saint-Germain für 222 Millionen Euro genannt), ist diese Transferfrist zunehmend europaweit in die Kritik geraten. Hauptsächlich wird an ihr kritisiert, dass sie je nach Saisonbeginn noch ca. zwei bis drei Wochen über den Saisonstart hinaus andauert. Dies hat dann nicht selten zur Folge, dass ein Spieler in den ersten Spielen noch im Kader der Mannschaft steht, obwohl er den Verein aber aller Voraussicht nach verlassen wird und die beteiligten Vereine nur noch um die exakten Ablösemodalitäten feilschen. Dies hat dann u. U. negative Folgen auf das Mannschaftsklima etc.[373] Auch nach Art. 6 Abs. 2

---

bzw. gesetzlich angeordneten Zuschauerrestriktionen zwangsläufig zurückgegangenen Zuschauerzahlen (über einen erheblichen Zeitraum waren überhaupt keine Zuschauer in den Stadien zugelassen) bleiben genau wie die durch die Corona-Pandemie „erzwungene“ (finanzielle) Zurückhaltung der Vereine bei der Verpflichtung neuer Spieler bei jeglicher Argumentation unberücksichtigt.

371 S. hierzu auch den Kommentar zum FIFA-Reglement, Art. 6 Nr. 2 Rn. 1 ff.

372 So Art. 6 Nr. 2 Rn. 1 S. 3 des Kommentars zum FIFA-Reglement.

373 Beispielhaft sei hier nur der Fall des Franzosen Ousmane Dembélé genannt, der im Sommer 2017 vom FC Barcelona als Ersatz für Neymar von Borussia Dortmund

S. 1 des FIFA-Reglements hat die Registrierungsperiode zumindest im Normalfall zu Beginn der neuen Spielzeit zu enden.[374]

Den ersten Schritt zu einer „kleinen Revolution“ des internationalen Transfermarkts[375] hat Anfang September 2017 die Premier League in England als die reichste Liga der Welt gemacht. Seit der Saison 2018/2019 sind durch einen Beschluss der Mehrzahl der 20 Vereine Transfers in die Premier League im Sommer nur noch bis zum Donnerstag vor dem Saisonstart möglich.[376] Nicht wenige Stimmen sind der Meinung, dass auch die meisten anderen Ligen durch vergleichbare Beschlüsse der Premier League folgen werden.[377] Nur so wäre, wie bereits erwähnt, Chancengleichheit bei Transfers gewährleistet.[378] Auch der

---

verpflichtet worden war. Nachdem Dortmund ein Angebot der Katalanen zunächst abgelehnt hatte, ist der wechselwillige Dembélé „in Streik getreten“ und fehlte am 10.08.2017 unentschuldigt beim Dortmunder Mannschaftstraining, um so seinen Wechsel zu provozieren. Dortmund blieb aber zunächst standhaft und wollte auch ein Exempel für die Zukunft statuieren, weshalb weiterhin eine Abgabe Dembélés verweigert wurde. Gleichzeitig wurde Dembélé aber aufgrund dieses intolerablen Verhaltens vom Trainings- und Mannschaftsbetrieb suspendiert, um v. a. negative Auswirkungen auf das Mannschaftsklima zu vermeiden. Schließlich einigten sich Dortmund und Barcelona am 25.08.2017 auf einen Transfer Dembélés gegen eine Ablösesumme in Höhe von 105 Millionen Euro, die sich durch Bonuszahlungen noch um maximal 42 Millionen Euro erhöhen könnte (mittlerweile ist die Gesamtablösesumme unter Einberechnung der bislang schon fällig gewordenen Bonuszahlungen bereits auf 130 Millionen Euro gestiegen). Diese Ablösesumme ist deutlich höher als das anfängliche Angebot des FC Barcelona.

374 Offenbar hat die FIFA bislang vor dem Hintergrund von Art. 1 Abs. 2 S. 1 des FIFA-Reglements an einer solchen „weiten Interpretation“ des Beginns der neuen Spielzeit nichts zu beanstanden.

375 https://www.derwesten.de/sport/fussball/england-schliesst-das-transferfenster-kuenftig-vor-saisonstart-id211849629.html [zuletzt abgerufen am 12.03.2021].

376 Verkäufe aus der Premier League bleiben hingegen weiterhin bis zum 31.08. möglich. Diese Neuregelung in England gilt auch nur für die Premier League und nicht für die zweite bis vierte Liga.

377 Bei einer Umfrage des Sportmagazins „kicker“ haben sich nach dem Beschluss in der Premier League 17 der 18 damaligen Bundesliga-Manager Anfang September 2017 ebenfalls für eine solche Verkürzung dieser Transferfrist in Deutschland ausgesprochen. Der Geschäftsführer von Borussia Dortmund, Hans-Joachim Watzke war z. B. der Meinung, dass eine Verkürzung der Transferfrist auch im Interesse der Fans wäre. Einzig Horst Heldt, damaliger Sportdirektor von Hannover 96, war dagegen, da er eine Überhitzung des Marktes und damit einhergehende überhöhte Preise befürchtete, was gerade für die finanzschwächeren Vereine dann von Nachteil wäre. S. zum Ganzen www.kicker.de/news/fussball/bundesliga/startseute/705669/artikel_bundesliga-tenor-zum-transferende_kuerzer-waere-besser.html [zuletzt abgerufen am 12.03.2021].

378 Dahingehend haben sich auch in England Kritiker des Beschlusses geäußert, da Verkäufe aus der Premier League eben weiterhin bis zum 31.08. möglich sind. Falls

UEFA-Präsident Aleksander Čeferin hatte sich im Rahmen dieser europaweit geführten Diskussion zu dieser Zeit für eine Verkürzung des Transferfensters ausgesprochen, um nicht dem Wettbewerb zu schaden. Allerdings ist nach Aussage der europäischen Klubvereinigung ECA ein früheres Ende der Transferfrist im Sommer nicht realistisch, solange der Saisonstart in den europäischen Ligen nicht zeitgleich erfolgt.[379] Daher wäre auch ein einheitlicher Beginn der Spielzeiten notwendig, um eine tatsächliche Chancengleichheit bei Transfers zu gewährleisten. Zudem sehen es einige Vereine in Europa auch als notwendig an, die Qualifikationsspiele für die Champions League bzw. die Europa League abzuwarten, bevor die Kaderplanung endgültig abgeschlossen werden kann. Da die ECA mittlerweile über 200 Mitglieder hat, ist es schwierig, hierbei auf einen gemeinsamen Konsens zu kommen.

Bei der nun folgenden Untersuchung wird aber bezüglich der Wechselperiode I in Deutschland von dem durch § 4 Nr. 2 LOS vorgegebenen Zeitraum vom 1.7. bis zum 31.8. ausgegangen.

Diese genannten Vorschriften des FIFA-Reglements und der LOS werden im Folgenden auf ihre Vereinbarkeit mit Art. 45 AEUV und § 138 Abs. 1 BGB i. V. m. Art. 12 Abs. 1 GG untersucht. Auch in den Mannschaftssportarten Handball, Basketball, Eishockey und Volleyball sind solche zeitlichen Vorgaben für Transfers verbandsrechtlich normiert, s. hierzu ausführlicher Kapitel 4, C., I. und II. Die Erörterungen zu § 4 Nr. 2 LOS sind daher auf die in diesen Sportarten einschlägigen (nationalen) Verbandsvorschriften weitgehend übertragbar.[380]

---

die anderen Ligen nicht „nachziehen“, erscheint es daher durchaus vorstellbar, dass auch die Premier League schon nach (relativ) kurzer Zeit diesen Beschluss durch einen erneuten Beschluss wieder abändern wird.

379 In den Saisons 2018/2019 und 2019/2020 begannen die Spielzeiten der europäischen Topligen jeweils an unterschiedlichen Wochenenden: In der Saison 2018/2019 startete die Spielzeit in England und Frankreich am zweiten Augustwochenende, in Spanien und Italien am dritten und in Deutschland erst am vierten. In der Saison 2019/2020 begann die Spielzeit in England und Frankreich am zweiten Augustwochenende, in Deutschland und Spanien am dritten und in Italien erst am vierten.

380 Im nationalen Handball, Basketball und Eishockey sind Transfers in zeitlicher Hinsicht deutlich geringfügiger beschränkt durch Verbandsvorschriften als im Fußball. So sind Transfers auch jeweils während der gesamten Hinrunde möglich und erst nach einem jeweils genau benannten Tag, welcher von 31.01. bis 31.03. variiert, verbandsrechtlich ausgeschlossen, s. näher hierzu Kapitel 4, C., I. und II. Falls die Untersuchung daher zu einer Vereinbarkeit von § 4 Nr. 2 LOS mit Art. 45 AEUV und § 138 Abs. 1 BGB i. V. m. Art. 12 Abs. 1 GG führt, so sind die diesbezüglichen Verbandsvorschriften im nationalen Handball, Basketball und Eishockey erst recht vereinbar mit Art. 45 AEUV und § 138 Abs. 1 BGB i. V. m. Art. 12 Abs. 1 GG. Im nationalen Volleyball sind sog. Wechselsperren verbandsrechtlich vorgeschrieben, wobei die Wartezeit hierbei im Grundsatz drei Monate beträgt, s. näher hierzu Kapitel 4, C., II. Da die Wartezeit aber spätestens mit dem ablaufenden Spieljahr endet, sind zumindest bei einer Gesamtbetrachtung die

1. *Vereinbarkeit mit Art. 45 AEUV*

a) *Anwendungsbereich*

Da Art. 45 AEUV nur bei grenzüberschreitenden Sachverhalten Anwendung findet (s. hierzu Kapitel 5, A., I., 1., a)), sind grundsätzlich nur die Regelungen für Wechsel von Spielern mit Unionsbürgerschaft zwischen Vereinen aus verschiedenen Mitgliedsstaaten am Maßstab der Arbeitnehmerfreizügigkeit zu messen. Daher sind in erster Linie die benannten Art. 6 Abs. 2 i. V. m. Art. 6 Abs. 1 S. 1 (i. V. m. Art. 10 Abs. 1 S. 3) des FIFA-Reglements[381], welche den einzelnen Mitgliedsverbänden Vorgaben für deren Regelungen bezüglich Wechselfristen machen, auf ihre Vereinbarkeit mit Art. 45 AEUV zu überprüfen. Denn durch diese Vorgaben wird gewährleistet, dass in allen Mitgliedsverbänden der FIFA zumindest ähnliche Wechselfristen existieren. Diese Vorgaben des FIFA-Reglements sind daher der Ursprung einer etwaigen Beschränkung der Arbeitnehmerfreizügigkeit bei einem Wechsel eines Spielers mit Unionsbürgerschaft zwischen Vereinen aus verschiedenen Mitgliedstaaten. Das FIFA-Reglement ist bei sämtlichen internationalen Transfers von Spielern zwischen den Mitgliedsverbänden der FIFA unmittelbar verbindlich und die Transferregularien der einzelnen Nationalverbände finden auf grenzüberschreitende Transfers im Grundsatz keine Anwendung. Dies ist in Art. 1 Abs. 1 (s. auch Abs. 2) des FIFA-Reglements und in § 15 Nr. 3 S. 1 LOS auch ausdrücklich so normiert.

Näher erörterungswürdig erscheint aber die Frage, ob die Arbeitnehmerfreizügigkeit auch bei einem Wechsel eines aus einem EU-Land stammenden Spielers innerhalb eines anderen Mitgliedstaats anwendbar ist. Dann müsste auch § 4 Nr. 2 (i. V. m. § 5 Nr. 2 S. 2) LOS mit Art. 45 AEUV vereinbar sein.

Da nach gefestigter Rechtsprechung und h. L. die Arbeitnehmerfreizügigkeit auf rein interne Sachverhalte keine Anwendung findet (s. hierzu Kapitel 5, A., I., 1., a)), kann Art. 45 AEUV bei einem Wechsel eines Spielers innerhalb seines Heimatlandes mangels jeglichen Auslandsbezugs keine Anwendung finden.[382]

Bei der hier zu prüfenden Fragestellung liegt die Konstellation aber anders. Unstreitig dürfte sein, dass Art. 45 AEUV Vorschriften eines Mitgliedstaats

---

zeitlichen Vorgaben für Vereinswechsel im Vergleich zum Fußball als geringfügiger anzusehen, weshalb auch diese verbandsrechtliche Vorgabe erst recht mit Art. 45 AEUV und § 138 Abs. 1 BGB i. V. m. Art. 12 Abs. 1 GG vereinbar ist, falls die folgende Untersuchung in Bezug auf § 4 Nr. 2 LOS zu einem solchen Ergebnis kommen sollte. Wenn die Untersuchung jedoch zu einer Unvereinbarkeit von § 4 Nr. 2 LOS mit Art. 45 AEUV und/oder § 138 Abs. 1 BGB i. V. m. Art. 12 Abs. 1 GG führen sollte, wären weitergehende Erörterungen in Bezug auf diese einzelnen Verbandsvorschriften vonnöten.

381 S. hierzu auch den Kommentar zum FIFA-Reglement, Art. 6 Nr. 2 Rn. 1 ff.

382 So auch *Wassmer*, Auswirkungen der Grundfreiheiten, S. 137. Die insoweit von *Roth*, AuA 2001, 217 (220) vertretene a. A. kann als absolute Mindermeinung daher vernachlässigt werden.

entgegensteht, die EU-Ausländer gegenüber Inländern (mittelbar) diskriminieren.[383] Zwar spricht der EuGH in seinem für die Ungültigkeit von Transferbestimmungen grundlegenden Bosman-Urteil bereits im Tenor von einem grenzüberschreitenden Transfer[384] und betont (erneut), dass die Staatsangehörigen der Mitgliedstaaten das unmittelbar aus dem Vertrag abgeleitete Recht haben, ihr Herkunftsland zu verlassen, um sich zur Ausübung einer wirtschaftlichen Tätigkeit in das Gebiet eines anderen Mitgliedstaats zu begeben und sich dort aufzuhalten.[385] Allerdings muss man beachten, dass der EuGH eben gerade über einen grenzüberschreitenden Transfer zu entscheiden hatte, weswegen er sich mit einem innerstaatlichen Transfer eines EU-Ausländers gar nicht befassen musste; daher kann dieser Rechtsprechung des EuGH im Bosman-Urteil nicht entnommen werden, dass er die Anwendbarkeit der Arbeitnehmerfreizügigkeit bei einem innerstaatlichen Wechsel eines EU-Ausländers grundsätzlich ausschließen wollte.[386] Auch die überwiegende Anzahl der Kommentare zu Art. 45 AEUV o. ä. erwähnt zwar den grenzüberschreitenden Sachverhalt als Erfordernis für die Anwendbarkeit von Art. 45 AEUV, geht aber dann auf die vorliegende Fragestellung nicht näher ein (s. hierzu auch Kapitel 5, A., I., 1., a)). Es ist jedoch kein Grund dafür ersichtlich, warum ein Spieler, der sich in einen anderen Mitgliedstaat zur Aufnahme einer unselbstständigen Tätigkeit begeben will, bezüglich seines Wechsels von seinem Heimatland in einen anderen Mitgliedstaat gegen jegliche Beschränkungen geschützt ist, dann aber nach Ankunft in dem anderen Mitgliedstaat nur noch vor Diskriminierungen geschützt sein soll.[387] Eine Angleichung an den Diskriminierungsschutz erscheint insoweit als angemessen. Größtmögliche Freizügigkeit wird nur gewährleistet, wenn auch solche innerstaatlichen Wechsel eines Spielers aus dem EU-Ausland von der Arbeitnehmerfreizügigkeit geschützt sind.[388] Ansonsten besteht die Gefahr, dass ein Spieler von einem Wechsel ins EU-Ausland bzw. in ein bestimmtes EU-Land schon von

---

383 *Wassmer*, Auswirkungen der Grundfreiheiten, S. 138 f.

384 EuGH v. 15.12.1995 – C-415/93, NJW 1996, 505 (505). Die von *Arens*, SpuRt 1996, 39 (42) vertretene Ansicht, dass sich das Wort „andere", wenn der EuGH von einem Verein eines „anderen" Mitgliedsstaats spricht, sowohl auf die Staatsangehörigkeit des Spielers als auch auf die nationale Zuordnung des „abgebenden" Vereins beziehen könne, vermag insoweit nicht zu überzeugen. Spätestens bei einer Gesamtbetrachtung des Urteils mitsamt der Gründe wird deutlich, dass der EuGH hierbei einen grenzüberschreitenden Transfer meinte.

385 EuGH v. 15.12.1995 – C-415/93, NJW 1996, 505 (510); so auch schon EuGH v. 07.07.1992 – C-370/90, NVwZ 1993, 261 (262); EuGH v. 08.04.1976 – 48/75, NJW 1976, 2065 (2066).

386 So auch *Wassmer*, Auswirkungen der Grundfreiheiten, S. 139 f.

387 So auch *Wassmer*, Auswirkungen der Grundfreiheiten, S. 140.

388 Auch der EuGH hat im Bosman-Urteil das Ziel eines größtmöglichen Schutzes der Arbeitnehmerfreizügigkeit betont (EuGH v. 15.12.1995 – C-415/93, NJW 1996, 505 (509 f.)).

Anfang an Abstand nimmt, wenn die dortigen nationalen Transferregularien sehr streng bzw. ungünstig für die Spieler sind. Denn gerade im schnelllebigen Profisport wird es häufig (auch kurzfristig) aus den verschiedensten Gründen für einen Spieler notwendig, seinen Arbeitsplatz zu wechseln. Es liegt auf der Hand, dass jeder Spieler sich daher die Option eines Wechsels innerhalb des Landes, an das er sich dann gerade gewöhnt hat (v. a. auch in familiärer und gesellschaftlicher Hinsicht) äußerst ungern von Anfang an verbauen bzw. zumindest erheblich erschweren möchte. Bei einer solchen Betrachtungsweise erscheint ein Spieler sehr wohl auch durch solche nationalen Transferregularien in seiner Arbeitnehmerfreizügigkeit betroffen und daher insoweit schützenswert. Denn immerhin hat ein solcher Spieler dann vor dem innerstaatlichen Wechsel von seinem Recht auf Freizügigkeit bei dem Wechsel zuvor Gebrauch gemacht. *Schroeder* folgert daraus, dass schon deshalb kein rein innerstaatlicher Sachverhalt vorliege.[389] In der Tat hat auch der EuGH in der Rechtssache Steen[390] ausgeführt, dass sich ein Staatsangehöriger eines Mitgliedsstaats im Hinblick auf einen rein internen Sachverhalt nicht auf die Arbeitnehmerfreizügigkeit berufen könne, wenn er niemals das Recht auf Freizügigkeit innerhalb der Gemeinschaft ausgeübt hat. Auch wenn es in diesem Fall um das Diskriminierungsverbot ging, so lässt sich daraus dennoch entnehmen, dass die Tatsache, dass ein Spieler in der vorliegenden Konstellation bereits früher bei seinem Wechsel ins EU-Ausland das Recht auf Arbeitnehmerfreizügigkeit ausgeübt hat, nicht unberücksichtigt bleiben darf. Bei einer solchen genaueren Betrachtungsweise kann auch nicht mehr von bloßen „Aufenthalts- und Beschäftigungsmodalitäten" die Rede sein, vielmehr kann – wie soeben dargelegt – auch durch solche nationalen Transferregularien der Marktzugang für einen Spieler in diesen Mitgliedstaat (erheblich) erschwert sein (s. zu dieser Thematik auch Kapitel 5, A., I., 1., d)).

Folglich müssen auch solche nationalen Transfer- bzw. Wechselregelungen mit Art. 45 AEUV im Einklang stehen.

Demnach müssen sowohl Art. 6 Abs. 2 i. V. m. Art. 6 Abs. 1 S. 1 (i. V. m. Art. 10 Abs. 1 S. 3) des FIFA-Reglements[391] als auch § 4 Nr. 2 (i. V. m. § 5 Nr. 2 S. 2) LOS mit Art. 45 AEUV vereinbar sein.

b) Spannungsverhältnis zwischen Arbeitnehmerfreizügigkeit und Verbandsautonomie

Durch diese Wechselfristen sind die Spieler zur meisten Zeit eines jeden Jahres daran gehindert, den Verein und damit den Arbeitgeber zu wechseln. Daher ist in dieser Zeit für einen Spieler der Marktzugang in einen anderen Mitgliedstaat nicht

---

389 *Schroeder*, JZ 1996, 254 (256).
390 EuGH v. 28.01.1992 – C-332/90, NVwZ 1992, 358.
391 S. hierzu auch Art. 6 Nr. 2 Rn. 1 ff. des Kommentars zum FIFA-Reglement.

möglich, weshalb Spieler eines Mitgliedsstaats dadurch in ihrer Arbeitnehmerfreizügigkeit betroffen sind (s. hierzu auch schon Kapitel 5, A., I., 1., d)).

Hierbei ist es auch irrelevant, dass die in Frage stehenden Regelungen nicht die Beschäftigung der Spieler betreffen, welche nicht eingeschränkt wird, sondern die Möglichkeit der Vereine, diese Spieler in offiziellen Spielen einzusetzen (was nur bei einer Registrierung des Spielers innerhalb der Fristen möglich ist); denn die Teilnahme an den offiziellen Spielen ist das Hauptziel der Tätigkeit eines Berufsspielers, weshalb Regularien, welche diese Teilnahme beschränken, auch die Beschäftigungsmöglichkeiten der betroffenen Spieler beschränken.[392]

Allerdings können sich FIFA und DFL als Sportverbände ihrerseits bei der Aufstellung solcher Regelungen auf das Grundrecht der Vereinigungsfreiheit berufen, welche auf europäischer Ebene nach Art. 12 GRC und Art. 11 EMRK geschützt ist, weshalb es zu einer Kollision zwischen Arbeitnehmerfreizügigkeit und Verbandsautonomie kommt.[393] Auf dieses Spannungsverhältnis zwischen Arbeitnehmerfreizügigkeit und Verbandsautonomie wurde auch schon näher in Kapitel 5, A., I., 1., d) eingegangen. Letztendlich muss die gegenläufige Verbandsautonomie innerhalb der Prüfung der Arbeitnehmerfreizügigkeit berücksichtigt werden, weshalb die Verbandsautonomie der privaten Normgeber zu einer „immanenten Schranke" der Arbeitnehmerfreizügigkeit avanciert.[394]

c) *Verhältnismäßigkeit*

Solche Verbandsregularien sind bei der Frage ihrer Rechtfertigung an den Kategorien legitimer Zweck, Geeignetheit, Erforderlichkeit und Angemessenheit zu messen.[395] Die Wechselfristen haben zum Ziel, den geordneten Ablauf sportlicher Wettkämpfe bzw. des Spielbetriebs zu gewährleisten.[396] Damit liegt ein legitimer Zweck vor. Ein geordneter Wettkampfablauf ist der Hauptzweck bzw. das Hauptziel eines jeden Sportverbands. Durch diese Wechselfristen wird auch verhindert, dass sich Vereine während des Meisterschaftsbetriebs zu jeder Zeit personell verstärken können, was den Verlauf einer Meisterschaft insgesamt erheblich verändern könnte.[397] Daher ist die Geeignetheit ebenso gegeben. Mildere Mittel, welche diesen Zweck in gleich effektiver Weise erreichen könnten, sind nicht ersichtlich, weshalb die Erforderlichkeit ebenfalls zu bejahen ist. Auch hätte z. B. jeder dahingehende Gedanke, die Wechselfristen (deutlich) zu verlängern, eine dritte

---

392 So EuGH v. 13.04.2000 – C-176/96, EuZW 2000, 375 (378).

393 So auch *Röthel*, EuR 2001, 908 (914 f.).

394 So *Röthel*, EuR 2001, 908 (915).

395 S. hierzu auch Fn. 332.

396 S. hierzu EuGH v. 13.04.2000 – C-176/96, EuZW 2000, 375 (378); LG Bochum v. 08.04.1997 –11 S 516/96, SpuRt 1999, 240 (241); LG Dortmund v. 24.09.1997 – 21 S 165/97, SpuRt 1999, 242 (243).

397 S. hierzu auch EuGH v. 13.04.2000 – C-176/96, EuZW 2000, 375 (378); *Wassmer*, Auswirkungen der Grundfreiheiten, S. 135.

Wechselperiode einzuführen o. ä. jedenfalls zur Konsequenz, dass dieser Zweck weit weniger erreicht würde.

Daher muss es entscheidend auf die Angemessenheit bzw. die Verhältnismäßigkeit im engeren Sinne dieser Wechselfristen ankommen. Hierbei hat eine umfassende Interessenabwägung der widerstreitenden Interessen (der Arbeitnehmerfreizügigkeit der Spieler nach Art. 45 AEUV auf der einen Seite und dem Grundrecht der Vereinigungsfreiheit – und damit der Verbandsautonomie – der Sport- bzw. Fußballverbände nach Art. 12 GRC und Art. 11 EMRK auf der anderen Seite) zu erfolgen, wobei „zwingende Verbandsinteressen" für eine Rechtfertigung zu fordern sind.[398] Zwar hat der EuGH seine Rechtsprechung mittlerweile dahingehend abgeändert, dass auch Regelungen aus „nicht wirtschaftlichen Gründen", welche „allein von sportlichem Interesse sind und als solche nichts mit wirtschaftlicher Betätigung zu tun haben", an den Grundfreiheiten zu messen sind.[399] Dennoch liegt es auf der Hand, dass die wirtschaftlich und monetär ausgerichteten Interessen des Binnenmarkts hinter ideell begründeten Regelungen eines Verbands deutlich eher zurückzutreten zu haben als hinter Verbandsregelungen aus wirtschaftlichen Gründen.[400]

Auf der einen Seite ist zu berücksichtigen, dass durch solche Wechselfristen wechselwillige Spieler gleich in doppelter Hinsicht in ihrem Recht auf Freizügigkeit beeinträchtigt werden:[401] Während der Wartefrist sind sie ohnehin vorübergehend vollständig an der Ausübung ihrer (sportlichen) Tätigkeit in einem anderen Mitgliedstaat gehindert; zudem können durch solche Wechselfristen aber auch Vereine aus dem Ausland von der Verpflichtung eines Spielers abgehalten werden, was dann nicht nur zu einer vorübergehenden, sondern sogar zu einer absoluten Verhinderung der Ausübung der Arbeitnehmerfreizügigkeit führt.[402] Denn sehr häufig wird ein Verein nur zu einem bestimmten Zeitpunkt der Saison das Bedürfnis haben, einen bestimmten Spieler zu verpflichten. Wenn eine Verpflichtung zu diesem Zeitpunkt dann nicht möglich ist bzw. der Spieler zumindest nicht in offiziellen Spielen eingesetzt werden kann, so wird es nicht selten vorkommen, dass bis zur nächsten Wechselperiode das Bedürfnis bzw. das Interesse des Vereins an diesem Spieler aus den verschiedensten Gründen wieder abgeklungen ist. Daher ist die Intensität der Einschränkung der Arbeitnehmerfreizügigkeit nicht nur als geringfügig anzusehen.[403]

---

398 S. hierzu ausführlicher Kapitel 5, A., I., 1., d). Hierbei sollte (sofern möglich) im Wege der „praktischen Konkordanz" allen Beteiligten möglichst viel von allen Rechten bzw. Freiheiten erhalten bleiben (so auch ausführlicher *Gramlich*, DÖV 1996, 801 (810 f.); *Schroeder*, JZ 1996, 254 (256)).

399 S. hierzu ausführlicher Kapitel 5, A., I., 1., a).

400 S. hierzu auch *Röthel*, EuR 2001, 908 (918 f.).

401 *Wassmer*, Auswirkungen der Grundfreiheiten, S. 134.

402 *Wassmer*, Auswirkungen der Grundfreiheiten, S. 134.

403 Die Aussage von *Gramlich*, SpuRt 2000,89 (90), dass die Beschränkung des Einsatzes eines Neuzugangs alle Vereine gleich und unmittelbar und die Spieler

Die Bedeutung der Arbeitnehmerfreizügigkeit, welche schon allgemein einen sehr hohen Stellenwert hat,[404] ist für einen Berufssportler ebenfalls hoch, da sie zum einen dessen Existenzgrundlage sichert und zum anderen der Sportler schon aufgrund der in der Natur veranlagten (bzw. biologischen) körperlichen Voraussetzungen nicht sein ganzes Leben lang in der Lage ist, den Sport als Beruf auszuüben, mithin er nur während eines begrenzten Zeitraums die sportliche Berufsausübung betreiben kann.[405] Es wird auch zumindest nicht jedem Profi- bzw. Berufsspieler gelingen, im Laufe der aktiven Laufbahn so viel Geld zu erwirtschaften, dass er danach kein weiteres Einkommen mehr benötigt; dies werden vielmehr wohl nur die wenigsten Spieler zustande bringen.[406] Außerdem schaffen es zeitlich auch nur die wenigsten Spieler, parallel zur aktiven Karriere eine Berufsausbildung zu absolvieren.[407] Folglich hat die Arbeitnehmerfreizügigkeit für Berufssportler eine besondere Bedeutung.

Die Spieler treffen diese Wechselfristen auch gerade deswegen so hart, weil sie häufig gerade dann wechseln wollen, wenn sie sich bei ihrem aktuellen Verein nicht mehr wohlfühlen, weil sie zu selten aufgestellt werden o. ä. Diese Wechselfristen tragen daher mitunter erheblich dazu bei, dass ein Spieler für eine geraume Zeit u. U. keine Spielpraxis auf Wettkampfniveau erhält, was sich äußerst negativ auf seinen Marktwert auswirken kann und sich dadurch auch die Chancen des Spielers (erheblich) reduzieren können, in der Zukunft einen lukrativen Arbeitsplatz bei einem ambitionierten Club oder gar einem Spitzenverein zu erhalten. Insbesondere betroffen in dieser Hinsicht sind wohl die Jugendspieler, für die der Erhalt von Spielpraxis auf Wettkampfniveau für ihre Entwicklung besonders bedeutsam ist. Durch solche Wechselfristen werden die Vereine nämlich dazu gezwungen, einen größeren Kader in der Transferperiode zusammenzustellen, um bei Verletzungen von Spielern o. ä. adäquaten Ersatz zur Verfügung zu haben; die Leidtragenden davon werden dann wohl häufig die Jugendspieler sein, bei denen es i. d. R. schon grundsätzlich schwieriger einzuschätzen ist, wie weit sie bezüglich ihres Leistungsniveaus schon sind und bei denen es potenziell

---

hingegen nur indirekt treffen würde, ist insofern zumindest etwas unglücklich formuliert. Wie soeben ausgeführt, trifft eine solche Beschränkung des Einsatzes durch die Wechselfristen die Spieler sogar in doppelter Hinsicht.

404 Die Arbeitnehmerfreizügigkeit nimmt per se als wesentlicher Teil des freien Personenverkehrs aufgrund ihrer besonderen sozialen und wirtschaftlichen Bedeutung für die europäische Integration eine herausragende Stellung unter den Grundfreiheiten bzw. im europäischen Gemeinschaftsrecht ein. So *Brecht*, Arbeitnehmerfreizügigkeit, S. 20; *Oberthür*, Transfersystem, S. 152 f.; s. hierzu auch *Oppermann/Classen u. a.*, Europarecht, § 27 Rn. 1 f.

405 S. hierzu *Schulz*, Grundrechtskollisionen im Berufssport, S. 96.

406 So auch *Schulz*, Grundrechtskollisionen im Berufssport, S. 96.

407 So auch *Schulz*, Grundrechtskollisionen im Berufssport, S. 96 f.

auch häufiger vorkommen wird, dass sie mit dem taktischen System oder dem Umgang des Trainers o. ä. unerwarteterweise nicht zurechtkommen.[408]

Auf der anderen Seite ist aber zu beachten, dass auch die Vereinigungsfreiheit für einen Sportverband elementar ist, weshalb man mindestens eine vergleichbare Bedeutung der Vereinigungsfreiheit für einen Sportverband wie diejenige der Arbeitnehmerfreizügigkeit für die Spieler annehmen sollte.[409]

Man muss sich zunächst ebenfalls darüber im Klaren sein, dass es im Sport zahlreiche Besonderheiten gibt, die es zu berücksichtigen gilt. Den Sport kennzeichnen einige Charakteristika, welche ihn auch von anderen Sektoren aus dem Bereich der Wirtschaft unterscheiden.[410] Dem Sport im Allgemeinen kommen wichtige gesellschaftliche Funktionen im sozialen, kulturellen, pädagogischen und gesundheitlichen Bereich zu.[411] Eine weitere Besonderheit in den Mannschaftssportarten ist, dass sich die einzelnen im Wettbewerb stehenden Vereine in einer sog. „kooperativen Konkurrenz" befinden. Im Gegensatz zu anderen Berufsfeldern des Wirtschaftslebens sind die Vereine gewissermaßen aufeinander angewiesen, da nur bei attraktivem und spannendem Sport die Nachfrage der Zuschauer etc. entsprechend hoch ist; daher haben sowohl Spieler als auch Vereine ein Interesse an der sportlichen und wirtschaftlichen Leistungsfähigkeit ihrer konkurrierenden Vereine, was zumindest ein Mindestmaß an Chancengleichheit erfordert.[412] Seit dem Vertrag von Lissabon (in Kraft getreten am 01.12.2009) hat der Sport auch eine rechtliche Grundlage in den europäischen Verträgen. In Art. 165 AEUV (ehemals Art. 149 EGV) ist die Förderung des Sports als Unionsziel normiert. Dabei wird in Art. 165 Abs. 1 S. 2 AEUV u. a. klargestellt, dass die Union auch die besonderen Merkmale des Sports und seine soziale und pädagogische Funktion berücksichtigt. In Art. 165 Abs. 2 AEUV wird deutlich, dass der Gesetzgeber ebenso der Funktionsfähigkeit von Sportwettkämpfen eine zentrale Bedeutung für den Sport beimisst. Daher sind die Eigenständigkeit und Eigengesetzlichkeit des Sportwesens zumindest im Grundsatz zu respektieren.[413]

Vor diesem Hintergrund muss man sich aber v. a. vor Augen führen, in welch erheblicher Art und Weise der geordnete Ablauf der Meisterschaft als sportlichem Wettkampf ohne solche Wechselfristen gefährdet wäre. Dies hat auch der EuGH in der Rechtssache Lehtonen so ausgeführt.[414] So könnte beispielsweise

---

408 Mit einer vergleichbaren Argumentation ist auch das Verbot der sog. „Emergency Loans" in England seit der Saison 2015/2016 durch die FIFA auf teilweise heftige Kritik gestoßen, s. hierzu Kapitel 4, B., I., 3.

409 S. hierzu auch *Schulz*, Grundrechtskollisionen im Berufssport, S. 98.

410 So *Stein*, SpuRt 2008, 46 (47).

411 *Stein*, SpuRt 2008, 46 (47). S. hierzu auch Kapitel 1, A., I.

412 S. hierzu auch *Buchner*, RdA 1982, 1 (12); *Reuter*, NJW 1983, 649 (654); *Stein*, SpuRt 2008, 46 (47).

413 *Hilpert*, SpuRt 2007, 223 (225). Auch *Streinz*, SpuRt 2000, 221 (227) spricht von der Eigengesetzlichkeit von Sportwettkämpfen.

414 EuGH v. 13.04.2000 – C-176/96, EuZW 2000, 375 (378). In der Lehtonen-Entscheidung des EuGH (EuGH v. 13.04.2000 – C-176/96, EuZW 2000, 375 (375 ff.)) ging es darum,

ein finanzkräftiger Verein, der unerwartet gegen den Abstieg spielt, zum Ende der Saison auf einmal eine (fast) komplett neue zusammengekaufte Mannschaft aufstellen oder z. B. einen sehr guten Spieler nur für ein einziges, entscheidendes Spiel ausleihen.[415] Durch eine solch erhebliche sportliche Wert- bzw. Qualitätsveränderung einer Mannschaft im Verlauf einer Saison wären die Wettbewerbsbedingungen auch insgesamt völlig ungleich, da es einen gravierenden Unterschied machen würde, ob ein Team am Anfang oder am Ende gegen eine sich im Laufe der Saison (immer mehr) verstärkende Mannschaft spielt; dadurch wäre dann die Vergleichbarkeit der Ergebnisse der verschiedenen an der Meisterschaft teilnehmenden Mannschaften und somit auch der geordnete Ablauf der

---

dass der finnische Basketballspieler Jyri Lehtonen nach Ablauf der Saison 1995/1996 in Finnland vom belgischen Erstligaverein Castors Braine für die Endphase der Meisterschaft in Belgien verpflichtet wurde, obwohl die Wechselfristen zu diesem Zeitpunkt bereits abgelaufen waren. Trotz des Hinweises der Nichteinhaltung der Wechselfristen vom belgischen Verband setzte Castors Braine Lehtonen in einem Meisterschaftsspiel ein. Daraufhin wurde dieses Spiel auf Beschwerde des gegnerischen Vereins mit 0:20 gewertet. Auch ein weiteres Spiel, in dem Lehtonen zwar nicht eingesetzt, aber dennoch auf dem Spielberichtsbogen aufgeführt war, wurde mit 0:20 gewertet. Castors Braine und Lehtonen leiteten gegen diese Sanktionen rechtliche Schritte ein. In der Folge wurde das Verfahren schließlich ausgesetzt und dem EuGH zur Vorabentscheidung die Frage vorgelegt, ob die Arbeitnehmerfreizügigkeit „der Anwendung einer von Sportverbänden in einem Mitgliedstaat getroffenen Regelung entgegensteh[t], wonach ein Basketballverein für Spiele um die nationale Meisterschaft keine Spieler aus anderen Mitgliedstaaten aufstellen darf, wenn der Transfer nach einem bestimmten Zeitpunkt stattgefunden hat“. Im Rahmen seiner Entscheidung hat der EuGH ausgeführt, dass solche Wechselfristen geeignet sind, den geordneten Ablauf sportlicher Wettkämpfe sicherzustellen und dass gerade in der Endphase einer Meisterschaft (v. a. bei einem System mit „Play-off-Spielen“ wie im Basketball) die Gefahr einer Beeinträchtigung dieses geordneten Wettkampfablaufs besonders hoch ist. Der EuGH führte sodann aus, dass zumindest dem ersten Anschein nach eine solche Regelung aber dann über das verfolgte Ziel hinausgehe, wenn die Wechselfristen danach differenzieren, ob der Spieler vorher einem Verband der europäischen Zone angehörte oder einem Verband außerhalb dieser Zone. Es sei jedoch Sache des nationalen Gerichts, zu prüfen, ob objektive Gründe, die nur den Sport als solchen betreffen oder Unterschieden zwischen der Lage von Spielern aus einem Verband der europäischen Zone und derjenigen von Spielern aus einem Verband außerhalb dieser Zone Rechnung tragen, eine solche unterschiedliche Behandlung rechtfertigen.

415 So auch *Wassmer*, Auswirkungen der Grundfreiheiten, S. 134 f. Die Gefahr der Wettbewerbsverzerrung durch die Verpflichtung eines Topspielers für nur ein Spiel ist in einem „Play-off-System“ wie im Basketball oder Eishockey offensichtlich nochmals verschärft, da solche „Play-off-Spiele“ schon nach dem System die entscheidenden Spiele der Saison sind. So auch EuGH, EuZW 2000, 375 (378).

Meisterschaft insgesamt (erheblich) beeinträchtigt.[416] Auch wenn durch die verschiedensten Umstände, welche im Laufe einer Saison eintreten können – wie Verletzungsmisere, Formkrise, Rotation aufgrund einer Doppelbelastung durch zusätzliche internationale Spiele oder ein Tabellenplatz im gesicherten Mittelfeld –, eine hundertprozentige Vergleichbarkeit der Ergebnisse wohl nie möglich ist,[417] so ist dies mit der hier erörterten Beeinträchtigung nicht zu vergleichen. Durch solche gezielten erheblichen Verstärkungen wird die Vergleichbarkeit der Ergebnisse u. U. um ein Vielfaches mehr beeinträchtigt. Die Intensität der Beeinträchtigung wäre dadurch deutlich höher. Während die anderen angesprochenen Umstände häufig auch gewissermaßen auf „Zufall" zurückzuführen sind, so ist es durch solche Verstärkungen im Laufe der Saison auch zumindest möglich, einer bestimmten Mannschaft gezielt zu schaden bzw. diese zu schwächen. Die angesprochenen „Zufälle" werden sich häufig im Laufe der Saison gewissermaßen „ausgleichen", die Beeinträchtigung der Vergleichbarkeit der Ergebnisse durch solch gezielte Verstärkungen kann aber u. U. derart schwerwiegend ausfallen, dass es schon gar nicht möglich ist, dass sich dies irgendwie „ausgleicht".

Wie bereits eben zur sog. „kooperativen Konkurrenz" ausgeführt, ist zumindest ein Mindestmaß an Chancengleichheit der Vereine und damit verbunden die Funktionsfähigkeit der Meisterschaft als Sportwettkampf auch im Interesse der Spieler. Eine anfängliche Chancengleichheit zu gewährleisten, ist gerade der Sinn solcher Transfer- bzw. Wechselfristen.[418] Nur wenn es nicht völlig ausgeschlossen erscheint, dass auch ein vermeintlich schwächeres Team einmal gegen einen Favoriten gewinnen kann, kommt der Sportart (hier dem Fußball) die notwendige Attraktivität zu.[419] Mit anderen Worten darf das Niveau der Mannschaften nicht so weit auseinanderliegen, dass Gewinner und Verlierer schon vor dem Spiel feststehen und es nur noch um die Höhe des Sieges geht; es muss insofern zumindest ein gewisses sportliches Gleichgewicht existieren.[420] Eine solch mangelhafte Spannung würde sich äußerst negativ auf die Zuschauerresonanz im Stadion oder vor dem Fernseher auswirken. Auch der Absatz sonstiger Konsumgüter, die mit dem Fußball bzw. den Vereinen in Verbindung stehen, würde dann wohl deutlich

---

416 So auch EuGH v. 13.04.2000 – C-176/96, EuZW 2000, 375 (378); *Wassmer*, Auswirkungen der Grundfreiheiten, S. 135.

417 So auch *Wassmer*, Auswirkungen der Grundfreiheiten, S. 135.

418 In diese Richtung auch *Breucker/Wüterich*, in: Stopper/Lentze, Handbuch Fußball-Recht, Kap. 9 Rn. 39.

419 In den letzten Jahren hat die Attraktivität des Fußballsports auch europaweit stets zugenommen (man denke nur an die zunehmenden Zuschauerzahlen und die v. a. in den letzten Jahren in die Höhe geschossenen Ablösesummen und Fernsehgelder). Welcher Anteil hieran dem geltenden Transfersystem tatsächlich zukommt, ist natürlich schwierig zu beurteilen. Die erheblichen Mehrausgaben für neue Spieler können aber zumindest als Indiz dafür gewertet werden, dass das geltende Transfersystem auch zu dieser Attraktivitätssteigerung beigetragen hat.

420 *Gebhardt*, Modelle für die Reform des Transfersystems, S. 50.

geringfügiger ausfallen.[421] Eine solche abnehmende Attraktivität des Fußballs würde dann zumindest mittelbar auch erheblich negative Konsequenzen für die Spieler haben. Denn nur bei einer solchen Attraktivität, die der Fußball in der aktuellen Zeit innehat, sind solche zum Teil exorbitant hohen Spielergehälter überhaupt möglich. Bei völlig ausbleibender Attraktivität des Fußballs wäre zumindest langfristig auch mitunter die Existenzgrundlage der Berufsspieler gefährdet.

Nach alledem muss auch die Intensität der Verletzung der Verbandsautonomie bzw. der Vereinigungsfreiheit als extrem hoch angesehen werden, wenn es einem Sportverband nicht möglich wäre, den geordneten Spielablauf durch solche Wechselfristen zu regeln. Man könnte sogar so weit gehen, dass damit zwangsläufig eine existenzielle Bedrohung des Verbands verbunden wäre. Eine solche existenzielle Bedrohung hat *Schulz* hinsichtlich der Transferregularien bezüglich Entschädigungszahlungen abgelehnt, da den Verbänden auch ohne die Bestimmungen zu Entschädigungszahlungen das Recht zur organisatorischen Selbstbestimmungsbefugnis (welches auch das dazugehörige verbandsautonome Satzungsrecht umfasse) verbliebe.[422] Bei den Wechselfristen liegt die Situation aber wie aufgezeigt gänzlich anders: Der geordnete Spielablauf und damit die Funktionsfähigkeit der Lizenzliga wäre ohne solche Wechselfristen äußerst gefährdet. Bei einer funktionsunfähigen Lizenzliga wäre auch ein Sportverband zwangsläufig seiner Notwendigkeit bzw. Sinnhaftigkeit beraubt, weshalb man durchaus von einer existenziellen Bedrohung der Sportverbände sprechen kann.[423] Wenn man bedenkt, dass die Verbandsautonomie in jedem Fall in ihrem Kernbereich bzw. in ihrem Wesensgehalt unangetastet bleiben muss (s. hierzu Kapitel 5, A., I., 1., d)), so erscheint eine derart weitgehende Einschränkung der Verbandsautonomie inakzeptabel.

Demzufolge ist im Rahmen dieser umfassenden Interessenabwägung der Verbandsautonomie der Sport- bzw. Fußballverbände der Vorrang vor der Arbeitnehmerfreizügigkeit der Spieler einzuräumen, weshalb im Ergebnis diese Regelungen zu den Wechselfristen mit Art. 45 AEUV vereinbar sind.

---

421 Dass Spielertransfers oftmals zumindest kurzfristig zu einer Steigerung von Trikotverkäufen etc. führen und dadurch auch dem Abwechslungsbedürfnis des Zuschauers entsprochen wird, würde bei einem solchen Vergleich nur marginal ins Gewicht fallen. Wenn die Attraktivität des Fußballsports insgesamt erheblich abnehmen würde, könnte der damit verbundene Rückgang beim Absatz von Konsumgütern etc. auch keinesfalls durch solche Randaspekte ausgeglichen werden. Es erscheint ohnehin fraglich, ob dann ein solcher bisher zu beobachtender kurzfristiger „Nachfrageboom" bei einem Transfer überhaupt noch erfolgen würde, da dann solche Wechsel mitunter nicht mehr wirklich etwas „Besonderes" wären und v. a. die Identifikation des Zuschauers mit dem Verein unter solchen zahlreichen kurzfristigen Transfers leiden würde. S. zu letzterem ausführlich in Kapitel 5, A., III., 2. zur Mindestausleihdauer.

422 *Schulz*, Grundrechtskollisionen im Berufssport, S. 98.

423 Dann kann selbsterklärend auch von einer organisatorischen Selbstbestimmungsbefugnis keine Rede mehr sein.

2. Vereinbarkeit mit § 138 Abs. 1 BGB i. V. m. Art. 12 Abs. 1 GG

a) Anwendungsbereich

Nationale Transfers innerhalb des deutschen Profifußballs der Bundesliga und 2. Bundesliga richten sich nach der LOS der DFL. Daher muss § 4 Nr. 2 (i. V. m. § 5 Nr. 2 S. 2) LOS auf seine Vereinbarkeit mit § 138 Abs. 1 BGB i. V. m. Art. 12 Abs. 1 GG überprüft werden.

b) Spannungsverhältnis zwischen Berufsfreiheit und Verbandsautonomie

Durch diese Wechselfristen sind die Spieler zur meisten Zeit eines jeden Jahres daran gehindert, den Verein und damit den Arbeitgeber zu wechseln (s. näher hierzu auch Kapitel 5, A., II., 1., b)), weshalb sie durch diese Regelungen in ihrer Berufsfreiheit nach Art. 12 Abs. 1 GG betroffen sind. Wie im europäischen Recht (s. hierzu Kapitel 5, A., II, 1., b) und Kapitel 5, A., I., 1., d)) kommt es auch im deutschen Verfassungsrecht bei solchen Transferregularien zu einem Spannungsverhältnis zwischen der Verbandsautonomie der Sportverbände und der Berufsfreiheit der Spieler, da den Sportverbänden ihrerseits das Grundrecht der Vereinigungsfreiheit nach Art. 9 Abs. 1 GG zukommt.

c) Verhältnismäßigkeit

aa) Abgrenzung zwischen Berufswahl- und Berufsausübungsregelung

Wie in Kapitel 5, A., I., 2., c) ausführlicher dargelegt wurde, macht es bei der Frage, ob ein Eingriff in die Berufsfreiheit gerechtfertigt werden kann, wegen der vom BVerfG[424] entwickelten Dreistufentheorie einen Unterschied, ob diese Regelungen bezüglich der Wechselfristen als objektive Berufswahlregelungen, als subjektive Berufswahlregelungen oder als Berufsausübungsregelungen anzusehen sind.

Dass diese Regelungen keine subjektiven Zulassungsvoraussetzungen darstellen, erscheint offensichtlich: Diese Wechselfristen gelten für alle Spieler gleichermaßen, unabhängig von jedweder Qualifikation o. ä. Die Spieler können auf diese Wechselfristen auch keinerlei Einfluss nehmen.

Ob solche Wechselfristen aber als bloße Regelung der Art und Weise der Berufsausübung oder als objektive Zulassungsvoraussetzungen – welche von der persönlichen Eignung des Bewerbers bzw. hier des Spielers unabhängig sind – zu verstehen sind, erscheint jedoch fragwürdig.[425]

Allein aus der Tatsache, dass nach Art. 12 Abs. 1 S. 1 GG das Recht auf freie Wahl des Arbeitsplatzes geschützt ist, kann noch nicht der Schluss gezogen werden, dass sämtliche Regelungen, die den Arbeitsplatz betreffen, als objektive

---

424 BVerfG v. 11.06.1958 – 1 BvR 596/56, BVerfGE 7, 377 (401).

425 Zur schon grundsätzlichen Schwierigkeit der Abgrenzung zwischen Berufswahl und Berufsausübung s. Kapitel 5, A., I., 2., c).

Berufszulassungsregelungen anzusehen sind. Denn bei der Berufsfreiheit handelt es sich um ein einheitliches Grundrecht (s. Kapitel 5., A., I., 2., c)). Daher lassen sich Eingriffe in die Arbeitsfreiheit auch nach den geltenden Grundsätzen danach differenzieren, ob sie objektive (oder subjektive) Voraussetzungen für die Wahl eines Arbeitsplatzes aufstellen oder die Ausübung der Arbeit regeln.[426]

Es darf aber auch nicht generell bereits daraus, dass eine Regelung nicht eindeutig als Eingriff in die objektive (oder subjektive) Berufswahl eingestuft werden kann, gefolgert werden, es müsse sich zwangsläufig um eine Berufsausübungsregelung handeln; vielmehr muss eine sorgfältige Abgrenzung vorgenommen werden.[427]

Zwar stellen nach der ganz h. M. Transferregularien über Ausbildungs- bzw. Förderentschädigungszahlungen objektive Berufszulassungsregelungen dar.[428] Dies ist sicherlich auch richtig, da solche Entschädigungszahlungen durchaus einen generell an dem Spieler interessierten Verein insgesamt davon abhalten können, einen Amateurspieler eines anderen Vereins als Lizenzspieler in der Bundesliga oder 2. Bundesliga zu übernehmen.[429] Es erscheint insoweit auch zustimmungswürdig, das Berufsbild eines Fußballspielers – von welchem

---

426 So *Wieland*, in: Dreier, GG, Art. 12 Rn. 75; s. hierzu auch *Mann*, in: Sachs, GG, Art. 12 Rn. 87. Nach dem BVerfG ist die Arbeitsplatzwahl der Berufswahl nachgeordnet und konkretisiert diese, umgekehrt ist sie der Berufsausübung aber vorgeordnet. S. BVerfG v. 24.04.1991 – 1 BvR 1341/90, BVerfGE 84, 133 (146). Das BVerfG führt in BVerfG v. 24.04.1991 – 1 BvR 1341/90, BVerfGE 84, 133 (148) in der Folge dann auch aus, dass eine Regelung dahingehend zu überprüfen ist, ob diese in die freie Wahl des Arbeitsplatzes mit ähnlicher Wirkung eingreift wie eine objektive Zulassungsschranke in die Freiheit der Berufswahl. Vor diesem Hintergrund sind auch die Ausführungen in BVerfG v. 21.02.1995 – 1 BvR 1397/93, BVerfGE 92, 140 (151) in dieselbe Richtung zu verstehen, wenngleich jene Formulierungen nicht ganz eindeutig sind. Dies ergibt sich aber aus dem Kontext der gesamten Ausführungen in BVerfG v. 21.02.1995 – 1 BvR 1397/93, BVerfGE 92, 140 (150 f.).

427 Insofern erscheint die Aussage von *Kingreen/Poscher*, Grundrechte, Rn. 963, Berufsausübungsregelungen seien „einfach die übrigen Eingriffe in die Berufsfreiheit", zumindest etwas irreführend.

428 Vgl. hierzu v. a. BGH v. 27.09.1999 – II ZR 305-98, NJW 1999, 3552 (3552 f.). S. zu dieser Thematik auch *Becker*, Verfassungsrechtliche Schranken für die Regelung des Lizenzfussballsports, S. 132 f.; *Oberthür*, Transfersystem, S. 181 f.; *Osthoff*, Rechts- und sittenwidrige Entscheidungsbeschränkungen für Berufssportler, S. 207; *Roth*, AuA 2001, 217 (218); *Westerkamp*, Ablöseentschädigungen, S. 109. S. hierzu auch BAG v. 20.11.1996 – 5 AZR 518/95, SpuRt 1997, 94 (97).

429 S. näher hierzu auch BGH v. 27.09.1999 – II ZR 305-98, NJW 1999, 3552 (3552 f.), wo es darum geht, dass ein interessierter Verein durch eine Ausbildungs- und Förderentschädigungsregelung davon abgehalten werden kann, Amateure eines anderen Vereins als Vertragsamateure zu übernehmen. Dass sich insoweit auch Vertragsspieler nach den Regularien des DFB und nicht lediglich Lizenzspieler

Lizenzspieler und Vertragsspieler umfasst sind – unter Berücksichtigung der Berufsbildlehre des BVerfG[430] insoweit als eigenständiges bzw. selbstständiges Berufsbild anzusehen. Denn im Gegensatz zu reinen Amateurspielern verrichten Lizenz- und Vertragsspieler sportliche Tätigkeiten, welche zur Schaffung und Erhaltung ihrer Lebensgrundlage wenigstens mehr als unerheblich beitragen.[431]

Bei den Wechselfristen sieht dies jedoch anders aus: Durch jene wird die Möglichkeit eines Vereinswechsels der Spieler zeitlich reglementiert. Es geht aber in erster Linie darum, dass ein bereits dem Berufsbild des Fußballspielers angehöriger Spieler nur in bestimmten Zeiträumen seinen Arbeitgeber wechseln darf. Auch nach einem solchen Vereinswechsel gehört der Spieler jedoch weiterhin demselben Berufsbild des Fußballspielers an. Daher wird im Einklang mit der Berufsbildlehre bzw. Traditionsrechtsprechung des BVerfG[432] durch solche Wechselfristen eine Tätigkeit als Teil des umfassenden Berufsbildes Fußballspieler reglementiert bzw. eingeschränkt.

Auch wenn § 4 LOS (und damit auch § 4 Nr. 2 LOS) ebenso bei der erstmaligen Registrierung eines Lizenzspielers gilt (s. § 4 Nr. 3 LOS), so werden auch solche bisherigen Amateur- bzw. Jugendamateurspieler durch diese Wechselfristen nicht generell daran gehindert, den Beruf des Fußballspielers sowie einen entsprechenden Arbeitsplatz zu wählen. Es werden diesbezüglich lediglich zeitliche Vorgaben gemacht, weshalb auch in Bezug auf solche Spieler von einer Reglementierung bzw. Einschränkung einer Tätigkeit als Teil des umfassenden Berufsbildes Fußballspieler auszugehen ist. Anders als bei den Ausbildungs- und Förderentschädigungsregelungen ist insoweit im Regelfall auch nicht anzunehmen, dass diese zeitliche Reglementierung der erstmaligen Registrierung eines Lizenzspielers einen interessierten Verein langfristig – also speziell auch hinsichtlich der nächsten Transferperiode – davon abhalten kann, mit diesem Spieler ein Arbeitsverhältnis einzugehen (und diesen sodann auch erstmalig zu registrieren). Der interessierte Verein wird vielmehr i. d. R. alles daransetzen,

---

auf ihr Grundrecht der Berufsfreiheit berufen können, wurde bereits in Kapitel 5, A., I., Fn. 249 dargestellt.

430 S. hierzu nur BVerfG v. 11.06.1958 – 1 BvR 596/56, BVerfGE 7, 377 (377 ff.); BVerfG v. 1. 7. 1980 – 1 BvR 247/75, NJW 1980, 2123 (2123); BVerfG v. 05.05.1987 – 1 BvR 724/81, NJW 1988, 545 (546); BVerfG v. 06.10.1987 – 1 BvR 1086/82, NJW 1988, 1195 (1196).

431 S. näher hierzu BGH v. 27.09.1999 – II ZR 305-98, NJW 1999, 3552 (3552 ff.) und Kapitel 5, A., I., Fn. 249.

432 S. hierzu nur BVerfG v. 11.06.1958 – 1 BvR 596/56, BVerfGE 7, 377 (377 ff.); BVerfG v. 1. 7. 1980 – 1 BvR 247/75, NJW 1980, 2123 (2123); BVerfG v. 05.05.1987 – 1 BvR 724/81, NJW 1988, 545 (546); BVerfG v. 06.10.1987 – 1 BvR 1086/82, NJW 1988, 1195 (1196).

den Spieler im Rahmen der nächsten Transferperiode als Lizenzspieler für sich zu gewinnen.[433]

Vor diesem Hintergrund sind die Wechselfristen als bloße Berufsausübungsregelungen anzusehen. Dieses Ergebnis steht insoweit auch im Einklang mit der h. M., da regelmäßig ohne nähere Begründung davon ausgegangen wird, dass solche Wechselfristen bloße Berufsausübungsregelungen darstellen.[434]

bb) Abwägung

Aufgrund dieser Einordnung der Wechselfristen als bloße Berufsausübungsregelungen wird die Auslegung des § 138 Abs. 1 BGB von Art. 12 Abs. 1 GG in dem Maße bzw. mit dem Maßstab determiniert, dass vor dem Hintergrund der Dreistufentheorie des BVerfG[435] im Grundsatz vernünftige, zweckmäßige Gründe des Allgemeinwohls genügen, um diese zu rechtfertigen (s. hierzu Kapitel 5, A., I., 2., c)). Da die Berufsfreiheit auch durch sog. „verfassungsimmanente Schranken" eingeschränkt werden kann (s. hierzu näher auch Kapitel 5, A., I., 2., c)), läuft es auch bei der Frage der Vereinbarkeit der Wechselfristen mit § 138 Abs. 1 BGB i. V. m. Art. 12 Abs. 1 GG letztendlich auf eine Abwägung zwischen der Berufsfreiheit der Spieler

---

433 Selbst in einem solchen Ausnahmefall, in dem der ursprünglich interessierte Verein in der nächsten Transferperiode an dem Spieler auch ohne die Verpflichtung zur Zahlung einer Ausbildungs- bzw. Förderentschädigung kein Interesse mehr haben sollte – beispielsweise wenn diverse weitere (Jugend-) Amateurspieler zu dieser Zeit eine erstmalige Registrierung als Lizenzspieler durch den Verein erreichen möchten, der Verein diese anderen Spieler als für die Erreichung seiner Ziele gewinnbringender ansieht und demzufolge für den ursprünglich begehrten Spieler keinen Bedarf mehr hat –, ist der Spieler nicht daran gehindert, in der nächsten Transferperiode einen Arbeitsvertrag mit einem anderen (Profi-) Verein abzuschließen und eine erstmalige Registrierung bei diesem zu erreichen. Abgesehen davon, dass ein solches Szenario ohnehin einen seltenen Ausnahmefall darstellen dürfte, wäre es dem Spieler daher dennoch möglich, in der nächsten Transferperiode den Beruf Fußballspieler (bei einem anderen Verein) aufzunehmen. Sollte in der nächsten Transferperiode überhaupt kein Profiverein mehr an dem Spieler Interesse haben, so hätte er den Beruf Fußballspieler aller Voraussicht nach ohnehin nur für einen (sehr) begrenzten Zeitraum ausüben können. Diese Fälle sind jedenfalls von derartig untergeordneter Natur, dass sie bei der Beurteilung, ob solche Wechselfristen eine (objektive) Berufswahlregelung oder eine (bloße) Berufsausübungsregelung darstellen, keine ausschlaggebende Rolle spielen können.

434 So *Arens*, SpuRt 1994, 179 (182); *Breucker/Wüterich*, in: Stopper/Lentze, Handbuch Fußball-Recht, Kap. 9 Rn. 39; *Fritzweiler*, in: Fritzweiler/Pfister u. a., Praxishandbuch Sportrecht, 4. Kap. Rn. 49; *Reschke/Haas u. a.*, Handbuch des Sportrechts, B Kap. 2 Rn. 65.

435 BVerfG v. 11.06.1958 – 1 BvR 596/56, BVerfGE 7, 377 (378 f., 405 ff.).

und der Vereinigungsfreiheit der Sportverbände hinaus.[436] Bei dieser Abwägung ist jedoch der erörterte Maßstab, mit welchem die Auslegung des § 138 Abs. 1 BGB hierbei von Art. 12 Abs. 1 GG determiniert wird, zu berücksichtigen.

Zwar ist es (auch) im deutschen Verfassungsrecht längst anerkannt, dass es völlig irrelevant ist, ob eine Beschränkung der Berufsfreiheit Ziel oder lediglich Reflex einer Regelung ist.[437] Es ist auch unstreitig, dass Sportler, die sich in einer Lizenzspieler- oder Athletenvereinbarung der jeweiligen Satzung des Verbands und damit auch dessen Transferregelungen unterwerfen, jedenfalls nicht (wirksam) auf ihre Grundrechte verzichten, da die Sportler aufgrund des Ein-Platz-Prinzips (s. hierzu Kapitel 5, A., I., 1., c)) gar keine andere Wahl haben, als diese Lizenzspieler- oder Athletenvereinbarung mit dem jeweiligen Verband einzugehen.[438] Allerdings ist im Rahmen dieser Abwägung insgesamt der Verbandsautonomie und damit der Vereinigungsfreiheit des Sportverbands der Vorzug gegenüber der Berufsfreiheit der Spieler zu gewähren. Zur Begründung kann vollumfänglich auf die ausführliche Abwägung im Rahmen des Europarechts verwiesen werden, bei welcher im Ergebnis (auch) der Verbandsautonomie der Sportverbände der Vorzug gegenüber der Arbeitnehmerfreizügigkeit der Spieler eingeräumt wurde (s. Kapitel 5, A., II., 1., c)). Da insoweit auch im Rahmen des Europarechts von einer nicht nur geringfügigen Intensität des Eingriffs in die Arbeitnehmerfreizügigkeit der Spieler und auch von einer sehr großen Bedeutung dieser Arbeitnehmerfreizügigkeit für Berufssportler ausgegangen wurde, sind schon generell keine Gründe dafür ersichtlich, warum diese Abwägung vorliegend anders ausfallen sollte als im Rahmen des Europarechts. Unter Berücksichtigung des erörterten Maßstabs, mit welchem die Auslegung des § 138 Abs. 1 BGB hierbei von Art. 12 Abs. 1 GG determiniert wird, ist vielmehr erst recht der Verbandsautonomie und damit der Vereinigungsfreiheit des Sportverbands der Vorzug gegenüber der Berufsfreiheit der Spieler einzuräumen. Denn durch die Einstufung der Wechselfristen als bloße Berufsausübungsregelungen ist im Rahmen der bei Art. 12 Abs. 1 GG insoweit vorzunehmenden abgestuften Verhältnismäßigkeitsprüfung (s. Kapitel 5, A., II., 1., c)) zu berücksichtigen, dass diese Wechselfristen einen Eingriff in die Berufsfreiheit auf niedrigster Stufe und damit einen in Relation zu anderen Eingriffen in die Berufsfreiheit (weitaus) weniger einschneidenden Eingriff darstellen, für dessen Rechtfertigung regelmäßig (deutlich) geringere Anforderungen zu stellen sind als bei einem Eingriff auf einer höheren Stufe.[439]

---

436 Im Rahmen des Europarechts erfolgte diese Abwägung zwischen der Arbeitnehmerfreizügigkeit der Spieler und der Vereinigungsfreiheit der Sportverbände, s. Kapitel 5, A., II., 1., b) und c).

437 S. hierzu nur BVerfG v. 12.10.1977 – 1 BvR 216, 217/75, NJW 1978, 313 (313).

438 S. näher hierzu *Schulz*, Grundrechtskollisionen im Berufssport, S. 94 f.; *Stern*, in: Sport und Recht, 142 (154); *Westerkamp*, Ablöseentschädigungen, S. 118 f.

439 Da im Rahmen des Europarechts eine solche abgestufte Verhältnismäßigkeitsprüfung nicht vorgesehen ist, kann insoweit regelmäßig von zumindest im Grundsatz

Daher sind diese Wechselfristen (auch) vereinbar mit § 138 Abs. 1 BGB i. V. m. Art. 12 Abs. 1 GG. Mit diesem Ergebnis steht ebenso im Einklang, dass sowohl das LG Bochum[440] als auch das LG Dortmund[441] und das AG Heidelberg[442] im Jugendbereich des Fußballs ähnliche Wartefristen jeweils für wirksam erklärt haben.

3. *Ergebnis*

Folglich sind die in Art. 6 Abs. 2 i. V. m. Art. 6 Abs. 1 S. 1 (i. V. m. Art. 10 Abs. 1 S. 3) des FIFA-Reglements[443] und in § 4 Nr. 2 (i. V. m. § 5 Nr. 2 S. 2) LOS normierten Wechselfristen mit Art. 45 AEUV bzw. mit § 138 Abs. 1 BGB i. V. m. Art. 12 Abs. 1 GG vereinbar. Daher stehen die im nationalen Handball, Basketball, Eishockey und Volleyball geltenden Wechsel- bzw. Wartefristen erst recht mit Art. 45 AEUV und § 138 Abs. 1 BGB i. V. m. Art. 12 Abs. 1 GG im Einklang.[444] In Art. 55 Nr. 1 S. 1 DEB Spielordnung wird sogar ausdrücklich auf den Hintergrund bzw. den Sinn und Zweck der Wechselzeiten hingewiesen: „Zur Wahrung eines geordneten Spielbetriebs und zur Vermeidung sportlicher Wettbewerbsverzerrungen sind Wechsel nicht uneingeschränkt zulässig."

III. Mindestausleihdauer

1. *Allgemeines*

Mit diesen Wechselfristen im Zusammenhang stehend sind auch die Vorgaben in Art. 10 Abs. 2 des FIFA-Reglements und § 5 Nr. 2 S. 4 LOS, wonach sich die Ausleihe eines Spielers im Fußball mindestens auf die Zeit zwischen zwei Registrierungs- bzw. Wechselperioden beziehen muss. Demzufolge muss eine solche Ausleihe immer mindestens für die Dauer einer zumindest annähernd kompletten Hin- oder Rückrunde erfolgen. Sowohl in Art. 18 Abs. 2 S. 1 des FIFA-Reglements als auch in § 5 Nr. 1 Abs. 4 S. 1 LOS ist zwar geregelt, dass Verträge nach Inkrafttreten eine Mindestlaufzeit bis zum Ende eines Spieljahres haben müssen. Diese Vorgabe kann aber für den Vertrag zwischen Entleiher und Spieler nicht gelten, die benannten Regelungen zur Mindestausleihdauer sind insoweit als „lex specialis" anzusehen. Diese wären anders formuliert worden, wenn ein Leihgeschäft nur für die Hinrunde nicht hätte gestattet werden sollen. Sie wären insoweit dann auch gewissermaßen überflüssig, was bestimmt nicht das Ziel

---

höheren Voraussetzungen für die Rechtfertigung eines Eingriffs in die Arbeitnehmerfreizügigkeit nach Art. 45 AEUV als für die Rechtfertigung einer bloßen Berufsausübungsregelung als Eingriff in Art. 12 Abs. 1 GG ausgegangen werden.

440 LG Bochum v. 08.04.1997 – 11 S 516/96, SpuRt 1999, 240 (240 ff.).

441 LG Dortmund v. 24.09.1997 – 21 S 165/97, SpuRt 1999, 242 (242 ff.).

442 AG Heidelberg v. 28.11.1997 – 21 C 465/97, SpuRt 1999, 160 (160 f.).

443 S. hierzu auch den Kommentar zum FIFA-Reglement, Art. 6 Nr. 2 Rn. 1 ff.

444 S. hierzu genauer Fn. 380.

des Regelungsgebers war. Dass ein solches Leihgeschäft nur für die Hinrunde ebenfalls gestattet ist, ergibt sich auch aus dem aufgeführten Beispiel im FIFA-Kommentar in Art. 5 Nr. 3 Rn. 4. Mit dieser Ansicht geht außerdem einher, dass nach Art. 18 Abs. 2 S. 3 des FIFA-Reglements Verträge mit einer anderen Laufzeit zulässig sind, sofern sie mit dem nationalen Recht übereinstimmen; es ist aber auch im nationalen deutschen Recht nichts ersichtlich, was in einer solchen speziellen Konstellation einer kürzeren Vertragslaufzeit nur für die Hinrunde entgegenstehen würde.

Da neben den Wechselfristen eine Maximalanzahl von Vereinen, für die ein Spieler im Laufe eines Spieljahres spielen darf, vorgegeben ist (s. hierzu Kapitel 5, A., IV.)[445], entfalten diese Mindestausleihdauern nur in der Hinsicht eigenständige Wirkung, dass ein Spieler nicht nur ausschließlich für die ersten Spiele der Hin- oder Rückrunde verliehen werden kann, in welcher die Wechselfrist noch läuft.[446]

2. *Verhältnismäßigkeitsprüfung*

Die genannten Regelungen im Fußball, die solche Mindestausleihdauern vorschreiben, müssen auf ihre Vereinbarkeit mit Art. 45 AEUV und § 138 Abs. 1 BGB i. V. m. Art. 12 Abs. 1 GG überprüft werden. Interessant ist hierbei auch, dass im Profifußball in England sog. „Short Term Loans" und auch in der Schweiz Kurzzeitleihen möglich sind, welche aber zumindest 28 bzw. 30 Tage andauern müssen (s. hierzu Kapitel 4, B., I., 1. und III.).

Im Prinzip stellt sich die Situation sehr vergleichbar zu derjenigen bei den Wechselfristen dar. Die Spieler sind dadurch auf der einen Seite in ihrer Arbeitnehmerfreizügigkeit bzw. Berufsfreiheit betroffen, auf der anderen Seite können sich die Fußballsportverbände aber wiederum auf ihr Grundrecht der Vereinigungsfreiheit bzw. auf die Verbandsautonomie berufen. Daher können im Grunde sämtliche Ausführungen in Kapitel 5, A., I. und II. entsprechend herangezogen werden.

Dies gilt auch für die Ausführungen zur Abwägung bzw. Verhältnismäßigkeit (s. hierzu v. a. Kapitel 5, A., I., 1., d) und 2., c) genauso wie Kapitel 5, A., II., 1., c) und 2., c)). Dennoch soll hier kurz auf etwaige Unterschiede bzw. Besonderheiten eingegangen werden. Durch solche vorgegebenen Mindestausleihdauern sind die Spieler weniger in ihrer Arbeitnehmerfreizügigkeit bzw. Berufsfreiheit betroffen, da es nur um „kurzzeitige Behinderungen" geht. Die Spieler können nur nicht für

445 Im nationalen Eishockey wird letzteres dadurch sichergestellt, dass nach Art. 55 Nr. 5 S. 1 DEB Spielordnung innerhalb einer Wechselzeit für jeden Spieler nur ein Wechsel möglich ist.

446 Je nach dem variierenden exakten Spielbeginn wird dies in der Hinrunde auf maximal vier bis fünf Pflichtspiele und in der Rückrunde auf maximal zwei bis drei Pflichtspiele hinauslaufen.

lediglich (sehr) wenige Spiele ihren Arbeitgeber wechseln, sondern müssen sich eben entscheiden, ob sie mindestens für eine halbe Spielzeit den Arbeitgeber wechseln möchten (sofern auch verleihender und entleihender Verein einverstanden sind) oder nicht. Diese Regelungen haben daher aber gerade nicht zur Konsequenz, dass die Spieler langfristig an einem Arbeitsplatzwechsel zu einem bestimmten neuen Verein gehindert werden, wie dies durch die Wechselfristen durchaus möglich ist. Sofern ein Verein nur ein Interesse an dem Spieler für wenige Spiele oder gar nur ein Spiel hat, dürfte relativ offensichtlich sein, dass der Verein an einer langfristigen Verpflichtung des Spielers nicht interessiert ist. Es besteht zwar zumindest die Möglichkeit, dass der neue Verein nach besonders guten Leistungen des Spielers in diesen wenigen Spielen seine Meinung diesbezüglich ändert. Dann aber ist wiederum zu beachten, dass im Normalfall der Spieler nach Ablauf der Ausleihdauer ohnehin zu seinem Verleiher zurückkehren muss.[447]

Solche Regelungen zu Mindestausleihdauern sind im Rahmen des Eingriffs in Art. 12 Abs. 1 GG ebenfalls als bloße Berufsausübungsregelungen zu qualifizieren, da hierdurch wiederum (nur) eine Tätigkeit als Teil des umfassenden Berufsbildes Fußballspieler reglementiert bzw. eingeschränkt wird. Daher wird aufgrund dieser Einordnung der Regelungen zu Mindestausleihdauern als bloße Berufsausübungsregelungen die Auslegung des § 138 Abs. 1 BGB von Art. 12 Abs. 1 GG ebenso in dem Maße bzw. mit dem Maßstab determiniert, dass grundsätzlich vernünftige, zweckmäßige Gründe des Allgemeinwohls genügen, um diese zu rechtfertigen (s. näher hierzu Kapitel 5., A., II., 2., c)).

Solche Mindestausleihdauern sind aber in vergleichbarer Weise wie Wechselfristen notwendig, um den geordneten Spielablauf einer Saison zu gewährleisten und Wettbewerbsverzerrungen zu vermeiden.[448] Auch wenn eine solche punktuelle Verstärkung v. a. gegen Ende einer Saison für die einzelnen Vereine besonders lukrativ sein wird – was nicht durch die Mindestausleihdauer, sondern durch die Wechselfristen verhindert wird – so ist dennoch zu beachten, dass eine solche u. U. immense Verstärkung zu jedem Zeitpunkt der Saison den Wettbewerb erheblich verzerren kann.[449] Wenn beispielsweise ein Verein zu Beginn der Hin- oder Rückrunde unmittelbar nacheinander die entscheidenden (Top-) Spiele gegen direkte Konkurrenten hat – was wegen des Jahr für Jahr variierenden Spielplans auch durchaus im Bereich des Möglichen liegt – so könnte er durch gezielte Verstärkung in diesen Spielen einen Vorteil erlangen, welcher auch das Gesamtabschneiden in der Saison erheblich beeinflussen würde. Dies ist auch schon bei der Verstärkung für ein einzelnes entscheidendes (Top-) Spiel denkbar. Zusätzlich ist hierbei zu beachten, dass dadurch auch der Gesamtwettbewerb

---

447 Etwas anderes könnte sich höchstens bei einer vereinbarten Kaufoption zwischen Verleiher und Entleiher ergeben, s. hierzu Kapitel 3, A., III.

448 Und ein funktionierender Wettbewerb liegt auch im Interesse der Spieler, s. Kapitel 5, A., II., 1., c).

449 So im Ergebnis auch *Berkemeyer*, Leihgabe von Berufssportlern, S. 78 f.

mehr oder weniger verzerrt bzw. beeinträchtigt werden könnte, da es aufgrund der divergierenden Spielstärke dieses Vereins einen erheblichen Unterschied machen würde, ob ein anderer Verein in den ersten Spielen gegen diesen spielt oder erst zu einem späteren Zeitpunkt. Dadurch wäre den finanzkräftigen Vereinen auch die Möglichkeit eröffnet, anderen Vereinen gezielt zu schaden, was jeglichem Wettbewerbsinteresse zuwiderlaufen würde.

Zudem darf nicht unterschätzt werden, welche negativen Auswirkungen solche kurzzeitigen Vereinswechsel, im extremsten Fall nur für ein Spiel, auf die Identifikation der Fans mit ihrem Verein haben könnten. Die emotionale Fanbindung ist eine Besonderheit des Sports.[450] Besonders augenscheinlich wird dies gerade im Fußball. Man denke nur an die zum Teil sehr weiten Distanzen, die Fans zurücklegen, um ihren Verein auch bei Auswärtsspielen zu unterstützen – was auch einen erheblichen finanziellen Aufwand bedeutet –, und allgemein an die Tatsache, dass die Fans hierfür Woche für Woche ins Stadion pilgern. In den letzten Jahren hat die Zuschauerresonanz auch gerade in Deutschland nochmals erheblich zugenommen. Dies gilt ebenso für die Zuschauer vor dem Fernseher, was sich v. a. auch in den erheblichen Mehreinnahmen an TV-Geldern zeigt. Diese emotionale Fanbindung basiert auf einer hundertprozentigen Identifikation mit dem Verein. Wenn in einem Spiel plötzlich ein Spieler zur eigenen Mannschaft gehört, dieser aber ggf. im nächsten Spiel schon wieder für einen (u. U. verhassten) Konkurrenten aufläuft, so besteht die erhebliche Gefahr, dass diese Identifikation der Zuschauer mit dem eigenen Verein mehr und mehr nachlässt.[451] Daran könnte dann auch das Abwechslungsbedürfnis der Zuschauer nichts ändern. In Einzelfällen vermag dieses den Identifikationsverlust womöglich kurzzeitig zu kompensieren. In den weitaus meisten Fällen und v. a. langfristig würde dies aber dem Fußball erheblich schaden. Daher kommen auch diese Regelungen zur Mindestausleihdauer zumindest indirekt auch wieder den Spielern zugute.

Außerdem ist bei internationalen Transfers auch noch die Sonderregel des Art. 10 Abs. 2 des FIFA-Reglements zu berücksichtigen, wonach § 5 Abs. 4 des FIFA-Reglements auch in Bezug auf die Mindestausleihdauer zu beachten ist bzw. Anwendung findet. In Art. 5 Abs. 4 S. 3 des FIFA-Reglements ist normiert, dass – abweichend von dem Grundsatz, dass ein Spieler in einer Spielzeit für offizielle Spiele von lediglich zwei Vereinen spielberechtigt ist – „ein Spieler, der zwischen zwei Vereinen wechselt, die jeweils an Verbände mit sich überschneidenden Spielzeiten angegliedert sind (d. h. Spielzeitbeginn im Sommer/Herbst bzw. im Winter/Frühjahr), in der betreffenden Spielzeit unter Umständen bei offiziellen Spielen

450 *Persch*, NZA 2010, 986 (988).

451 So wurde beispielsweise im Eishockey zur Saison 1997/1998 die zuvor so gehandhabte und damals noch mögliche Wechselpraxis in der DEL in Form von Spielerleihen für eine nur äußerst kurze Zeit – oftmals lediglich für ein einzelnes Spiel – aufgehoben, da sie negative Auswirkungen auf die Zuschauerresonanz hatte. S. näher hierzu *Bohnau*, Vereinswechsel des Lizenzfussballspielers, S. 251 f.

eines dritten Vereins spielberechtigt ist, sofern er seine vertraglichen Verpflichtungen gegenüber seinen früheren Vereinen in vollem Umfang erfüllt hat". Dieser Verweis in Art. 10 Abs. 2 des FIFA-Reglements auf Art. 5 Abs. 4 des FIFA-Reglements hat damit zur Konsequenz, dass die Mindestausleihdauer dann ausnahmsweise bei internationalen Leihgeschäften nicht eingehalten werden muss, wenn ein Spieler aus einem Land (dies ist völlig unabhängig von der Nationalität des Spielers), in welchem die Saison bereits abgeschlossen ist, in ein Land ausgeliehen werden soll, in welchem die Saison noch läuft. An die Wechselfristen müssen sich aber auch solche Spieler halten, s. Art. 5 Abs. 4 S. 4 des FIFA-Reglements. Dadurch haben Spieler aus Ländern, in denen die Saison nach dem Kalenderjahr gespielt wird, wie in den USA und Kanada,[452] die Möglichkeit, nach Ablauf der dortigen Saison auch nur bis zum Beginn der dortigen neuen Saison in eine europäische (Top-) Liga verliehen zu werden, in welcher ca. von August bis Mai gespielt wird.[453]

So wurde in der Winterpause der Saison 2008/2009 der US-Amerikaner Landon Donovan von Los Angeles Galaxy aus der Major League Soccer (MLS), der höchsten Spielklasse des US-amerikanischen und kanadischen Fußballs, an Bayern München ausgeliehen; die Leihe endete aber bereits am 10.03.2009, da Donovan nur so wieder rechtzeitig zum Beginn der neuen MLS-Saison in Los Angeles war.

Auch David Beckham wurde von Los Angeles Galaxy in der Winterpause der Saison 2008/2009 und in der Winterpause der Saison 2009/2010 in eine europäische Topliga, nach Italien zur AC Mailand, verliehen. Hier verzichtete LA Galaxy aber dann jeweils auf Beckham in den ersten Saisonspielen, so dass dieser – anders als ursprünglich geplant – nicht schon zum Beginn der neuen MLS-Saison, sondern

452 Bis einschließlich 2010/2011 wurde auch in Russland noch nach dem Kalenderjahr gespielt. Im Hinblick auf die WM 2018 in Russland wurde das System zur Saison 2011/2012 an das System der europäischen Topligen angeglichen, sodass in dieser Saison von März 2011 bis Mai 2012 gespielt wurde. Seit der Saison 2012/2013 wird auch in der russischen Premjer-Liga wie in den europäischen Topligen von August bis Mai gespielt.

453 Auch in die andere Richtung wäre eine solche Kurzzeitleihe theoretisch möglich. Demnach könnten Spieler aus der Bundesliga oder 2. Bundesliga z. B. von Anfang Juli bis Anfang August in die USA bzw. nach Kanada verliehen werden. Dies wird aber praktisch kaum vorkommen, da in den europäischen Topligen das Spielniveau deutlich höher und demzufolge auch das Vermarktungsvolumen etc. insgesamt dort erheblich größer ist, weshalb die Vereine solche Ausleihen während der Sommerpause in den meisten Fällen bereits vertraglich ausschließen bzw. ihre erforderliche Zustimmung zu solchen Leihgeschäften verweigern, damit der Spieler in dieser Zeit an der Saisonvorbereitung teilnehmen kann. Auch die Spieler selbst werden daran kaum Interesse haben, da sich so ihre Chancen auf einen Stammplatz bei ihrem deutschen bzw. europäischen Verein drastisch vermindern würden und zudem auch der sportliche Reiz – wie erwähnt – überschaubar ist.

erst nach Abschluss der jeweiligen Saison in Italien von Mailand nach Los Angeles zurückkehrte.

Auch wenn die Spieler, welche aus einem Mitgliedstaat der Europäischen Union (EU) stammen und bei einem Verein in einer europäischen Liga spielen, von dieser Möglichkeit, in der Sommerpause z. B. kurzzeitig in die MLS verliehen zu werden, – wie in Fn. 453 ausgeführt – wohl in den seltensten Fällen Gebrauch machen werden, so ist diese zumindest theoretische Möglichkeit bei der Abwägung zwischen Arbeitnehmerfreizügigkeit und Verbandsautonomie dennoch jedenfalls in geringem Maße zu berücksichtigen. Denn im Kern geht es bei der Arbeitnehmerfreizügigkeit um die Sicherung der Existenzgrundlage und in dieser Hinsicht ist eine solche Ausnahmeregelung an sich förderlich.

Nach alledem ergibt sich, dass sowohl im Rahmen des Europarechts als auch (erst recht) im Rahmen des deutschen Verfassungsrechts der Verbandsautonomie der Vorrang vor der Arbeitnehmerfreizügigkeit bzw. der Berufsfreiheit einzuräumen ist, weshalb auch diese Regelungen zur Mindestausleihdauer mit Art. 45 AEUV und § 138 Abs. 1 BGB i. V. m. Art. 12 Abs. 1 GG vereinbar sind.

IV. Maximalanzahl von Vereinen, für die ein Spieler im Laufe eines Spieljahres spielen darf

Im Fußball ist in Art. 5 Abs. 4 S. 2 des FIFA-Reglements (s. auch Art. 5 Abs. 5 S. 2 des FIFA-Reglements) und in § 5 Nr. 1 Abs. 2 S. 2 LOS geregelt, dass ein Spieler in einer Spielzeit für offizielle Spiele von maximal zwei Vereinen spielberechtigt ist.[454]

Diese Regelungen über die Maximalanzahl von Vereinen, für die ein Spieler im Laufe eines Spieljahres spielen darf, sind selbsterklärend eng mit den Wechselfristen und der Mindestausleihdauer verbunden (s. hierzu Kapitel 5, A., II. und III.). Diese Regelungen können aber z. B. dann auch eigenständige Relevanz erlangen, wenn ein Spieler in der Sommerpause erst nach den ersten Spielen noch innerhalb der Wechselfrist zu einem anderen Verein wechselt und dann in der Winterpause wieder zu einem anderen (dritten) Verein wechseln möchte. Dann würden genau diese Regelungen verhindern, dass der Spieler in der Rückrunde für den dritten Verein spielberechtigt ist, da er im Laufe der Spielzeit bereits für zwei andere Vereine gespielt hat. Daher greifen auch diese Regelungen in die

---

454 Auch im nationalen Handball ist in § 34 Abs. 1 HS 1 DHB-Spielordnung geregelt, dass ein Spieler mit vertraglicher Bindung im Normalfall in einem Spieljahr für höchstens zwei Vereine die Spielberechtigung erhalten kann. Im nationalen Eishockey wird dasselbe Ziel dadurch erreicht, dass nach Art. 55 Nr. 5 S. 1 DEB Spielordnung in jeder Wechselzeit für jeden Spieler nur ein Wechsel möglich ist. Dadurch kann ein Spieler während einer Saison schon deswegen nur für maximal zwei verschiedene Vereine spielberechtigt sein.

Arbeitnehmerfreizügigkeit bzw. die Berufsfreiheit der Spieler ein, sodass wiederum eine Abwägung mit der Verbandsautonomie zu erfolgen hat.

Solche Regelungen sind im Rahmen des Eingriffs in Art. 12 Abs. 1 GG ebenso als bloße Berufsausübungsregelungen zu qualifizieren, da hierdurch wiederum (nur) eine Tätigkeit als Teil des umfassenden Berufsbildes Fußballspieler reglementiert bzw. eingeschränkt wird. Demnach wird aufgrund dieser Einordnung solcher Regelungen als bloße Berufsausübungsregelungen die Auslegung des § 138 Abs. 1 BGB von Art. 12 Abs. 1 GG auch in dem Maße bzw. mit dem Maßstab determiniert, dass grundsätzlich vernünftige, zweckmäßige Gründe des Allgemeinwohls genügen, um diese zu rechtfertigen (s. näher hierzu Kapitel 5., A., II., 2., c)).

In einer solchen Konstellation wie der geschilderten kann ein potenzieller neuer Verein als Arbeitgeber zwar langfristig von einer Verpflichtung abgehalten werden. Nach der Rückrunde kann das Interesse dieses Vereins aus den verschiedensten Gründen wieder abgeklungen sein (s. hierzu auch ausführlicher Kapitel 5, A., II., 2., c), aa)). Daher ist die Intensität der Einschränkung der Arbeitnehmerfreizügigkeit bzw. Berufsfreiheit der Spieler infolgedessen nicht nur als geringfügig anzusehen (s. hierzu auch ausführlicher Kapitel 5, A., II., 1., c)).

Es ist aber genauso zu beachten, dass durch diese Regelungen wiederum Wettbewerbsverzerrungen entgegengewirkt wird. Auch wenn dies nicht so offensichtlich wie bei den Wechselfristen oder der Mindestausleihdauer erscheint, so stellen solche Regelungen dennoch zumindest eine sinnvolle Ergänzung zu diesen dar, um Wettbewerbsverzerrungen zu vermeiden und damit auch einen geordneten Spielablauf möglichst vollumfänglich zu gewährleisten.[455] Man stelle sich nur einmal die Situation vor, dass es in der Bundesliga oder auch in anderen Ligen einen absoluten Topspieler gibt, der alle anderen Spieler in den Schatten stellt.[456] Dann könnte es dazu kommen, dass ein Spieler je nach dem exakten Vorrunden- und Rückrundenbeginn im Extremfall gegen einen bestimmten Verein im Laufe einer Saison bis zu viermal spielt und gegen einen anderen nur einmal. Dies ist zwar nicht sonderlich wahrscheinlich, aber zumindest denkbar. Durch Nachholspiele oder Pokalspiele könnte diese Problematik auch nochmals verschärft werden. Zudem ist auch schon die Situation, dass ein Spieler die Spielberechtigung für drei verschiedene Vereine im Laufe einer Saison begehrt, nicht alltäglich und damit nicht sonderlich „wahrscheinlich". Daher sollten bei dieser Abwägung weniger etwaige „Wahrscheinlichkeiten" den Ausschlag geben, vielmehr ist zu beachten, dass es zu solchen Konstellationen zumindest kommen

455 Ein solcher funktionierender Wettbewerb kommt dann, wie jetzt schon mehrfach ausgeführt, auch zumindest indirekt wieder den Spielern zugute, s. hierzu nur Kapitel 5, A., II., 1., c).

456 Vielleicht vergleichbar mit einem Pelé, einem Lionel Messi oder einem Cristiano Ronaldo in Glanzzeiten, wobei dies natürlich eine subjektive Einschätzung ist. Jedenfalls ist die Existenz eines „Überspielers" durchaus denkbar.

könnte, welche dann zu bewerten sind. Wenn ein solcher unersetzlicher „Überspieler“ dann gegen einen Verein, welcher z. B. gegen den Abstieg spielt, viermal aufläuft und gegen einen direkten Abstiegskonkurrenten hingegen nur einmal, steht dies dem Gebot der Chancengleichheit in erheblicher Weise entgegen. Zudem wäre es zumindest denkbar, dass ein solcher Spieler dadurch u. U. die Möglichkeit erhalten würde, einem anderen Verein gezielt zu schaden, indem er möglichst häufig gegen diesen spielt.[457] Vor diesem Hintergrund erscheint es daher durchaus nachvollziehbar, auch mit Hilfe solcher Regelungen Wettbewerbsverzerrungen möglichst umfassend entgegenzutreten.

Hinzu kommt, dass auch diese Regelungen erheblich dazu beitragen, dass die Identifikation der Fans mit ihren Vereinen nicht abnimmt, was für den gesamten Fußball verheerende Folgen hätte (s. hierzu ausführlicher Kapitel 5, A., III., 2.). Wenn ein Spieler im Laufe einer Saison für mehr als zwei Vereine offizielle Spiele bestreiten würde, wäre dessen Identifikation mit dem jeweiligen Verein deutlich unglaubwürdiger. Aber eine solche Identifikation mit dem eigenen Verein ist gerade das, was die Fans selbst vorleben und auch von den Spielern des eigenen Vereins fordern.

Die Beeinträchtigung der Spieler wird auch dadurch zumindest etwas abgemildert, dass nach Art. 5 Abs. 4 S. 1 des FIFA-Reglements und § 5 Nr. 1 Abs. 2 S. 1 LOS diese im Laufe einer Spielzeit zumindest für (maximal) drei Vereine registriert werden dürfen bzw. sie für (maximal) drei Vereine eine Spielerlaubnis erhalten. Dadurch sind sie bei der Planung ihrer sportlichen Tätigkeit zumindest in gewissem Maße flexibel.[458]

Außerdem erscheint die Beeinträchtigung der Spieler auch durch die in Kapitel 5, A., III., 2. ausführlicher erörterte Ausnahmemöglichkeit nach Art. 5 Abs. 4 S. 3 des FIFA-Reglements zumindest etwas geringfügiger. Denn dadurch können die Spieler zumindest theoretisch für einen dritten Verein aus einem Land, in welchem nach dem Kalenderjahr gespielt wird (z. B. in den USA und Kanada), auflaufen.

Im Ergebnis ist folglich auch bei diesen Regelungen der Verbandsautonomie gegenüber der Arbeitnehmerfreizügigkeit und (erst recht) gegenüber der Berufsfreiheit der Vorzug zu gewähren. Demnach sind auch diese Regelungen mit Art. 45 AEUV und § 138 Abs. 1 BGB i. V. m. Art. 12 Abs. 1 GG vereinbar.

V. Vertragliche Bindung nur zu einem Verein

In § 4 Nr. 5 lit. b LOS ist im nationalen Profifußball explizit normiert, dass keine anderweitige rechtliche Bindung des Spielers an einen Club bestehen darf, um

457 Dieses Szenario dürfte zugegebenermaßen nur theoretischer Natur sein.
458 So Art. 5 Nr. 3 Rn. 2 des Kommentars zum FIFA-Reglement, wonach dieses gewisse Maß an Flexibilität auch den Vereinen zugute kommt.

registriert werden und damit eine Spielerlaubnis erhalten zu können.[459] Dies wird durch § 5 Nr. 1 Abs. 6 S. 1 LOS nochmals bekräftigt, wonach ein Spieler ohne Einverständnis seines bisherigen Clubs einen Vertrag mit einem anderen Club nur abschließen darf, sofern sein Vertrag mit seinem bisherigen Club abgelaufen ist oder in den kommenden sechs Monaten ablaufen wird.[460] In Art. 18 Abs. 3 S. 2 des FIFA-Reglements ist ebenfalls geregelt, dass ein Berufsspieler nur dann einen Vertrag mit einem anderen Verein abschließen darf, wenn sein Vertrag mit seinem bisherigen Verein abgelaufen ist oder innerhalb der folgenden sechs Monate ablaufen wird. Auch im nationalen (Profi-) Basketball ist in § 19 Nr. 1 lit. c BBL-Lizenzstatut explizit geregelt, dass Voraussetzung für die Erteilung der Spielerlizenz u. a. die Versicherung des Spielers ist, dass zwischen ihm und einem anderen Bundesligisten keine entgegenstehenden arbeitsvertraglichen Bindungen bestehen.

Auch wenn dies bei solchen Wettkampfsportarten aufgrund der ansonsten offensichtlich drohenden Wettbewerbsverzerrungen durch Interessenkonflikte etc. als selbstverständlich erscheint, so sollte dennoch aus folgendem Grund zumindest kurz auf diese Regelungen eingegangen werden: Nach allgemeiner Auffassung im Arbeitsrecht sind bei mehrfachem Abschluss eines Arbeitsvertrags diese Arbeitsverträge jeweils für sich genommen wirksam, der Arbeitnehmer wird „nur" vertragsbrüchig und verstößt im Rahmen des jeweiligen Arbeitsvertrags gegen das Konkurrenzverbot.[461] Das „subjektive[] Unvermögen" des Arbeitnehmers, beide bzw. mehrere Arbeitsverträge zu erfüllen, hat grundsätzlich nicht die Unwirksamkeit der Arbeitsverträge zur Folge, wenn nicht

459 S. hierzu auch § 4 Nr. 5 lit. a LOS, wonach bei einem Wechsel zum Zeitpunkt der Antragsstellung der Spielerlaubnis für einen Spieler die Verträge fristgerecht gekündigt, in beiderseitigem Einvernehmen aufgelöst oder durch Zeitablauf enden müssen. In § 13 Nr. 2 lit. b S. 1 LOS werden diese Vorgaben von § 4 Nr. 5 lit. a und b LOS nochmals bestätigt.

460 Nach § 5 Nr. 9 Abs. 1 S. 1 LOS ist ein Doppelarbeitsverhältnis eines Spielers ausdrücklich verboten und wird als unsportliches Verhalten gemäß § 1 Nr. 4 der Rechts- und Verfahrensordnung des DFB geahndet.

461 So *Arens*, SpuRt 1994, 179 (183). Dies hat seine Grundlage in den grundrechtlichen Gewährleistungen durch Art. 12 Abs. 1 GG. Es gilt jedoch nur insoweit, als sich diese Arbeitsverhältnisse im Gesamten im Rahmen der gesetzlichen Höchstarbeitszeit (s. v. a. § 3 ArbZG) halten. Diese dürfen auch nicht § 8 BUrlG verletzen, wonach der Urlaubszweck nicht beeinträchtigt werden darf. Freilich dürfen die einzelnen Tätigkeiten auch nicht gegen § 1 SchwarzArbG verstoßen. Häufig werden die Arbeitgeber zwar bereits auf die Aufnahme des Verbots eines solchen Doppelarbeitsverhältnisses im Arbeitsvertrag bestehen. An der Wirksamkeit der weiteren Arbeitsverträge eines Arbeitnehmers ändert aber im Grundsatz auch eine solche vertragliche Fixierung nichts (wenn nicht z. B. der weitere Arbeitgeber von dieser Klausel des Arbeitnehmers in seinem Erstarbeitsvertrag wusste oder wissen musste o. ä.).

gerade ein Fall des Verleitens zum Vertragsbruch vorliegt, welches eine Sittenwidrigkeit nach § 138 Abs. 1 BGB zur Konsequenz hätte; der Arbeitnehmer macht sich dann eben dem Grunde nach schadensersatzpflichtig gegenüber seinem Arbeitgeber und letzterer kann den Arbeitsvertrag (ggf. fristlos) kündigen.[462]

Dies ändert aber nichts daran, dass den Sportverbänden (weiterhin) das Grundrecht der Vereinigungsfreiheit nach Art. 9 Abs. 1 GG bzw. auf europäischer Ebene nach Art. 12 GRC und Art. 11 EMRK und damit die Verbandsautonomie zukommt. Daher hat auch bezüglich dieser Regelungen eine (umfassende) Interessenabwägung zwischen der Berufsfreiheit bzw. Arbeitnehmerfreizügigkeit der Spieler und der Verbandsautonomie der Sportverbände zu erfolgen.[463]

Solche Regelungen sind im Rahmen des Eingriffs in Art. 12 Abs. 1 GG ebenfalls als bloße Berufsausübungsregelungen einzustufen, weil durch diese Regelungen erneut (nur) eine Tätigkeit als Teil des umfassenden Berufsbildes Fußballspieler reglementiert bzw. eingeschränkt wird. Es geht darum, wie bzw. auf welche Art und Weise der Fußballspieler seinem Beruf nachzugehen hat.[464] Ihm bleibt es weiterhin frei, seinen Arbeitgeber (also den Verein) und damit den Arbeitsplatz insgesamt zu wechseln. Demnach wird aufgrund dieser Einordnung solcher Regelungen als bloße Berufsausübungsregelungen die Auslegung des § 138 Abs. 1 BGB von Art. 12 Abs. 1 GG ebenfalls in dem Maße bzw. mit dem Maßstab determiniert, dass grundsätzlich vernünftige, zweckmäßige Gründe des Allgemeinwohls genügen, um diese zu rechtfertigen (s. näher hierzu Kapitel 5., A., II., 2., c)).

Die Abwägung muss eindeutig zugunsten der Verbandsautonomie der Sportverbände ausfallen. Auch wenn die Spieler hierdurch gewissermaßen in vollem Umfang daran gehindert werden, zusätzlich für einen anderen Verein tätig zu werden, erscheinen die Spieler aufgrund ihres dann häufig vertragsbrüchigen Verhaltens in diesen Fällen einerseits schon nicht schutzwürdig – zumal es ihnen weiterhin unbenommen bleibt, ihren Arbeitgeber (also den Verein) und damit den Arbeitsplatz insgesamt zu wechseln. Andererseits können solche Interessenkollisionen bei den Spielern zu erheblichen Wettbewerbsverzerrungen führen.[465] V. a. bei einem direkten Aufeinandertreffen der beiden Vereine, bei welchen ein Spieler jeweils angestellt ist, wäre offensichtlich, dass solche Doppelarbeitsverhältnisse in eklatanter Weise wettbewerbsschädlich sind. Es bestünde die Gefahr, dass ein Spieler dann in diesem Spiel keinen vollen Einsatz bringt, was nicht zuletzt sodann auch wiederum erhebliche Nachteile für die immens wichtige

---

462 So *Arens*, SpuRt 1994, 179 (183).

463 Dass solche im Prinzip nationalen Verbandsregelungen auch an der Arbeitnehmerfreizügigkeit nach Art. 45 AEUV zu messen sind, wurde in Kapitel 5, A., II., 1., a) herausgearbeitet.

464 Auch *Arens*, SpuRt 1994, 179 (183) geht ohne nähere Begründung davon aus, dass solche Regelungen im Rahmen des deutschen Verfassungsrechts bloße Berufsausübungsregelungen darstellen.

465 In diese Richtung auch *Arens*, SpuRt 1994, 179 (183).

Identifikation der Fans mit dem eigenen Verein hätte (s. hierzu v. a. auch Kapitel 5, A., III., 2.). Aber es ist zudem generell offenkundig, dass solche Doppelarbeitsverhältnisse v. a. mit Vereinen bzw. Kapitalgesellschaften derselben Liga erhebliche Interessenkonflikte bei dem Spieler zeitigen würden, z. B. wenn ein bestimmtes Ergebnis gegen einen „dritten" Verein für den zweiten Arbeitgeber von Vorteil wäre. Dadurch wäre auch der geordnete Spielablauf im Allgemeinen gefährdet. Bei Arbeitgebern aus unterschiedlichen Ligen sind solche Interessenkonflikte ebenso durchaus möglich, man denke nur an Pokal- oder Relegationsspiele.[466]

Vor diesem Hintergrund erscheint es als eindeutig, der Verbandsautonomie der Sportverbände den Vorrang gegenüber der Berufsfreiheit bzw. Arbeitnehmerfreizügigkeit der Spieler einzuräumen. Daher sind auch diese Regelungen mit § 138 Abs. 1 BGB i. V. m. Art. 12 Abs. 1 GG und Art. 45 AEUV vereinbar.

VI. Maximalausleihdauer

Zumindest kurz Erwähnung finden sollte auch § 69a S. 5 DHB-Spielordnung, woraus sich ergibt, dass ein Handballspieler für den Maximalzeitraum von ca. eineinhalb Jahren verliehen werden kann, weil nur vor dem 16.02. der folgenden Spielsaison eine Rückkehr zum Verleiher möglich ist.

Auch hierdurch werden die Spieler in gewisser Weise in ihrer Berufsfreiheit bzw. Arbeitnehmerfreizügigkeit beeinträchtigt, da sie nicht für einen beliebigen Zeitraum an einen anderen Arbeitgeber verliehen werden können. Daher muss auch § 69a S. 5 DHB-Spielordnung auf seine Vereinbarkeit mit § 138 Abs. 1 BGB i. V. m. Art. 12 Abs. 1 GG und Art. 45 AEUV überprüft werden.[467] Die Frage, ob und auf welche Weise eine solche Maximalausleihdauer bzw. Überlassungshöchstdauer auch dem Schutz der Leihspieler in arbeitsrechtlicher Hinsicht in Bezug auf eine Steigerung der Chancen durch den Entleiher (früher) fest verpflichtet zu werden (sog. „Klebeeffekt") dient, soll hierbei vorliegend nicht weiter erörtert werden; eine ausführliche Auseinandersetzung mit dieser Fragestellung erfolgt in Kapitel 6, E., I., 4., b).

Diese Regelung ist im Rahmen des Eingriffs in Art. 12 Abs. 1 GG auch als bloße Berufsausübungsregelung zu qualifizieren, da durch sie wiederum (nur) eine Tätigkeit als Teil des umfassenden Berufsbildes Fußballspieler reglementiert bzw. eingeschränkt wird. Demnach wird aufgrund dieser Einordnung der Regelung als bloße Berufsausübungsregelung die Auslegung des § 138 Abs. 1 BGB von

466 Wenn ein Spieler dann auch noch für beide Mannschaften gleichzeitig spielberechtigt wäre, worum es hier freilich nicht geht, wäre die Gefahr der Wettbewerbsverzerrung natürlich noch weitaus größer und völlig inakzeptabel. Dies sowohl im Hinblick auf einzelne Spiele als auch auf den allgemeinen bzw. generellen Spielablauf.

467 Dass solche im Prinzip nationalen Verbandsregelungen auch an der Arbeitnehmerfreizügigkeit nach Art. 45 AEUV zu messen sind, wurde in Kapitel 5, A., II., 1., a) herausgearbeitet.

Art. 12 Abs. 1 GG auch in dem Maße bzw. mit dem Maßstab determiniert, dass grundsätzlich vernünftige, zweckmäßige Gründe des Allgemeinwohls genügen, um die Regelung zu rechtfertigen (s. näher hierzu Kapitel 5., A., II., 2., c)).

Bei der gebotenen Abwägung zwischen der Verbandsautonomie des Sportverbands nach Art. 9 Abs. 1 GG bzw. auf europäischer Ebene nach Art. 12 GRC und Art. 11 EMRK und der Berufsfreiheit bzw. Arbeitnehmerfreizügigkeit der Spieler nach Art. 12 Abs. 1 GG bzw. Art. 45 AEUV ist auf der einen Seite zu beachten, dass dieser Eingriff in die Berufsfreiheit nicht besonders schwer wiegt. Wenn einem Verein schon von Anfang an einiges daran gelegen ist, den Spieler möglichst langfristig zur Verfügung zu haben, wird er i. d. R. schon auf die Vereinbarung einer anschließenden Kaufoption bei den Verhandlungen mit dem Verleiher drängen.[468] Hierbei kommt den Vereinen schon allgemein ein ausreichendes Maß an Verhandlungsspielraum zu. Die Höhe einer etwaigen Kaufoption können sie frei aushandeln und auch die Vereinbarung, dass der ausleihende Verein den Spieler nach Ablauf der Ausleihdauer ohne Ablösesumme verpflichten kann (falls gewollt), ist zumindest theoretisch möglich.[469] Es ist auch nur schwerlich vorstellbar, dass durch diese Regelung, wodurch ein Spieler je nach Zeitpunkt des Wechsels für maximal ein bis ca. eineinhalb Jahre ausgeliehen werden kann, ein Verein insgesamt von der Verpflichtung dieses Spielers abgehalten wird. Denn bei den Leihgeschäften steht für den Entleiher regelmäßig im Vordergrund, den Spieler sofort bzw. möglichst bald als Option zur Verfügung zu haben (s. hierzu auch Kapitel 1, B., II., 1.). Demzufolge sind kaum Konstellationen denkbar, in denen ein Verein nur an einer langfristigen Ausleihe des Spielers interessiert ist. Vielmehr wird er froh sein, diesen wenigstens für den möglichen Zeitraum verpflichten zu können.

Auf der anderen Seite erscheint das Interesse des Sportverbands an dieser Regelung durchaus nachvollziehbar, um gewissermaßen die „Grundstruktur" im Rahmen des Wettkampfs zu bewahren. Durch solche Leihgeschäfte wird dem entleihenden Verein häufig die Verpflichtung eines Spielers ermöglicht, zu der er in finanzieller Hinsicht im Rahmen eines endgültigen Transfers aufgrund der Höhe der Ablösesumme gar nicht in der Lage wäre (s. hierzu Kapitel 1, B., II., 1., a)). In gewisser Weise wird daher mit solchen Ausleihen das finanzielle Kräfteverhältnis der einzelnen Vereine ausgehebelt. Durch eine solche zeitliche Beschränkung kann eine völlige Ausuferung diesbezüglich verhindert werden. Zwar sind solche Leihgeschäfte auch durchaus im Interesse der verleihenden Vereine (s. Kapitel 1, B., II., 2.), allerdings erscheint eine solche zeitliche Begrenzung in der Hinsicht sinnvoll, dass sich dadurch das finanzielle Kräfteverhältnis der Vereine zumindest in der langfristigen Kaderstärke der jeweiligen Vereine widerspiegelt. Denn ein Anhalten der Vereine zu einem möglichst effizienten

468 Oder der Verein wird den Spieler im Wege eines endgültigen Transfers verpflichten, sofern er die anfallende Ablösesumme aufbringen kann.

469 Freilich wird sich hierauf der verleihende Verein nur selten einlassen.

Agieren in wirtschaftlicher Hinsicht kommt naturgemäß auch dem Sport im Gesamten wiederum zugute. Eine Kaderstärke, die langfristig über den finanziellen Verhältnissen eines Vereins liegt, könnte in dieser Hinsicht nachteilig sein und mitunter einzelne Vereine sogar dazu bewegen, von endgültigen Transfers vollständig Abstand zu nehmen, was auch nicht im Sinne des Sports im Gesamten wäre.

Dies könnte außerdem erheblich dazu beitragen, dass die Identifikation der Fans mit ihren Vereinen abnimmt, was für den gesamten Sport äußerst negative Folgen hätte (s. hierzu ausführlicher Kapitel 5, A., III., 2.). Es ist für jeden Fan schon noch etwas anderes, ob ein Spieler dem eigenen Verein „gehört" oder ob feststeht, dass dieser u. U. zu einem bestimmten Zeitpunkt wieder zu seinem alten Verein zurückkehren muss. Daher erscheint es als durchaus sinnvoll, wenn zumindest ein Großteil der Spieler dem Verein selbst „gehört", bei denen die Fans zumindest die (oftmals illusorische) Hoffnung haben, diese werden bis zu ihrem Karriereende dem eigenen Verein die Treue halten.

Dem Abwechslungsbedürfnis der Zuschauer wird gerade durch die Möglichkeit von solchen „kürzeren", aber immerhin ein bis ca. eineinhalb Jahre andauernden, Leihgeschäften Genüge getan. Nach diesem Zeitraum verlangt das Abwechslungsbedürfnis ohnehin im Regelfall schon wieder nach einer Veränderung der Kaderzusammensetzung, weshalb diese zeitliche Begrenzung der Ausleihe auch für das Abwechslungsbedürfnis der Zuschauer zumindest nicht abträglich ist.

Nach alledem erscheint auch im Rahmen dieser Abwägung die Verbandsautonomie des Sportverbands gegenüber der Berufsfreiheit bzw. Arbeitnehmerfreizügigkeit der Spieler vorzugswürdig.[470] Somit ist auch § 69a S. 5 DHB-Spielordnung mit § 138 Abs. 1 BGB i. V. m. Art. 12 Abs. 1 GG und Art. 45 AEUV vereinbar.

VII. Zukünftige Beschränkungen von Leihgeschäften durch die FIFA

1. *Pläne der FIFA*

Bereits bei einem Treffen des sog. Stakeholder-Komitees in London am 25.09.2018, bei welchem auch Vertreter der europäischen Klub-Vereinigung ECA, internationaler Ligen, der Spielergewerkschaft FIFPro sowie Repräsentanten nationaler Mitgliedsverbände und von Konföderationen teilgenommen haben, hatte sich die FIFA-Kommission der Interessengruppen des Fußballs einstimmig für einschneidende Reformen für das Transfersystem hinsichtlich einer Beschränkung

470 Dies auch unabhängig von der Frage, ob eine Maximalausleihdauer bzw. Überlassungshöchstdauer hinsichtlich des sog. „Klebeeffekts" in arbeitsrechtlicher Hinsicht auch dem Schutz der Leihspieler dient, s. hierzu ausführlich Kapitel 6, E., I., 4., b).

von Leihgeschäften ausgesprochen; auch das FIFA-Council – also der FIFA-Rat – befürwortet dieses Vorhaben und hatte zunächst in seiner Sitzung am 26.10.2018 in Kigali (Ruanda) die Arbeitsgruppe Transferwesen damit beauftragt, aus den entsprechenden Grundsätzen in Absprache mit Vertretern der Klubs (ECA), Ligen (World Leagues Forum), Spieler (FIFPro), Mitgliedsverbände, Konföderationen und der FIFA nunmehr konkrete Vorschriften zu formulieren.[471] Ursprünglich war nach diesen Reformplänen der FIFA vorgesehen, dass jeder Verein insgesamt maximal acht Spieler verleihen darf, wobei maximal drei bis vier Spieler gleichzeitig an denselben Verein verliehen werden dürften. U 21-Spieler jedoch, die von ihrem Stammklub ausgebildet wurden und schon längere Zeit bei diesem unter Vertrag stehen, sollten weiterhin in unbeschränkter Anzahl verliehen werden dürfen. Zudem sollte auch das „Weiterverleihen" bereits ausgeliehener Spieler genauso verboten werden wie andere Modelle, bei denen ein Spieler bei einem dritten Verein „geparkt" wird. Geplant war außerdem eine Übergangszeit, in welcher die Vereine ihre Kader ausdünnen müssen.

Hintergrund dieses Reformvorschlags war bzw. ist, dass in den vergangenen Jahren immer mehr zu beobachten war, dass Leihgeschäfte nicht dazu genutzt wurden, um der Entwicklung von jungen Spielern zu dienen, sondern die „finanzielle Ausnutzung" im Vordergrund stand. Da junge Spieler regelmäßig deutlich günstiger geholt werden können, erspart sich der Verleiher durch eine Ausleihe dann i. d. R. das Gehalt und erhält zumeist auch noch eine Leihgebühr. Falls sich der Spieler wunschgemäß entwickelt, kehrt er anschließend mit (erheblich) gesteigertem Marktwert zurück. Dann bringt er entweder die eigene Mannschaft sportlich weiter oder er kann gewinnbringend weiterveräußert werden. Daher

---

471 S. ausführlich zu den Details und auch zu den Hintergründen etc. dieses Reformvorhabens *Boßmann/Osing*, in: https://sportbild.bild.de/fussball/2018/fussball/fifa-leihgeschaefte-transfers-grenze-57197004.sport.html [zuletzt abgerufen am 12.03.2021]; *Günther*, in: https://www.n-tv.de/sport/fussball/Wenn-Fussballprofis-zur-Bestellware-werden-article20622323.html [zuletzt abgerufen am 12.03.2021]; http://www.goal.com/de/meldungen/fifa-reform-transfersystem-leihgeschaefte-sollen-limitiert/1mngnjeabdil1hdq74ouyumo0; http://www.kicker.de/news/fussball/intligen/startseite/731731/artikel_weniger-leihen_fifa-plant-transferreformen.html[zuletzt abgerufen am 12.03.2021]; https://www.transfermarkt.de/fifa-begrenzt-leihwechsel-das-ende-fur-chelseas-und-juves-transfermodell-/view/news/319488 [zuletzt abgerufen am 12.03.2021]; https://www.transfermarkt.de/-bdquo-begriffen-dass-wir-handeln-mussen-ldquo-fifa-bestatigt-reformen-zum-transfersystem/view/news/320409 [zuletzt abgerufen am 12.03.2021]. Die folgenden Ausführungen in Kapitel 5, A., VII., 1. zu den Details, Hintergründen, Beispielen etc. stammen daher allesamt aus diesen Quellen, sofern sie nicht mit einer gesonderten Quelle versehen sind. Zur kurzen Stellungnahme des FIFA-Councils s. https://de.fifa.com/about-fifa/news/y=2018/m=10/news=wichtige-beschlusse-des-fifa-rats-fur-die-weitere-fussballforderung.html [zuletzt abgerufen am 12.03.2021].

setzen gerade finanzkräftige Vereine vermehrt auf solche Modelle. Bei diversen Spielern ist es auch von vornherein das alleinige Ziel, diese später mit gesteigertem Marktwert weiterzuveräußern.

Besonders in Italien, wo die Serie A-Clubs in der Mehrzahl Aktiengesellschaften sind und von Investoren geführt werden, dienen solche Leihgeschäfte häufig einzig dem Zweck, Geld einzubringen. So hatte Juventus Turin in der Saison 2018/2019 (Stand Mitte September 2018) 26 Spieler mit einem Gesamtmarktwert von 103,4 Millionen Euro und Atalanta Bergamo sogar 55 Spieler verliehen. Diese Zahlen erinnern fast an die Transferpraktik des FC Parma im Jahre 2013. Die Norditaliener verpflichteten damals 379 Spieler und verliehen den Großteil von diesen sofort wieder.[472]

Aber auch aus England sind solche Geschäftspraktiken bekannt. Die sog. „Loan Army" des FC Chelsea London ist beispielsweise mittlerweile zu einem veritablen Geschäft gereift. So hatte der FC Chelsea London in der Saison 2018/2019 (Stand Mitte September 2018) – die eigene U 21-Mannschaft eingeschlossen – 40 Spieler mit einem Gesamtmarktwert von 179 Millionen Euro verliehen.[473]

Bekannt wurde v. a. auch der Fall des kroatischen Torhüters Matej Delac, welcher bis zum Sommer 2018 über acht Jahre hinweg vom FC Chelsea zehnmal direkt nacheinander verliehen wurde, bis er dann ablösefrei zum dänischen Erstligisten AC Horsens wechselte, ohne auch nur in einem einzigen Profispiel der Londoner im Kader gestanden zu haben.

Diese von der FIFA geplanten Änderungen des Transfersystems hinsichtlich der Beschränkung von Leihgeschäften wurden daher auch vom absoluten Großteil der beteiligten Akteure befürwortet.[474]

Ende Februar 2020 änderte bzw. konkretisierte die FIFA ihr Reformvorhaben dahingehend, dass ab der Saison 2020/2021 maximal acht Spieler von einem Verein verliehen und entliehen werden können sollten und ab der Saison 2021/2022 sogar nur noch maximal sechs Spieler; zwischen denselben Vereinen sollten nunmehr maximal drei Spieler verliehen und entliehen werden können, sämtliche U 22-Spieler sollten jedoch von diesen geplanten Neuregelungen nunmehr

---

472 Letztendlich ging der FC Parma damals durch diese übertriebene Transferpraktik bankrott.

473 S. hierzu auch schon Kapitel 1, B., II., 2., b).

474 Der aktuelle FIFA-Präsident Gianni Infantino äußerte sich wie folgt: „Wir haben alle an einen Tisch gebracht. Alle wichtigen Akteure der Branche haben begriffen, dass wir handeln müssen." Auch der DFL-Direktor Fußballangelegenheiten & Fans, Ansgar Schwenken, begrüßt dieses Reformvorhaben der FIFA: „Wir kennen das Vorhaben der FIFA Task Force und unterstützen es mit unseren Möglichkeiten." In Deutschland kommt dieses Reformvorhaben wohl auch deswegen so gut an, weil die deutschen Vereine davon profitieren dürften, wenn die europäische Konkurrenz – in erster Linie die Vereine der Serie A und der Premier League – dazu gezwungen wird, ihren Kader erheblich auszudünnen. Denn dies dürfte zu einem Sinken der Preise auf dem Transfermarkt führen.

in jeglicher Hinsicht ausgenommen sein.[475] Auch wenn das FIFA-Council dem entsprechenden Antrag des Stakeholder-Komitees bis heute noch nicht zugestimmt hat (obwohl dies im Prinzip auch schon für das Frühjahr 2020 geplant war), erscheint es weiterhin äußerst wahrscheinlich, dass es zu diesen geplanten Beschränkungen von Leihgeschäften durch die FIFA zeitnah kommen wird. Denn es ist nichts dafür ersichtlich, weshalb die beteiligten Akteure dieses Reformvorhaben (zumindest im Grundsatz) nicht mehr befürworten sollten. Die Verzögerung in Bezug auf die Zustimmung des FIFA-Councils ist vielmehr mit den Auswirkungen der Corona-Pandemie zu erklären, welche u. a. auch eine übergangsweise Änderung bzw. Anpassung des Transferreglements hinsichtlich der Wechselfristen notwendig machten. Es erscheint nachvollziehbar, dass eine solch einschneidende Reform des Transfersystems in Bezug auf Leihgeschäfte erst dann in Kraft treten sollte, wenn sich die sonstigen Rahmenbedingungen wieder „normalisiert" haben. Nur so ist auch die Überprüfung des Erreichens der mit dieser Reform angestrebten Ziele in ausreichendem Maße gewährleistet.

Nachdem diese geplante Reform der FIFA in Regeln gegossen sein wird (mutmaßlich im FIFA-Reglement), wird es wohl auch nicht lange dauern, bis auch die jeweiligen nationalen Fußballverbände vergleichbare Regelungen in ihr jeweiliges Verbandsrecht implementieren werden, v. a. um die gewünschte Einheitlichkeit zu gewährleisten (im konkretisierten Reformvorhaben der FIFA von Ende Februar 2020 ist insoweit vorgesehen, dass die einzelnen Ligaverbände innerhalb von drei Jahren entsprechende Regelungen für nationale Leihgeschäfte

475 S. zu diesem konkretisierten Reformvorhaben der FIFA von Ende Februar 2020 *Bauer*, in: https://www.fussballtransfers.com/a5034420795839863079-fifa-beendet-den-leihwahnsinn-so-profitiert-die-bundesliga#:~:text=Die%20FIFA%20hat%20beschlossen%2C%20dem,der%20anderen%20Seite%20zu%20verleihen. [zuletzt abgerufen am 12.03.2021]; *Janssen*, in: https://www.90min.de/posts/6585407-fifa-plant-begrenzung-der-leihgeschaefte-warum-es-die-falschen-treffen-kann [zuletzt abgerufen am 12.03.2021]; *Körner/Boßmann*, in: https://sportbild.bild.de/fussball/2020/fussball/fifa-beschluss-leihen-transfermarkt-transfers-69094948.sport.html [zuletzt abgerufen am 12.03.2021]; https://www.transfermarkt.de/neue-regelungen-fifa-begrenzt-leihdeals-ab-sommer-ndash-limit-wird-2022-nochmals-gesenkt/view/news/355870 [zuletzt abgerufen am 12.03.2021].
Die Abweichung von der ursprünglich geplanten Regelung, dass lediglich U 21-Spieler, die von ihrem Stammklub ausgebildet wurden und schon längere Zeit bei diesem unter Vertrag stehen, weiterhin in unbeschränkter Anzahl verliehen werden dürfen, ist teilweise kritisiert worden, da die Beschränkung der Leihgeschäfte dadurch die Falschen treffen würde; beispielsweise wären von den zu dieser Zeit insgesamt 54 Leihspielern von Atalanta Bergamo dadurch 53 Spieler von dieser Neuregelung nicht betroffen. S. *Janssen*, in: https://www.90min.de/posts/6585407-fifa-plant-begrenzung-der-leihgeschaefte-warum-es-die-falschen-treffen-kann [zuletzt abgerufen am 12.03.2021].

ausarbeiten sollen)[476]. Es ist auch davon auszugehen, dass das FIFA-Reglement den nationalen Fußballverbänden dann eine solche Implementierung verpflichtend vorschreiben wird. In Deutschland wird diese Implementierung dann mutmaßlich in der LOS erfolgen.

2. Vereinbarkeit dieser potenziellen zukünftigen Verbandsregelungen mit Art. 45 AEUV und § 138 Abs. 1 BGB i. V. m. Art. 12 Abs. 1 GG

Diese von der FIFA geplanten zukünftigen Regelungen, welche die Leihgeschäfte beschränken, sind daher auch auf ihre Vereinbarkeit mit der Arbeitnehmerfreizügigkeit nach Art. 45 AEUV zu überprüfen. Die potenziell künftig dann in die LOS implementierten (wohl inhaltsgleichen bzw. zumindest vergleichbaren) Regelungen sind neben der Arbeitnehmerfreizügigkeit nach Art. 45 AEUV auch an § 138 Abs. 1 BGB i. V. m. Art. 12 Abs. 1 GG zu messen.[477]

Hierbei ist wiederum eine Abwägung zwischen der Arbeitnehmerfreizügigkeit bzw. der Berufsfreiheit der Spieler und der Verbandsautonomie der FIFA nach Art. 12 GRC und Art. 11 EMRK bzw. dem Grundrecht auf Vereinigungsfreiheit der DFL (vom DFB übertragen) nach Art. 9 Abs. 1 GG entscheidend. Allgemeine Ausführungen, speziell auch zur generellen Bedeutung der Arbeitnehmerfreizügigkeit und Berufsfreiheit für die Spieler und der Verbandsautonomie für die Sportverbände, wurden bereits in Kapitel 5, A., I. und II erörtert.

Diese (Verbands-) Regelungen sind im Rahmen des Eingriffs in Art. 12 Abs. 1 GG ebenfalls als bloße Berufsausübungsregelungen einzuordnen, da durch sie auch (nur) eine Tätigkeit als Teil des umfassenden Berufsbildes Fußballspieler reglementiert bzw. eingeschränkt wird. Denn (Jugend-) Amateurspieler werden in keiner Weise (generell) daran gehindert, den Beruf des Fußballspielers sowie einen entsprechenden Arbeitsplatz zu wählen. Demnach wird aufgrund dieser Einstufung jener (Verbands-) Regelungen als bloße Berufsausübungsregelungen die Auslegung des § 138 Abs. 1 BGB von Art. 12 Abs. 1 GG auch in dem Maße bzw. mit dem Maßstab determiniert, dass grundsätzlich vernünftige, zweckmäßige Gründe des Allgemeinwohls genügen, um sie zu rechtfertigen (s. näher hierzu Kapitel 5., A., II., 2., c)).

Auf der einen Seite ist es zwar offensichtlich, dass die Spieler durch solche Regelungen in ihrer Arbeitnehmerfreizügigkeit bzw. Berufsfreiheit beschränkt werden. Durch die Vorgabe einer Maximalanzahl an Leihgeschäften, die ein

476 So *Körner/Boßmann*, in: https://sportbild.bild.de/fussball/2020/fussball/fifa-beschluss-leihen-transfermarkt-transfers-69094948.sport.html [zuletzt abgerufen am 12.03.2021]; https://www.4-4-2.com/weitere/fifa/fifa-schraenkt-leihgeschaefte-drastisch-ein/ [zuletzt abgerufen am 12.03.2021].

477 Dass solche im Prinzip nationalen Verbandsregelungen auch an der Arbeitnehmerfreizügigkeit nach Art. 45 AEUV zu messen sind, wurde in Kapitel 5, A., II., 1., a) herausgearbeitet.

Verein tätigen darf, ist es durchaus möglich, dass ein Spieler gerade deshalb nicht mehr an einen anderen Verein verliehen werden kann, obwohl dies für alle Beteiligten die sinnvollste Option darstellen würde.[478] Sollte der Verein des Spielers schon zu viele andere Spieler verliehen oder ausgeliehen haben (bzw. den Verleih anderer Spieler präferieren)[479], käme ein Verleih des Spielers schon generell nicht mehr in Betracht. Gleiches gilt auch für die Vorgabe der maximalen Anzahl an Spielern, die an denselben Verein verliehen werden dürfen. Dadurch kommt ggf. ein Wechsel des Spielers auf Leihbasis zu einem bestimmten Verein nicht in Betracht, selbst wenn gerade ein solcher Wechsel für den Spieler nach den Einzelfallumständen die beste Option darstellen würde. Auch durch das Verbot des „Weiterverleihs" bereits ausgeliehener Spieler und das Verbot anderer Modelle, bei denen ein Spieler bei einem dritten Verein „geparkt" wird, kann es dazu kommen, dass einem Spieler gerade dadurch ein Wechsel zu einem bestimmten (Wunsch-) Verein nicht möglich ist.

Es stellt auch ein durchaus realistisches Szenario dar, dass der bestimmte (Wunsch-) Verein zur nächsten Saison bzw. zum nächsten Zeitpunkt, in dem das eigentlich forcierte Leihgeschäft ggf. wieder möglich wäre, kein Interesse mehr an dem Spieler bzw. an diesem Leihgeschäft hat (s. hierzu auch Kapitel 5, A., II., 1., c). Dies auch gerade deshalb, weil dieser Zeitraum sehr lange, u. U. sogar länger als der Zeitraum zwischen zwei Transferperioden, ausfallen kann. Dadurch wird dem Spieler in solchen Konstellationen ein Arbeitsplatzwechsel zu seinem Wunschverein zumindest faktisch unmöglich gemacht.

Auf der anderen Seite ist aber ebenso offensichtlich, welchen Einfluss die geschilderte Geschäftspraxis der finanzkräftigen (Spitzen-) Vereine mittlerweile auf den Spielbetrieb genommen hat.

Im Hinblick auf eine etwaige im Grundsatz zu gewährleistende Chancengleichheit sollte sich die Anzahl an Leihspielern gerade zwischen Vereinen, die ähnliche finanzielle Möglichkeiten haben, in vergleichbarem Rahmen bewegen. Nur so kann dann letztlich der ordnungsgemäße Wettkampfablauf bzw. der geordnete Spielbetrieb gewährleistet werden. Besonders augenscheinlich wird dies durch die mittlerweile in großem Umfang existierenden Kooperationen zwischen einem finanzkräftigen (Spitzen-) Verein und einem finanzschwächeren Verein (oftmals aus einer anderen, schwächeren europäischen Liga oder aus einer niederklassigen Liga derselben Nation). Beispielhaft seien hier die Kooperationen von Manchester City mit dem FC Girona aus Spanien und auch mit dem niederländischen Zweitligisten NAC Breda, diejenige vom FC Chelsea London mit

478 Zu den diversen Vorteilen der Leihgeschäfte für alle Beteiligten im Allgemeinen s. ausführlich Kapitel 1, B., II.

479 Gemeint ist, dass der Verein, in dem Bewusstsein maximal acht Spieler verleihen und ausleihen zu können, von einem Verleihen bzw. Ausleihen dieses Spielers absieht, um noch weiterhin Spielraum für andere (ggf. bereits geplante) Leihgeschäfte zu haben.

dem niederländischen Erstligisten Vitesse Arnheim oder auch diejenige von RB Leipzig mit RB Salzburg genannt. Durch solche Kooperationen haben die finanzschwächeren Vereine gerade durch die Ausleihe einer Vielzahl an Spielern von ihrem Kooperationspartner erhebliche Wettbewerbsvorteile gegenüber ihren Konkurrenten. Dies nicht zuletzt auch deswegen, weil die jeweiligen finanzkräftigen Vereine häufig auch hinsichtlich der Höhe der Leihgebühr etc. gegenüber ihren Kooperationspartnern andere Maßstäbe anlegen. Aber auch außerhalb von solchen offiziellen Kooperationen bestehen oftmals große Unterschiede zwischen den Beziehungen der einzelnen Vereine zueinander. Gerade Leihgeschäfte sind dann für Bevorzugungen durch Ungleichbehandlung etc. besonders anfällig, da keine Ablösesumme für den Spieler fällig wird und v. a. auch die Transferrechte an dem Spieler beim verleihenden Verein verbleiben.[480] Mit solchen Bevorzugungen gehen zwangsläufig Wettbewerbsverzerrungen einher.

Zudem wird auf diese Weise das finanzielle Ungleichgewicht in den (Top-) Ligen mit finanzkräftigen Vereinen weiter zunehmen. Dieses beschriebene Geschäftsmodell des „Parkens" einer Vielzahl von Spielern bei anderen (i. d. R. schwächeren) Vereinen wird vorwiegend von den finanzkräftigen (Spitzen-) Vereinen betrieben, die überhaupt die finanziellen Möglichkeiten dazu haben, eine solche Vielzahl an Spielern von anderen Vereinen fest zu verpflichten, wofür häufig Ablösesummen fällig werden. Wenn dieses Geschäftsmodell aufgeht, was bei einer ausreichenden finanziellen Grundausstattung und allgemein bedachtem und seriösem Handeln durchaus wahrscheinlich ist, machen die besagten Vereine damit oftmals nicht unerheblich Gewinn. Dadurch wird der ohnehin schon in nicht nur geringfügigem Maße bestehende Unterschied bezüglich der finanziellen Möglichkeiten der Vereine solcher Ligen dann noch weiter verstärkt, was nicht im Interesse der Chancengleichheit bzw. eines ordnungsgemäßen Wettkampfablaufs sein kann.

Des Weiteren tragen diese Regelungen genauso wie die Vorgabe einer Maximalausleihdauer dazu bei, gewissermaßen die „Grundstruktur" im Rahmen des Wettkampfs zu bewahren (s. näher hierzu Kapitel 5, A., VI.). Diese geplanten Beschränkungen der FIFA werden daher in noch stärkerem Maße wie die Vorgabe einer Maximalausleihdauer dazu beitragen, dass sich das finanzielle Kräfteverhältnis der Vereine zumindest in der langfristigen Kaderstärke der jeweiligen Vereine widerspiegelt, was dann insgesamt auch dem Sport im Gesamten zugutekommt (s. näher hierzu mit ausführlicher Begründung wiederum Kapitel 5., A., VI.).

480 Die Vereine werden jedoch nur selten im Rahmen einer Bevorzugung aufgrund eines insgesamt guten Verhältnisses zu dem anderen Verein so weit gehen, dass sie den Spieler im Wege eines endgültigen Transfers für eine geringere Ablösesumme als geplant an diesen abgeben und dadurch auch die Transferrechte an dem Spieler verlieren.

Die geplanten Beschränkungen der Leihgeschäfte wären auch hinsichtlich der Identifikation der Fans mit ihrem Verein vorteilhaft, da sich die Fans i. d. R. mit fest verpflichteten Spielern besser identifizieren können als mit Leihspielern (s. näher hierzu Kapitel 5, A., VI. und zur generellen enormen Wichtigkeit dieser Identifikation der Fans mit ihren Vereinen Kapitel 5, A., III., 2.).[481] Dadurch kommen letztlich diese geplanten Beschränkungen der Leihgeschäfte auch den Spielern zugute (s. näher hierzu wiederum Kapitel 5, A., III., 2.).

Außerdem ist im Rahmen dieser Abwägung auch zu beachten, dass gerade Jugendspieler hinsichtlich ihrer sportlichen Entwicklung darauf angewiesen sind, mit möglichst wenig Einschränkungen an andere Vereine verliehen werden zu können. Von den geplanten Beschränkungen der Leihgeschäfte sind U 22-Spieler aber gerade in jeglicher Hinsicht explizit ausgenommen. Diese sollen weiterhin in unbeschränkter Anzahl verliehen und ausgeliehen werden dürfen (unter Einhaltung der sonstigen verbandsrechtlichen Vorgaben wie den Wechselfristen etc.). So soll ihre Entwicklung gefördert werden, indem sie bei einem anderen Verein Spielpraxis sammeln können.

Nach alledem erscheint es auch in Bezug auf diese geplanten Beschränkungen der Leihgeschäfte als angemessen, der Verbandsautonomie der FIFA bzw. der DFL den Vorrang gegenüber der Arbeitnehmerfreizügigkeit und (erst recht) der Berufsfreiheit der Spieler einzuräumen. Demnach wären auch dahingehende Regelungen, die solche Beschränkungen der Leihgeschäfte potenziell in Zukunft vorschreiben werden, mit Art. 45 AEUV und § 138 Abs. 1 BGB i. V. m. Art. 12 Abs. 1 GG vereinbar.

VIII. Gesamtabwägung

In Zusammenschau sämtlicher in Kapitel 5, A. genannten Verbandsregelungen wird die Arbeitnehmerfreizügigkeit bzw. die Berufsfreiheit der Spieler gerade durch diese kumulativen Reglementierungen nicht unerheblich eingeschränkt. Hierbei ist jedoch zunächst bereits zu berücksichtigen, dass diese Verbandsregelungen im Rahmen des Eingriffs in Art. 12 Abs. 1 GG allesamt als bloße Berufsausübungsregelungen zu qualifizieren sind, da durch sie (nur) eine Tätigkeit als Teil des umfassenden Berufsbildes Fußballspieler reglementiert bzw. eingeschränkt wird. Daher wird aufgrund dieser Einordnung sämtlicher überprüfter Verbandsregelungen als bloße Berufsausübungsregelungen die Auslegung des § 138 Abs. 1 BGB von Art. 12 Abs. 1 GG jeweils in dem Maße bzw. mit dem Maßstab determiniert, dass grundsätzlich vernünftige, zweckmäßige Gründe des Allgemeinwohls genügen, um sie zu rechtfertigen.

---

481 In den meisten Fällen und v. a. in langfristiger Hinsicht kann der mit einer Vielzahl an Leihspielern einhergehende Identifikationsverlust auch nicht durch das Abwechslungsbedürfnis der Zuschauer kompensiert werden (s. näher hierzu Kapitel 5, A., III., 2.).

V. a. kann aber nur durch diese Kumulation jener fein aufeinander abgestimmten verbandsrechtlichen Vorgaben ein ordnungsgemäßer Wettkampfablauf vollumfänglich gewährleistet werden. Nur auf diese Weise werden die verschiedensten (zumindest theoretisch) möglichen Wettbewerbsverzerrungen von vornherein vermieden, auf welche im Rahmen der Überprüfung der einzelnen Verbandsvorschriften näher eingegangen wurde. Diese Regelungen ergänzen sich dabei in sinnvoller und notwendiger Weise. Wie im Rahmen der jeweiligen Überprüfungen geschildert, hat dabei jede dieser verbandsrechtlichen Regelungen ihren eigenständigen (zumindest ergänzenden) Zweck, um bestimmte Wettbewerbsverzerrungen zu vermeiden. Daher kann keine dieser Verbandsregelungen hinweggedacht werden, ohne dass die Gefahr bestünde, den ordnungsgemäßen Wettkampfablauf nicht mehr im notwendigen Maße gewährleisten zu können.

Nur auf diese Weise kann auch die notwendige Attraktivität des Sports gewährleistet werden, welche ebenfalls den Spielern zugutekommt bzw. für deren Berufsausübung gleichermaßen elementar ist. Für einen Sportverband würde es sogar eine existenzielle Bedrohung darstellen, wenn es ihm nicht möglich wäre, den geordneten Spielablauf durch solche (verbandsrechtlichen) Vorgaben sicherzustellen.

Im Rahmen einer Gesamtabwägung ist daher ebenfalls der Vereinigungsfreiheit bzw. Verbandsautonomie der Sportverbände der Vorrang gegenüber der Arbeitnehmerfreizügigkeit bzw. Berufsfreiheit der Spieler einzuräumen. Demnach sind diese verbandsrechtlichen Vorgaben auch in einer Gesamtschau in Bezug auf ihr kumulatives Zusammenwirken mit Art. 45 AEUV und § 138 Abs. 1 BGB i. V. m. Art. 12 Abs. 1 GG vereinbar.

B. Vereinbarkeit mit dem AGG

I. Zweifachspielrecht im Handball

Im nationalen Handball wird Spielern, welche am Tage der Ausleihanzeige das 23. Lebensjahr noch nicht vollendet haben, nach § 70 Abs. 1 S. 1 DHB-Spielordnung ein sog. Zweifachspielrecht eingeräumt.

1. Ungleichbehandlung wegen des Alters

Nach § 70 Abs. 1 S. 1 DHB-Spielordnung sind solche Jugendspieler bei Abschluss eines Leihgeschäfts i. S. v. § 69 DHB-Spielordnung sowohl für den (verleihenden) Erstverein als auch für den (entleihenden) Zweitverein spielberechtigt, sofern diese Vereine nicht in derselben Staffel spielen (letzteres ergibt sich aus dem Verweis in § 70 Abs. 1 S. 1 DHB-Spielordnung auf § 69 DHB-Spielordnung).[482] Dies

482 Nach § 70 Abs. 3 DHB-Spielordnung sind die Entscheidungen des Erstvereins bei Interessenkollision, Bestimmung des Spieleinsatzes etc. vorrangig. Dies betrifft aber nur die interne Wirkung zwischen Erst- und Zweitverein.

stellt eine unmittelbare Benachteiligung wegen des Alters nach den §§ 7 Abs. 1 HS 1, 1, 3 Abs. 1 S. 1 AGG für all diejenigen Spieler dar, die bereits das 23. Lebensjahr überschritten haben.

2. *Rechtfertigung*

Zu prüfen ist daher, ob eine solche Ungleichbehandlung wegen des Alters gerechtfertigt werden kann oder ob eine verbotene Altersdiskriminierung vorliegt.[483] Entscheidend hierfür ist, ob die Voraussetzungen von § 10 AGG erfüllt sind.

§ 10 S. 3 Nr. 1 AGG ist hierbei richtigerweise als vorrangiger spezieller Rechtfertigungsgrund gegenüber § 5 AGG, welcher geeignete und angemessene (positive) Maßnahmen zur Verhinderung oder Ausgleichung bestehender Nachteile wegen eines in § 1 AGG benannten Grundes gestattet, anzusehen.[484] Denn § 10 S. 3 Nr. 1 AGG greift sozusagen spezielle Nachteile aufgrund des Alters auf.

§ 8 Abs. 1 AGG ist zwar neben § 10 AGG anwendbar (s. § 10 S. 1 AGG), weshalb eine Benachteiligung wegen des Alters grundsätzlich auch hiernach gerechtfertigt werden kann. Allerdings sind dessen Voraussetzungen vorliegend nicht erfüllt: Es ist nicht ersichtlich, weshalb bei der Ausübung von Handball bzw. einer (Mannschafts-) Sportart allgemein das Alter wegen der Art der auszuübenden Tätigkeit oder der Bedingungen ihrer Ausübung eine wesentliche und entscheidende berufliche Anforderung darstellen soll.[485] Insbesondere ist nicht die Fallgruppe des tatsächlichen Unvermögens einschlägig.[486] Unter diese Fallgruppe

---

483 Europarechtlich basiert das Verbot der Altersdiskriminierung auf Art. 6 der Richtlinie 200/78/EG (Gleichbehandlungsrahmenrichtlinie), welches zugleich auch als allgemeiner Grundsatz des EU-Rechts anzusehen ist (s. nur EuGH v. 22.11.2005 – C-144/04 [Werner Mangold/Rüdiger Helm], NJW 2005, 3695 (3695 ff.)); s. hierzu auch *Breucker/Wüterich*, in: Stopper/Lentze, Handbuch Fußball-Recht, Kap. 9 Rn. 41.

484 So auch *Adomeit/Mohr*, AGG, § 5 Rn. 21 u. § 10 Rn. 9; *Stein*, in: Wendeling-Schröder/Stein, AGG, § 5 Rn. 23; s. hierzu auch *Linsenmaier*, RdA Sonderbeilage Heft 5/2003, 22 (27) bezüglich der vergleichbaren Konstellation im Rahmen der Richtlinie 200/78/EG bei der Bevorzugung älterer Arbeitnehmer und *Löwisch/Caspers u. a.*, Beschäftigung und demographischer Wandel, S. 19.

485 Wegen dieser Voraussetzung, dass das Alter wesentliche und entscheidende berufliche Anforderung ist, kann eine Ungleichbehandlung wegen des Alters schon allgemein nur in seltenen Fällen nach § 8 Abs. 1 AGG gerechtfertigt werden. So *Brors*, in: Däubler/Bertzbach, AGG, § 8 Rn. 24.

486 Zu den einzelnen Fallgruppen von § 8 Abs. 1 AGG s. ausführlich *Adomeit/Mohr*, AGG, § 8 Rn. 4 ff. Im Sport existieren auch keine Höchstaltersgrenzen o. ä. Solche wären auch nicht ansatzweise gerechtfertigt, da im Sport in keiner Weise ein öffentliches (Schutz-) Interesse wie bei Feuerwehrmännern, Polizisten, Piloten, Fluglotsen oder Busfahrern (s. hierzu *Adomeit/Mohr*, AGG, § 8 Rn. 36; *Bauer/Krieger*, AGG, § 8 Rn. 36; *Stein/Wendeling-Schröder*, in: Wendeling-Schröder/Stein, AGG, § 8 Rn. 31; *Wiedemann/Thüsing*, NZA 2002, 1234 (1237)) besteht.

fällt die Wahrung der Authentizität bzw. der „Echtheit".[487] Als Beispiel kann hier die Theaterrolle eines jugendlichen Liebhabers genannt werden, die deutlich authentischer von einem jüngeren statt älteren Mann gespielt werden kann.[488] Hinsichtlich einer solchen Authentizität macht es keinerlei Unterschied, ob ein Spieler jünger oder älter ist. Auch ist nicht ersichtlich, weshalb die Identifikation der Fans mit einem jüngeren Spieler größer sein sollte als mit einem älteren. Im Gegenteil: Wenn überhaupt diesbezüglich Unterschiede bestehen, wird eine solche Identifikation mit einem älteren Spieler noch größer sein, da dieser potenziell schon länger für den eigenen Verein gespielt hat.[489] Dieses Ergebnis steht auch damit im Einklang, dass § 8 Abs. 1 AGG aufgrund der Sonderregelung in § 10 AGG für die Rechtfertigung einer Benachteiligung wegen des Alters ohnehin nur eine untergeordnete Rolle spielt.[490]

Daher kommt es für die Frage der Rechtfertigung dieser Ungleichbehandlung entscheidend auf das Vorliegen der Voraussetzungen von § 10 AGG an.[491] Nach dieser Vorschrift werden alle zu rechtfertigenden Regelungen oder Maßnahmen einer Verhältnismäßigkeitsprüfung unterstellt.[492] Denn in § 10 S. 1 und 2 AGG werden explizit ein legitimes Ziel, die Erforderlichkeit und die Angemessenheit als Voraussetzungen für eine Rechtfertigung genannt. Auch wenn die Geeignetheit hierbei nicht ausdrücklich genannt wird (genauso wenig im Richtlinientext), so ist diese dennoch notwendiger Bestandteil bzw. notwendige Voraussetzung der Angemessenheit.[493] In § 10 S. 3 AGG sind verschiedene Regelbeispiele normiert. Auch bei diesen Regelbeispielen muss aber im Einzelfall eine Verhältnismäßigkeitsprüfung vorgenommen werden.[494] Dies ist dem Wort „können" in § 10 S. 3 AGG zu entnehmen.[495] Allerdings kann diesen Regelbeispielen eine Indizwirkung in der Hinsicht entnommen werden, dass die Erfüllung eines Regelbeispiels auch die

---

487 *Adomeit/Mohr*, AGG, § 8 Rn. 26 u. 57.

488 So *Schmidt/Senne*, RdA 2002, 80 (83).

489 Freilich kann dies bei Spielern aus der eigenen Jugend des Vereins auch in Einzelfällen einmal anders sein. Aber auch hier wird die Identifikation mit älteren Spielern, welche ebenfalls aus der eigenen Jugend des Vereins stammen, im Zweifel noch größer sein.

490 So *Bauer/Krieger*, AGG, § 8 Rn. 5 u. 37.

491 Die Vorschrift des Art. 10 AGG, welche Art. 6 der Richtlinie 2000/78/EG umsetzt, ist in der Literatur zum Teil auf heftige Kritik gestoßen, s. näher hierzu auch mit weiteren Verweisen *Bauer/Krieger*, AGG, § 10 Rn. 8 f.; *Brors*, in: Däubler/Bertzbach, AGG, § 10 Rn. 4 ff.

492 S. hierzu auch *Adomeit/Mohr*, AGG, § 10 Rn. 3.

493 So auch *Brors*, in: Däubler/Bertzbach, AGG, § 10 Rn. 11.

494 *Adomeit/Mohr*, AGG, § 10 Rn. 3.; *Bauer/Krieger*, AGG, § 10 Rn. 12 u. 25; *Wendeling-Schröder*, in: Wendeling-Schröder/Stein, AGG, § 10 Rn. 15.

495 So *Bauer/Krieger*, AGG, § 10 Rn. 25. Nach diesen hätte der Gesetzgeber ansonsten § 10 S. 3 folgendermaßen formulieren müssen: „[D]erartige unterschiedliche Behandlungen schließen insbesondere Folgendes ein".

Verhältnismäßigkeit im Einzelfall indiziert, wenn nicht ausnahmsweise besondere Umstände gegeben sind.[496]

Durch dieses Zweifachspielrecht für Jugendspieler sollen diese in ihrer sportlichen Entwicklung gefördert werden. V. a. soll ihnen dadurch der Sprung vom (amateurhaften) Jugendbereich in den Profisport der Erwachsenen erleichtert werden. Solche besonderen Beschäftigungsbedingungen, um die Eingliederung von Jugendlichen zu fördern oder ihren Schutz sicherzustellen, fallen ausdrücklich unter das Regelbeispiel des § 10 S. 3 Nr. 1 AGG[497] und verfolgen schon deswegen ein legitimes Ziel.[498]

Durch ein solches Zweifachspielrecht wird den Jugendspielern ein deutliches Mehr an Spielpraxis ermöglicht, was zu ihrer Eingliederung in den Profisport der Erwachsenen beiträgt, da sie sich so besser an das dortige Niveau gewöhnen können. Daher ist diese Regelung auch geeignet, dieses legitime Ziel zu erreichen.

Es ist auch kein milderes Mittel bzw. keine mildere Regelung ersichtlich, welche dieses Regelungsziel in der gleichen Weise verwirklichen würde. Demzufolge ist diese Regelung auch erforderlich.

Daher kommt es entscheidend auf die Angemessenheit, also die Verhältnismäßigkeit im eigentlichen Sinne, dieser Regelung an. Hierbei ist u. a. die Eingriffsintensität ein maßgebendes Kriterium.[499]

Auf der einen Seite wird zwar den Jugendspielern gegenüber älteren Spielern dadurch der Vorteil eingeräumt, dass sie durch diese Mehreinsätze häufiger auf sich aufmerksam machen können, was sich sowohl hinsichtlich der Erlangung eines Stammplatzes o. ä. beim eigentlichen (Erst-) Verein als auch in der Hinsicht, bei anderen Vereinen als potenziellen zukünftigen Arbeitgebern Aufmerksamkeit zu erregen, positiv auswirken kann. Jedoch erscheint die Eingriffsintensität

---

496 So *Bauer/Krieger*, AGG, § 10 Rn. 25.

497 § 10 S. 3 Nr. 1 AGG ist wortlautidentisch mit Art. 6 Abs. 1 S. 2 lit. a der Richtlinie 2000/78/EG.

498 *Resch*, SpuRt 2007, 98 (99) benennt in Bezug auf die Jugendförderung durch eine Regelung aus dem österreichischen Eishockey auch das Interesse an der Förderung einer international sportlich konkurrenzfähigen Nationalmannschaft mit ausreichend qualifizierten jungen Nachwuchsspielern als weiteres legitimes Regelungsziel. Hierauf soll aber vorliegend nicht weiter eingegangen werden, da es keine nennenswerte Änderung der Verhältnismäßigkeitsprüfung mit sich bringt. Denn es liegt auf der Hand, dass zumindest langfristig die Qualität bzw. das Niveau der Nationalmannschaft nur durch die Integration von Nachwuchsspielern gesteigert oder aufrechterhalten werden kann. Nichts anderes gilt aber für die Qualität der nationalen Bundesligen. Nur wenn eine gewisse Anzahl an Jugendspielern den Sprung in die jeweilige Profimannschaft schafft, können die altersbedingten Leistungsabfälle der älteren Spieler kompensiert werden, ohne dass das Gesamtniveau darunter leidet. Die Argumente etc. dürften daher insoweit zumindest weitgehend dieselben sein.

499 So *Resch*, SpuRt 2007, 98 (100).

durch diese unterschiedlichen Beschäftigungsbedingungen bei einer Gesamtbetrachtung aller Umstände nicht allzu hoch. Das Leistungsniveau älterer Spieler können der Trainer des eigenen Vereins und andere Vereine zumindest im Regelfall in groben Zügen einschätzen. V. a. ist bei älteren Spielern nicht mehr von Bedeutung, herauszufinden, ob diese sich schon an das Niveau im Erwachsenenbereich hinsichtlich des erhöhten Tempos oder des heftigeren Körpereinsatzes etc. gewöhnt haben, da sie dies bereits zuvor unter Beweis gestellt haben. Hierbei muss v. a. auch berücksichtigt werden, dass die älteren Spieler schon deutlich mehr Zeit und damit Spiele hatten, um sich zu zeigen. Außerdem werden sie zumindest häufig ihrerseits von einer vergleichbaren Regelung profitiert haben, als sie selbst noch Jugendspieler waren. Es ist auch nicht ersichtlich, dass die Jugendspieler durch ein solches Zweifachspielrecht die realistische Chance hätten, Mehreinnahmen zu generieren. Denn falls der Zweitverein einen Teil des Gehalts des Spielers übernimmt, wird im Regelfall das Gehalt vom Erstverein dementsprechend reduziert, weil er diesem dadurch eben auch seltener zur Verfügung steht. Da dieses Zweifachspielrecht nur in einer anderen Staffel möglich ist, kann ein Jugendspieler eines Bundesligavereins ein solches auch nur für einen niederklassigen Verein erhalten, weshalb es nahezu ausgeschlossen erscheint, dass er durch den zusätzlichen Einsatz bei dem niederklassigen Verein nennenswerte Werbeeinnahmen o. ä. erzielen kann. Hinzu kommt auch noch, dass nach § 69 Abs. 1 lit. g DHB-Spielordnung der Erstverein im laufenden Spieljahr pro Mannschaft höchstens drei Spieler ausleihen und auch der Zweitverein höchstens drei Spieler durch eine solche Ausleihe aufnehmen darf. Zudem gilt eine gegen einen Jugendspieler verhängte Sperre nach § 70 Abs. 4 S. 1 DHB-Spielordnung im Normalfall für beide Vereine.

Auf der anderen Seite ist die Eingliederung von Jugendlichen schon im Allgemeinen für den Gesamtarbeitsmarkt von elementarer Bedeutung. Daher ist diese auch im Regelbeispiel des § 10 S. 3 Nr. 1 AGG normiert mit der oben beschriebenen Indizwirkung in Bezug auf die Verhältnismäßigkeit. Denn bei einer langfristigen Betrachtung kann ein Arbeitsmarkt nur dann effektiv funktionieren, wenn die Eingliederung von Jugendlichen gelingt. Eine solche Regelung erscheint für Jugendspieler v. a. deswegen wichtig, weil sie erheblich dazu beiträgt bzw. beitragen kann, dass sie den Sprung vom Jugendbereich in den Profisport des Erwachsenenbereichs schaffen können. Denn im Gegensatz zu älteren Spielern fehlt Jugendspielern Spielpraxis in diesem Altersbereich und bekanntermaßen kann kein Training oder Trainingsspiel Einsatzzeiten unter Wettkampfbedingungen ersetzen. V. a. hinsichtlich der Spielgeschwindigkeit und der Körperbetontheit des Spiels bestehen erhebliche Unterschiede zwischen dem Jugend- und Erwachsenenbereich. Die Umstellung auf diesen deutlich erhöhten Körpereinsatz im Erwachsenenbereich fällt den Jugendspielern häufig auch deshalb so schwer, weil sie i. d. R. von der Statur her noch schmächtiger als die älteren Spieler sind.[500]

---

500 Selbstverständlich gibt es hier Ausnahmen in beide Richtungen. Wenn man

Gerade deshalb ist es umso wichtiger, dass sie eine körperliche Robustheit entwickeln, um in diesem körperbetonten Spiel mithalten zu können und nicht „unterzugehen".[501] Hinzu kommt, dass Jugendspieler schon naturgemäß Rückstände haben, was Erfahrungswerte anbelangt. Auch in dieser Hinsicht trägt das Zweifachspielrecht dazu bei, diese Divergenz in Bezug auf die Spielerfahrung zumindest etwas zu verringern. Hierbei ist zu beachten, dass gesammelte Erfahrungen im Jugendbereich auch zumindest nicht vollständig mit solchen Erfahrungen im Erwachsenenbereich verglichen werden können. Neben den eben beschriebenen Unterschieden in der Spielgeschwindigkeit und der Körperbetontheit des Spiels sind auch die Spieltaktiken oder Spielsysteme häufig im Erwachsenenbereich etwas komplexer bzw. spezieller auf die dortigen Gegebenheiten ausgerichtet. Für die Jugendspieler ist es daher von elementarer Wichtigkeit, möglichst viel Spielpraxis unter Wettkampfbedingungen im Erwachsenenbereich zu erhalten, um sich möglichst schnell an die dortigen Gegebenheiten zu gewöhnen. Nur so kann eine effektive Eingliederung von Jugendspielern in den Erwachsenenbereich erreicht werden. Ansonsten bestünde die Gefahr, dass einige jugendliche Talente nie wirklich den Durchbruch schaffen, obwohl sie vom Talent bzw. ihren grundsätzlichen spielerischen Fähigkeiten her langfristig eigentlich das erforderliche Spielniveau hätten.

Vor diesem Hintergrund erscheint daher ein solches Zweifachspielrecht für Jugendspieler auch als angemessen bzw. verhältnismäßig im eigentlichen Sinn, um das legitime Ziel der Eingliederung der Jugendspieler in den Erwachsenenbereich zu erreichen. Folglich ist die mit dieser Regelung einhergehende Ungleichbehandlung wegen des Alters nach § 10 S. 1, 2 i. V. m. S. 3 Nr. 1 AGG gerechtfertigt.

3. *Zweifachspielrecht als positive Maßnahme im Sinne von § 5 AGG?*

Der Vollständigkeit halber sei noch erwähnt, dass dieses Zweifachspielrecht nach § 70 Abs. 1 S. 1 DHB-Spielordnung für Spieler, welche am Tage der Ausleihanzeige das 23. Lebensjahr noch nicht vollendet haben, auch dem Prüfungsmaßstab von § 5 AGG Stand halten würde.[502] Insoweit wäre dieses Zweifachspielrecht für

---

allerdings die durchschnittlichen Staturen von jugendlichen und älteren Spielern vergleicht, so fällt auf, dass Jugendspieler weitaus schmächtiger sind.

501 Dabei ist es auffällig, dass ältere Spieler häufig technische Defizite im Vergleich zu Jugendspielern durch erhöhten bzw. besseren Körpereinsatz aufgrund einer kräftigeren Körperstatur kompensieren können. Dieses Phänomen ist in (fast) allen Mannschaftssportarten zu beobachten. Besonders augenscheinlich wird dies z. B. im Fußball bei Kopfballduellen, die v. a. im Sechzehnmeterraum oftmals von spielentscheidender Bedeutung sein können.

502 § 10 S. 3 Nr. 1 AGG ist richtigerweise als vorrangiger spezieller Rechtfertigungsgrund gegenüber § 5 AGG anzusehen, s. Kapitel 5, B., I., 2. So auch *Adomeit/Mohr*, AGG, § 5 Rn. 21, § 10 Rn. 9; *Stein*, in: Wendeling-Schröder/Stein, AGG, § 5 Rn. 23; s. hierzu auch *Linsenmaier*, RdA Sonderbeilage Heft 5/2003, 22 (27) bezüglich der vergleichbaren Konstellation im Rahmen der Richtlinie 200/78/EG bei der

die benannten Jugendspieler als geeignete und angemessene positive Maßnahme zur Verhinderung oder Ausgleichung bestehender Nachteile wegen des Alters anzusehen. Durch ein solches Zweifachspielrecht können die Nachteile der Jugendspieler hinsichtlich der im Vergleich zu älteren Spielern fehlenden Spielpraxis unter Wettkampfbedingungen im Erwachsenenbereich (unter Berücksichtigung der erhöhten Spielgeschwindigkeit und Körperbetontheit des Spiels sowie der komplexeren bzw. spezielleren Spieltaktiken oder Spielsysteme im Erwachsenenbereich), des generell bestehenden Rückstands an Erfahrungswerten etc. auf geeignete und angemessene Art und Weise (zumindest etwas) ausgeglichen werden. Zur Begründung kann insoweit vollumfänglich auf die vorstehenden Ausführungen in Kapitel 5, B., I., 2. verwiesen werden. Die auch im Rahmen von § 5 AGG vorzunehmende umfassende Interessenabwägung mit den mit einem solchen Zweifachspielrecht für Jugendspieler verbundenen negativen Auswirkungen auf die nicht begünstigten älteren Spieler,[503] fällt aus denselben Gründen wie bei der Interessenabwägung im Rahmen von § 10 S. 1, 2 i. V. m. S. 3 Nr. 1 AGG (s. Kapitel 5, B., I., 2.) ebenfalls zugunsten der Jugendspieler aus.

4. *Zwischenergebnis*

Somit stellt das in § 70 Abs. 1 S. 1 DHB-Spielordnung normierte Zweifachspielrecht für Spieler, welche am Tage der Ausleihanzeige das 23. Lebensjahr noch nicht vollendet haben, keine verbotene Altersdiskriminierung dar.

II. Sonderlizenz im Basketball

Auch im nationalen Basketball ist in § 6 Abs. 1 BBL-Spielordnung in vergleichbarer Weise wie im Handball geregelt, dass für Jugendspieler eine Sonderlizenz beantragt werden kann, was dann ebenfalls zur Konsequenz hat, dass diese Spieler für zwei Vereine spielberechtigt sind (in den Jugendaltersklassen U 16 bis zur Altersklasse U 22 bei Vorliegen weiterer Voraussetzungen sogar für drei Vereine), sofern diese nicht derselben Spielklasse zugeordnet sind. Auch diese Ungleichbehandlung wegen des Alters ist aber aus denselben Gründen wie im Handball (s. hierzu Kapitel 5, B., I., 2.) letztlich nach § 10 AGG gerechtfertigt (und würde – ebenfalls aus denselben Gründen wie im Handball – auch dem Prüfungsmaßstab von § 5 AGG Stand halten, s. hierzu Kapitel 5, B., I., 3.).

Bevorzugung älterer Arbeitnehmer und *Löwisch/Caspers u. a.*, Beschäftigung und demographischer Wandel, S. 19.

503 S. hierzu den Gesetzesentwurf der Bundesregierung v. 08.06.2006, BT-Drs. 16/1780, S. 34; *Block*, in: BeckOGK, AGG, § 5 Rn. 47; *Armbrüster*, in: Erman, BGB, § 5 AGG Rn. 1.

III. Doppelspielrecht im Volleyball

Im nationalen Volleyball kann Jugendspielern, welche Mitglieder im Kader des DVV sind, bis zur Altersstufe U 21 männlich und U 20 weiblich (Kaderspieler Beach auch U 21) nach 6.4.2 Bundesspielordnung (BSO) ebenfalls ein Doppelspielrecht gewährt werden. Ein solches Doppelspielrecht berechtigt nach 6.4.2 S. 5 BSO ebenso nur zum zusätzlichen Spielen in einem Zweitverein parallel zum Erstverein in einer anderen Spielklasse. Im Vergleich zum Handball und Basketball ist 6.4.2 BSO in der Hinsicht etwas strenger, dass nach 6.4.2 S. 1 und 4 BSO ein solches Doppelspielrecht nur auf einen ausführlich schriftlich begründeten Antrag des Bundestrainers gewährt werden kann. Daher ist auch diese Ungleichbehandlung wegen des Alters aus denselben Gründen wie im Handball (s. hierzu Kapitel 5, B., I., 2.) erst recht nach § 10 AGG gerechtfertigt (und würde – ebenfalls aus denselben Gründen wie im Handball – auch dem Prüfungsmaßstab von § 5 AGG Stand halten, s. hierzu Kapitel 5, B., I., 3.).[504]

Noch weitergehender im nationalen Volleyball sind 6.4.5 und 6.4.6 BSO, wonach Spielern aus Stützpunktmannschaften der 1. Bundesliga unter bestimmten Voraussetzungen ein Doppelspielrecht innerhalb der 1. Bundesliga für die Haupt- und/oder Endrunde gewährt werden kann. Diese auf den ersten Blick wettbewerbsverfälschend wirkende Regelung ist aber vor dem Hintergrund zu sehen, dass diese Stützpunktmannschaften außer Konkurrenz an der Meisterschaft teilnehmen. Die Vereine der VBL waren damit einverstanden, dass Stützpunktmannschaften sowie Jugend- bzw. Juniorennationalmannschaften des DVV außer Konkurrenz an den Meisterschaften der Bundesliga und 2. Bundesliga teilnehmen; dies stellt ein einmaliges Projekt im deutschen Sport dar, welches den Nachwuchsspielern die optimale Chance bietet, sich im fortlaufenden Wettbewerb mit besseren Mannschaften zu messen und sich dadurch weiterzuentwickeln, weshalb auch viele Spielerinnen und Spieler anschließend den Sprung in einen Bundesligaverein oder die Nationalmannschaft der Erwachsenen schaffen.[505] Daher sind diese Regelungen gerade nicht wettbewerbsverfälschend. Aber auch diese Regelungen stellen eine Ungleichbehandlung wegen des Alters dar. Diese könnten jedoch ebenso nach § 10 AGG gerechtfertigt sein. Durch das parallele Spielen für eine Stützpunktmannschaft außer Konkurrenz stellt sich die Situation nicht anders dar, als wenn ein Spieler parallel noch für einen anderen

504 Auch wenn es im Volleyball erheblich seltener zu echten Zweikämpfen kommt (nur ansatzweise bei Schmetterball und Block), so ist eine kräftigere Körperstatur dennoch von Vorteil, was sich v. a. in der Schlaggeschwindigkeit und der Sprungkraft bemerkbar macht.

505 https://www.volleyball-bundesliga.de/cms/home/die_liga/wirueberuns/jugendfoerderung.xhtml [zuletzt abgerufen am 12.03.2021].
Anerkannte Stützpunkte im männlichen Bereich sind beispielsweise der VC Olympia Berlin, die VolleyYoungStars Friedrichshafen, das Volleyball-Internat Frankfurt a. M. und der VC Olympia Bayern Kempfenhausen.

Verein in einer anderen Spielklasse spielen würde. Er hat zwar im Vergleich zu älteren Spielern öfter die Möglichkeit, sich auf Bundesliganiveau zu zeigen, doch dies ist aus denselben Gründen wie im Handball (s. hierzu Kapitel 5, B., I., 2.) gerechtfertigt. Zudem dürfte diese Möglichkeit, ein Doppelspielrecht zu erhalten, gerade für solche Jugendspieler attraktiv sein, die aktuell noch nicht den Sprung in die Bundesligamannschaft des eigenen Vereins geschafft bzw. zumindest noch keinen Stammplatz erlangt haben. Es kommt noch hinzu, dass nach 6.4.5.4 BSO und 6.4.6.5 BSO der Einsatz des Spielers bei jedem Einzelspiel der vorherigen Zustimmung des Bundestrainers in Abstimmung mit dem Sportdirektor bedarf, was die Eingriffsintensität ebenfalls abmildert. V. a. aber ist die erhebliche positive Wirkung dieser Regelungen im Hinblick auf die Jugendförderung bzw. die Eingliederung von Jugendspielern in den Erwachsenenbereich zu berücksichtigen. Um sich weiterzuentwickeln bzw. an die dortigen Gegebenheiten zu gewöhnen, ist kaum eine bessere Möglichkeit vorstellbar, als gegen genau solche Bundesligaspieler unter Wettkampfbedingungen zu spielen. Daher erscheint es angemessen, auch diese Regelungen und die damit einhergehende Ungleichbehandlung wegen des Alters letztlich als nach § 10 AGG gerechtfertigt (und ebenfalls dem Prüfungsmaßstab von § 5 AGG Stand haltend) anzusehen.

C. Ergebnis

Sämtliche Verbandsregelungen, welche die Arbeitnehmerfreizügigkeit bzw. die Berufsfreiheit der Spieler beschränken, sind mit Art. 45 AEUV und § 138 Abs. 1 BGB i. V. m. Art. 12 Abs. 1 GG vereinbar, da die Beschränkungen letztendlich gerechtfertigt sind. Sowohl bei den Regelungen in Bezug auf die Wechselfristen, die Mindestausleihdauer, die Maximalanzahl von Vereinen, für die ein Spieler im Laufe eines Spieljahres spielen darf, die vertragliche Bindung nur zu einem Verein als auch bei der Regelung bezüglich der Maximalausleihdauer ist im Rahmen der gebotenen umfassenden Abwägung der Vereinigungsfreiheit bzw. Verbandsautonomie der Sportverbände nach Art. 12 GRC und Art. 11 EMRK bzw. Art. 9 GG gegenüber der Arbeitnehmerfreizügigkeit bzw. Berufsfreiheit der Spieler im Ergebnis der Vorrang einzuräumen. Gleiches gilt für die geplanten zukünftigen Beschränkungen von Leihgeschäften durch die FIFA bzw. die entsprechenden, potenziell in Zukunft existierenden, Regelungen im FIFA-Reglement bzw. in der LOS der DFL. Jeweils gibt überwiegend das Interesse der Sportverbände, einen geordneten Spielablauf der Saison zu gewährleisten und Wettbewerbsverzerrungen zu vermeiden, den Ausschlag.

Auch im Rahmen einer Gesamtabwägung ist der Vereinigungsfreiheit bzw. Verbandsautonomie der Sportverbände der Vorrang gegenüber der Arbeitnehmerfreizügigkeit bzw. Berufsfreiheit der Spieler einzuräumen. Demzufolge sind diese verbandsrechtlichen Vorgaben auch in einer Gesamtschau in Bezug auf ihr kumulatives Zusammenwirken mit Art. 45 AEUV und § 138 Abs. 1 BGB i. V. m. Art. 12 Abs. 1 GG vereinbar.

Auch stellen weder das Zweifachspielrecht im Handball noch die Sonderlizenz im Basketball noch die Doppelspielrechte im Volleyball für Jugendspieler eine verbotene Altersdiskriminierung dar und verstoßen daher nicht gegen das AGG. Die Ungleichbehandlung wegen des Alters ist jeweils zur Eingliederung der Jugendspieler in den Erwachsenenbereich gerechtfertigt (und gleicht die Nachteile wegen des Alters zumindest etwas aus).

Kapitel 6: Vereinbarkeit mit dem Arbeitnehmerüberlassungsgesetz (AÜG)

Im Folgenden wird die Vereinbarkeit der gegenwärtigen Praxis der Spielerleihe im Profisport mit dem Arbeitnehmerüberlassungsgesetz (AÜG) als staatlichem Recht eingehend erörtert.[506] Es werden speziell auch die mit der AÜG-Reform zum 01.04.2017 in Kraft getretenen Änderungen bzw. Neuerungen des AÜG berücksichtigt. Daher erfolgt neben der Untersuchung der grundsätzlich bestehenden Erlaubnispflicht durch die Bundesagentur für Arbeit bei der Überlassung von Leiharbeitnehmern u. a. eine ausführliche Auseinandersetzung mit dem sog. „Equal-Pay"-Grundsatz und der Überlassungshöchstdauer, welche beide mit der AÜG-Reform (wieder) neu eingeführt wurden.

A. Ausgangssituation

I. Keine direkte Anwendung des AÜG

Bereits auf den ersten Blick ist ersichtlich, dass das AÜG zumindest in direkter Anwendung nicht auf den Profisport zugeschnitten ist:

Aus den §§ 1 Abs. 1 und 2, 9 Abs. 1, 10 Abs. 1 AÜG ergibt sich eindeutig, dass bei einer Arbeitnehmerüberlassung auch während der Ausleihdauer ein Arbeitsverhältnis ausschließlich zwischen dem Verleiher und dem Leiharbeitnehmer besteht (s. näher hierzu Kapitel 2, C., VII.).[507] Im Profisport hingegen wird der

---

506 Auf die in der jüngeren Vergangenheit verstärkt in die rechtliche Diskussion geratene generelle Handhabung im Profisport, sämtliche Arbeitsverträge mit Spielern zeitlich zu befristen, soll vorliegend – auch wenn diese Problematik gerade bei zeitlich begrenzten Spielerleihgeschäften besonders offensichtlich zutage tritt – jedoch nicht weiter eingegangen werden. Denn das BAG hat in einer Grundsatzentscheidung in BAG v. 16.01.2018 – 7 AZR 312/16, NJW 2018, 1992 (1992 ff.) im Fall Heinz Müller diese generelle Handhabung im Profisport für wirksam erklärt; sie sei u. a. durch die Eigenart der Arbeitsleistung nach § 14 Abs. 1 S. 2 Nr. 4 TzBfG gerechtfertigt, da ein Spieler die von ihm erwarteten und geschuldeten sportlichen Höchstleistungen nur für eine begrenzte Zeit erbringen könne. Es sind auch keinerlei Anhaltspunkte dafür ersichtlich, weshalb insoweit für Leihspieler etwas anderes gelten sollte. Das BAG hat im Rahmen seiner Argumentation ebenfalls nicht zwischen einzelnen Spielern differenziert, sondern vielmehr bewusst hervorgehoben, dass diese Besonderheiten generell für Lizenzspieler gelten.

507 Mittlerweile ist seit der AÜG-Reform von 2017 in § 1 Abs. 1 S. 3 AÜG explizit geregelt, dass die Überlassung und das Tätigwerdenlassen von Arbeitnehmern

Arbeitsvertrag zwischen verleihendem Verein und Spieler entweder aufgelöst (und bereits ein späterer Anschlussarbeitsvertrag abgeschlossen oder zumindest die Verpflichtung zum späteren Abschluss eines solchen nach Ablauf der Ausleihdauer vereinbart) oder es wird ein Ruhen des Arbeitsvertrags für den Zeitraum der Ausleihe zwischen Verleiher und Spieler vereinbart. Mit dem Entleiher hingegen schließt der Spieler in beiden Varianten einen Arbeitsvertrag für den Ausleihzeitraum.[508] Dies widerspricht eindeutig den Vorgaben der §§ 1 Abs. 1 und 2, 9 Abs. 1, 10 Abs. 1 AÜG.[509]

Daher erscheint es auch nur wenig verwunderlich, dass die Bundesagentur für Arbeit in 1.1.5 Abs. 11 S. 1 und 3 ihrer Fachlichen Weisungen zum AÜG ausdrücklich klarstellt, dass bei der „Sportlerleihe“ keine Arbeitnehmerüberlassung i. S. d. AÜG vorliege, unabhängig davon, ob das Arbeitsverhältnis zwischen Verleiher und Berufssportler aufgelöst oder bloß für ruhend gestellt wird.[510] Auch eine vertraglich ausbedungene Rückkehrmöglichkeit zum abgebenden Verein sei dabei unschädlich, s. 1.1.5 Abs. 11 S. 2 dieser Fachlichen Weisungen.

Demzufolge findet das AÜG auf Spielerleihgeschäfte im Profisport zumindest keine direkte Anwendung.[511]

---

als Leiharbeitnehmer nur zulässig ist, soweit zwischen dem Verleiher und dem Leiharbeitnehmer ein Arbeitsverhältnis besteht. Die Einführung von § 1 Abs. 1 S. 3 AÜG soll aber in erster Linie dahingehend Rechtsklarheit schaffen, dass eine „Ketten-, Zwischen- oder Weiterüberlassung“ von Arbeitnehmern verboten ist. S. näher hierzu *Bissels/Falter*, ArbRAktuell 2017, 33 (36); *Koch*, in: Schaub u. a., Arbeitsrechts-Handbuch, § 120 Rn. 6.

508 Nach *Bohnau*, Vereinswechsel des Lizenzfussballspielers, S. 155 f. existiert daher kein Unterschied bei der arbeitsvertraglichen Konstruktion bei Leihgeschäften und derjenigen beim endgültigen Spielertransfer. Dem ist zuzustimmen, da auch beim Ruhen des Arbeitsvertrags die arbeitsvertragliche Konstruktion zumindest vergleichbar ist.

509 Auch wenn beim Konstrukt der Ruhensvereinbarung des FIFA-Reglements das Vertragsverhältnis zwischen Verleiher und Spieler nicht vollständig aufgelöst wird, so widerspricht dies dennoch den Voraussetzungen der §§ 1 Abs. 1 und 2, 9 Abs. 1, 10 Abs. 1 AÜG, dass ausschließlich zwischen Verleiher und Leiharbeitnehmer während des Ausleihzeitraums ein Arbeitsverhältnis besteht. Ohnehin kommen aufgrund der Ruhensvereinbarung auch bei diesem Konstrukt lediglich dem Entleiher die Arbeitgeberrechte und -pflichten während des Zeitraums der Ausleihe zu.

510 S. 1.1.5 Abs. 11 S. 1 und 3 der Fachliche[n] Weisungen Arbeitnehmerüberlassungsgesetz (AÜG) der Bundesagentur für Arbeit (Fassung vom 01.08.2019), abrufbar unter https://www.arbeitsagentur.de/datei/fw-aueg_ba016586.pdf [zuletzt abgerufen am 12.03.2021].

511 So im Ergebnis auch *Berkemeyer*, Leihgabe von Berufssportlern, S. 198. Konsequenterweise ist daher der Vertrag zwischen verleihendem und entleihendem Verein auch nicht als Arbeitnehmerüberlassungsvertrag, sondern als Vertrag „sui generis“ einzustufen, s. Kapitel 2, C., VII. und VIII.

II. Umgehung des AÜG?

Nach dem Institut der Vertragsfreiheit gemäß Art. 2 Abs. 1 GG und seinen einfachgesetzlichen Ausprägungen in §§ 241, 305 BGB sind im Grundsatz Verleiher und Spieler zum Abschluss eines Aufhebungsvertrags und eines Anschlussarbeitsvertrags (bzw. zur Vereinbarung einer späteren gegenseitigen Verpflichtung hierzu) oder zu einer Ruhensvereinbarung über den Arbeitsvertrag berechtigt, genau wie Entleiher und Spieler zum Abschluss eines Arbeitsvertrags sowie Verleiher und Entleiher zum Abschluss eines Vertrags „sui generis" über die Überlassung des Spielers.[512]

Fraglich aber erscheint, ob so die Vorgaben des AÜG einfach umgangen werden können oder ob diese nicht vielmehr entsprechend zur Anwendung gelangen müssen. Ganz allgemein ist eine Gesetzesumgehung zu bejahen, „wenn die Gestaltung eines Rechtsgeschäfts objektiv den Zweck hat, den Eintritt einer Rechtsfolge zu verhindern, die das Gesetz für derartige Geschäfte vorsieht; eine Umgehungsabsicht ist nicht erforderlich".[513] Ausgehend von dieser Definition ist zu prüfen, ob und inwieweit durch die gegenwärtige Praxis der Spielerleihe im Profisport das AÜG gesetzeswidrig umgangen wird.

1. *Umsetzung der Leiharbeitsrichtlinie*

Gerade vor dem Hintergrund, dass diverse Änderungen und Neuerungen durch die AÜG-Reformen von 2011 und 2017 Reaktionen auf die Vorgaben der Richtlinie 2008/104/EG des Europäischen Parlaments und des Rates vom 19. November 2008 über Leiharbeit[514], auch Leiharbeitsrichtlinie genannt, darstellen, erscheint eine generelle Nichtanwendung des AÜG auf die Spielerleihgeschäfte im Profisport äußerst fragwürdig. Denn dadurch sind einige gewichtige Vorschriften des AÜG europarechtlich determiniert. Nach Erwägungsgrund 23 der Leiharbeitsrichtlinie verfolgt diese Richtlinie das Ziel, einen auf Gemeinschaftsebene harmonisierten Rahmen zum Schutz der Leiharbeitnehmer zu schaffen. Diese Zielerreichung wäre aber bei einer relativ einfachen Umgehungsmöglichkeit der nationalen Vorschriften, welche diese Richtlinie umsetzen, nahezu unmöglich.

---

512 S. hierzu auch *Bohnau*, Vereinswechsel des Lizenzfussballspielers, S. 153.

513 BGH v. 21.12.2005 – VIII ZR 85/05, NJW 2006, 1066 (1067); BGH v. 12.03.2014 – IV ZR 295/13, NJW 2014, 1658 (1659); s. auch BGH v. 09.02.1990 – V ZR 274/88, NJW 1990, 1473 (1474).

514 Abgedruckt im ABl. L 327 v. 5.12.2008, S. 9 ff. der Europäischen Union.

2. *Vorliegen der sonstigen Voraussetzungen*

a) *Arbeitnehmereigenschaft des Spielers*

Zeitgleich mit der AÜG-Reform von 2017 wurde zum 01.04.2017 ein neuer § 611a ins BGB eingeführt, in dessen Abs. 1 die Definition des Arbeitnehmers kodifiziert wurde. Aus den Gesetzgebungsmaterialien[515] wird aber ersichtlich, dass der Gesetzgeber hierdurch keine Änderung der Rechtslage herbeiführen wollte.[516] Daher sind die Kriterien für die Arbeitnehmereigenschaft noch immer dieselben wie vor dem 01.04.2017.

Auch wenn dies früher einmal äußerst umstritten war, so kann die Einordnung von angestellten Berufssportlern als Arbeitnehmer längst als allgemein anerkannt angesehen werden.[517] Diese Einstufung ist auch richtig, denn gerade im professionellen Mannschaftssport sind die Spieler persönlich abhängig, weisungsgebunden vom Trainer bzw. den Trainern, Training und Spiele sind zeitlich und örtlich fixiert, die Spieler sind in den Verein bzw. die Kapitalgesellschaft eingebunden und nutzen dessen Sportanlagen etc.

Ebenfalls hat sich mittlerweile ganz herrschend durchgesetzt, dass generell nur der Verein oder die Kapitalgesellschaft der Arbeitgeber des Spielers ist und nicht der entsprechende Sportverband, auch wenn die Sportverbände durch die Lizenzerteilung etc. weitreichende Einflussmöglichkeiten haben.[518] Daran ändert sich auch in der Zeit nichts, in welcher die Spieler für die Nationalmannschaft abgestellt bzw. freigestellt werden.[519]

b) *Überlassung im Rahmen der wirtschaftlichen Tätigkeit des Verleihers*

Seit 2011 ist nach § 1 Abs. 1 S. 1 AÜG nicht mehr erforderlich, dass die Verleiher bei der Arbeitnehmerüberlassung „gewerbsmäßig“ handeln, sondern seither genügt

---

515 S. den Gesetzesentwurf der Bundesregierung zur Änderung des Arbeitnehmerüberlassungsgesetzes und anderer Gesetze v. 20.07.2016, BT-Drs. 18/9232, S. 31 f.

516 So auch *Schiefer/Köster/Borchard/Korte*, DB 2017, 546 (549).

517 S. hierzu nur EuGH v. 15.12.1995 – C-415/93, NJW 1996, 505 (505 ff.) auf europäischer Ebene und BGH v. 27.09.1999 – II ZR 305-98, NJW 1999, 3552 (3552 ff.) und BAG v. 20.11.1996 – 5 AZR 518/95, SpuRt 1997, 94 (94 ff.) auf nationaler Ebene, welche allesamt von der Arbeitnehmereigenschaft von Berufssportlern (als Selbstverständlichkeit) ausgehen. Die Arbeitnehmereigenschaft eines Berufsbasketballspielers bejahend auch EuGH v. 13.04.2000 – C-176/96, EuZW 2000, 375 (378).

518 S. näher hierzu *Rüth*, SpuRt 2003, 137 (138), der u. a. ausführt, dass die rechtliche Beziehung zwischen Sportverband und Spieler eben gerade nicht dem Gebiet des Arbeitsrechts zuzuordnen ist; *Wüterich/Breucker*, Arbeitsrecht im Sport, Rn. 98.

519 Dies zeigt sich schon daran, dass die Vereine für jeden abgestellten Spieler i. d. R. eine (wenn auch nicht sonderlich hohe) Entschädigungszahlung vom Verband für diese Zeit erhalten und die Spieler weiterhin ihr festes Gehalt vom Verein.

eine Überlassung „im Rahmen ihrer wirtschaftlichen Tätigkeit".[520] Dadurch wurde der Anwendungsbereich des AÜG erheblich vergrößert.[521]

Vor dieser Änderung gab es zumindest in einzelnen Fällen unterschiedliche Ansichten bezüglich des Vorliegens der „Gewinnerzielungsabsicht", welche das entscheidende Kriterium der „Gewerbsmäßigkeit" darstellt.[522] Das heute entscheidende Kriterium der „wirtschaftlichen Tätigkeit" ist hingegen (relativ) unproblematisch zu bejahen. Eine wirtschaftliche Tätigkeit ist gegeben, wenn Güter oder Dienstleistungen auf einem bestimmten Markt angeboten werden.[523] Die Verfolgung von Erwerbszwecken ist hierbei irrelevant und demzufolge ist auch bei der Zurverfügungstellung von Personal regelmäßig von einer wirtschaftlichen Tätigkeit auszugehen.[524] Bei der Spielerleihe liegt daher stets eine Überlassung des Spielers „im Rahmen der wirtschaftlichen Tätigkeit" des Verleihers vor. Und dies ist völlig unabhängig davon, ob der verleihende Verein eine Leihgebühr erhält oder einen Spieler nur zur Reduzierung der eigenen Personalkosten verleiht, und ebenso unabhängig davon, ob der Entleiher während des Ausleihzeitraums das gesamte Gehalt des Spielers bezahlt oder auch in jener Zeit der Verleiher weiterhin einen Teil dieses Gehalts übernimmt.

c) Eingliederung in die Arbeitsorganisation des Entleihers und Weisungsunterworfenheit

Nach § 1 Abs 1 S. 2 AÜG ist Voraussetzung für das Vorliegen einer Arbeitnehmerüberlassung, dass die Leiharbeitnehmer in die Arbeitsorganisation des Entleihers eingegliedert sind und dessen Weisungen unterliegen. Diese Voraussetzungen sind bei der Spielerleihe erfüllt. Dadurch, dass die Spieler für die Dauer

---

520 Hintergrund hierfür ist Art. 1 Abs. 2 der Leiharbeitsrichtlinie.

521 S. näher hierzu *Raif*, GWR 2011, 303 (304).

522 S. ausführlich hierzu *Berkemeyer*, Leihgabe von Berufssportlern, S. 200 ff., der letztendlich generell das Merkmal der „Gewinnerzielungsabsicht" und damit auch der „Gewerbsmäßigkeit" bejaht.

523 So die ständige Rspr. des EuGH, vgl. u. a. EuGH v. 18.06.1998 – C-35/96 [Kommission/Italien], EuZW 1999, 93 (95); EuGH v. 10.01.2006 – C-222/04 [Ministero dell'Economia e delle Finanze/Cassa di Risparmio di Firenze SpA u. a.], EuZW 2006, 306 (310).

524 So 1.1.3 Abs. 1 der Fachliche[n] Weisungen Arbeitnehmerüberlassungsgesetz (AÜG) der Bundesagentur für Arbeit (Fassung vom 01.08.2019), abrufbar unter https://www.arbeitsagentur.de/datei/fw-aueg_ba016586.pdf [zuletzt abgerufen am 12.03.2021]. In 1.1.3 Abs. 2 dieser Fachlichen Weisungen zum AÜG wird auch ausdrücklich klargestellt, dass es bei der Frage, ob die Arbeitnehmerüberlassung im Rahmen der wirtschaftlichen Tätigkeit stattfindet, unerheblich sei, ob diese für einen Betrieb Haupt- oder Nebenzweck ist oder die Arbeitnehmer sowohl in eigener Betriebsstätte beschäftigt als auch bei sich bietender Gelegenheit Dritten zur Arbeitsleistung überlassen werden.

der Ausleihe sogar einen gesonderten Arbeitsvertrag mit dem Entleiher schließen, sind sie in dieser Zeit stets in dessen Arbeitsorganisation eingegliedert und dessen Weisungen unterworfen. Die in Kapitel 5, A., II.-IV. näher untersuchten Verbandsvorschriften stellen zudem sicher, dass die Dauer der Ausleihe niemals bloß völlig kurzzeitig ausfällt.

d) Folgerung

Dieses Ergebnis, dass zumindest die Grundvoraussetzungen einer klassischen Arbeitnehmerüberlassung auch bei der gegenwärtig praktizierten Spielerleihe vorliegen, intendiert jedenfalls auch eine (gewisse) Unangemessenheit bei genereller Nichtanwendung der Vorgaben des AÜG auf die Leihgeschäfte im Profisport.

3. Ähnlichkeit zur Arbeitnehmerüberlassung

Hinzu kommt, dass diese „Leihverträge" über Spieler ohnehin, wie bereits ausgeführt, in mehrfacher Hinsicht dem Arbeitnehmerüberlassungsvertrag i. S. v. § 1 Abs. 1 AÜG äußerst ähnlich sind (s. hierzu auch Kapitel 2, C., VIII.):[525]

Jeweils vereinbaren zwei Arbeitgeber, dass ein Arbeitnehmer seine Arbeitsleistung für eine bestimmte begrenzte Zeit bei einem anderen Arbeitgeber erbringen soll und dafür während dieser Zeit in den Betrieb des Entleihers eingebunden wird und nach Ablauf der Überlassungsdauer zum Verleiher zurückkehrt.[526] Außerdem ist jeweils die Zustimmung des Arbeitnehmers zu einem solchen Überlassungsgeschäft erforderlich, was ein „Drei-Personen-Verhältnis" zur Konsequenz hat.[527]

4. Mitarbeitertausch

In der jüngeren Vergangenheit erlangte der Mitarbeiter- bzw. Personaltausch in der betrieblichen Praxis immer größer werdende Bedeutung.[528] Allerdings kommt es auch beim Mitarbeitertausch im Wesentlichen auf die tatsächlichen Umstände bzw. die tatsächliche Durchführung des Einsatzes der Arbeitnehmer im jeweils anderen Betrieb an, um zu beurteilen, ob nicht doch eine (verdeckte) Arbeitnehmerüberlassung vorliegt.[529] Es kommt in solchen Fällen ebenso auf die Voraussetzungen des § 1 Abs. 1 S. 2 AÜG an.[530]

---

525 *Berkemeyer*, Leihgabe von Berufssportlern, S. 57 ff. sieht die Spielerleihe daher als „Arbeitnehmerüberlassung sui generis" an.

526 *Berkemeyer*, Leihgabe von Berufssportlern, S. 58.

527 S. näher hierzu auch *Berkemeyer*, Leihgabe von Berufssportlern, S. 59.

528 S. ausführlich zu dieser Thematik *Pauken*, GWR 2017, 331 (331 ff.).

529 *Pauken*, GWR 2017, 331 (331).

530 S. näher hierzu *Pauken*, GWR 2017, 331 (331).

Auch im Profisport sind solche Spielertauschgeschäfte in der Form, dass zwei Vereine jeweils vom anderen Verein einen Spieler für denselben Zeitraum ausleihen, durchaus eine Option.[531]

So wurde beispielsweise Pierre-Michel Lasogga zu Beginn der Saison 2013/2014 von Hertha BSC Berlin an den Hamburger SV für eine Leihgebühr in Höhe von 350.000 Euro für diese Saison verliehen. Im Gegenzug wurde für den gleichen Zeitraum der Norweger Per Ciljan Skjelbred vom Hamburger SV an Hertha BSC Berlin (ohne Leihgebühr) verliehen. Bei diesem Spielertauschgeschäft erhielten beide Vereine keine Kaufoption für den jeweiligen ausgeliehenen Spieler.[532]

Auch Tauschgeschäfte in der Form, dass ein Verein einen Spieler von einem anderen Verein im Wege eines endgültigen Transfers fest verpflichtet und im Gegenzug diesem Verein einen Spieler aus den eigenen Reihen für einen bestimmten Zeitraum verleiht, kommen nicht selten vor.

Zu Beginn der Saison 2017/2018 wurde z. B. der U 21-Europameister von 2017 Jeremy Toljan für eine Ablösesumme von sieben Millionen Euro von der TSG Hoffenheim zu Borussia Dortmund transferiert. Im Gegenzug wurde der damalige U 19-Nationalspieler Felix Passlack für eine Ausleihdauer von zwei Spielzeiten von Dortmund nach Hoffenheim verliehen.[533]

---

531 Auch Spielertauschgeschäfte in der Form, dass zwei Vereine jeweils vom anderen Verein einen Spieler zur gleichen Zeit im Wege eines endgültigen Transfers verpflichten, sind keine Seltenheit.
So wechselte z. B. zur Saison 2012/2013 nach dem Abstieg des 1. FC Köln der Mittelfeldspieler Martin Lanig ablösefrei zu Eintracht Frankfurt. Ebenfalls ablösefrei wechselte im Gegenzug der Mittelfeldspieler Matthias Lehmann von Frankfurt nach Köln. Der Hintergrund war u. a., dass Lanig den damaligen Frankfurter Trainer Armin Veh noch aus früheren gemeinsamen Zeiten beim VfB Stuttgart kannte und Lehmann mit dem damaligen Kölner Trainer Holger Stanislawski schon Jahre zuvor beim FC St. Pauli erfolgreich zusammen gearbeitet hatte. Das wohl bekannteste Beispiel eines solchen Tauschgeschäfts im internationalen Fußball aus der jüngeren Zeit stellt aber wohl der Spielertausch zwischen Manchester United und Arsenal London in der Winterpause der Saison 2017/2018 dar: Der chilenische Nationalspieler Alexis Sánchez wechselte nach Manchester, wo er zum damals bestbezahlten Spieler der Premier League aufstieg. Im Gegenzug wechselte der ehemalige Dortmunder und armenische Nationalspieler Henrich Mchitarjan nach London.

532 Zu Beginn der Saison 2014/2015 einigten sich die beiden Vereine dann aber auf einen jeweiligen Verkauf der Spieler an den anderen Verein. Als Ablösesumme für Lasogga verständigten sich die Vereine auf 8,5 Millionen Euro. Für Skjelbred musste Hertha BSC 1,3 Millionen Euro nach Hamburg überweisen.

533 In Hoffenheim konnte sich Passlack in der Saison 2017/2018 aber nicht durchsetzen, weshalb er zur Saison 2018/2019 für ein Jahr von Dortmund nach Norwich zum englischen Zweitligisten Norwich City „weiterverliehen" wurde; nach einem weiteren Jahr auf Leihbasis beim niederländischen Erstligisten Fortuna Sittard kehrte Passlack zur Saison 2020/2021 wieder zu Borussia Dortmund zurück.

Bei diesen Tauschgeschäften im Profisport werden, wie jetzt schon mehrfach ausgeführt, die verliehenen Spieler während des Ausleihzeitraums in die Arbeitsorganisation des entleihenden Vereins eingegliedert und unterliegen auch dessen Weisungen. Daher spricht bei einer Anknüpfung an die tatsächlichen Umstände bzw. die tatsächliche Durchführung der Spielerleihe im Profisport auch im Hinblick auf einen Vergleich mit dem geschilderten Mitarbeitertausch einiges gegen eine generelle Nichtanwendung des AÜG im Profisport. Beim Mitarbeitertausch wird auch genau zur (verdeckten) Arbeitnehmerüberlassung abgegrenzt, um eine Umgehung der AÜG-Vorschriften zu verhindern. Demzufolge erscheint es auch vor diesem Hintergrund als angemessen, zumindest genauere Untersuchungen anzustellen, um auch im Profisport einer solchen Umgehung entgegenzutreten.

5. *Einzelfallgerechtigkeit*

Ziel sämtlicher Gesetze, Gerichtsentscheidungen etc. ist, wie allgemein bekannt, eine größtmögliche Einzelfallgerechtigkeit. Auch unter diesem Blickwinkel wäre eine solche generelle Bevorzugung der Sportbranche im Vergleich zu anderen Branchen durch eine generelle Nichtanwendung des AÜG nicht nachvollziehbar. Man denke allein an die nicht unerheblichen Geldbußen nach § 16 Abs. 2 i. V. m. Abs. 1 AÜG für unterschiedliche Verstöße gegen AÜG-Vorschriften. Jedoch ist die Sportbranche zweifelsohne eine Branche mit diversen Besonderheiten, bei welcher zum Teil eine Nichtanwendung von Vorschriften oder eine Auslegung solcher in eine bestimmte Richtung unumgänglich ist, um diesen Besonderheiten Rechnung zu tragen. Vor diesem Hintergrund erscheint eine generelle Nichtanwendung des AÜG auf den Profisport zwar als unangemessen, dennoch sollten sämtliche Vorgaben des AÜG, mit welchen die gegenwärtige Praxis der Spielerleihe im Profisport nicht im Einklang steht, dahingehend untersucht werden, ob diese dadurch gesetzeswidrig umgangen werden oder ob die Besonderheiten des Sports deren Nichtbeachtung rechtfertigen. Demzufolge sind alle in Betracht kommenden Vorschriften des AÜG, welche bei der gegenwärtigen Praxis der Spielerleihe im Profisport augenscheinlich nicht beachtet werden, gesondert auf eine etwaige Umgehung bzw. Rechtfertigung der Nichtbeachtung zu untersuchen.[534] Nur so kann eine größtmögliche Einzelfallgerechtigkeit erreicht werden, welche auch die Besonderheiten des Sports in angemessener Art und Weise berücksichtigt.

---

534 Diese Untersuchung soll sich auf die in Betracht kommenden Kernvorschriften des AÜG beschränken. Rückschlüsse aus diesen Ergebnissen auf die „Nebenvorschriften“ des AÜG erklären sich dann i. d. R. von selbst oder werden bereits im Rahmen der Untersuchung der jeweiligen Kernvorschrift mitbehandelt.

III. Kein Anwendungsausschluss

Eine solche gesonderte Untersuchung der einzelnen Vorschriften des AÜG wäre aber dann nicht angebracht, wenn die Anwendung der allermeisten AÜG-Vorschriften nach § 1 Abs. 3 AÜG ausgeschlossen wäre.[535] Dafür müsste die Spielerleihe im Profisport unter einen der in § 1 Abs. 3 AÜG normierten Ausnahmetatbestände fallen. Wenn überhaupt könnte hierbei die Alternative des § 1 Abs. 3 Nr. 2a AÜG in Betracht kommen. Dafür müsste die Spielerüberlassung nur „gelegentlich" erfolgen und die Spieler „nicht zum Zweck der Überlassung eingestellt und beschäftigt" werden.

Das Merkmal „nicht zum Zweck der Überlassung eingestellt und beschäftigt" liegt bei der Spielerleihe zumindest im Regelfall vor. Um zum Zweck der Überlassung eingestellt oder beschäftigt zu sein, müsste der das Arbeitsverhältnis der Spieler zum Zeitpunkt der Überlassung rechtlich oder tatsächlich prägende regelmäßige Beschäftigungszweck zumindest auch die Tätigkeit unter dem Weisungsrecht eines Dritten und nicht nur die Tätigkeit unter dem Weisungsrecht des Überlassenden beinhalten.[536] Im Regelfall sind die neu eingestellten bzw. verpflichteten Spieler aber bis zum Zeitpunkt der Überlassung ausschließlich für den verleihenden Verein tätig und folglich auch nur dessen Weisungsrecht unterworfen. Im Normalfall steht zum Zeitpunkt der Einstellung noch gar nicht fest, ob der Spieler später überhaupt einmal während der Vertragslaufzeit an einen anderen Verein verliehen wird und erst recht nicht, an welchen konkreten Verein. Daher wird hierüber für gewöhnlich auch nichts im Arbeitsvertrag vereinbart. Dies hat wiederum zur Konsequenz, dass für jedes spätere in Betracht kommende Leihgeschäft die Zustimmung des Spielers erforderlich ist. Zwar liegt schon ab und an die Konstellation vor, dass ein Spieler verpflichtet und dann direkt „weiterverliehen" wird an einen anderen Verein (jedoch nur mit Zustimmung des Spielers), ohne vorher für den verleihenden Verein gespielt zu haben. Diese Vorgehensweise praktizieren gerade Spitzenvereine teilweise, wenn sie ein junges Talent verpflichten, das aber aktuell (wohl) noch nicht die notwendige Spielstärke für den Spitzenverein hat und daher Spielpraxis bei einem anderen Verein sammeln soll. Wenn dann nach Ablauf dieser Ausleihdauer der Spieler wiederum direkt an den bisherigen Entleiher oder an einen anderen Verein „weiterverliehen" wird (wenn sich z. B. das junge Talent nicht so schnell wie erwartet entwickelt hat und dennoch weiterhin Hoffnung auf einen Entwicklungssprung in naher Zukunft besteht), liegt die Konstellation vor, dass der Spieler zum Zeitpunkt der zweiten Überlassung bis dahin ausschließlich unter dem Weisungsrecht eines Dritten

---

535 Die in § 1 Abs. 1b S. 1 AÜG normierte Überlassungshöchstdauer von 18 Monaten ist jedoch explizit vom Anwendungsausschluss des § 1 Abs. 3 AÜG ausgenommen. Zur Frage der grundsätzlichen Anwendbarkeit der Überlassungshöchstdauer auch bei Leihgeschäften im Profisport s. ausführlich Kapitel 6, E., I.

536 Vgl. LAG Thüringen v. 23.11.2016 – 6 Sa 283/15, juris, Rn. 47; *Ulrici*, AÜG, § 1 Rn. 163.

tätig war. In diesen Ausnahmekonstellationen dürfte dann schon das Merkmal „nicht zum Zweck der Überlassung eingestellt und beschäftigt" bei konsequenter Orientierung an der genannten Definition nicht vorliegen. In den allermeisten Fällen ist dieses Merkmal jedoch gegeben, weshalb es entscheidend auf das Merkmal „gelegentlich" ankommt.

Das Merkmal „gelegentlich" ist ausschließlich aus dem Blickwinkel des Verleihers zu beurteilen.[537] Es kann nur dann von einer „gelegentlichen" Überlassung gesprochen werden, sofern sie wegen eines seltenen, aus der Sphäre des Verleihers oder Entleihers entstammenden, vorübergehenden und nicht geplanten betrieblichen Erfordernisses erfolgt.[538] Zwar kommt es aufgrund einer unerwarteten Verletzung eines Spielers aufseiten des Entleihers schon vor, dass ein solches Leihgeschäft völlig ungeplant als Reaktion hierauf erfolgt. Auch aufseiten des Verleihers erfolgt die Verleihung eines Spielers mitunter als spontane Reaktion auf eine ungeplante Ausleihe eines anderen Spielers von einem anderen Verein auf derselben Position. In diesen beiden Fällen ist der Bedarf bzw. Nichtbedarf an einem bestimmten Spieler auch vorübergehend.[539] Allerdings werden weitaus häufiger die Leihgeschäfte sowohl vom Verleiher als auch vom Entleiher geplant sein, da im professionellen Profisport eine umfassende Personalplanung unumgänglich ist, um erfolgreich zu sein. V. a. aber haben sich heutzutage die Leihgeschäfte im professionellen Mannschaftssport als echte Alternative zum endgültigen Transfer entwickelt, sodass solche in aller Regel nicht selten von den Vereinen praktiziert werden. Zwar ist es theoretisch denkbar und wird auch bei einzelnen Vereinen u. U. in Ausnahmefällen vorkommen, dass Leihgeschäfte zur Seltenheit i. d. S. werden. Folglich kann das Merkmal „gelegentlich" zumindest in manchen (seltenen) Konstellationen bei der Spielerleihe gegeben sein. Diese theoretischen Konstellationen bzw. Ausnahmefälle können aber vernachlässigt werden. In den allermeisten Fällen ist das Merkmal „gelegentlich" bei Leihgeschäften im Profisport nicht erfüllt. Dies auch vor dem Hintergrund, dass es sich bei § 1 Abs. 3 Nr. 2a AÜG um eine Ausnahmevorschrift handelt und deswegen ebenso an das Merkmal „gelegentlich" strenge Anforderungen zu stellen sind, was auch hinsichtlich des Schutzzwecks der Norm als geboten erscheint.[540]

---

537 S. näher hierzu *Ulrici*, AÜG, § 1 Rn. 164.

538 *Ulrici*, AÜG, § 1 Rn. 164; s. hierzu auch *Wank*, in: ErfK zum Arbeitsrecht, 140 AÜG § 1 Rn. 91.
Es ist insgesamt aber äußerst umstritten, wie das Merkmal „gelegentlich" im Detail zu verstehen ist, s. ausführlich hierzu *Happ/van der Most*, BB 2017, 2809 (2809 ff.).

539 Wobei der Begriff „vorübergehend" relativ konturlos erscheint bzw. mit Unsicherheiten behaftet ist. Dies hat z. B. auch zur (Wieder-) Einführung der Überlassungshöchstdauer zum 01.04.2017 geführt, s. näher hierzu Kapitel 6, E., I.

540 So der Gesetzesentwurf der Bundesregierung eines Ersten Gesetzes zur Änderung des Arbeitnehmerüberlassungsgesetzes – Verhinderung von Missbrauch der Arbeitnehmerüberlassung v. 17.02.2011, BT-Drs. 17/4804, S. 8; BAG v. 20.01.2016 – 7 AZR 535/13, NJOZ 2016, 1259 (1262); s. auch 1.4.3 Abs. 2 der Fachliche[n] Weisungen

Somit bleibt festzuhalten, dass bei der Spielerleihe im Profisport in aller Regel der Ausnahmetatbestand des § 1 Abs. 3 Nr. 2a AÜG nicht vorliegt und damit die Anwendung der Kernvorschriften des AÜG nicht deswegen ausgeschlossen ist. Soweit das Vorliegen von dessen Voraussetzungen zumindest (theoretisch) möglich ist und u. U. auch tatsächlich bei einem Verein im Ausnahmefall vorkommt, so ist es hierbei nicht anders als in anderen Branchen, in denen i. d. R. die Arbeitnehmerüberlassung auch gerade nicht „gelegentlich" erfolgt. Dies ändert aber nichts daran, dass jede einzelne in Betracht kommende Vorschrift des AÜG auf eine etwaige Umgehung bzw. Rechtfertigung der Nichtbeachtung untersucht werden muss, um den Regelfällen der Spielerleihe Rechnung zu tragen.

Daher kann vorliegend auch dahingestellt bleiben, dass der Ausnahmetatbestand des § 1 Abs. 3 Nr. 2a AÜG von der wohl h. A. als europarechtswidrig angesehen wird.[541] Auch die gegen diesen Ausnahmetatbestand vorgebrachten verfassungsrechtlichen Bedenken bedürfen deshalb an dieser Stelle keiner weiteren Erörterung.[542]

IV. Grenzüberschreitende Spielerüberlassung

Nachdem herausgearbeitet wurde, dass die einzelnen Vorschriften des AÜG nicht durch die Konstruktion bei der Spielerleihe umgangen werden dürfen, sondern jede in Betracht kommende Vorschrift des AÜG gesondert auf eine etwaige Umgehung bzw. Rechtfertigung der Nichtanwendung im Profisport untersucht werden muss, und die Anwendung des AÜG auch in aller Regel nicht nach § 1

Arbeitnehmerüberlassungsgesetz (AÜG) der Bundesagentur für Arbeit (Fassung vom 01.08.2019), abrufbar unter https://www.arbeitsagentur.de/datei/fw-aueg_ba016586.pdf [zuletzt abgerufen am 12.03.2021].
In den beiden ersten Fundstellen wird auch ausgeführt, dass dieser Ausnahmetatbestand z. B. auf die Abdeckung eines kurzfristigen Spitzenbedarfs eines Unternehmens zugeschnitten ist und beispielsweise die gelegentliche Überlassung durch Handwerksbetriebe oder gemeinnützige Organisationen durch den weiten Anwendungsbereich des AÜG nicht unnötig erschwert werden soll.

541 So *Ulber/Stang*, AuR 2015, 250 (252 f.), da eine solche Privilegierung nicht mit Art. 1 Abs. 2 der Leiharbeitsrichtlinie in Einklang zu bringen sei; auch *Lembke*, DB 2011, 414 (416) sieht diesen Ausnahmetatbestand im Ergebnis genau wie das Konzernprivileg des § 1 Abs. 3 Nr. 2 AÜG als europarechtswidrig an; *Koch*, in: Schaub u. a., Arbeitsrechts-Handbuch, § 120 Rn. 26 behauptet, der Gesetzgeber habe durch diesen Ausnahmetatbestand sozusagen durch die Hintertür versucht, die mit der Leiharbeitsrichtlinie nicht vereinbare Besserstellung der nicht gewerbsmäßigen Arbeitnehmerüberlassung aufrechtzuerhalten; entgegen der h. A. für eine Europarechtskonformität dieses Ausnahmetatbestands *Ulrici*, AÜG, § 1 Rn. 23.

542 S. hierzu *Hamann*, RdA 2011, 321 (333), welcher der Ansicht ist, dass das konturlose Definitionsmerkmal „gelegentlich" gegen das Rechtsstaatsprinzip des Art. 20 Abs. 3 GG verstoße; a. A. *Ulrici*, AÜG, § 1 Rn. 17.

Abs. 3 Nr. 2a AÜG ausgeschlossen ist, soll nun (kurz) darauf eingegangen werden, ob dieser Grundsatz auch bei der grenzüberschreitenden Spielerüberlassung gilt.

Unter einer grenzüberschreitenden Arbeitnehmerüberlassung ist ganz allgemein eine Arbeitnehmerüberlassung zu verstehen, bei der mindestens ein Beteiligter – also Verleiher, Entleiher oder Leiharbeitnehmer – nicht in Deutschland, sondern im Ausland tätig ist.[543] Die einzelnen Normen des AÜG stellen öffentlich-rechtliche Normen dar, weshalb nicht die allgemeinen Regelungen des Internationalen Privatrechts, sondern vielmehr das sog. Territorialitätsprinzip gilt; demzufolge ist für die Geltung dieses Grundsatzes bei einer grenzüberschreitenden Spielerüberlassung entscheidend, ob in der jeweiligen Überlassungskonstellation ein Inlandsbezug gegeben ist.[544] Sowohl im „Outbound-Fall" – also bei der Überlassung ins Ausland – als auch im „Inbound-Fall" – also der Überlassung ins Inland – liegt ein solcher Inlandsbezug jeweils vor, da beim „Outbound-Fall" der Verleiher und beim „Inbound-Fall" der Arbeitnehmer in Deutschland tätig ist.[545] Daher sind Spielerleihen von einem deutschen Verein ins Ausland gleichermaßen wie Spielerleihen von einem ausländischen Verein nach Deutschland ebenso an einer eventuellen Umgehung einzelner Vorschriften des AÜG zu messen wie reine Inlandsleihgeschäfte. Denn im ersten Fall ist es der verleihende Verein, im zweiten Fall der Spieler, der in Deutschland tätig ist. Umstritten ist zwar im Allgemeinen die Konstellation, in der sich ein etwaiger Inlandsbezug lediglich durch den Sitz des Entleihers in Deutschland ergeben könnte.[546] Dies ist aber für die Spielerleihe im Profisport irrelevant, da die Vereine immer an dem Ort ihren Sitz haben, an dem auch ihre Spieler tätig sind. Bei Spielerleihen von einem ausländischen Verein an einen entleihenden Verein in Deutschland sind daher die Spieler stets genau wie der Entleiher in Deutschland tätig.[547]

---

543 *Brügger/Willems*, AuA 2017, 272 (272).

544 S. *Brügger/Willems*, AuA 2017, 272 (273).

545 *Brügger/Willems*, AuA 2017, 272 (273).

546 Gemeint ist die Konstellation, dass ein Verleiher mit Sitz im Ausland einen Leiharbeitnehmer an einen Entleiher mit Sitz in Deutschland verleiht und der Leiharbeitnehmer dann aber ausschließlich im Ausland tätig wird. S. näher hierzu *Brügger/Willems*, AuA 2017, 272 (273), die hierbei von einer „Arbeitnehmerüberlassung ohne Inlandsbezug" sprechen und ausführen, dass ein solcher Inlandsbezug von der h. M. verneint wird, weil es im Rahmen des Territorialitätsprinzips bei der Frage, ob ein Inlandsbezug gegeben ist, grundsätzlich nicht auf den Entleiher ankomme, sondern vielmehr der Tätigkeitsort von Verleiher und Leiharbeitnehmer den Ausschlag gebe. Auch die Bundesagentur für Arbeit hat in 1.1.1 Abs. 2 S. 3 der Fachliche[n] Weisungen Arbeitnehmerüberlassungsgesetz (AÜG) der Bundesagentur für Arbeit (Fassung vom 01.08.2019), abrufbar unter https://www.arbeitsagentur.de/datei/fw-aueg_ba016586.pdf [zuletzt abgerufen am 12.03.2021], bezüglich der Erlaubnispflicht ausdrücklich klargestellt, dass diese in solchen Konstellationen ihrer Ansicht nach nicht gilt.

547 Ein „Weiter- oder Zwischenverleih" vom Entleiher ins Ausland ist bei der gewöhnlichen Arbeitnehmerüberlassung nach § 1 Abs. 1 S. 3 AÜG verboten und ist

Folglich gilt für grenzüberschreitende Spielerleihen grundsätzlich nichts anderes als für Spielerleihen ausschließlich innerhalb von Deutschland, sofern keine diesbezüglichen Sondervorschriften im AÜG existieren und diese auch auf die Spielerleihe entsprechend anzuwenden sind.

V. Ergebnis

Das Arbeitnehmerüberlassungsgesetz findet auf Spielerleihgeschäfte im Profisport keine direkte Anwendung. Es muss aber jede in Betracht kommende Vorschrift des AÜG gesondert dahingehend untersucht werden, ob sie durch die gegenwärtige Praxis der Spielerleihe im Profisport gesetzeswidrig umgangen wird oder ob die Besonderheiten des Sports deren Nichtbeachtung rechtfertigen. In aller Regel ist bei Leihgeschäften im Profisport die Anwendung der Kernvorschriften des AÜG auch nicht durch den Ausnahmetatbestand des § 1 Abs. 3 Nr. 2a AÜG ausgeschlossen. Zudem gilt für grenzüberschreitende Spielerleihen grundsätzlich nichts anderes als für Spielerleihen ausschließlich innerhalb Deutschlands, sofern keine diesbezüglichen Sondervorschriften im AÜG existieren und diese auch auf die Spielerleihe entsprechend anzuwenden sind.

B. Erlaubnispflicht

Aus § 1 Abs. 1 S. 1 AÜG ergibt sich, dass Arbeitgeber für die Überlassung von Arbeitnehmern an einen Entleiher im Grunde der Erlaubnis der Bundesagentur für Arbeit bedürfen. Bei Leihgeschäften im Profisport wird aber in keiner Weise eine Erlaubnis vor Durchführung des Geschäfts eingeholt, weder von der Bundesagentur für Arbeit noch von einer sonstigen Institution. Auch der Ausnahmetatbestand des § 1a Abs. 1 AÜG, welcher eine Erlaubnis entbehrlich machen würde, liegt in diesen Fällen nicht vor. Denn der Verleih von Spielern erfolgt für gewöhnlich nicht, um Kurzarbeit oder Entlassungen zu vermeiden. Ohnehin wird die Überlassung auch nicht vom verleihenden Verein der Bundesagentur für Arbeit schriftlich angezeigt, was selbst bei Vorliegen der sonstigen Voraussetzungen dieses Ausnahmetatbestands nach § 1a Abs. 1 AÜG erforderlich wäre. Allerdings ist sogar nach Ansicht der Bundesagentur für Arbeit selbst die Sportlerleihe erlaubnisfrei, wie sie in 1.1.5 Abs. 11 S. 1 bis 3 ihrer Fachlichen Weisungen zum AÜG betont.[548]

---

ohnehin auch im Profisport nicht möglich, da die Transferrechte über einen verliehenen Spieler beim verleihenden Verein verbleiben (s. hierzu u. a. § 5 Nr. 2 S. 6 LOS und Kapitel 2, B.).

548 S. 1.1.5 Abs. 11 S. 1 bis 3 der Fachliche[n] Weisungen Arbeitnehmerüberlassungsgesetz (AÜG) der Bundesagentur für Arbeit (Fassung vom 01.08.2019), abrufbar unter https://www.arbeitsagentur.de/datei/fw-aueg_ba016586.pdf [zuletzt abgerufen am 12.03.2021].

Im Folgenden ist daher zu erörtern, ob dieses allgemein vorhandene Verständnis, dass die Erlaubnispflicht bei Leihgeschäften im Profisport nicht gilt, durch die Besonderheiten des Sports bzw. der Spielerleihe im Profisport gerechtfertigt ist oder ob dadurch § 1 Abs. 1 S. 1 AÜG gesetzeswidrig umgangen wird. Dies nicht zuletzt auch deshalb, weil ein Verstoß gegen die Erlaubnispflicht nach § 16 Abs. 1 Nr. 1 und Nr. 1a AÜG eine Ordnungswidrigkeit von Verleiher und Entleiher darstellt, welche nach § 16 Abs. 2 AÜG jeweils mit einem Bußgeld von bis zu 30.000 Euro geahndet werden kann.

I. Spieler als hochqualifizierte Arbeitnehmer

Berkemeyer ist der Ansicht, dass die Spieler in den höchsten Spielklassen der Mannschaftssportarten hochqualifizierte Arbeitskräfte mit entsprechend hohem Gehalt seien, weshalb diese sich in keiner „Notlage" befänden und u. a. vor diesem Hintergrund die im Vergleich zu Arbeitnehmern anderer Branchen unterschiedliche Behandlung in Bezug auf die Erlaubnispflicht der Verleiher in Ordnung wäre.[549]

Es ist zwar richtig, dass Leiharbeitnehmer von Entleihern im Allgemeinen vornehmlich zur Erfüllung einfacher Tätigkeiten entliehen werden.[550] Demzufolge werden Leiharbeitnehmer häufig auch nicht die allerhöchste Qualifikation aufweisen. Dies ist bei Profisportlern selbsterklärend anders, da jeder Sportler, der es in den Profibereich geschafft hat, in der jeweiligen Sportart eine zumindest ziemlich hohe Qualifikation erlangt hat.

Daraus aber den Schluss zu ziehen, dass schon alleine deswegen im Profisport eine Erlaubnis der Bundesagentur für Arbeit für Spielerleihgeschäfte nicht erforderlich ist, wäre jedoch verfehlt. Auch im Profisport werden in einer Vielzahl der Fälle solche Spieler an einen anderen Verein verliehen, bei denen in sportlicher Hinsicht nicht alles wie gewünscht verläuft. Hierbei kommt u. a. in Betracht, dass ein Spieler sich nicht so schnell wie erhofft in die neue Mannschaft integrieren konnte, der verleihende Verein auf derselben Position einen stärkeren, neuen Spieler verpflichtet hat, ein Spieler nicht (mehr) in das Spielsystem eines (neuen) Trainers passt, er eine Formkrise durchläuft oder ein junger Spieler von der Entwicklung her noch nicht so weit ist. Die Gründe hierfür sind vielfältiger Natur, s. hierzu auch Kapitel 1, B., II. Jedenfalls wird ein Verein nur äußerst selten seinen absoluten Topspieler verleihen, da er ihn selbst benötigt und ihn daher allenfalls gegen eine hohe Ablösesumme im Wege eines endgültigen Transfers veräußern wird.[551]

---

549 *Berkemeyer*, Leihgabe von Berufssportlern, S. 210.

550 So *Schüren*, RdA 2007, 231 (232).

551 Eine Ausnahme hierzu stellte der einjährige Verleih von Kylian Mbappé zu Beginn der Saison 2017/2018 von der AS Monaco zu Paris Saint-Germain mit anschließender Kaufpflicht dar, welcher vor dem Hintergrund des Financial Fairplay (FFP) der UEFA erfolgte, s. Kapitel 1, B., II., 1., a).

Dadurch haben Leihspieler oftmals dasselbe Interesse wie gewöhnliche Leiharbeitnehmer, den Entleiher von der eigenen Qualität zu überzeugen, um ggf. von diesem nach Ablauf der Ausleihdauer im Wege eines endgültigen Transfers fest verpflichtet zu werden. Dies gilt speziell, wenn zwischen Verleiher und Entleiher eine anschließende Kaufoption des Entleihers vereinbart wurde. Aber auch ohne eine dahingehende Vereinbarung wird ein Leihspieler häufig den Entleiher durch gute Leistungen dazu bringen wollen, Verhandlungen mit dem Verleiher in Richtung einer (anschließenden) festen Verpflichtung aufzunehmen. Im AÜG kommt in einer Vielzahl von Vorschriften zum Ausdruck, dass die Arbeitnehmerüberlassung mit dem Ziel erfolgen soll, dass der Leiharbeitnehmer mit dem Entleiher u. U. zu späterer Zeit ein Arbeitsverhältnis eingeht (sog. „Klebeeffekt"), s. z. B. § 9 Abs. 1 Nr. 3 HS 1 und Nr. 4 AÜG und § 13a AÜG.[552] Dieser Gedanke des „Klebeeffekts" ist aber ebenso auf die Spielerleihe im Profisport übertragbar, auch wenn hier die Vertragsverhältnisse während des Ausleihzeitraums anders liegen als bei der gewöhnlichen Arbeitnehmerüberlassung. Zumindest in einer Vielzahl der Fälle wird es gerade das Ziel der ausgeliehenen Spieler sein, durch gute Leistungen langfristig Arbeitnehmer des entleihenden Vereins zu werden und nicht nach Ablauf der Ausleihdauer wieder zum verleihenden Verein zurückkehren zu müssen.

Zudem sei noch erwähnt, dass es im Profisport zwar Spitzenspieler gibt, deren Gehalt eklatant hoch ist. V. a. im Fußball sind die Spielergehälter im Allgemeinen durch die stetig zunehmende Kommerzialisierung in den letzten Jahren nochmals drastisch angestiegen. Es darf aber nicht vergessen werden, dass die Spielergehälter in anderen Mannschaftssportarten zum Teil erheblich geringer ausfallen und nur einen Bruchteil der Gehälter der Topspieler im Fußball darstellen. Im Jahr 2014 beispielsweise verdiente ein guter Volleyballspieler in der Bundesliga wohl ca. 30.000 bis 35.000 Euro netto im Jahr.[553] Gerade auch im Damenprofibereich einiger Mannschaftssportarten wird das Durchschnittsgehalt der Spielerinnen häufig deutlich unter demjenigen anderer Branchen liegen und auch im Gesamtvergleich aller Branchen unterdurchschnittlich ausfallen.[554] Dies spricht ebenfalls dagegen, die Profisportler bloß wegen ihrer (ziemlich)

---

552 S. hierzu auch *Ziegelmayer/Bissels*, DB 2015, 1659 (1660). Andeutungen in diese Richtung enthielt auch schon die Begründung zum Gesetzesentwurf der Bundesregierung zur Regelung der gewerbsmäßigen Arbeitnehmerüberlassung v. 15.06.1971, BT-Drs. 6/2303, S. 13 (die erste Fassung des AÜG trat dann am 11.10.1972 in Kraft).

553 So die Aussage von Klaus-Peter Jung, dem Geschäftsführer der Volleyball Bundesliga (VBL), gegenüber der FAZ, http://www.faz.net/aktuell/sport/mehr-sport/volleyball-nationalspieler-wanderarbeiter-am-netz-13152073.html [zuletzt abgerufen am 12.03.2021].

554 S. insgesamt zur Lebens- und Einkommenssituation von Spitzensportlern in den einzelnen Sportarten *Breuer/Wicker*, Sportökonomische Analyse der Lebenssituation von Spitzensportlern, S. 13 ff., auch abrufbar unter http://www.bisp.de/SharedDocs/Downloads/Publikationen/sonstige_Publikationen_Ratgeber/Breuer_Wickert_Sportoekonomische_Analyse.pdf?__blob=publicationFile [zuletzt abgerufen am

hohen Qualifikation in Bezug auf die Erlaubnispflicht im Vergleich zu Arbeitnehmern anderer Branchen unterschiedlich zu behandeln.

Mithin kann die Nichtanwendung der Erlaubnispflicht auf Leihgeschäfte im Profisport nicht schon alleine mit der hohen bzw. zumindest ziemlich hohen Qualifikation der Spieler als Arbeitnehmer gerechtfertigt werden.

II. Spielerüberlassung mit Ähnlichkeit zur echten Leiharbeit

Da die Spieler vom Verleiher i. d. R. gerade nicht zu dem Zweck eingestellt werden, an einen anderen Verein verliehen zu werden, ist die Spielerleihe der sog. „echten" Leiharbeit sehr ähnlich.

Weil es aber nach dem aktuellen Gesetzeswortlaut des § 1 Abs. 1 S. 1 AÜG (seit dem 01.12.2011) darauf ankommt, dass die Arbeitnehmerüberlassung „im Rahmen der wirtschaftlichen Tätigkeit" des Verleihers erfolgt und nicht mehr auf das Merkmal der „Gewerbsmäßigkeit" o. ä., ist es für die Erlaubnispflicht nunmehr irrelevant, ob ein Fall der „echten" oder „unechten" Leiharbeit vorliegt.[555]

Daher lässt sich auch aus dieser Ähnlichkeit der Spielerüberlassung zur „echten" Leiharbeit nichts in Bezug auf die Frage entnehmen, ob bei Leihgeschäften im Profisport die Erlaubnispflicht des § 1 Abs. 1 S. 1 AÜG entsprechend anzuwenden ist.

III. Entstehungsgeschichte und Ziel der Erlaubnispflicht

Es erscheint eine nähere Auseinandersetzung mit der Entstehungsgeschichte und dem Ziel der Erlaubnispflicht angebracht, um genauer beurteilen zu können,

---

12.03.2021]. Diese Analyse basiert auf einer bundesweiten Online-Befragung deutscher Spitzensportler im Herbst 2009.

555 Auch wenn die Leiharbeitnehmer denknotwendig in Fällen der „unechten" Leiharbeit schutzwürdiger erscheinen, da sie nicht wie in Fällen der „echten" Leiharbeit nach Ablauf der Leihdauer an ihren Stammarbeitsplatz beim Verleiher zurückkehren können, so ändert dies dennoch nichts an der insoweit eindeutigen aktuellen Gesetzeslage. Gleiches gilt auch in der Hinsicht, dass in Fällen der „echten" Leiharbeit die Leiharbeitnehmer i. d. R. jedem Leihgeschäft gesondert zustimmen müssen (genau wie bei der Spielerleihe) und in Fällen der „unechten" Leiharbeit die (Leih-) Arbeitnehmer gleich mit Abschluss des Arbeitsvertrags mit dem Verleiher einer späteren Überlassung zustimmen, ohne zu wissen, an welchen Entleiher und zu welchem Zeitpunkt sie dann überlassen werden. Auch wenn in dieser Hinsicht die Leiharbeitnehmer in letzteren Fällen eindeutig schutzwürdiger erscheinen, so ändert dies ebenfalls nichts an der grundsätzlichen Erlaubnispflicht sämtlicher Überlassungen von Arbeitnehmern, die „im Rahmen der wirtschaftlichen Tätigkeit" des Verleihers erfolgen. Daher sind die diesbezüglichen Ausführungen von *Berkemeyer*, Leihgabe von Berufssportlern, S. 210 f. nach der heutigen Gesetzeslage nicht mehr weiterführend bei der Frage, ob die Erlaubnispflicht auch bei der Spielerleihe im Profisport entsprechend gilt.

ob eine solche Erlaubnis der Bundesagentur für Arbeit auch bei Leihgeschäften im Profisport eingeholt werden muss.

Im Zeitalter der Industrialisierung stieg der Bedarf an Arbeitsvermittlung und Arbeitnehmerüberlassung an und – um die finanzielle Ausbeutung und das sonstige Ausnutzen der Arbeitssuchenden zu unterbinden – wurde die private Arbeitsvermittlung bereits im Jahre 1919 verboten, wodurch ein staatliches Vermittlungsmonopol geschaffen wurde; im Jahre 1941 wurde dann auch die gewerbliche Arbeitnehmerüberlassung verboten.[556] Letzteres geschah durch einen Erlass des damaligen Reichsarbeitsministers vom 20.12.1941.[557] Denn zur Zeit des Nationalsozialismus galt das gewerbliche Ausleihen von Arbeitnehmern, v. a. die Beschäftigung von Arbeitnehmern durch Arbeitgeber ohne eigenen Betrieb mit dem bloßen Zweck des Verleihens, als „asozial" und „ideologisch bedenklich".[558]

Auch in der Nachkriegszeit wurde das Verbot der gewerbsmäßigen Arbeitnehmerüberlassung aufrechterhalten; durch die Einführung des § 37 Abs. 3 AVAVG am 03.04.1957 wurde das gewerbsmäßige Verleihen von Arbeitnehmern weiterhin als unzulässige Arbeitsvermittlung angesehen.[559]

Durch die Entscheidung des BVerfG vom 04.04.1967 wurde dann der Leiharbeit zum Durchbruch verholfen, indem § 37 Abs. 3 AVAVG und damit die Ausdehnung des Arbeitsvermittlungsmonopols auf „Arbeitnehmer-Überlassungsverträge" für nichtig erklärt wurde, da eine solche mit dem Grundrecht der freien Berufswahl der Leiharbeitsunternehmen nicht vereinbar sei.[560] Dadurch wurde die unechte Leiharbeit (also die Einstellung eines Arbeitnehmers durch einen Arbeitgeber mit dem von vornherein bloßen Zweck, ihn entgeltlich einem Dritten zu überlassen) als ebenso zulässig angesehen wie die echte Leiharbeit (also Fälle, in denen der Arbeitnehmer für gewöhnlich im Betrieb des Verleihers tätig wird, in Ausnahmesituationen aber vorübergehend zur Erbringung der Arbeitsleistung einem Entleiher überlassen wird), welche schon zuvor als zulässig erachtet wurde.[561]

Als Reaktion auf dieses Urteil des BVerfG schuf der Gesetzgeber am 07.08.1972 das Arbeitnehmerüberlassungsgesetz; dieses Urteil hatte innerhalb von kurzer Zeit einen erheblichen Anstieg der Zeitarbeit in Deutschland zur Folge und mit der Schaffung des Arbeitnehmerüberlassungsgesetzes kam der Gesetzgeber auch dem in dem Grundsatzurteil des BVerfG enthaltenen Auftrag, die Zeitarbeit

556 S. hierzu *Berkemeyer*, Leihgabe von Berufssportlern, S. 206.

557 S. näher hierzu *Schüren*, in: Schüren/Hamann, AÜG, Einleitung Rn. 42.

558 *Schüren*, in: Schüren/Hamann, AÜG, Einleitung Rn. 41.

559 S. hierzu auch *Weckesser*, Auswirkungen des Gleichbehandlungsgrundsatzes, S. 10 f. Trotz der unterschiedlichen Wortwahl entsprach das Verbot des gewerbsmäßigen Verleihens von Arbeitnehmern in § 37 Abs. 3 AVAVG dem Erlass des Reichsarbeitsministers vom 20.12.1941. So *Schüren*, in: Schüren/Hamann, AÜG, Einleitung Rn. 47.

560 BVerfG v. 04.04.1967 – 1 BvR 84/65, NJW 1967, 974 (974 ff.).

561 *Lembke/Ludwig*, NJW 2014, 1329 (1330).

sozialverträglich zu regeln, nach.[562] Die gewerbsmäßige Arbeitnehmerüberlassung wurde unter ein präventives Verbot mit Erlaubnisvorbehalt gestellt, s. § 1 Abs. 1 AÜG in der Fassung vom 07.08.1972. Dieses präventive Verbot mit Erlaubnisvorbehalt ist bis zur heutigen Fassung stets im AÜG normiert geblieben. Seit 2011 genügt für die Erlaubnispflicht anstelle der „Gewerbsmäßigkeit" sogar, dass die Arbeitnehmerüberlassung „im Rahmen der wirtschaftlichen Tätigkeit" des Überlassenden erfolgt.

Mit der Einführung dieser Erlaubnispflicht wollte der Gesetzgeber bei der Arbeitnehmerüberlassung Verhältnisse herstellen, welche den Anforderungen des sozialen Rechtsstaats entsprechen und die Ausbeutung der Leiharbeitnehmer verhindern.[563] Der Gesetzgeber hat zwar auch deutlich gemacht, dass das allgemeine Interesse der Wirtschaft an der Arbeitnehmerüberlassung für eine begrenzte Zeit im Grundsatz anzuerkennen ist, da der Entleiher so Personalbeschaffungs- und Personalverwaltungskosten einsparen könne und gleichzeitig Beschäftigungsmöglichkeiten für Personen geschaffen würden, die nur vorübergehend tätig werden können oder wollen.[564] Allerdings sollte durch die Einführung der Erlaubnispflicht auch ein geordneter Arbeitsmarkt im Rahmen der Arbeitnehmerüberlassung hergestellt und aufrechterhalten werden; denn neben der stetigen Zunahme der Arbeitnehmerüberlassung in Deutschland nach dem Grundsatzurteil des BVerfG wurden zunehmende Verstöße gegen Vorschriften des Arbeits-, Vermittlungs- und Sozialversicherungsrechts festgestellt – sei es in der Form, dass Verleiher die unzulänglichen behördlichen Kontrollmöglichkeiten dazu ausnutzten, um Sozialversicherungsbeiträge für die von ihnen überlassenen Leiharbeitnehmer zu hinterziehen oder sogar den Lohn ganz oder teilweise nicht zu zahlen oder in der Form, dass gegen Vorschriften in Bezug auf den Arbeitsschutz und die Arbeitserlaubnis verstoßen wurde.[565] Somit wurden die Verleiher unter die Aufsicht der Bundesanstalt für Arbeit (heute Bundesagentur für Arbeit) gestellt und die Erlaubnis sollte dem Verleiher nur erteilt werden, sofern er die notwendige Zuverlässigkeit besitzt sowie für den sozialen Schutz der Leiharbeitnehmer Gewährleistung bietet.[566]

Die Erlaubnispflicht stellt zwar als subjektive Berufszulassungsregelung einen Eingriff in die Berufsfreiheit der Verleiher nach Art. 12 Abs. 1 GG dar;

---

562 S. hierzu *Weckesser*, Auswirkungen des Gleichbehandlungsgrundsatzes, S. 11.

563 S. die Begründung zum Gesetzesentwurf der Bundesregierung zur Regelung der gewerbsmäßigen Arbeitnehmerüberlassung v. 15.06.1971, BT-Drs. 6/2303, S. 9 f.

564 S. die Begründung zum Gesetzesentwurf der Bundesregierung zur Regelung der gewerbsmäßigen Arbeitnehmerüberlassung v. 15.06.1971, BT-Drs. 6/2303, S. 9; S. hierzu auch schon BVerfG v. 04.04. 1967 – 1 BvR 84/65, NJW 1967, 974 (975).

565 S. die Begründung zum Gesetzesentwurf der Bundesregierung zur Regelung der gewerbsmäßigen Arbeitnehmerüberlassung v. 15.06.1971, BT-Drs. 6/2303, S. 9; s. hierzu auch *Weckesser*, Auswirkungen des Gleichbehandlungsgrundsatzes, S. 11.

566 S. die Begründung zum Gesetzesentwurf der Bundesregierung zur Regelung der gewerbsmäßigen Arbeitnehmerüberlassung v. 15.06.1971, BT-Drs. 6/2303, S. 9.

dieser ist aber zum Schutz wichtiger Gemeinschaftsgüter gerechtfertigt bzw. verfassungsrechtlich unbedenklich, da auf diese Weise die Verleiher im Interesse der Leiharbeitnehmer zur ordnungsgemäßen Erfüllung ihrer Arbeitgeberpflichten angehalten und unzuverlässige Verleiher ausgeschlossen werden.[567] Vorwiegend dadurch, dass § 3 AÜG die Erlaubnisversagungsgründe abschließend festlegt, wird hierbei gewährleistet, dass der Eingriff in die subjektive Berufswahlfreiheit nur zum Schutz wichtiger Gemeinschaftsgüter erfolgt.[568]

Die Erlaubnispflicht ist auch mit Art. 4 der Leiharbeitsrichtlinie vereinbar und damit europarechtskonform, da nach Art. 4 Abs. 4 der Leiharbeitsrichtlinie Art. 4 Abs. 1, 2 und 3 unbeschadet der nationalen Anforderungen in Bezug auf Eintragung, Zulassung, Zertifizierung, finanzielle Garantie und Überwachung der Leiharbeitsunternehmen gelten.[569] Außerdem sind die Einschränkungen des Einsatzes der Leiharbeit durch die Erlaubnispflicht auch aus Gründen des Allgemeininteresses nach Art. 4 Abs. 1 der Leiharbeitsrichtlinie – v. a. hinsichtlich des Schutzes der Leiharbeitnehmer, des Gesundheitsschutzes und der Stärkung der Sicherheit am Arbeitsplatz – gerechtfertigt.[570] Die Anforderungen, welche Art. 4 Abs. 1 der Leiharbeitsrichtlinie aufstellt, sind insoweit mit denjenigen, die im Rahmen von Art. 12 Abs. 1 GG für die Rechtfertigung eines Eingriffs in die subjektive Berufswahlfreiheit erforderlich sind, vergleichbar.[571] Überdies haben die Mitgliedstaaten gemäß Art. 10 der Leiharbeitsrichtlinie die geeigneten Maßnahmen, Sanktionen etc. vorzusehen, um die Erfüllung der sich aus der Richtlinie ergebenden Verpflichtungen zu gewährleisten; sofern eine solche Erlaubnispflicht dann mit Vorgaben der Richtlinie verknüpft wird, kann sie durchaus gerade diesem Zweck förderlich sein.[572]

Zusammenfassend ausgedrückt, besteht das Ziel der Erlaubnispflicht darin, geordnete bzw. dem sozialen Rechtsstaat entsprechende Verhältnisse bei der Arbeitnehmerüberlassung herzustellen und die Ausbeutung der Leiharbeitnehmer durch Hinterziehung der Sozialversicherungsbeiträge, (teilweise) Nichtzahlung des Lohns etc. zu verhindern.[573] Schon an dieser Stelle sei aber angemerkt, dass im Profisport nur wenige Fälle der Nichtzahlung oder verspäteten Zahlung des Lohns oder der Nichtentrichtung der Sozialversicherungsbeiträge bekannt sind.[574] V. a. betrifft eine Insolvenz bzw. Zahlungsunfähigkeit eines Vereins ohnehin alle Spieler

---

567 BSG v. 06.02.1992 – 7 RAr 140/90, NZA 1992, 1006 (1007); *Becker/Wulfgramm*, AÜG, Art. 1 § 3 Rn. 14; *Ulrici*, AÜG, § 3 Rn. 9.

568 *Ulrici*, AÜG, § 3 Rn. 9.

569 So auch BGH, GRUR 2017, 95 (96); *Ulrici*, AÜG, § 1 Rn. 21 u. § 3 Rn. 12.

570 So *Ulrici*, AÜG, § 1 Rn. 21; s. hierzu auch *Ulrici*, AÜG, § 3 Rn. 12.

571 *Ulber*, AuR 2010, 10 (12 f.); *Ulrici*, AÜG, § 3 Rn. 11.

572 *Ulrici*, AÜG, § 3 Rn. 11.

573 S. die Begründung zum Gesetzesentwurf der Bundesregierung zur Regelung der gewerbsmäßigen Arbeitnehmerüberlassung v. 15.06.1971, BT-Drs. 6/2303, S. 9 f.

574 Im April 2014 war beispielsweise der damalige Handballbundesligist HSV Hamburg mit den Gehaltszahlungen für März 2014 an Spieler und Trainer in einer Gesamthöhe von 550.000 Euro rückständig; der Grund hierfür waren wohl

gleichermaßen, egal ob ein Spieler nur ausgeliehen ist oder dem Verein „gehört" und hat folglich mit den Leihgeschäften an sich gar nichts zu tun. I. d. R. sind dann auch die sonstigen Mitarbeiter des Vereins betroffen. Insoweit sind die Spieler demselben Insolvenzrisiko ihres Arbeitgebers ausgesetzt wie Arbeitnehmer in anderen Branchen. Dies ändert aber nichts daran, dass zu überprüfen ist, ob im Profisport durch die Nichtanwendung der Erlaubnispflicht eine dahingehende Gefahr der Nichtzahlung oder verspäteten Zahlung des Lohns oder der Nichtentrichtung von Sozialversicherungsbeiträgen speziell zum Nachteil der Leihspieler für die Zukunft besteht. Dies wird v. a. im unmittelbar folgenden Abschnitt (Kapitel 6, B., IV.) genau untersucht.

IV. Andersartige vertragliche Situation

Ausgehend von diesem grundlegenden Ziel bzw. Sinn und Zweck der Erlaubnispflicht nach § 1 Abs. 1 AÜG, die Ausbeutung der Leiharbeitnehmer zu verhindern und dadurch auch geordnete Verhältnisse bei der Überlassung von Arbeitnehmern herzustellen, sind unter diesem Blickwinkel die Verhältnisse im Profisport genauer zu betrachten.

Die Bundesagentur für Arbeit kann nach § 3 AÜG dem Verleiher die Erlaubnis versagen oder nicht verlängern und nach §§ 4, 5 AÜG die Erlaubnis jeweils mit Wirkung für die Zukunft zurücknehmen bzw. widerrufen. Dadurch hat sie die Möglichkeit, unzuverlässige bzw. unseriöse Arbeitgeber zum Schutz der Leiharbeitnehmer als Verleiher auszuschließen. Erheblich bekräftigt wird dies auch durch § 16 Abs. 1 Nr. 1 und Abs. 2 AÜG, wonach das Überlassen eines Leiharbeitnehmers an einen Dritten ohne Erlaubnis eine Ordnungswidrigkeit darstellt, die mit einer Geldbuße bis zu 30.000 Euro geahndet werden kann. Auf diese Weise werden Leiharbeitnehmer vor Arbeitgebern geschützt, bei denen zumindest die Gefahr besteht, dass sie ihre Arbeitgeberpflichten zum Nachteil der Leiharbeitnehmer verletzen.[575] Dies passt auch insoweit ins Gesamtbild, als dass sich das AÜG gegen gewinnsüchtige „Überlassungshaie" stellt.[576]

---

einkalkulierte, aber ausgebliebene Überweisungen von Partnern und Sponsoren. S. hierzu http://www.rp-online.de/sport/handball/handball-bundesliga-hsv-hamburg-droht-verlust-der-lizenz-aid-1.4175942 [zuletzt abgerufen am 12.03.2021]. Nachdem der damalige Präsident und Mäzen des HSV Handball, Andreas Rudolph, eine Bürgschaft über 750.000 Euro abgegeben hatte (von der zumindest ein Teil auch überwiesen wurde) und der HSV zusätzlich eine verspätete Sponsorenrate erhielt, konnten dann Mitte April mit einer zweiwöchigen Verspätung die Gehälter für März 2014 gezahlt werden; 300.000 Euro Hallenmiete für die O2-World (heute Barclaycard Arena) in Hamburg für das Jahr 2013 waren zu diesem Zeitpunkt aber noch immer ausstehend, s. *Weber,* in: https://www.mopo.de/sport/sparen-oder-sterben-der-hsv-handball-liegt-auf-der-intensivstation-3601760 [zuletzt abgerufen am 12.03.2021].

575 S. hierzu auch *Berkemeyer,* Leihgabe von Berufssportlern, S. 207 f.

576 So *Grunsky,* EWiR 1991, 113 (114).

Der Ausschluss unzuverlässiger Verleiher kommt zwangsläufig auch den Entleihern und dem gesamten Arbeitsmarkt zugute. Umstritten ist hierbei, ob der Schutz der Entleiher vor unzuverlässigen Verleihern heutzutage ebenfalls als Schutzzweck der Erlaubnispflicht anzusehen ist oder ob die Erlaubnispflicht lediglich faktisch auch zu einem Schutz der Entleiher führt.[577] Für die erste Ansicht spricht, dass in der heutigen Fassung des AÜG auch die Entleiher sanktioniert werden können, wenn sie Leiharbeitnehmer tätig werden lassen, die ihnen von einem Verleiher ohne Erlaubnis überlassen werden, s. § 10 Abs. 1 i. V. m. § 9 Abs. 1 Nr. 1 AÜG und § 16 Abs. 1 Nr. 1a i. V. m. Abs. 2 AÜG. Auf der anderen Seite wird aus der Entstehungsgeschichte der Erlaubnispflicht aber sehr deutlich, dass diese zum Schutz der Leiharbeitnehmer eingeführt wurde, s. ausführlich hierzu Kapitel 6, B., III. In jedem Fall ist der Schutz der Leiharbeitnehmer als der primäre Schutzzweck der Erlaubnispflicht anzusehen. Dieser Meinungsstreit bedarf aber vorliegend ohnehin keiner abschließenden Bewertung, sofern er für die Frage der Erlaubnispflicht bei Leihgeschäften im Profisport irrelevant ist. Darauf wird im Folgenden zurückzukommen sein.

Wenn man sich näher vor Augen führt, wovor die Leiharbeitnehmer durch die Erlaubnispflicht genau geschützt werden bzw. weshalb sie in dieser Hinsicht schutzwürdig sind, so fällt auf, dass die Leiharbeitnehmer gerade vor den Gefahren des zwangsläufig entstehenden Drei-Personen-Verhältnisses bei der Arbeitnehmerüberlassung geschützt werden sollen.[578]

Im Unterschied zu gewöhnlichen Arbeitsverhältnissen ist es der Arbeitnehmerüberlassung gerade immanent, dass die Arbeitgeberstellung und die Leistungsberechtigung gespalten sind. Arbeitgeber des Leiharbeitnehmers bleibt auch während des Ausleihzeitraums der Verleiher, Leistungsberechtigter ist

---

577 Einen solchen zusätzlichen Schutzzweck befürwortend *Pelzner/Kock*, in: Thüsing, AÜG, § 3 Rn. 5; *Ulrici*, AÜG, § 3 Rn. 6; auch der Zwölfte[] Bericht der Bundesregierung über Erfahrungen bei der Anwendung des Arbeitnehmerüberlassungsgesetzes – AÜG – v. 26.02.2014, BT-Drs. 18/673, S. 6 enthält eine kurze Andeutung in diese Richtung, indem er ausführt, das AÜG diene sowohl dem Schutz der Leiharbeitnehmer als auch der Entleiher vor unzuverlässigen Verleihern; ausdrücklich gegen einen solchen zusätzlichen Schutzzweck aber BGH v. 23.06.2016 – I ZR 71/15, GRUR 2017, 95 (98); *Ambs*, in: Erbs/Kohlhaas u. a., Strafrechtliche Nebengesetze, A 184 (AÜG) § 1 Rn. 5; auch das OLG Frankfurt a. M. v. 29.01.2015 – 6 U 63/14, GRUR 2015, 401 (402 f.) führt aus, dass § 1 AÜG keine marktverhaltensbezogene Komponente zukommt.

578 S. zum Ganzen auch *Berkemeyer*, Leihgabe von Berufssportlern, S. 208 ff., der letztendlich zu demselben Ergebnis mit der vergleichbaren Begründung kommt, dass die Erlaubnispflicht auf das Verleihen von Sportlern nicht entsprechend anzuwenden sei, da die verliehenen Spieler aufgrund der andersgearteten vertraglichen Konstellation im Gegensatz zu den gewöhnlichen Leiharbeitnehmern nicht eines gesonderten Schutzes im Vergleich zu gewöhnlichen Arbeitnehmern bedürften.

jedoch der Entleiher. Bei der Spielerleihe ist aber während der Ausleihdauer der Entleiher sowohl Arbeitgeber als auch Leistungsberechtigter.[579]

Demzufolge besteht für die Leihspieler auch während des Ausleihzeitraums keine Gefahr, dadurch ausgebeutet zu werden, dass der Verleiher den Lohn (teilweise) nicht oder verspätet zahlt bzw. Sozialversicherungsbeiträge nicht entrichtet o. ä. Denn sie erhalten während dieser Zeit ihren Lohn gar nicht vom Verleiher und dieser muss auch nicht die Sozialversicherungsbeiträge entrichten. Dies ist vielmehr die Pflicht des Entleihers als Arbeitgeber zu dieser Zeit. Hinsichtlich des Risikos, dass der Entleiher einer dieser Arbeitgeberpflichten nicht nachkommen sollte, erscheint die Situation mit derjenigen der gewöhnlichen Arbeitnehmer und gerade nicht mit derjenigen der Leiharbeitnehmer vergleichbar. Dieses (Insolvenz-) Risiko des Arbeitgebers hat nichts mit der Arbeitnehmerüberlassung zu tun.

Auch aus § 3 Abs. 1 AÜG, welcher im Kern vorschreibt, wann die Erlaubnis einem Verleiher zu versagen oder nicht zu verlängern ist, ergibt sich, dass die Leiharbeitnehmer durch die Erlaubnispflicht gerade vor den Gefahren dieser Spaltung von Arbeitgeberstellung und Leistungsberechtigung geschützt werden sollen:

Nach § 3 Abs. 1 Nr. 1 AÜG sollen die Leiharbeitnehmer vor unzuverlässigen Verleihern geschützt werden. Es soll v. a. gewährleistet werden, dass der Arbeitgeber in persönlicher Hinsicht seine Arbeitgeberpflichten erfüllt, auch wenn er nicht mehr Leistungsberechtigter ist während der Zeit der Überlassung, u. a. kann auch aus ungeordneten Vermögensverhältnissen des Verleihers dessen Unzuverlässigkeit resultieren; das diesbezügliche Risiko ist in den Fällen der unechten Leiharbeit, in denen der Verleiher nicht einmal eine eigene Betriebsstelle unterhält, aber dennoch zur Lohnzahlung der Leiharbeitnehmer verpflichtet ist, naturgemäß noch erheblich höher.[580] Dass auch die Nichteinhaltung der Überlassungshöchstdauer in § 3 Abs. 1 Nr. 1 AÜG als Versagungsrund aufgelistet ist, bedeutet selbstverständlich noch nicht automatisch, dass auch diese Überlassungshöchstdauer bei Spielerleihgeschäften im Profisport nicht gilt. Dies bedarf vielmehr einer eingehenden Überprüfung u. a. von deren Sinn und Zweck,

579 So auch die Bundesagentur für Arbeit in 1.1.5 Abs. 11 S. 4 und 5 der Fachliche[n] Weisungen Arbeitnehmerüberlassungsgesetz (AÜG) der Bundesagentur für Arbeit (Fassung vom 01.08.2019), abrufbar unter https://www.arbeitsagentur.de/datei/fw-aueg_ba016586.pdf [zuletzt abgerufen am 12.03.2021].

580 Dass geordnete Vermögensverhältnisse ein elementares Kriterium für die Zuverlässigkeit eines Verleihers darstellen, wird auch schon in der Begründung zum Gesetzesentwurf der Bundesregierung zur Regelung der gewerbsmäßigen Arbeitnehmerüberlassung v. 15.06.1971, BT-Drs. 6/2303, S. 11 hinreichend zum Ausdruck gebracht. So auch BGH v. 23.06.2016 – I ZR 71/15, GRUR 2017, 95 (98); LSG Bayern v. 13.12.2006 – L 9 B 823/06 AL ER, BeckRS 2009, 51989; s. zu dieser ganzen Thematik in Bezug auf § 3 Abs. 1 Nr. 1 AÜG auch *Berkemeyer*, Leihgabe von Berufssportlern, S. 208 f.

welcher v. a. auch im Schutz der Stammarbeitnehmer besteht, was ausführlich in Kapitel 6, E., I. erfolgt. Aus dieser Auflistung auch der Nichteinhaltung der Überlassungshöchstdauer als Regelbeispiel der Unzuverlässigkeit als Verleiher in § 3 Abs. 1 Nr. 1 AÜG lässt sich keine Schlussfolgerung hinsichtlich der Anwendung der Erlaubnispflicht ableiten, da mit letzterer – wie ausführlich geschildert – ganz überwiegend die Leiharbeitnehmer und nicht die Stammarbeitnehmer geschützt werden sollen. Dies wird auch dadurch bekräftigt, dass sich derweil wohl kaum Gründe finden lassen werden, die nicht unter § 3 Abs. 1 Nr. 1 AÜG subsumiert werden können.[581]

Auch § 3 Abs. 1 Nr. 2 AÜG nimmt ausdrücklich auf die Arbeitgeberstellung als möglichen Versagungsgrund Bezug, indem der Verleiher nach der Gestaltung seiner Betriebsorganisation dazu in der Lage sein muss, die üblichen Arbeitgeberpflichten ordnungsgemäß zu erfüllen. Auch bei diesem Versagungsgrund ist der Hintergrund in der Spaltung zwischen Arbeitgeberstellung und Leistungsberechtigung zu sehen, da ohne eine solche Spaltung die Arbeitnehmer auch hinsichtlich der betrieblichen Organisation ihres Arbeitgebers im normalen Zwei-Personen-Verhältnis nicht gesondert schutzbedürftig sind.[582] Auch insoweit besteht keine gesonderte Gefahr bei den Leihgeschäften im Profisport, dass der Entleiher seinen Arbeitgeberpflichten aus betriebsorganisatorischen Gründen nicht nachkommen könnte.

Gleiches gilt für § 3 Abs. 1 Nr. 3 AÜG, wonach es einen Versagungsgrund darstellt, wenn der Verleiher als Arbeitgeber seiner Verpflichtung zur Einhaltung des „Equal-Treatment"- und „Equal-Pay"-Grundsatzes nicht nachkommt. Hier ergibt sich die besondere Schutzbedürftigkeit ebenfalls daraus, dass der Verleiher als Arbeitgeber nicht auch Leistungsberechtigter ist.[583] Wenn bei der Spielerleihe der Entleiher als Arbeitgeber aber auch Leistungsberechtigter ist, erscheinen die Spieler hinsichtlich einer etwaigen Erlaubnisversagung des Verleihers nicht gesondert schutzbedürftig, weil der Entleiher für sämtliche Arbeitsbedingungen einschließlich des Arbeitsentgelts verantwortlich ist. Dies bedeutet aber selbstverständlich genau wie bei der Überlassungshöchstdauer noch nicht automatisch, dass der Equal-Treatment- und Equal-Pay-Grundsatz bei Spielerleihgeschäften im Profisport keine Anwendung findet. Vielmehr bedarf es einer genauen Untersuchung, ob der entleihende Verein als Arbeitgeber der Spieler diese Grundsätze zu wahren hat. Diese erfolgt ausführlich in Kapitel 6, D.

Somit bleibt festzuhalten, dass die Spieler im Rahmen einer Spielerleihe vor dem Hintergrund der Entstehungsgeschichte und des Sinns und Zwecks der Erlaubnispflicht keines gesonderten Schutzes durch eine Erlaubnispflicht des Verleihers bedürfen, da die Arbeitgeberstellung und die Leistungsberechtigung gerade nicht gespalten sind wie bei der gewöhnlichen Arbeitnehmerüberlassung.

---

581 So *Schüren*, in Schüren/Hamann, AÜG, § 3 Rn. 28.
582 So auch *Berkemeyer*, Leihgabe von Berufssportlern, S. 209.
583 So auch *Berkemeyer*, Leihgabe von Berufssportlern, S. 209.

Folglich spricht die andersartige vertragliche Situation eindeutig gegen eine gesetzeswidrige Umgehung des § 1 Abs. 1 S. 1 AÜG bei dessen Nichtbeachtung im Rahmen der Spielerüberlassung. Bei der Spielerleihe im Profisport kann daher auch dahinstehen, ob neben den Leiharbeitnehmern (untergeordnet) auch die Entleiher vom Schutzzweck der Erlaubnispflicht umfasst sind. Die Entleiher schließen wissentlich einen Arbeitsvertrag mit dem Spieler für die Ausleihdauer. In dieser Zeit ist der Verleiher nicht Arbeitgeber des Spielers bzw. zumindest sind seine Arbeitgeberpflichten ruhend gestellt. Demzufolge erscheinen die entleihenden Vereine im Rahmen der Spielerleihe erst recht nicht gesondert schutzbedürftig durch eine Erlaubnispflicht, da keine Gefahr besteht, dass der Verleiher unzuverlässig ist und seinen Arbeitgeberpflichten gegenüber den Spielern nicht nachkommt. Denn – wie ausgeführt – sind nicht einmal die Spieler selbst gesondert schutzbedürftig in dieser Hinsicht.

V. Betrachtung im Lichte von § 1 Abs. 2 AÜG und § 10 Abs. 1 i. V. m. § 9 AÜG

Neben dieser auf die andersartige vertragliche Situation zurückzuführenden fehlenden Schutzbedürftigkeit der Spieler im Hinblick auf eine Erlaubnispflicht ist auffällig, dass § 1 Abs. 2 AÜG und § 10 Abs. 1 i. V. m. § 9 AÜG auf das Konstrukt der Spielerleihe nicht passen.

Die Voraussetzungen des § 1 Abs. 2 AÜG scheinen beim verleihenden Verein im Prinzip vorzuliegen, da er während des Ausleihzeitraums nicht einmal Arbeitgeber des Spielers ist und folglich in dieser Zeit auch keinen Arbeitgeberpflichten i. S. v. § 3 Abs. 1 Nr. 1 bis 3 AÜG gegenüber dem Leihspieler nachkommt. Allerdings liegt gerade keine Arbeitsvermittlung vor, da der Vertrag zwischen verleihendem und entleihendem Verein keinen Arbeitsvermittlungsvertrag darstellt, s. Kapitel 2, C., VI. Die Spielerüberlassung stellt vielmehr einen Vertrag „sui generis" dar, s. Kapitel 2, C., VIII. Für das Konstrukt der Spielerleihe ergibt die Vermutungsregelung in § 1 Abs. 2 AÜG daher keinen Sinn.

§ 10 Abs. 1 AÜG ordnet bei einer Unwirksamkeit des Vertrags zwischen Verleiher und Leiharbeitnehmer nach § 9 AÜG an, dass in diesen Fällen ein Arbeitsverhältnis zwischen Entleiher und Leiharbeitnehmer zustande kommt. Beim Konstrukt der Spielerleihe kann der Vertrag zwischen Verleiher und Spieler aber gar nicht unwirksam i. d. S. sein, da für den Ausleihzeitraum gar kein Arbeitsvertrag zwischen diesen geschlossen wird. Bei der Spielerleihe liegt die in § 10 Abs. 1 AÜG angeordnete Sanktion für den Entleiher, dass in diesen Fällen ein Arbeitsverhältnis zwischen ihm und dem illegal überlassenen Leiharbeitnehmer fingiert wird, sozusagen ohnehin schon vor. Denn während des Zeitraums der Ausleihe besteht bekanntermaßen gerade ein Arbeitsverhältnis zwischen dem entleihenden Verein und dem Leihspieler. Aus alledem wird deutlich, dass die Leihspieler im Gegensatz zu gewöhnlichen Leiharbeitnehmern den Ausgleich durch § 10 Abs. 1 AÜG für den Verlust des Arbeitsverhältnisses mit dem Verleiher gar nicht bedürfen.[584]

Dies alles hat zwar nicht direkt etwas mit der Frage zu tun, ob durch die Nichtanwendung der Erlaubnispflicht bei Spielerleihen diese gesetzeswidrig umgangen wird. Es bekräftigt aber das aufgrund der andersartigen vertraglichen Konstruktion gefundene Ergebnis, dass die Spieler wegen der fehlenden Drei-Personen-Konstellation nicht schutzbedürftig sind im Hinblick auf eine Erlaubnispflicht des Verleihers. Denn die durch das bloße Zwei-Personen-Verhältnis andersgeartete Schutzbedürftigkeit wird auch dadurch deutlich, dass § 1 Abs. 2 AÜG und § 10 Abs. 1 i. V. m. § 9 AÜG auf das Konstrukt der Spielerleihe nicht passen.

VI. Ergebnis

Somit stellt die Nichtbeachtung bzw. Nichtanwendung der Erlaubnispflicht des Verleihers bei Leihgeschäften im Profisport keine gesetzeswidrige Umgehung des § 1 Abs. 1 S. 1 AÜG dar; die Nichteinholung der Erlaubnis bei der Bundesagentur für Arbeit ist wegen der Besonderheiten des Sports bzw. der Spielerleihe im Profisport gerechtfertigt.[585] Denn die Spieler bedürfen im Rahmen einer Spielerleihe vor dem Hintergrund der Entstehungsgeschichte und des Sinns und Zwecks der Erlaubnispflicht keines gesonderten Schutzes durch eine Erlaubnispflicht des Verleihers, da die Arbeitgeberstellung und die Leistungsberechtigung gerade nicht gespalten sind wie bei der gewöhnlichen Arbeitnehmerüberlassung. Diese fehlende Schutzbedürftigkeit im Hinblick auf eine Erlaubnispflicht aufgrund der andersartigen vertraglichen Situation im Vergleich zur gewöhnlichen Arbeitnehmerüberlassung wird auch dadurch bekräftigt, dass § 1 Abs. 2 AÜG und § 10 Abs. 1 i. V. m. § 9 AÜG auf das Konstrukt der Spielerleihe im Profisport nicht passen, weil auch hierdurch die andersgeartete Schutzbedürftigkeit im Zwei-Personen-Verhältnis im Vergleich zum Drei-Personen-Verhältnis deutlich wird.

C. Formvorschriften o. ä.

Auch im AÜG normierte Formvorschriften o. ä. sollen (kurz) näher beleuchtet werden.

---

584 *Ulrici*, AÜG, § 10 Rn. 11 bezeichnet die Konsequenz in § 10 Abs. 1 AÜG als „Ausgleich" für den Leiharbeitnehmer für den Verlust seines Arbeitsverhältnisses mit dem Verleiher aufgrund der Unwirksamkeit des Leiharbeitsvertrags nach § 9 Abs. 1 Nr. 1 bis 1b AÜG.

585 Daher bedarf es auch keiner näheren Auseinandersetzung mit § 3 Abs. 2 bis 5 AÜG, wonach u. U. bei der grenzüberschreitenden Arbeitnehmerüberlassung weitere Erlaubnisversagungsgründe hinzutreten können. S. näher hierzu *Lorenz*, in: Däubler/Hjort u. a., Hk-ArbR, § 3 AÜG Rn. 21 ff.

§ 1 Abs. 1 S. 5 und 6 AÜG ordnen an, dass die Arbeitnehmerüberlassung offen erfolgen muss; daher ist seit der AÜG-Reform 2017 die sog. „Fallschirmlösung" – also die Einholung einer sog. Vorratserlaubnis für hinsichtlich ihrer Qualifikation nicht eindeutiger Schuldverhältnisse, um sich vor den Rechtsfolgen der §§ 9 Abs. 1 Nr. 1, 10 Abs. 1 AÜG abzusichern – nicht mehr möglich.[586] Bei Spielerleihgeschäften im Profisport findet aber schon die Erlaubnispflicht keine Anwendung (s. Kapitel 6, B.), weshalb in der Nichtanwendung dieser Offenlegungsvorschriften erst recht keine gesetzeswidrige Umgehung gesehen werden kann. Außerdem hat diese nach der alten Rechtslage noch mögliche Fallschirmlösung ohnehin im Profisport noch nie eine Rolle gespielt, da von vornherein allen klar ist, dass während der Ausleihdauer ausschließlich ein Arbeitsverhältnis zwischen dem entleihenden Verein und dem Spieler besteht und demzufolge der Spieler auch (nur) in dessen Arbeitsbetrieb eingegliedert ist.

Aus demselben Grund finden erst recht bei Leihgeschäften im Profisport § 11 Abs. 1 bis 3 AÜG keine Anwendung, da auch diese an eine Erlaubnis anknüpfen. Dies gilt auch für § 11 Abs. 2 S. 4 AÜG, wonach der Verleiher den Leiharbeitnehmer vor jeder Überlassung darüber zu informieren hat, dass er als Leiharbeitnehmer tätig wird. Dadurch soll die geschilderte Offenlegungspflicht ergänzt werden, damit die Leiharbeitnehmer besser ihre sich aus dem AÜG ergebenden Rechte geltend machen können.[587] Dies ist im Profisport aber sowieso nicht nötig, da die Spieler i. d. R. schon in die Verhandlungen involviert sind und jedenfalls dem Leihgeschäft ausdrücklich zustimmen müssen, weshalb ihnen bewusst ist, dass sie als Leihspieler beim Entleiher tätig sein werden.

Das Schriftformerfordernis nach § 12 Abs. 1 S. 1 AÜG für den Vertrag zwischen Verleiher und Entleiher wird auch bei Leihgeschäften im Profisport eingehalten. Dies handhaben die Vereine schon aus Eigeninteresse so, um in jeglicher Hinsicht Rechtsklarheit zu schaffen, was aufgrund der teilweise heutzutage in Millionenhöhe fließenden Leihgebühren und sonstiger komplexer Options- oder Verpflichtungsvereinbarungen etc. auch nur sinnvoll erscheint. Zudem schreiben häufig auch schon die Regularien der einzelnen Sportverbände ebenfalls eine diesbezügliche Schriftform vor, so z. B. § 5 Nr. 2 S. 3 LOS und Art. 10 Abs. 1 S. 2 des FIFA-Reglements im Fußball, wonach über die Ausleihe eine schriftliche Vereinbarung zwischen dem Spieler und den beiden betroffenen Vereinen zu treffen ist. An diese verbandsrechtlichen Vorgaben halten sich die Vereine schon deshalb, um zu gewährleisten, dass der Leihspieler auch eine Spielerlaubnis für

---

586 S. hierzu *Ulrici*, AÜG, § 1 Rn. 130 und auch den Gesetzesentwurf der Bundesregierung zur Änderung des Arbeitnehmerüberlassungsgesetzes und anderer Gesetze v. 20.07.2016, BT-Drs. 18/9232, S. 19 f.
S. näher zum Inhalt der Deklarationspflicht nach § 1 Abs. 1 S. 5 AÜG und der Konkretisierungspflicht nach § 1 Abs. 1 S. 6 AÜG *Ulrici*, AÜG, § 1 Rn. 131 ff.

587 S. den Gesetzesentwurf der Bundesregierung zur Änderung des Arbeitnehmerüberlassungsgesetzes und anderer Gesetze v. 20.07.2016, BT-Drs. 18/9232, S. 20.

den entleihenden Verein erhält, was ja gerade der Sinn und Zweck des Leihgeschäfts ist.

§ 12 Abs. 1 S. 3 AÜG und § 12 Abs. 2 AÜG knüpfen wiederum an die Erlaubnispflicht an und finden daher bei Leihgeschäften im Profisport auch erst recht keine Anwendung. § 12 Abs. 1 S. 4 AÜG soll der Einhaltung des Equal-Treatment- bzw. Equal-Pay-Grundsatzes nach § 8 AÜG dienen, indem der Entleiher dem Verleiher in der Urkunde hierfür relevante Informationen mitteilt. Bei Spielerleihgeschäften im Profisport ist dies aber nicht nötig, da der Verleiher während der Ausleihdauer nicht Arbeitgeber des Spielers ist und ihn daher die Verpflichtung zur Einhaltung dieser Grundsätze gar nicht trifft. Ob der Entleiher zur Einhaltung dieses Gleichstellungsgrundsatzes verpflichtet ist, wird ausführlich in Kapitel 6, D. erörtert.

Aufgrund der Nichtanwendung der Erlaubnispflicht bei Leihgeschäften im Profisport spielen die §§ 2, 2a, 7 AÜG bei Spielerleihen keine Rolle.

Folglich werden keinerlei Formvorschriften o. ä. des AÜG durch die gegenwärtige Praxis der Spielerleihe im Profisport gesetzeswidrig umgangen.

D. „Equal-Treatment"- bzw. „Equal-Pay"-Grundsatz

In der heutigen Fassung des AÜG ist in § 8 Abs. 1 S. 1 AÜG ausdrücklich normiert, dass der Leiharbeitnehmer während der Überlassungszeit „die im Betrieb des Entleihers für einen vergleichbaren Arbeitnehmer des Entleihers geltenden wesentlichen Arbeitsbedingungen einschließlich des Arbeitsentgelts" zu erhalten hat. Dieser Gleichstellungsgrundsatz ist europarechtlich determiniert.[588] Im Profisport ist aber offensichtlich, dass alle Spieler zum Teil ein deutlich voneinander abweichendes Gehalt bekommen und daher gerade auch die Leihspieler in aller Regel nicht dasselbe Gehalt wie die „Nichtleihspieler"[589] bzw. wie die Nichtleihspieler, welche auf derselben Spielposition einsetzbar sind, erhalten.[590] Dieser im AÜG normierte Gleichstellungsgrundsatz findet im Profisport demnach jedenfalls in Bezug auf das gleiche Arbeitsentgelt offensichtlich keine Beachtung. Demzufolge ist zu untersuchen, ob diese Nichtbeachtung bei Leihgeschäften im

---

588 S. näher hierzu Kapitel 6, D., III., 1.

589 Um Verwechslungen zu vermeiden, wurde der Begriff „Nichtleihspieler" und nicht „Stammspieler" gewählt, da im Sport unter „Stammspieler" zumeist ein Spieler verstanden wird, der in aller Regel in der Startaufstellung steht. „Nichtleihspieler" sind demnach die „gewöhnlichen" Spieler, die nicht aufgrund eines Leihgeschäfts für den entleihenden Verein spielberechtigt sind, also die Spieler, welche keinen Anschlussarbeitsvertrag (bzw. die Verpflichtung zum Abschluss eines solchen nach Ablauf der Ausleihdauer) oder ruhenden Arbeitsvertrag mit einem anderen (verleihenden) Verein haben.

590 Auf die Frage, wer im Profisport genau einen solchen „vergleichbaren Arbeitnehmer" darstellt bzw. darstellen würde, wird ausführlich in Kapitel 6, D., III., 2., d), aa), [2] eingegangen.

Profisport eine gesetzeswidrige Umgehung des § 8 Abs. 1 S. 1 AÜG darstellt oder ob diese wegen der Besonderheiten des Sports bzw. der Spielerleihe im Profisport gerechtfertigt ist. Auch die sonstigen wesentlichen Arbeitsbedingungen sind hinsichtlich einer etwaigen Gleichstellung genauer zu untersuchen.

I. Allgemeines

„Equal Pay“ ist die englische Bezeichnung für gleiches Gehalt und „Equal Treatment“ für Gleichbehandlung. Beide Begriffe haben sich auch in der deutschen Praxis durchgesetzt.

Welch erhebliche Bedeutung das AÜG dem Gleichstellungsgrundsatz beimisst, zeigt schon § 16 Abs. 1 Nr. 7a i. V. m. Abs. 2 AÜG, wonach schon die vorsätzliche oder fahrlässige Nichtgewährung einer Arbeitsbedingung i. S. v. § 8 Abs. 1 S. 1 AÜG eine Ordnungswidrigkeit darstellt, die mit einer Geldbuße bis zu 500.000 Euro sanktioniert werden kann. Die weitaus meisten der anderen in § 16 Abs. 1 AÜG normierten Ordnungswidrigkeiten können hingegen nur mit einer erheblich geringeren Geldbuße sanktioniert werden.[591]

§ 8 Abs. 1 S. 1 AÜG nimmt hinsichtlich dieses Gleichstellungsgrundsatzes ausdrücklich nur den Verleiher in die Pflicht. Dies basiert darauf, dass während der Überlassung des Leiharbeitnehmers bei der gewöhnlichen Arbeitnehmerüberlassung der Verleiher weiterhin der Arbeitgeber des Leiharbeitnehmers ist.[592] Bereits aus diesem Wortlaut des § 8 Abs. 1 S. 1 AÜG den Schluss zu ziehen, aufgrund der andersartigen vertraglichen Konstruktion bei Leihgeschäften im Profisport in der Hinsicht, dass während des Ausleihzeitraums der Entleiher und gerade nicht der Verleiher der Arbeitgeber des Leihspielers ist, gelte der Gleichstellungsgrundsatz hier nicht, wäre sicherlich zu vorschnell. Vielmehr steht im Profisport die Frage nach einer Verpflichtung des entleihenden Vereins als Arbeitgeber des Spielers während des Ausleihzeitraums zur Einhaltung dieses Gleichstellungsgrundsatzes im Raum. Selbst wenn verleihender und entleihender Verein eine teilweise oder sogar überwiegende Übernahme der Zahlung des Gehalts des Leihspielers

---

591 Die Einhaltung dieses Gleichstellungsgrundsatzes hat nach § 3 Abs. 1 Nr. 3 AÜG (s. auch §§ 2 Abs. 2, 4 Abs. 1, 5 Abs. 1 AÜG) zudem maßgeblichen Einfluss auf eine etwaige Erlaubniserteilung durch die Bundesagentur für Arbeit. Dies ist freilich für den Bereich der Leihgeschäfte im Profisport nicht wirklich relevant, da die dortige Nichtbeachtung der Erlaubnispflicht keine gesetzeswidrige Umgehung des § 1 Abs. 1 S. 1 AÜG darstellt, s. Kapitel 6, B.

592 Daher hat der nationale Gesetzgeber auch die Terminologie in der Überschrift von Art. 5 der Leiharbeitsrichtlinie („Grundsatz der Gleichbehandlung“) in „Gleichstellungsgrundsatz“ präzisiert; allerdings wäre der Begriff „Schlechterstellungsverbot“ noch passender gewesen, da eine Besserstellung der Leiharbeitnehmer möglich ist, was sich aus Art. 5 Abs. 1 S. 1 und auch aus Erwägungsgrund 14 der Leiharbeitsrichtlinie („mindestens“) ergibt. So mit weiteren Verweisen *Hamann/ Klengel*, EuZA 2017, 485 (495); *Ulrici*, AÜG, § 8 Rn. 11.

während des Ausleihzeitraums durch den verleihenden Verein vereinbaren, so bleibt dennoch ausschließlich der entleihende Verein der Arbeitgeber des Leihspielers in dieser Zeit. Daher kann auch in einer solchen Konstellation die Pflicht zur Einhaltung dieses Gleichstellungsgrundsatzes lediglich den Entleiher treffen. Die folgende Untersuchung behandelt demnach die Frage, ob die entleihenden Vereine tatsächlich eine solche Pflicht zur Gleichstellung trifft und damit deren Nichtbeachtung eine gesetzeswidrige Umgehung des § 8 Abs. 1 S. 1 AÜG darstellt oder ob diese Nichtbeachtung aufgrund der Besonderheiten des Sports gerechtfertigt ist.

II. Equal Treatment bezüglich der sonstigen wesentlichen Arbeitsbedingungen

Bezüglich der sonstigen wesentlichen Arbeitsbedingungen neben dem Arbeitsentgelt ergeben sich bei Leihspielern im Profisport keine Probleme mit der Einhaltung des Gleichstellungsgrundsatzes. Abseits des Arbeitsentgelts werden Nichtleihspieler und Leihspieler von den (entleihenden) Vereinen in aller Regel gleichbehandelt. Hinsichtlich von Dauer der Arbeitszeit, Überstunden, Pausen, Ruhezeiten, Nachtarbeit und arbeitsfreien Tagen sind hierbei keine Unterschiede erkennbar und die dementsprechenden Regelungen gelten für alle Spieler in vergleichbarem Maße. Dies ist auch wenig verwunderlich, da sich die genannten Kriterien in erster Linie nach dem Spielplan richten. Jedes Pflichtspiel erfordert eine bestmögliche Vorbereitung mit sämtlichen Spielern, völlig unabhängig davon, ob diese Leih- oder Nichtleihspieler sind. Der Trainingsplan wird auch gerade auf diese Punktspiele ausgerichtet. Daher erfahren sämtliche Spieler (sofern sie dem Kader für das anstehende Spiel angehören) hinsichtlich von Arbeitszeiten etc. dieselben Bedingungen. Urlaub dürfen sämtliche Spieler in aller Regel auch lediglich in der Sommer- und Winterpause vor Beginn der Vorbereitung auf die neue Saison bzw. Rückrunde nehmen. Auch Regelungen über Maßnahmen zur Bekämpfung von Diskriminierungen aufgrund der Rasse oder ethnischen Herkunft, der Religion oder Weltanschauung, einer Behinderung, des Alters oder der sexuellen Orientierung gelten für sämtliche Spieler gleichermaßen. Ebenso wenig sind bei sonstigen Arbeitsbedingungen Differenzierungen zwischen Leih- und Nichtleihspielern durch die (entleihenden) Vereine ersichtlich.

Folglich braucht auf die Frage, wann genau eine Arbeitsbedingung wesentlich ist, vorliegend nicht näher eingegangen zu werden.[593]

---

593 S. näher hierzu mit weiteren Verweisen *Ulrici*, AÜG, § 8 Rn. 23 f. Die h. A. stellt hierbei ausschließlich auf Art. 3 Abs. 1 lit. f der Leiharbeitsrichtlinie und dessen Ergänzung bzw. Erweiterung in Art. 5 Abs. 1 S. 2 der Leiharbeitsrichtlinie ab. Dies sind die im vorherigen Absatz gesondert genannten Arbeits- und Beschäftigungsbedingungen ergänzt durch Regelungen zum Schutz schwangerer und stillender Frauen, zum Kinder- und Jugendschutz und über Maßnahmen zur Bekämpfung von Diskriminierungen aufgrund des Geschlechts.

III. Equal Pay

Als einzige in § 8 Abs. 1 S. 1 AÜG explizit erwähnte wesentliche Arbeitsbedingung, auf die der Gleichstellungsgrundsatz Anwendung zu finden hat, stellt das Arbeitsentgelt eine elementare Ausprägung dieses Gleichstellungsgrundsatzes dar. Wie bereits erwähnt, divergieren die Gehaltsgrößen bei den Spielern im Profisport zum Teil aber erheblich. Der Verein als Arbeitgeber handelt mit jedem Spieler bzw. mit dessen Berater das Gehalt gesondert aus. Zwar haben sich manche Vereine intern zum Ziel gesetzt, eine bestimmte Gehaltshöchstgrenze bei keinem Spieler zu überschreiten, weshalb es schon vorkommen kann, dass mehrere Spieler diesen gleichen „Maximalbetrag" erhalten.[594] Auch unabhängig davon wird es vereinzelt vorkommen, dass manche Spieler (zufällig) dasselbe Gehalt bekommen. Dies ändert aber nichts daran, dass im Grundsatz jeder Spieler ein Arbeitsentgelt in individueller Höhe erhält, das regelmäßig von demjenigen anderer Spieler abweicht. Daher bekommen auch die Leihspieler ein Arbeitsentgelt in individueller Höhe, das sich in aller Regel von demjenigen anderer Spieler bzw. zumindest des Großteils der anderen Spieler unterscheidet. Dieses Gehalt weicht demnach i. d. R. auch vom Gehalt der Nichtleihspieler bzw. der Nichtleihspieler, welche (überwiegend) auf derselben Spielposition einsetzbar sind, ab.[595] Folglich findet dieser Equal-Pay-Grundsatz des § 8 Abs. 1 S. 1 AÜG im Profisport offensichtlich keine Beachtung. Die folgenden Ausführungen konzentrieren sich demzufolge darauf, ob dies aufgrund der Besonderheiten des Profisports gerechtfertigt ist oder eine gesetzeswidrige Umgehung des § 8 Abs. 1 S. 1 AÜG darstellt.

1. Entstehungsgeschichte

Zunächst soll untersucht werden, ob die Entstehungsgeschichte des Equal Pay irgendwelche Rückschlüsse dahingehend zulässt, ob dieses auch auf Leihspieler im Profisport Anwendung zu finden hat.

Durch die im Jahr 2003 in Kraft getretene „Hartz-Reform"[596], durch welche die rot-grüne Regierung unter dem damaligen Bundeskanzler Gerhard Schröder die Agenda 2010 umsetzte, wurde u. a. sozusagen vorauseilend – obwohl zur damaligen Zeit noch keine europarechtliche Vorgabe durch eine Richtlinie bestand – der Equal-Pay- bzw. Equal-Treatment-Grundsatz in das AÜG eingeführt, um den Leiharbeitnehmerschutz zu stärken.[597] Erst am 05.12.2008 trat die

---

594 Eine interne Vereinbarung der Vereine in die andere Richtung, die ein „Mindestgehalt" für jeden Spieler vorsieht, dürfte hingegen die absolute Seltenheit darstellen.

595 Auf die Frage, wer im Profisport genau einen solchen „vergleichbaren Arbeitnehmer" darstellt bzw. darstellen würde, wird ausführlich in Kapitel 6, D., III., 2., c), aa), [2] eingegangen.

596 Erstes Gesetz für moderne Dienstleistungen am Arbeitsmarkt (Hartz I) v. 23.12.2002, BGBl. I 2002, S. 4607.

597 S. näher hierzu *Lembke/Ludwig*, NJW 2014, 1329 (1330).

Leiharbeitsrichtlinie in Kraft, welche in Art. 5 Abs. 1 den Gleichbehandlungsgrundsatz vorsieht (s. auch Art. 3 Abs. 1 lit. f und Erwägungsgrund 14 der Leiharbeitsrichtlinie). Dennoch ist dieser Equal-Pay- bzw. Equal-Treatment-Grundsatz europarechtlich determiniert, da bereits im März 2002 die Diskussion über einen von der EG-Kommission vorgelegten Leiharbeitsrichtlinienentwurf[598] begann, welcher als Kernregelung zum Schutz der Leiharbeitnehmer schon den Gleichbehandlungsgrundsatz beinhaltete; einer der Hauptgründe für das erst deutlich spätere Inkrafttreten der Leiharbeitsrichtlinie ist in dem damaligen Streit um die Schonfrist, also den Zeitraum, in welchem der Gleichbehandlungsgrundsatz noch nicht gelten sollte, zu sehen.[599]

Schon bei seiner Einführung im Jahr 2003 war der Equal-Treatment- bzw. Equal-Pay-Grundsatz genau wie auch bereits der genannte Kommissionsentwurf und später die Leiharbeitsrichtlinie tarifdispositiv ausgestaltet.[600]

Mit der AÜG-Reform zum 01.04.2017 wurden die bisher im AÜG verstreuten Regelungen zur Gleichstellung von Leiharbeitnehmern und Stammbelegschaft im neuen § 8 AÜG zusammengefasst; eine Neuerung stellt hierbei die Möglichkeit eines Wertausgleichs in Euro nach Abs. 1 S. 3 dar, wenn im Betrieb des Entleihers Sachbezüge gewährt werden, zudem wurden die tarifvertraglichen Abweichungsmöglichkeiten des § 9 Nr. 2 AÜG a. F. in § 8 Abs. 2 bis 4 AÜG neu geregelt, wobei Abs. 2 und 3 der Rechtslage vor der AÜG-Reform entsprechen, Abs. 4 hingegen geänderte Rahmenbedingungen für die Abweichungsmöglichkeiten vorschreibt.[601]

Demnach wird in keiner Phase der Entstehungsgeschichte des Equal Pay speziell auf Spielerleihgeschäfte eingegangen oder Bezug genommen o. ä. Somit lässt die Entstehungsgeschichte des Equal Pay im Prinzip keine Rückschlüsse dahingehend zu, ob dieses auch auf Leihspieler im Profisport Anwendung zu finden hat.

Allerdings lohnt es sich, die Sanktionsmöglichkeit nach § 16 Abs. 2 i. V. m. Abs. 1 Nr. 7a AÜG genauer zu betrachten. Nach § 16 Abs. 1 Nr. 7a i. V. m. Abs. 2 AÜG stellt die Nichteinhaltung des Gleichstellungsgrundsatzes eine Ordnungswidrigkeit dar, die mit einer Geldbuße bis zu 500.000 Euro geahndet werden kann. Hierbei nennt § 16 Abs. 1 Nr. 7a AÜG ausdrücklich den Verleiher als möglichen Adressaten dieser Sanktion. Im Profisport käme hierfür aber allenfalls

598 Vorschlag der Kommission der Europäischen Gemeinschaften für eine Richtlinie des Europäischen Parlaments und des Rates über die Arbeitsbedingungen von Leiharbeitnehmern v. 20.3.2002, KOM(2002) 149 endgültig, 2002/0072(COD).

599 S. näher hierzu *Lembke/Ludwig*, NJW 2014, 1329 (1330).

600 S. hierzu auch *Lembke/Ludwig*, NJW 2014, 1329 (1330 f.), die auch näher auf den „Boom" der Leiharbeit nach der Hartz-Reform eingehen.

601 S. hierzu den Gesetzesentwurf der Bundesregierung zur Änderung des Arbeitnehmerüberlassungsgesetzes und anderer Gesetze v. 20.07.2016, BT-Drs. 18/9232, S. 23; *Ulber*, AuR 2017, 238 (239).

der Entleiher als der Arbeitgeber des Leihspielers während des Ausleihzeitraums in Betracht. Es erscheint aber überaus problematisch, ob dann auch einfach der Entleiher im Profisport als Adressat herangezogen werden kann. Im Bereich von Strafen und Ordnungswidrigkeiten gilt nämlich bekanntermaßen der Grundsatz „nullum crimen, nulla poena sine lege", s. Art. 103 Abs. 2 GG, § 1 StGB und §§ 3, 4 OWiG. Gerade bei einer Sanktionsmöglichkeit in einer solchen Größenordnung kommt diesem Grundsatz besondere Bedeutung zu. Vor diesem Hintergrund kann ein Entleiher wohl kaum zur Zahlung einer solchen Geldbuße verpflichtet werden. Daraus lässt sich insgesamt erschließen, dass der Gesetzgeber die Spielerleihgeschäfte im Profisport (auch) im Rahmen des Equal-Treatment- bzw. Equal-Pay-Grundsatzes wohl überhaupt nicht im Blick hatte. Denn ohne Sanktionsmöglichkeit besteht naturgemäß die erhebliche Gefahr, Verstöße gegen den Gleichstellungsgrundsatz nicht wirksam bekämpfen und damit verhindern zu können.

2. *Sinn und Zweck*

Ohnehin erscheint es aber elementar, sich näher mit dem Sinn und Zweck des Equal Pay auseinanderzusetzen, um beurteilen zu können, ob dieser Equal-Pay-Grundsatz auch bei Spielerleihgeschäften im Profisport zur Anwendung zu kommen hat.

a) Schutz der Leiharbeitnehmer

In erster Linie dient der gesamte Gleichstellungsgrundsatz und speziell auch der Grundsatz des gleichen Arbeitsentgelts dem Schutz der Leiharbeitnehmer. Dies zeigt sich schon dadurch, dass ohne eine solche Regelung Leiharbeitnehmer sich häufig mit erheblich geringeren Löhnen und ggf. auch schlechteren Arbeitsbedingungen als ihre vergleichbaren Stammarbeitskräfte zufrieden geben müssten, um überhaupt angestellt zu werden.[602] Ohne eine solche Regelung wäre oftmals gerade die Aussicht, einem Leiharbeitnehmer ein in Relation geringeres Gehalt zahlen zu müssen, ein maßgeblicher Anreiz für die verleihenden Unternehmen, vermehrt Leiharbeitnehmer zu verleihen. Dies wird dadurch bestätigt, dass auch nach der heutigen Rechtslage nach § 8 Abs. 2 bis 4 AÜG von dem Gleichstellungsgrundsatz (unter Einhaltung der Vorgaben) abgewichen werden darf und hiervon auch in den meisten Branchen Gebrauch gemacht wird.[603] Also ist diese auch nach der aktuellen Gesetzeslage zumeist bestehende Möglichkeit der Zahlung

---

602 Auch die Antwort der Bundesregierung auf die Kleine Anfrage der Abgeordneten Beate Müller-Gemmeke, Corinna Rüffer, Brigitte Pothmer und weiterer Abgeordneter und der Fraktion BÜNDNIS 90/DIE GRÜNEN – Drucksache 18/9559 – v. 22.09.2016, BT-Drs. 18/9723, S. 4 spricht von einem „teilweise erheblich höheren Lohn der vergleichbaren Stammarbeitskräfte".

603 S. hierzu auch *Lorenz*, in: Däubler/Hjort u. a., Hk-ArbR, § 8 AÜG Rn. 16.

eines geringeren Gehalts und ggf. der Gewährung schlechterer Arbeitsbedingungen an die Leiharbeitnehmer auch heute noch ein Hauptgrund für die Verleiher, vermehrt Leiharbeitnehmer zu verleihen. Daher erscheint es auch nur wenig verwunderlich, dass bislang tarifvertragliche Vereinbarungen nach § 8 Abs. 2 i. V. m. Abs. 4 AÜG nahezu ausschließlich zuungunsten der Leiharbeitnehmer getroffen wurden, weshalb deren Bruttomonatsgehalt im Durchschnitt deutlich unter demjenigen vergleichbarer Stammarbeitnehmer liegt.[604] Dazu passt auch, dass Leiharbeitnehmer von Entleihern vornehmlich zur Erfüllung einfacher Tätigkeiten entliehen werden.[605]

Durch diesen gesetzlich normierten Gleichstellungsgrundsatz sollen die Leiharbeitnehmer, welche ohnehin im Vergleich zu den Stammarbeitnehmern flexibler sein müssen, näher an die Stammbelegschaft des Entleiherbetriebs als ihrem Einsatzbetrieb herangeführt werden; insoweit verfolgt der Gleichstellungsgrundsatz dasselbe Anliegen wie §§ 13a, 13b, 14 Abs. 2 S. 4 bis 6 AÜG.[606]

Außerdem wird der Leiharbeitnehmerschutz als Sinn und Zweck des Gleichstellungsgrundsatzes auch durch Art. 5 Abs. 1 S. 1 und Erwägungsgrund 14 der Leiharbeitsrichtlinie bestätigt, wonach lediglich eine Schlechterstellung der Leiharbeitnehmer verboten ist, eine Besserstellung der Leiharbeitnehmer hingegen möglich ist, da hier jeweils von „mindestens“ den Arbeits- und Beschäftigungsbedingungen, die für die Leiharbeitnehmer gelten würden, wenn sie von dem entleihenden Unternehmen unmittelbar für den gleichen Arbeitsplatz eingestellt worden wären, die Rede ist.

b) Schutz der Stammarbeitnehmer

Neben den Leiharbeitnehmern sollen aber zumindest in gewissem Maße durch diese vorgeschriebene Gleichstellung der Leiharbeitnehmer auch die Stammarbeitnehmer vor einer Verdrängung durch Leiharbeitnehmer geschützt werden.[607] Auch wenn es offensichtlich erscheint, dass durch diese Gleichstellung in erster Linie die Leiharbeitnehmer geschützt werden sollen, so geht hiermit auch zwangsläufig mittelbar (in welchem Maße auch immer) der Schutz der Stammarbeitnehmer vor einer solchen Verdrängung einher. Denn durch diese gesetzliche Vorgabe ist es für die Verleiher weitaus weniger lukrativ, vermehrt Leiharbeitnehmer zu verleihen bzw. zum Zwecke der vermehrten „unechten“ Arbeitnehmerüberlassung überhaupt ein Verleihunternehmen zu gründen oder aufrechtzuerhalten. Diesen Gedanken fortführend stehen den Entleihern dann schon insgesamt weniger Leiharbeitnehmer zur Verfügung. Zudem werden die verleihenden Unternehmen im Rahmen des Arbeitnehmerüberlassungsvertrags

---

604 S. näher hierzu *Lorenz*, in: Däubler/Hjort u. a., Hk-ArbR, § 8 AÜG, Rn. 16.
605 So *Schüren*, RdA 2007, 231 (232).
606 *Ulrici*, AÜG, § 8 Rn. 9.
607 So im Ergebnis auch *Ulrici*, AÜG, § 8 Rn. 9.

mit dem entleihenden Unternehmen dadurch auf ein (mitunter erheblich) höheres Entgelt drängen, um die für sie mit diesem Gleichstellungsgrundsatz einhergehenden finanziellen Mehrausgaben zu kompensieren. Dadurch wird auch für die Entleiher der Einsatz von Leiharbeitnehmern unattraktiver und die genannte Verdrängungsgefahr für die Stammarbeitnehmer ist zumindest abgemildert. Hiermit steht auch im Einklang, dass aus arbeitsmarktpolitischer Sicht die sog. Normalarbeitsverhältnisse den Grundsatz darstellen sollen und gerade nicht der Einsatz von Leiharbeit. Keinesfalls soll der Einsatz von Leiharbeitnehmern Überhand im Vergleich zu den Normalarbeitsverhältnissen gewinnen, s. näher hierzu auch Kapitel 6, E., I., 3., a) und Kapitel 6, E., I., 4., a).

Freilich wird durch die tarifvertragliche Abweichungsmöglichkeit nach § 8 Abs. 2 i. V. m. Abs. 4 AÜG dieses auf den ersten Blick verloren gegangene Interesse der Verleiher, Leiharbeitnehmer zu verleihen, zum Großteil wiederhergestellt, weshalb sie auch nicht auf überhöhte Entgeltsummen im Rahmen des Überlassungsvertrags drängen werden, und somit wird auch für die Entleiher die Attraktivität des Leiharbeitnehmereinsatzes zum Großteil wiederhergestellt.

Dies ändert aber nichts daran, dass grundsätzlich auch der Schutz der Stammarbeitnehmer vor einer Verdrängung durch Leiharbeitnehmer vom Sinn und Zweck des Gleichstellungsgrundsatzes umfasst ist.

c) Zwischenergebnis

Somit sind in erster Linie der Schutz der Leiharbeitnehmer, daneben aber auch der Schutz der Stammarbeitnehmer vor einer Verdrängung durch Leiharbeitnehmer als Sinn und Zweck des Equal Pay anzusehen.

d) Übertragung auf den Profisport

Ausgehend von diesen Schutzzwecken des Equal-Pay-Grundsatzes in Form des Schutzes der Leiharbeitnehmer und der Verhinderung der Verdrängung von Stammarbeitnehmern durch Leiharbeitnehmer ist nun zu beurteilen, ob die Nichtbeachtung des Equal Pay bei Leihspielern im Profisport eine gesetzeswidrige Umgehung des AÜG darstellt oder ob diese Nichtbeachtung aufgrund der Besonderheiten bei Leihgeschäften im Profisport gerechtfertigt ist.

aa) Schutz der Leihspieler

Zunächst soll darauf eingegangen werden, ob es notwendig und angemessen bzw. sachgerecht erscheint, den Schutz der Leiharbeitnehmer durch den Equal-Pay-Grundsatz auch den Leihspielern zuteilwerden zu lassen.

[1] Schutzbedürftigkeit der Leihspieler?

Schon auf den ersten Blick ist offensichtlich, dass sich im Bereich des Profisports die Ausgangslage bezüglich der Höhe des Arbeitsentgelts der Leihspieler im Vergleich zu den Nichtleihspielern anders darstellt als in den sonstigen Branchen.

Im Profisport erhält jeder Spieler – egal ob Leih- oder Nichtleihspieler – ein Arbeitsentgelt in individueller Höhe, das sich von demjenigen der anderen Spieler unterscheidet. Es kommt zwar teilweise vor, dass zwei oder sogar mehrere Spieler eines Vereins ein Arbeitsentgelt in derselben Höhe erhalten. Dies stellt dann aber gewissermaßen einen Zufall dar bzw. liegt an der internen Zielsetzung eines Vereins, eine bestimmte Gehaltshöchstgrenze bei keinem Spieler zu überschreiten o. ä. Letzteres kann dann z. B. dazu führen, dass das Gehalt mehrerer Topspieler in identischer Höhe ausfällt. Dies ändert aber nichts daran, dass grundsätzlich ein individuelles Gehalt eines jeden Spielers im Profibereich der Mannschaftssportarten absolut vorherrschend ist.

Die Gehaltsgröße eines Spielers bestimmt sich im Profisport nach den verschiedensten Faktoren. Ausgangspunkt stellt hierbei die sportliche Qualität eines Spielers dar. Auch das Alter eines Spielers spielt eine gewichtige Rolle, ebenso beeinflusst die Erfahrung eines Spielers auf Profiniveau – insbesondere auf internationaler Ebene – die Höhe des Gehalts zum Teil erheblich. Sofern ein Spieler ablösefrei oder für eine geringe Ablösesumme erworben werden kann, lassen sich die Vereine oftmals auf ein höheres Gehalt des Spielers ein, als wenn sie eine hohe Ablösesumme aufbringen müssten, da dann der Transfer für die Vereine im Rahmen einer Gesamtbetrachtung häufig immer noch als wirtschaftlich sinnvoll erscheint. Demzufolge ist es auch keine Seltenheit, dass ein Leihspieler ein höheres Entgelt erhält als der Großteil oder sogar als sämtliche Nichtleihspieler.[608] Denn für die Ausleihe ist gerade keine Ablösesumme fällig und die zumindest zumeist anfallende Leihgebühr fällt in aller Regel deutlich geringer aus als die Ablösesumme, die fällig wäre, um den Spieler im Wege eines endgültigen Transfers fest zu verpflichten. Häufig ist ein solches Leihgeschäft in finanzieller Hinsicht gerade für die finanzschwächeren Vereine die einzige Möglichkeit, einen Topspieler überhaupt verpflichten zu können (s. Kapitel 1, B., II., 1., a)). Ein solcher Topspieler wird aber zumeist auch weiterhin darauf bestehen, zumindest im Vergleich zu anderen Spielern des Vereins überdurchschnittlich zu verdienen. Eine solche wirtschaftliche Gesamtbetrachtung stellen die Vereine bezüglich sämtlicher Spieler bei der Aushandlung der Gehaltsgröße an. Auch der Bekanntheitsgrad bzw. die Popularität und Beliebtheit eines Spielers stellen hierbei nicht zu unterschätzende Argumente für den Spieler dar, da diese sich aus Vermarktungsgesichtspunkten für die Vereine in verschiedenster Hinsicht enorm positiv auswirken können. Dies zeigt sich z. B. besonders augenscheinlich bei den potenziellen Einnahmen durch den Verkauf von Trikots, welche die

---

608 Dies ist bei richtlinienkonformer Auslegung des Gleichstellungsgrundsatzes in § 8 Abs. 1 S. 1 AÜG ohnehin auch unproblematisch möglich, da sich aus Art. 5 Abs. 1 S. 1 und Erwägungsgrund 14 der Leiharbeitsrichtlinie („mindestens") ergibt, dass eine Besserstellung der Leiharbeitnehmer im Gegensatz zu einer Schlechterstellung möglich ist. S. hierzu auch *Hamann/Klengel*, EuZA 2017, 485 (495); *Ulrici*, AÜG, § 8 Rn. 11.

Beflockung dieses Spielers tragen. Gerade vor diesem Hintergrund fließt bei diesen Verhandlungen in die Gedankengänge der Vereine auch mit ein, seit wann ein Spieler bereits für den Verein tätig ist bzw. ob er in der Vergangenheit schon große Erfolge mit dem Verein gefeiert hat und so zur Identifikationsfigur gereift ist. Zudem spielt auch die Vertragslaufzeit, auf die sich der Spieler einlässt, eine nicht zu unterschätzende Rolle, da diese in der Zukunft u. U. eine erhebliche Auswirkung auf die zu erzielende Ablösesumme für den Spieler hat, sollte er vor Ablauf der Vertragslaufzeit an einen anderen Verein „weiterverkauft" werden.

Es gibt noch diverse weitere (i. d. R. untergeordnete) Faktoren, die auf die Gehaltsgröße eines Spielers einwirken. Häufig entstammen diese aus dem persönlichen Bereich des Spielers, beispielhaft sei hier das Verhalten des Spielers in der Vergangenheit auch außerhalb des Platzes genannt. Vor dem Hintergrund der Vielzahl dieser verschiedenen Faktoren erscheint es offensichtlich, dass es sich bei der unterschiedlichen Höhe der Spielergehälter um eine generelle Besonderheit des Sports handelt, die sämtliche Spieler – also sowohl Leih- als auch Nichtleihspieler – trifft. Die Vereine stellen hierbei eine (wirtschaftliche) Gesamtbetrachtung an und versuchen so, in langfristiger Hinsicht den Wert eines Spielers im Vergleich zu anderen Spielern für den Erfolg der Mannschaft und des gesamten Vereins zu bestimmen. Im Gegensatz zu anderen Branchen ist es hierbei nicht so, dass die Leihspieler gerade aufgrund ihrer Eigenschaft als Leihspieler regelmäßig ein im Vergleich zu den Nichtleihspielern geringeres Arbeitsentgelt erhalten.[609] Zwar kommt es schon teilweise vor, dass den Spielern so viel an dem Zustandekommen eines Leihgeschäfts liegt, dass sie auf einen Teil des Gehalts, das ihnen bei einem Verbleib beim Verleiher von diesem zustehen würde, verzichten, um den Entleiher zu diesem Leihgeschäft zu bewegen. Damit ist aber freilich noch nicht gesagt, dass sie im Vergleich zu den sonstigen Nichtleihspielern unterdurchschnittlich verdienen. Wie ausgeführt, haben Leihspieler oftmals bessere Argumente als Spieler, die für eine hohe Ablösesumme fest verpflichtet wurden, weshalb diese auch nicht selten ein im Vergleich zu den Nichtleihspielern überdurchschnittliches Gehalt bekommen. Vor diesem Hintergrund scheint es bereits an der Schutzbedürftigkeit der Leihspieler hinsichtlich eines etwaigen Equal Pay zu fehlen.

609 Dies ist im absoluten Großteil der anderen Branchen so, da von den heute in § 8 Abs. 2 bis 4 AÜG normierten Abweichungsmöglichkeiten in den meisten Branchen Gebrauch gemacht wird, bislang tarifvertragliche Vereinbarungen nach § 8 Abs. 2 i. V. m. Abs. 4 AÜG aber nahezu ausschließlich zuungunsten der Leiharbeitnehmer getroffen wurden, weshalb deren Bruttomonatsgehalt im Durchschnitt deutlich unter demjenigen vergleichbarer Stammarbeitnehmer liegt. S. näher hierzu *Lorenz*, in: Däubler/Hjort u. a., Hk-ArbR, § 8 Rn. 16.

[2] Vergleichbarer Nichtleihspieler zur Bestimmung des Equal Pay?

Im Profisport gibt es hinsichtlich eines etwaigen Equal Pay aber noch eine weitere Besonderheit zu beachten: Es erscheint schon überaus fragwürdig, welcher Nichtleihspieler des entleihenden Vereins überhaupt mit seiner Gehaltshöhe als Vergleichsmaßstab herangezogen werden sollte. Grundsätzlich ist an Stammarbeitnehmer mit gleicher oder ähnlicher Tätigkeit beim Entleiher anzuknüpfen.[610] Zudem sollte auch die Funktion gleich oder ähnlich sein.[611] Man könnte an das durchschnittliche Gehalt sämtlicher Nichtleihspieler des Entleihers denken. Auf den ersten Blick naheliegender wäre aber auf die Nichtleihspieler abzustellen, welche dieselbe Position wie der in Frage stehende Leihspieler bekleiden. Denn beispielsweise unterscheiden sich die Tätigkeit und auch die Aufgaben und damit die Funktion eines Stürmers doch deutlich von derjenigen eines Torhüters.

Allerdings erscheint auch dieser Ansatz bei näherer Betrachtung nicht wirklich zielführend. Es fängt schon damit an, dass ein Verein zumindest auf Profiebene eine Position mehrfach besetzt. Daher erscheint schon unklar, auf welchen dieser dann in Betracht kommenden Nichtleihspieler als Vergleichsmaßstab abgestellt werden sollte. An das Durchschnittsgehalt dieser Spieler anzuknüpfen, würde v. a. einer notwendigen Differenzierung zwischen Stammspielern und Ersatz- bzw. Ergänzungsspielern nicht gerecht. Bei Vertragsabschluss, also zu Beginn der Ausleihe, steht aber noch nicht fest, ob sich der Leihspieler einen Stammplatz wird erobern können bzw. auf wie viele Einsätze er kommen wird. Hierüber könnte bloß spekuliert werden, genauso darüber, auf wie viele Einsätze die Nichtleihspieler derselben Position kommen werden. Aufgrund der Schnelllebigkeit des Geschäfts, der stetigen Gefahr von Verletzungsausfällen oder Spielsperren etc. könnten hierbei Zahlen der vorigen Saison bzw. allgemein der Vergangenheit auch höchstens ganz vage Anhaltspunkte liefern. Zudem wird diese ohnehin schon verworrene Situation zusätzlich noch durch die unterschiedliche Kaderaufstellung der einzelnen Vereine verkompliziert. Je nach finanziellen Möglichkeiten, Trainer- bzw. Managerphilosophie, sonstigen speziellen Rahmenbedingungen etc. besetzen die Vereine den Gesamtprofikader mit einer divergierenden Anzahl von Spielern, und auch bei der Besetzung der einzelnen Spielpositionen in quantitativer Hinsicht haben die Vereine nicht selten voneinander abweichende Vorstellungen. Völlig abstrus stellt sich diese Situation dann dar, wenn mehrere oder sogar der Großteil der Spieler, die dieselbe Position

---

610 So der Gesetzentwurf der Fraktionen SPD und BÜNDNIS 90/DIE GRÜNEN eines Ersten Gesetzes für moderne Dienstleistungen am Arbeitsmarkt v. 05.11.2002, BT-Drs. 15/25, S. 38. Vgl. auch BAG v. 23.03.2011 – 5 AZR 7/10, NZA 2011, 850 (850 ff.); BAG v. 21.10.2015 – 5 AZR 604/14, NZA 2016, 422 (423 ff.); *Freckmann/Gallini*, BB 2013, 309 (310); *Kock/Greiner*, in: Thüsing, AÜG, § 8 Rn. 26.

611 Vgl. LAG Baden-Württemberg v. 16.05.2014 – 12 Sa 36/13, BeckRS 2014, 70739; s. hierzu auch *Ulrici*, AÜG, § 8 Rn. 32.

bekleiden, Leihspieler sind. Schon hieraus ergibt sich, dass die Bestimmung eines vergleichbaren Nichtleihspielers praktisch kaum möglich ist.

Des Weiteren kann ein Spieler, gerade wenn er variabel auf verschiedenen Positionen einsetzbar ist, auch häufig nicht einmal einer bestimmten Position zugeordnet werden. Dies gilt sowohl für Leih- als auch für Nichtleihspieler. Der Spieler wird dann auf der Position eingesetzt, auf welcher gerade Bedarf ist. Aufgrund der Unvorhersehbarkeit von Verletzungsausfällen, Spielsperren, der Leistungsentwicklung einzelner Spieler etc. ist dann nicht selten auch kaum zu prognostizieren, auf welcher Position der Spieler schwerpunktmäßig zum Einsatz kommen wird. Verstärkt wird dies zudem noch dadurch, dass v. a. wiederum abhängig von der Trainerphilosophie mehr oder weniger häufig die verschiedensten Spielsysteme in den Spielen praktiziert werden.[612] Dadurch fällt es noch erheblich schwerer bzw. ist oftmals eigentlich kaum möglich, den Spieler einer bestimmten Position zuzuordnen. Beispielhaft sei hier aus dem Fußball das Abwehrsystem mit Viererkette und einem defensiven Mittelfeldspieler im Vergleich zum System mit Dreierkette und zwei defensiven Mittelfeldspielern genannt; dann wird es oftmals eine naheliegende Option darstellen, einen flexibel einsetzbaren Defensivspieler je nach System teilweise als Abwehrspieler und teilweise als (defensiven) Mittelfeldspieler einzusetzen. Ebenfalls aus dem Fußball bekannt ist das Offensivsystem mit der „falschen Neun", bei welchem ein gelernter offensiver Mittelfeldspieler die Position des Mittelstürmers einnimmt, wenn beispielsweise sämtliche Stürmer verletzt, gesperrt oder außer Form sind.

Daher erscheint es als sachgerecht, wenn ein Spieler – völlig unabhängig davon, ob es sich um einen Leih- oder Nichtleihspieler handelt – ein Gehalt in der Höhe bekommt, welche bei einer Gesamtbetrachtung seiner (potenziellen) Qualität entspricht. Hierbei sollten sämtliche Umstände, also z. B. auch die variable Einsetzbarkeit eines Spielers, berücksichtigt werden. Im Mittelpunkt dieser Überlegungen sollte stehen, in welchem Maße der Spieler (potenziell) zum Gesamterfolg der Mannschaft und damit des Vereins beiträgt. Damit stellt die Höhe des Gehalts bei jedem Spieler sozusagen eine individuell vereinbarte Arbeitsbedingung dar, die an persönliche Eigenschaften des Spielers anknüpft. Solche personenbezogenen, individuell vereinbarten Arbeitsbedingungen haben bei dem im Rahmen des Gleichstellungsgrundsatzes vorzunehmenden tätigkeits- und funktionsbezogenen Vergleich aber außen vor zu bleiben.[613] Diese persönlichen Eigenschaften, die zu einer besonderen bzw. speziellen Qualifikation der Arbeitnehmer führen, sind auch aus anderen Branchen bekannt. Zugegebenermaßen erscheint diese Situation im Sport, dass sozusagen alle Spieler aufgrund jeweils spezieller bzw. unterschiedlicher Qualifikationen nicht wirklich miteinander vergleichbar sind, extrem. Dies ist aber auf die Besonderheit im Mannschaftssport

612 Auch die aktuelle Tabellensituation hat u. U. Einfluss darauf, welches Spielsystem der Trainer präferiert.

613 S. *Raab*, ZfA 2003, 389 (405).

zurückzuführen, dass jeder Spieler auf eine andere Art und Weise und damit auch mit einem divergierenden Gewicht zum Mannschaftserfolg beiträgt. Es ist offensichtlich, dass der ein oder andere Topspieler einen größeren Einfluss auf solche Erfolge im Kollektiv hat als andere Spieler, die gerade so einen Stammplatz innehaben oder gar bloße Ergänzungsspieler darstellen. Es ist freilich nicht immer einfach zu bestimmen, welcher Spieler in welchem Maße im Vergleich zu anderen Spielern zu einem Erfolg beigetragen hat, und noch viel weniger ist dies bei Vertragsschluss vorherzusagen. Doch ist es jedenfalls auch für die Spieler offensichtlich, dass die Erfolgsbeiträge der einzelnen Spieler unterschiedlich sind. Von daher erscheint eine solche individuelle Aushandlung der Höhe des Gehalts beim Vertragsschluss auch gerecht. Sofern ein Spieler der Meinung ist, der Verein unterschätze seine Qualitäten und er habe die Option, bei einem anderen Verein mehr zu verdienen, muss er einen dahingehenden Arbeitsvertrag ja nicht abschließen. Dies alles gilt für Leihspieler ebenso wie für Nichtleihspieler. Vor diesem Hintergrund erscheint auch eine Anknüpfung beim Equal Pay an das Durchschnittsgehalt sämtlicher Nichtleihspieler oder aller Nichtleihspieler, welche dieselbe Position bekleiden (sofern diese überhaupt sowohl beim Leihspieler als auch bei den Nichtleihspielern bestimmbar ist), erst recht nicht sachgerecht, sondern nur ein Anknüpfen an die (potenzielle) Gesamtqualität des Leihspielers.

Nach der h. M. geht im Fall des Fehlens eines vergleichbaren Stammarbeitnehmers im Entleiherbetrieb das Gleichstellungsgebot zwar nicht ins Leere, sondern es ist dann auf die Arbeitsbedingungen abzustellen, die für den Leiharbeitnehmer gelten würden, wenn er vom Entleiher als Stammarbeitnehmer für den gleichen Arbeitsplatz eingestellt worden wäre.[614] Diese h. M. ist sicherlich schon bei richtlinienkonformer Auslegung auch richtig, wenn man sich Art. 5 Abs. 1 S. 1 und Erwägungsgrund 14 der Leiharbeitsrichtlinie vor Augen führt, wonach die Arbeits- und Beschäftigungsbedingungen der Leiharbeitnehmer mindestens denjenigen entsprechen, die für sie gelten würden, wenn sie vom Entleiher unmittelbar für den gleichen Arbeitsplatz eingestellt worden wären. Außerdem ging es dem Gesetzgeber vorwiegend darum, dass die Leiharbeitnehmer die in der jeweiligen Branche für ihre Tätigkeiten üblichen Arbeitsbedingungen erhalten.[615] Mittelbar wird diese h. M. auch durch die Vermutungsregelung in § 8 Abs. 1

614 So der Gesetzesentwurf der Bundesregierung zur Änderung des Arbeitnehmerüberlassungsgesetzes und anderer Gesetze v. 20.07.2016, BT-Drs. 18/9232, S. 23; BAG v. 19.02.2014 – 5 AZR 1047/12, NZA 2014, 915 (915 ff.); 8.1 Abs. 1 der Fachliche[n] Weisungen Arbeitnehmerüberlassungsgesetz (AÜG) der Bundesagentur für Arbeit (Fassung vom 01.08.2019), abrufbar unter https://www.arbeitsagentur.de/datei/fw-aueg_ba016586.pdf [zuletzt abgerufen am 12.03.2021]; *Kock/Greiner*, in: Thüsing, AÜG, § 8 Rn. 26; *Raab*, ZfA 2003, 389 (405 f.); a. A. hingegen *Rieble/Klebeck*, NZA 2003, 23 (24) und, sofern beim Entleiher kein Tarifvertrag gilt, auch *Nebeling/Gründel*, BB 2009, 2366 (2367).

615 *Raab*, ZfA 2003, 389 (405).

S. 2 AÜG bestätigt.[616] Dies führt aber für die Leihspieler im Profisport zu keinem anderen Ergebnis. Würden sie statt im Wege eines Leihgeschäfts vom entleihenden Verein im Wege eines endgültigen Transfers verpflichtet, so würden sie dennoch ein Gehalt in der Größenordnung bekommen, die ihrer (potenziellen) Qualität entspricht.

[3] Zwischenergebnis

Nach alledem bleibt festzuhalten, dass es weder notwendig noch angemessen bzw. sachgerecht erscheint, den Schutz der Leiharbeitnehmer durch den Equal-Pay-Grundsatz auch den Leihspielern zuteilwerden zu lassen.

bb) Schutz der Nichtleihspieler

Nun soll erörtert werden, ob es notwendig und angemessen bzw. sachgerecht erscheint, den Schutz der Stammarbeitnehmer durch den Equal-Pay-Grundsatz vor einer Verdrängung durch Leiharbeitnehmer auch den Nichtleihspielern zuteilwerden zu lassen.

Wie soeben dargestellt, werden die Spieler im Profisport – egal ob Leih- oder Nichtleihspieler – nach ihrer (potenziellen) Gesamtqualität vergütet. Hierbei ist auch zu berücksichtigen, dass aufgrund der im Profisport im Vergleich zur gewöhnlichen Arbeitnehmerüberlassung andersartigen vertraglichen Konstruktion der entleihende Verein nicht nur das Gehalt der Nichtleihspieler, sondern auch dasjenige der Leihspieler bezahlt.[617] Im Profisport ist es damit gerade nicht so wie in anderen Branchen, dass die Leihgeschäfte u. a. deswegen in finanzieller Hinsicht für die Entleiher lukrativ sind, weil die vereinbarte Summe im Rahmen des Arbeitnehmerüberlassungsvertrags regelmäßig für sie günstiger ist, als wenn sie auch den Leiharbeitnehmern das Gehalt inklusive sämtlicher Lohnnebenkosten bezahlen müssten. Dadurch, dass sämtliche Spieler, abhängig von ihrer (potenziellen) Gesamtqualität, ein völlig unterschiedlich hohes Gehalt bekommen, würde ein solcher Equal-Pay-Grundsatz im Profisport nicht einer potenziellen Verdrängung der Nichtleihspieler durch Leihspieler entgegenwirken. Es kommt ein durchschnittlicher Mehrverdienst der aktuellen Nichtleihspieler genauso vor wie ein durchschnittlicher Mehrverdienst der aktuellen Leihspieler. Letzteres ist aufgrund der Tatsache, dass für die Verpflichtung eines Leihspielers (wenn überhaupt) eine Leihgebühr fällig ist, die regelmäßig erheblich geringer als eine

---

616 *Ulrici*, AÜG, § 8 Rn. 33.

617 Freilich wird im Rahmen des Überlassungsvertrags zwischen Verleiher und Entleiher teilweise vereinbart, dass der Verleiher auch während des Ausleihzeitraums einen Teil oder sogar das ganze Gehalt des Leihspielers übernimmt. Dies stellt aber keineswegs den Regelfall dar und ändert auch nichts daran, dass im Grundsatz der Entleiher als der Arbeitgeber dem Leihspieler während dieses Zeitraums sein Gehalt schuldet.

potenzielle Ablösesumme ausfällt, keine Seltenheit, da hierdurch die Leihspieler bei den Vertragsverhandlungen oftmals eine gute Verhandlungsposition haben, s. näher hierzu Kapitel 6, D., III., 2., d), aa), [2]. Dieser gesamte Gedankengang lässt sich gerade auch auf einen Gehaltsvergleich der Leih- und Nichtleihspieler übertragen, die dieselbe oder eine ähnliche Position bekleiden, sofern eine solche Zuordnung ausnahmsweise überhaupt einmal ansatzweise möglich sein sollte.[618]

Daraus lässt sich schlussfolgern, dass die Entscheidung eines Vereins, vermehrt auf Leihspieler zu setzen, jedenfalls nicht auf potenziellen generellen Einsparungen bei den Gehaltsausgaben für die Spieler beruhen kann. Vielmehr basiert eine solche Entscheidung auf einem der diversen Vorteile, die Leihgeschäfte für die entleihenden Vereine im Vergleich zu endgültigen Transfers haben, s. hierzu Kapitel 1, B., II., 1. Demzufolge würde die Geltung des Equal-Pay-Grundsatzes im Profisport auch nicht dazu führen, dass es für die entleihenden Vereine unattraktiver werden würde, vermehrt auf Leihspieler zu setzen.

Freilich geht von der in den meisten Mannschaftsportarten (noch) bestehenden Möglichkeit, in unbegrenzter Anzahl auf Leihspieler zu setzen, und der diversen Vorteile solcher Leihgeschäfte – allen voran die im Vergleich zur Ablösesumme regelmäßig erheblich geringere Leihgebühr (s. Kapitel 1, B., II.,1., a)) – eine Gefahr (in welchem Maße auch immer) für die Nichtleihspieler aus, durch Leihspieler ersetzt zu werden. Auf diese Verdrängungsgefahr wird auch in Kapitel 6, E., I., 4., a) im Rahmen der Erörterung der Überlassungshöchstdauer eingegangen. Diese Verdrängungsgefahr basiert aber, wie soeben erörtert, eben gerade nicht auf generellen finanziellen Vorteilen bzw. Einsparungen für die entleihenden Vereine bei der Vergütung der Leihspieler.

Damit erscheinen die Nichtleihspieler nicht als schutzbedürftig hinsichtlich einer etwaigen Verdrängung durch Leihspieler. Dass im Profisport allgemein deutlich häufiger personelle Wechsel, gerade auch bei den Spielern in Form von endgültigen Transfers oder Leihgeschäften, stattfinden als in anderen Branchen, ändert hieran auch nichts. Dies ist auf die generellen Besonderheiten des Sports wie der Schnelllebigkeit des Geschäfts, dem Abwechslungsbedürfnis der Zuschauer etc. zurückzuführen.

Somit erscheint es als nicht notwendig, den Schutz der Stammarbeitnehmer durch den Equal-Pay-Grundsatz vor einer Verdrängung durch Leiharbeitnehmer auch den Nichtleihspielern zuteilwerden zu lassen. Dadurch, dass es für den Erfolg der Vereine von großer Wichtigkeit ist, die Gesamtqualitäten der einzelnen

---

618 Ein solcher Gehaltsvergleich wäre z. B. bei Torhütern denkbar, wobei dann wiederum auch eine Differenzierung zwischen dem Stamm- und den Ersatztorhütern (bei letzteren u. U. auch noch nach der potenziellen Reihenfolge innerhalb der Reservetorhüter) erforderlich wäre. Gerade auch vor dem Hintergrund, dass bei der Aushandlung der Gehaltshöhe häufig noch nicht feststeht, wer Stamm- oder Ersatztorhüter wird und sich dies ebenso im Laufe einer Saison nicht selten ändert, ist ein solcher positionsbezogener Gehaltsvergleich praktisch kaum möglich, s. näher hierzu auch Kapitel 6, D., III., 2., d), aa), [2].

Spieler im Rahmen der Vertragsverhandlungen möglichst richtig einzuschätzen, um einerseits nicht unnötig ein zu hohes Gehalt zu zahlen und andererseits nicht durch Sparen an der falschen Stelle ein Scheitern des Vertragsschlusses mit dem Spieler insgesamt zu provozieren, erscheint es in wettbewerblicher Hinsicht auch nicht als angemessen bzw. sachgerecht, den Vereinen etwaige Vorgaben in Bezug auf die Gehaltsgröße zumindest bestimmter Spieler zu machen. Möglichst effektives wirtschaftliches Handeln ist elementar für die Vereine in jeglicher Hinsicht und sollte daher für den Erfolg bzw. Misserfolg der Vereine den Ausschlag geben.

e) Zwischenergebnis

Da weder der Schutz der Leihspieler noch der Schutz der Nichtleihspieler vor einer Verdrängung durch Leihspieler die Geltung des Equal-Pay-Grundsatzes auch bei Spielerleihen im Profisport indizieren, spricht der Sinn und Zweck des Equal Pay insgesamt gegen eine Geltung des Equal-Pay-Grundsatzes auch bei Spielerleihen im Profisport.

IV. Ergebnis

Folglich stellt die Nichtbeachtung des Gleichstellungsgrundsatzes in Bezug auf das Arbeitsentgelt bei Spielerleihen im Profisport keine gesetzeswidrige Umgehung des § 8 Abs. 1 S. 1 AÜG dar, sondern ist durch die Besonderheiten des Sports gerechtfertigt. Für eine solche Rechtfertigung spricht die fehlende Schutzbedürftigkeit der Leihspieler in Bezug auf ein solches Equal Pay und es lässt sich auch kein vergleichbarer Nichtleihspieler zur Bestimmung des Equal Pay finden, vielmehr werden sämtliche Spieler nach ihrer (potenziellen) Gesamtqualität vergütet. Auch die Nichtleihspieler sind nicht schutzbedürftig in der Hinsicht, dass sie durch die Geltung eines solchen Equal-Pay-Grundsatzes vor einer Verdrängung durch Leihspieler geschützt werden müssten.

Damit sind die tarifvertraglichen Abweichungsmöglichkeiten vom Gleichstellungsgrundsatz in § 8 Abs. 2 bis 4 AÜG im Bereich der Spielerleihen im Profisport ohne Bedeutung, weshalb hierauf vorliegend auch nicht weiter eingegangen werden soll.[619]

---

619 In anderen Branchen stellt die Möglichkeit eines „gleichwertigen" statt „echten" Equal Pay eine erhebliche praktische Erleichterung dar. S. näher hierzu *Straub/Racky/Hilbert*, BB 2017, 2459 (2460 f.).
Bayreuther, NZA 2017, 18 (19) spricht davon, dass sich aus § 8 Abs. 4 S. 1 AÜG eine „zweite Überlassungsgrenze" neben der in § 1 Abs. 1 S. 4 i. V. m. Abs. 1b S. 1 AÜG geregelten Überlassungshöchstdauer ergebe.
Vereinzelt wird das Gleichstellungsgebot durch die Ausgestaltung der tarifvertraglichen Abweichungsmöglichkeiten als unvereinbar mit höherrangigem Recht angesehen, die h. M. jedoch hält dieses sowohl für verfassungs- als auch richtlinienkonform. S. näher hierzu mit diversen weiteren Verweisen *Ulrici*, AÜG, § 8 Rn. 12 ff., 16 ff. u. 54 f. Auf die Frage, ob im professionell betriebenen Mannschaftssport

Bezüglich der sonstigen wesentlichen Arbeitsbedingungen neben dem Arbeitsentgelt ergeben sich bei Leihspielern im Profisport ohnehin keine Probleme mit der Einhaltung des Gleichstellungsgrundsatzes.

E. Überlassungshöchstdauer

Mit der AÜG-Reform vom 01.04.2017 wurde auch (wieder) eine Überlassungshöchstdauer in das AÜG eingefügt. Nach § 1 Abs. 1 S. 4 AÜG ist die Überlassung von Arbeitnehmern nur vorübergehend bis zu einer Überlassungshöchstdauer nach Abs. 1b zulässig. Aus § 1 Abs. 1b S. 1 AÜG ergibt sich sodann, dass diese Überlassungshöchstdauer 18 Monate beträgt.[620] In großen Teilen des Profisports wurden aber nicht selten in der Vergangenheit Leihgeschäfte mit einem Ausleihzeitraum von über 18 Monaten vereinbart und auch so vollzogen.

überhaupt Tarifvertragsabschlüsse möglich sind und inwiefern solche auch als realistische Option für die Zukunft erscheinen, wird ausführlich in Kapitel 6, E., II. im Rahmen der kollektivvertraglichen Abweichungsmöglichkeiten von der Überlassungshöchstdauer eingegangen.

620 Dadurch, dass nach der Übergangsvorschrift des § 19 Abs. 2 AÜG Überlassungszeiten vor dem 01.04.2017 bei der Berechnung dieser Überlassungshöchstdauer nicht zu berücksichtigen sind, war bereits zum Zeitpunkt des Inkrafttretens der AÜG-Reform (01.04.2017) klar, dass das Ende dieser Frist von 18 Monaten frühestens am 30.09.2018 erreicht werden konnte (teilweise wurde auch bezüglich des genauen Fristendes vor dem Hintergrund der §§ 187, 188 BGB aus Gründen der Vorsicht dringend zum Notieren des 22.09.2018 (18 mal 30 Tage) als Fristende in solchen Fällen geraten, s. hierzu die IHK Osnabrück – Emsland – Grafschaft Bentheim, in: https://www.osnabrueck.ihk24.de/recht_und_fair_play/Aktuelles/Arbeitnehmerueberlassung--Aenderungen-am-1--April_2017/3693856 [zuletzt abgerufen am 12.03.2021]).
Bei der gewöhnlichen Arbeitnehmerüberlassung kann diese Überlassungshöchstdauer auch nicht durch das Widerspruchsrecht des Leiharbeitnehmers nach § 9 Abs. 1b AÜG umgangen werden, indem dieses Widerspruchsrecht vor oder während der erlaubten Überlassung vom Leiharbeitnehmer ausgeübt wird oder eine dahingehende Vereinbarung zwischen Entleiher und Leiharbeitnehmer erfolgt; denn nach dem Gesetzentwurf der Bundesregierung zur Änderung des Arbeitnehmerüberlassungsgesetzes und anderer Gesetze v. 20.07.2016, BT-Drs. 18/9232, S. 26 beginnt die Widerspruchsfrist erst mit der die Unwirksamkeit auslösenden Überschreitung der zulässigen Überlassungshöchstdauer. S. hierzu ausführlicher auch *Hund/Weiss*, DB 2016, 2903 (2905). Bei den Leihgeschäften im Profisport ist dies aber ohnehin irrelevant, da bereits während des Ausleihzeitraums ein Arbeitsverhältnis zwischen entleihendem Verein und Spieler und gerade nicht zwischen verleihendem Verein und Spieler besteht. Daher passt auch § 10 Abs. 1 i. V. m. § 9 AÜG nicht auf das Konstrukt der Spielerleihe, s. Kapitel 6, B., V.

So lieh beispielsweise der FC Bayern München den Franzosen Kingsley Coman vom 30.08.2015 bis zum 30.06.2017 für 22 Monate für eine Leihgebühr in Höhe von sieben Millionen Euro von Juventus Turin aus.[621]

Auch der japanische Nationalspieler Takuma Asano wurde zur Saison 2016/2017 vom FC Arsenal London von Sanfrecce Hiroshima aus Japan verpflichtet und Ende August 2016 dann direkt für etwas über 22 Monate bis zum Ende der Saison 2017/2018 an den VfB Stuttgart „weiterverliehen".[622]

Auch nach (Wieder-) Einführung der Höchstüberlassungsdauer zum 01.04.2017 gibt es gerade im Profifußball keinerlei Anzeichen, dieser Beachtung zu schenken.

Besonders augenscheinlich wird dies z. B. in dem Leihgeschäft zwischen Real Madrid und dem FC Bayern München über den Kolumbianer James Rodríguez. Dieser wurde gegen eine Leihgebühr in Höhe von 13 Millionen Euro für knappe zwei Jahre für die Saisons 2017/2018 und 2018/2019 von Madrid nach München verliehen.[623] Es wurde zu keiner Zeit von einer staatlichen Stelle o. ä. gegen die Dauer dieses Leihgeschäfts vorgegangen; diese wurde noch nicht einmal ansatzweise zur (öffentlichen) Diskussion gebracht.

Daher ist im Folgenden in einem ersten Schritt genauestens zu untersuchen, ob diese zumindest teilweise Nichtbeachtung der im AÜG vorgeschriebenen Überlassungshöchstdauer bei Spielerleihen im Profisport, speziell im Profifußball, eine gesetzeswidrige Umgehung des § 1 Abs. 1 S. 4 i. V. m. Abs. 1b S. 1 AÜG darstellt oder ob diese Nichtbeachtung im Profisport aufgrund der Besonderheiten des Sports gerechtfertigt ist. Dies u. a. auch vor dem Hintergrund, dass bei einem Verstoß gegen die Überlassungshöchstdauer nach § 16 Abs. 2 i. V. m. Abs. 1 Nr. 1e AÜG gegenüber dem Verleiher ein Bußgeld in Höhe von bis zu 30.000 Euro verhängt werden kann.

Anschließend muss dann ggf. noch darauf eingegangen werden, ob die in § 1 Abs. 1b S. 3 bis 6 AÜG normierten kollektivvertraglichen Abweichungsmöglichkeiten von der Überlassungshöchstdauer auch bei Leihgeschäften im Profisport existieren.

---

621 Anschließend wurde Coman für eine Ablösesumme in Höhe von 21 Millionen Euro im Wege eines endgültigen Transfers vom FC Bayern München fest verpflichtet.

622 Anschließend vereinbarte Arsenal ein erneutes einjähriges Leihgeschäft mit Hannover 96 für die Spielzeit der Saison 2018/2019.

623 Zudem wurde eine einseitige Kaufoption des FC Bayern München in Höhe von 42 Millionen Euro vereinbart. So *Falk*, in: https://sportbild.bild.de/bundesliga/vereine/bayern-muenchen/james-rodriguez-option-schnaeppchen-kauf-transfer-real-54825082.sport.html [zuletzt abgerufen am 12.03.2021]; *Knopp*, in: https://www.realtotal.de/james-transfer-leihgebuehr-13-millionen-kaufoption-42-millionen/ [zuletzt abgerufen am 12.03.2021]. Letztendlich machte der FC Bayern München dann von dieser Kaufoption jedoch keinen Gebrauch und James Rodríguez kehrte nach Ablauf der Ausleihdauer zur Saison 2019/2020 wieder zu Real Madrid zurück.

I. Grundsätzliche Anwendbarkeit der Überlassungshöchstdauer auch bei Leihgeschäften im Profisport?

1. Rahmenbedingungen

Um die Frage der grundsätzlichen Anwendbarkeit der Überlassungshöchstdauer auch bei Leihgeschäften im Profisport hinreichend beurteilen zu können, erscheint es als notwendig, zunächst die Rahmenbedingungen darzustellen.

a) Arbeitnehmerbezogene Betrachtung

Zunächst soll kurz klargestellt werden, dass die Überlassungshöchstdauer arbeitnehmerbezogen und nicht arbeitsplatzbezogen zu verstehen ist, wie sich aus der Formulierung der § 1 Abs. 1 S. 4 und Abs. 1b S. 1 und 2 AÜG eindeutig ergibt. Speziell in § 1 Abs. 1b S. 1 AÜG wird durch die Formulierung „denselben Leiharbeitnehmer" der Personenbezug deutlich.[624] Außerdem wird auch in Art. 1 Abs. 1 und Art. 3 Abs. 1 der Leiharbeitsrichtlinie von dem Begriff „vorübergehend" permanent in Bezug zur Tätigkeit des jeweiligen Leiharbeitnehmers beim Entleiher und nicht in Bezug zum Bedarf des Entleihers an Arbeitskräften Gebrauch gemacht.[625] Zudem wäre bei einem arbeitsplatzbezogenen Verständnis der Überlassungshöchstdauer den Aufsichtsbehörden die Überprüfung der Einhaltung der Überlassungshöchstdauer nur erheblich erschwert möglich.[626] Diese arbeitnehmerbezogene Ausgestaltung entspricht auch der Ansicht von Bundesregierung und Bundesagentur für Arbeit (welche die zuständige Kontrollbehörde darstellt), die sich beide explizit dahingehend geäußert haben.[627] Im Übrigen enthielt auch schon die Ursprungsfassung des AÜG vom 07.08.1972, in der ebenso bereits eine Überlassungshöchstdauer normiert war, einen solchen arbeitnehmerbezogenen Ansatz, s. den damaligen § 3 Abs. 1 Nr. 6 AÜG a. F.[628]

Die Diskussion, ob bei der Ermittlung der Überlassungshöchstdauer der Begriff des Entleihers als betriebsbezogen oder als unternehmensbezogen bzw. rechtsträgerbezogen anzusehen ist, kann vorliegend dahinstehen, da sie für

624 Vgl. *Bissels/Falter*, ArbRAktuell 2017, 4 (5).
625 Vgl. *Willemsen/Mehrens*, NZA 2015, 897 (898).
626 So *Lembke*, NZA 2017, 1 (4).
627 S. die Antwort der Bundesregierung auf die Kleine Anfrage der Abgeordneten Beate Müller-Gemmeke, Corinna Rüffer, Brigitte Pothmer und weiterer Abgeordneter und der Fraktion BÜNDNIS 90/DIE GRÜNEN – Drucksache 18/9559 – v. 22.09.2016, BT-Drs. 18/9723, S. 6 und 1.2.1 Abs. 1 S. 1 der Fachliche[n] Weisungen Arbeitnehmerüberlassungsgesetz (AÜG) der Bundesagentur für Arbeit (Fassung vom 01.08.2019), abrufbar unter https://www.arbeitsagentur.de/datei/fw-aueg_ba016586.pdf [zuletzt abgerufen am 12.03.2021].
628 So auch *Lembke*, NZA 2017, 1 (4). Zur Entstehungsgeschichte und Entwicklung der Überlassungshöchstdauer s. Kapitel 6, E., I., 5.

Leihgeschäfte im Profisport irrelevant ist.[629] Denn die Spieler sind immer für den Verein bzw. die ausgegliederte Kapitalgesellschaft des Vereins tätig und niemals für unterschiedliche Betriebe o. ä. des Vereins; dies auch vor dem Hintergrund, dass gerade der Verein bzw. die ausgegliederte Kapitalgesellschaft die Spiellizenz erhält. Bei einem Vereinswechsel wird der Spieler daher in dieser Hinsicht für ein anderes Unternehmen bzw. einen anderen Rechtsträger tätig.

b) Missbrauchsklausel

Nach § 1 Abs. 1b S. 2 AÜG wird der Zeitraum vorheriger Überlassungen eines Leiharbeitnehmers durch denselben oder einen anderen Verleiher an denselben Entleiher nur in dem Fall vollständig angerechnet, wenn zwischen den Einsätzen jeweils nicht mehr als drei Monate liegen.[630] Demzufolge ist durch diese Missbrauchsklausel der wiederholte Einsatz des gleichen Leiharbeitnehmers bei demselben Entleiher bloß dann möglich, wenn die Unterbrechungszeit mehr als drei Monate beträgt.[631]

---

629 S. zu dieser Streitfrage ausführlich auf der einen Seite u. a. *Henssler*, RdA 2017, 83 (94); *Talkenberg*, NZA 2017, 473 (473 f.), die einen Betriebsbezug befürworten und auf der anderen Seite u. a. *Bissels/Falter*, ArbRAktuell 2017, 4 (5); *Hamann/Rudnik*, NZA 2017, 209 (210); *Neighbour/Schröder*, BB 2016, 2869 (2869), die den unternehmensbezogenen Ansatz verfolgen. Letztere Ansicht entspricht wohl der aufgrund des Wortlauts vorzugswürdigen h. M. Dies wird auch dadurch bestätigt, dass sich *Lembke*, NZA 2017, 1 (4) zwar für den betriebsbezogenen Ansatz ausspricht, gleichzeitig aber einräumt, dass der Begriff des Entleihers nach dem Gesetzeswortlaut als rechtsträgerbezogen und gerade nicht als betriebsbezogen aufzufassen ist. Auch *Henssler*, RdA 2017, 83 (94) gesteht zumindest ein, dass es offen sei, ob sich das betriebsbezogene Verständnis wegen dieses aktuellen Wortlauts weiterhin aufrechterhalten lässt.

630 Zur genauen Fristberechnung sowohl in Bezug auf die 18-Monatsfrist als auch in Bezug auf Unterbrechungen und deren etwaige Anrechnung s. ausführlich *Hamann/Rudnik*, NZA 2017, 209 (210 ff.); *Talkenberg*, NZA 2017, 473 (475 ff.); s. hierzu auch 1.2.1 der Fachliche[n] Weisungen Arbeitnehmerüberlassungsgesetz (AÜG) der Bundesagentur für Arbeit (Fassung vom 01.08.2019), abrufbar unter https://www.arbeitsagentur.de/datei/fw-aueg_ba016586.pdf [zuletzt abgerufen am 12.03.2021].

631 In einigen Branchen wird der Leiharbeitnehmer nicht selten zur Überbrückung dieser Unterbrechungszeit bei einer Schwester-, Mutter- oder Tochtergesellschaft angestellt. Ein solches sog. „Entleiher-Rondell" ist im Grundsatz möglich, die Firmierung der Schwester-, Mutter- oder Tochtergesellschaft muss sich aber von derjenigen des Entleihers unterscheiden. Diese Option existiert bei Spielerleihen im Profisport so aber nicht, da die Vereine bzw. die ausgegliederten Kapitalgesellschaften häufig schon gar keine Schwester-, Mutter- oder Tochtergesellschaft haben, v. a. aber nur der Verein bzw. die ausgegliederte Kapitalgesellschaft die Spiellizenz erhält. Während der Unterbrechungszeit wäre der Spieler daher auch bei Anstellung bei einer Schwester-, Mutter-, oder Tochtergesellschaft des

Bei Spielerleihgeschäften im Profisport werden aber kaum Unterbrechungen i. d. S. vorkommen, die drei Monate nicht überschreiten. Solche sind bislang auch noch nicht ersichtlich vorgekommen. Es ist zwar zumindest theoretisch vorstellbar, dass Verleiher und Entleiher bei einem für längere Zeit abgeschlossenen Leihgeschäft die spontane Vereinbarung treffen, dieses zu unterbrechen. Hierbei ist sowohl die vorübergehende Rückkehr zum Verleiher als auch der vorübergehende „Weiterverleih" an einen dritten Verein denkbar. Im Falle des „Weiterverleihs" müsste freilich der Verleiher zustimmen, da er weiterhin die Transferrechte über den Spieler innehat.[632] In beiden Fällen würde der Spieler nach Ablauf der vereinbarten Unterbrechungszeit zum Entleiher des ursprünglichen Leihgeschäfts zurückkehren und dieses ursprüngliche Leihgeschäft würde bis zum vereinbarten Ablauftermin fortgeführt werden. Aufgrund der verbandsrechtlichen Regularien der einzelnen Sportverbände über Wechselfristen, Mindestausleihdauer etc. würden solche Unterbrechungen aber nur für einen Zeitraum von zumindest annähernd einer vollständigen Hin- oder Rückrunde für alle Beteiligten Sinn ergeben. Bei einer Unterbrechung, welche drei Monate nicht überschreitet, wäre der Spieler dann ab seiner Rückkehr zum Entleiher bis zum Ende der Hin- oder Rückrunde nicht zu Pflichtspieleinsätzen berechtigt, da er dann in dieser Hin- oder Rückrunde eine Spiellizenz ausschließlich für den Verleiher bzw. den dritten Verein hat. Dieses Szenario wird jedenfalls nicht im Interesse von Entleiher und Spieler liegen, weshalb sie sich nicht auf eine solche Unterbrechung einlassen werden.[633] Einzig aus der Sonderregel des Art. 5 Abs. 4 S. 3 i. V. m. Art. 10 Abs. 2 des FIFA-Reglements für internationale Leihgeschäfte im Fußball zwischen zwei Vereinen, die jeweils an Verbände mit sich überschneidenden Spielzeiten angegliedert sind (d. h. Spielzeitbeginn im Sommer/Herbst

---

Entleihers nicht spielberechtigt, was den Interessen aller Beteiligten zuwiderlaufen würde.

632 Folglich hat ein solcher „Weiterverleih" auch nichts mit dem Verbot des „Ketten-, Zwischen- oder Weiterverleihs" nach § 1 Abs. 1 S. 3 AÜG zu tun, s. hierzu auch Fn. 507.
Der vorliegende „Weiterverleih" darf auch nicht mit der Konstellation verwechselt werden, in der ein Spieler im Wege eines endgültigen Transfers fest verpflichtet wurde und dann direkt an einen anderen Verein verliehen wird. Im Rahmen dieser Konstellation wurde ebenfalls von „weiterverleihen" gesprochen, s. Kapitel 6, A., III.

633 Aber selbst wenn der Verleiher kurzfristig von einer solchen Unterbrechung eines für längere Zeit vereinbarten Leihgeschäfts in sportlicher Hinsicht durch die vorübergehende Rückkehr des eigenen Spielers profitieren könnte, so würde eine solche Konstellation zumindest in langfristiger Hinsicht auch seinen Interessen zuwiderlaufen, da durch die fehlende Spielpraxis die Entwicklung des im Prinzip dem Verleiher „gehörenden" Spielers erheblich gehindert werden kann. Bei einem „Weiterverleih" an einen dritten Verein widerspricht dieses Szenario ohnehin den Interessen des Verleihers und er wird einer solch kurzzeitigen Unterbrechung nicht zustimmen.

bzw. im Winter/Frühjahr),[634] könnten sich u. U. Konstellationen ergeben, in denen eine kurzzeitige Unterbrechung für alle Beteiligten Sinn ergibt.[635]

Insgesamt sind aber auch in Zukunft kaum Unterbrechungen von Spielerüberlassungsgeschäften zu erwarten. Vielmehr ist davon auszugehen, dass in Konstellationen, in denen auf lange Zeit vereinbarte Leihgeschäfte nicht den gewünschten Erfolg der Beteiligten zeitigen, solche Leihgeschäfte vorzeitig durch Zustimmung aller Beteiligten endgültig beendet werden.[636] Anschließend kehrt der Spieler dann entweder zum verleihenden Verein zurück und schließt dann auch durch eine neue Vereinbarung einen unmittelbar gültigen Arbeitsvertrag mit diesem oder es wird unter Zustimmung des Spielers ein neues Leihgeschäft zwischen dem verleihenden Verein und einem neuen Entleiher abgeschlossen. Falls sich die Gesamtumstände wieder ändern, kann dann zu späterer Zeit auch wiederum ein erneutes Leihgeschäft zwischen Verleiher und Entleiher des ursprünglichen Leihgeschäfts geschlossen werden, sofern auch der Spieler zustimmt.

Bei Urlaub oder Krankheit des Leiharbeitnehmers liegt genau wie bei den üblicherweise arbeitsfreien Tagen wie z. B. Sonntage oder Feiertage zwar rein tatsächlich eine Unterbrechung der Tätigkeit der Leiharbeitnehmer vor; jedoch stellen solche faktischen Unterbrechungen keine Unterbrechung i. S. v. § 1 Abs. 1b S. 2 AÜG dar, weshalb sie die Überlassungszeit nicht hemmen und ein fortwährender Einsatz des Leiharbeitnehmers beim Entleiher im Rahmen des gleichen Arbeitnehmerüberlassungsvertrags vorliegt.[637] Daher stellen auch Verletzungen des Spielers o. ä. keine Unterbrechung i. S. v. § 1 Abs. 1b S. 2 AÜG dar.[638]

---

634 S. ausführlich zu dieser Sonderregel Kapitel 5, A., III., 2.

635 Denkbar wäre z. B. eine kurzzeitige Rückkehr zum Verleiher bei einem solchen für längere Zeit abgeschlossenen internationalen Leihgeschäft. Aber auch der „Weiterverleih" für kurze Zeit an einen dritten Verein könnte z. B. in der Form erfolgen, dass ein von Deutschland in die USA oder nach Kanada verliehener Spieler kurzzeitig an einen anderen Verein aus Europa, in dessen Land ebenfalls von August bis Mai gespielt wird, „weiterverliehen" wird. Die umgekehrte Variante und die Variante, beispielsweise einen Spieler bei einem auf längere Zeit angelegten Leihgeschäft innerhalb von Deutschland kurzzeitig in die USA oder nach Kanada „weiterzuverleihen", wird hingegen kaum für alle Beteiligten Sinn ergeben, s. Fn. 453.

636 Dies geschieht durch vorzeitige Auflösung des Überlassungsvertrags zwischen verleihendem und entleihendem Verein und durch vorzeitige Auflösung des Arbeitsvertrags zwischen entleihendem Verein und Spieler.

637 *Hamann/Rudnik*, NZA 2017, 209 (210 f.); *Ulber*, AuR 2017, 238 (238).

638 Auf eine dahingehende Vereinbarung, dass der Spieler bloß für die Zeit seiner Verletzung zum Verleiher zurückkehrt und in dieser Zeit dann auch einen Arbeitsvertrag mit dem Verleiher schließt, wird sich der Verleiher naturgemäß wohl kaum einlassen.

c) Verfassungsmäßigkeit der Überlassungshöchstdauer

Diese Thematik soll hier in der gebotenen Kürze abgehandelt werden, da selbst das Ergebnis der Verfassungswidrigkeit der Überlassungshöchstdauer die vorliegende Prüfung, ob die Nichtbeachtung dieser Überlassungshöchstdauer bei Leihgeschäften im Profisport eine gesetzeswidrige Umgehung des AÜG darstellt, nicht entbehrlich machen würde. Denn nach Art. 100 Abs. 1 GG kommt dem Bundesverfassungsgericht ein Verwerfungsmonopol für Parlamentsgesetze zu. Normen des AÜG, welches ein solches Parlamentsgesetz darstellt, können daher nur vom BVerfG für verfassungswidrig erklärt werden. Solange dies nicht geschehen ist, behält die dahingehende Überprüfung hinsichtlich der gesetzeswidrigen Umgehung auf jeden Fall ihre Relevanz.

Mit der Überlassungshöchstgrenze hat der Gesetzgeber den unbestimmten Rechtsbegriff „vorübergehend" konkretisiert. Hierbei steht dem Gesetzgeber ein Beurteilungs- und Einschätzungsspielraum zu.[639] Diese Überlassungshöchstgrenze stellt auch eine bloße Berufsausübungsregel dar, weshalb der Eingriff in Art. 12 Abs. 1 GG bereits durch vernünftige, zweckmäßige Gründe des Allgemeinwohls gerechtfertigt werden kann.[640] Zwar wird teilweise angemahnt, dass die Rechtfertigung eine Ausrichtung in erster Linie auf den Schutz der Leiharbeitnehmer erfordere.[641] Allerdings gestattet es der Gestaltungsspielraum des Gesetzgebers, die Leiharbeit auch dahingehend auszugestalten, um den Arbeitsmarkt vor Fehlentwicklungen zu bewahren.[642] Hierbei darf überdies nicht vergessen werden, dass sowohl Wirtschaft als auch die Seite der Arbeitnehmer über 30 Jahre lang, vom 12.10.1972 (Inkrafttreten des AÜG) bis zum 31.12.2002 Überlassungshöchstdauern von drei Monaten zu Beginn bis zu 24 Monaten zum Ende „überlebt" haben, weshalb der Schutz der Leiharbeitnehmer auch nicht durch eine solche Höchstüberlassungsdauer als in Gefahr anzusehen ist.[643] Der Gesetzgeber muss mit seinem Tätigwerden auch nicht so lange warten, bis solche Fehlentwicklungen bereits tatsächlich eingetreten sind.[644] Zudem ist die arbeitnehmerbezogene Betrachtung im Interesse der Rechtssicherheit nicht zu beanstanden, um die Einhaltung der Höchstüberlassungsdauer effektiv überprüfen zu können.[645]

---

639 *Hamann*, NZA 2015, 904 (904).

640 S. die sog. Dreistufentheorie des BVerfG im „Apotheken-Urteil", BVerfG v. 11.06.1958 – 1 BvR 596/56, BVerfGE 7, 377 (378 f., 405 ff.) und auch Kapitel 5, A., I., 2., c).

641 S. hierzu *Franzen*, ZfA 2016, 25 (35 f.).

642 So *Ulrici*, AÜG, § 1 Rn. 19.

643 So *Hamann*, NZA 2015, 904 (904).

644 *Ulrici*, AÜG, § 1 Rn. 19.

645 *Ulrici*, AÜG, § 1 Rn. 19. S. hierzu auch die Schriftliche Stellungnahme des Bundesarbeitgeberverbands Chemie e.V. (BAVC) v. 13.10.2016, in: Materialien des Ausschusses für Arbeit und Soziales zur öffentlichen Anhörung von Sachverständigen in Berlin am 17. Oktober 2016 (zu den BT-Drs. 18/9232, 18/9664, 18/7370) – Zusammenstellung der schriftlichen Stellungnahmen – v. 17.10.2016,

Bezüglich der Dauer der Überlassungshöchstgrenze von 18 Monaten wird teilweise kritisiert, dass diese einen Wertungswiderspruch zu den Regelungen des TzBfG darstelle.[646] Dem Gesetzgeber steht aber bei der Dauer einer Überlassungshöchstgrenze schon generell ein weiter Einschätzungsspielraum zu.[647] Außerdem spricht gegen einen solchen Wertungswiderspruch, dass § 14 Abs. 2 TzBfG nach der Auslegung des BAG[648] erst nach dem Ablauf von drei Jahren (nach a. A. sogar nur einmalig) für erneute 24 Monate in Gebrauch genommen werden kann, die Überlassungshöchstdauer von 18 Monaten aber nach einer jeweiligen Unterbrechung von lediglich mehr als drei Monaten grenzenlos genutzt werden kann.[649]

Es spricht also deutlich mehr dafür, die Überlassungshöchstdauer ohnehin als verfassungsmäßig anzusehen.[650]

d) Vereinbarkeit der Überlassungshöchstdauer mit der Leiharbeitsrichtlinie

Ähnlich wie bei der Frage der Verfassungsmäßigkeit stellt sich vorliegend die Situation bei der äußerst umstrittenen Frage der Vereinbarkeit der Überlassungshöchstdauer mit der Leiharbeitsrichtlinie dar. Selbst das Ergebnis der Unionsrechtswidrigkeit würde die vorliegende Prüfung, ob die Nichtbeachtung dieser Überlassungshöchstdauer bei Leihgeschäften im Profisport eine gesetzeswidrige Umgehung des AÜG darstellt, nicht entbehrlich machen. Die Feststellung der Europarechtswidrigkeit einer Norm ist bekanntermaßen dem Europäischen Gerichtshof vorbehalten. Häufig wird der EuGH mit solchen Fällen im Wege des Vorabentscheidungsverfahrens nach Art. 267 AEUV befasst, aber auch eine Anrufung des EuGH auf dem Wege des Vertragsverletzungsverfahrens nach Art. 258 Abs. 2 AEUV oder nach Art. 259 Abs. 1 AEUV ist denkbar. Der EuGH hat bislang aber weder die Überlassungshöchstdauer nach § 1 Abs. 1b S. 1 AÜG noch eine vergleichbare Vorschrift eines anderen Landes der Europäischen Union (EU) für europarechtswidrig erklärt. Im Gegenteil: Im Jahr 2015 hat er sich in

---

BT-Drs. 18(11)761neu, 56 (57) und auch schon den Gesetzentwurf der Fraktionen der CDU/CSU und FDP zur Verlängerung beschäftigungsfördernder Vorschriften (Beschäftigungsförderungsgesetz 1990 – BeschFG 1990) v. 14.07.1989, BT-Drs. 11/4952, S. 8.

646 S. die Stellungnahme der Bundesrechtsanwaltskammer (BRAK) zum Regierungsentwurf eines Gesetzes zur Änderung des Arbeitnehmerüberlassungsgesetzes und anderer Gesetze (BR-Drs. 294/16) v. 20.06.2016, in: Materialien des Ausschusses für Arbeit und Soziales zur öffentlichen Anhörung von Sachverständigen in Berlin am 17. Oktober 2016 (zu den BT-Drs. 18/9232, 18/9664, 18/7370) – Zusammenstellung der schriftlichen Stellungnahmen – v. 17.10.2016, BT-Drs. 18(11)761neu, 86 (88); s. hierzu auch mit weiteren Verweisen *Hamann*, NZA 2015, 904 (904 f.).

647 S. hierzu mit weiteren Verweisen *Hamann*, NZA 2015, 904 (904).

648 BAG v. 06.04.2011 – 7 AZR 716/09, NZA 2011, 905 (905 ff.).

649 *Ulrici*, AÜG, § 1 Rn. 19.

650 S. zur gesamten Thematik mit weiteren Verweisen *Ulrici*, AÜG, § 1 Rn. 19.

seinem Urteil in der Rechtssache AKT[651] großzügig dahingehend geäußert, dass die nationalen Gerichte nicht alle nationalen Vorschriften unangewendet lassen müssen, die Verbote oder Einschränkungen des Einsatzes von Leiharbeit enthalten und nicht aus Gründen des Allgemeininteresses gerechtfertigt sind (s. hierzu sogleich). Zudem ist selbst dann, wenn der EuGH die Norm für europarechtswidrig erklären sollte, noch nicht automatisch gesagt, ob die nationalen Gerichte diese dann unangewendet lassen oder versuchen werden, durch eine europarechtskonforme Auslegung auch weiterhin an der Norm festzuhalten. Daher soll auch diese Thematik vorliegend in der gebotenen Kürze abgehandelt werden.

Zunächst ist klarzustellen, dass die Leiharbeitsrichtlinie die Mitgliedstaaten an keiner Stelle explizit zur Aufstellung einer Überlassungshöchstgrenze zwingt, dies aber auch an keiner Stelle explizit verbietet. Die Richtlinie geht aber an mehreren Stellen von einer bloß „vorübergehenden" Überlassung aus, s. die Artt. 1 Abs. 1, 3 Abs. 1 lit. b, c, d und e der Leiharbeitsrichtlinie. Damit schreibt die Richtlinie den Mitgliedstaaten auf diese Weise zumindest vor, dass die Leiharbeit nicht zeitlich unbegrenzt möglich sein soll. Diese Vorgabe wird durch die Überlassungshöchstdauer des § 1 Abs. 1b S. 1 AÜG erfüllt.

Zwar ist einzuräumen, dass sich eine solche starre Obergrenze von 18 Monaten international nicht durchgesetzt hat, da die anderen Länder entweder überhaupt keine Obergrenzen kennen, diese merkbar über 18 Monaten liegen oder als sachgrundbezogene Höchstgrenzen an den jeweiligen Bedarf an Vertretung anknüpfen.[652] Es mag auch in manchen Konstellationen praxisfremd wirken, dass die Höchstgrenze nicht an den Vertretungsbedarf angeknüpft wird.[653] Hierbei darf aber nicht vergessen werden, dass eine solche starre Obergrenze wohl am effektivsten überprüft werden kann und damit der Rechtssicherheit dienlich ist.[654] Diese Überlassungshöchstdauer wird auch in zeitlicher Hinsicht zum Teil scharf kritisiert.[655] Allerdings steht dem Gesetzgeber bei der Dauer einer Überlassungshöchstgrenze schon generell ein weiter Einschätzungsspielraum zu.[656]

---

651 EuGH v. 17.03.2015 – C-533/13 (Auto- ja Kuljetusalan Työntekijäliitto AKT ry/ Öljytuote ry, Shell Aviation Finland Oy), NJW 2015, 1233 (1233 f.).

652 S. näher hierzu *Henssler*, RdA 2016, 18 (23).

653 So *Henssler*, RdA 2016, 18 (23).

654 So auch *Hamann*, EuZA 2009, 287 (311 f.).

655 So bezeichnen z. B. *Bissels/Falter*, ArbRAktuell 2017, 4 (4) diese Beschränkung auf 18 Monate als sachlich nicht begründbar, da sie auf einem bloßen politischen Kompromiss zwischen SPD und CDU basiere, welche im Bundestagswahlkampf des Jahres 2013 eine Überlassungshöchstdauer von zwölf (SPD) und 24 (CDU) Monaten forderten; daher sei diese Beschränkung auf 18 Monate nicht wirklich nach tatsächlichen Notwendigkeiten oder rechtlichen Erfordernissen ausgerichtet. Teilweise wird auch ein Wertungswiderspruch zu den Regelungen des TzBfG angenommen, was aber nur begrenzt nachvollziehbar ist, s. Kapitel 6, E., I., 1., c).

656 S. hierzu mit weiteren Verweisen *Hamann*, NZA 2015, 904 (904).

Art. 2 der Leiharbeitsrichtlinie schreibt u. a. vor, dass die Leiharbeit zur Entwicklung flexibler Arbeitsformen beizutragen hat. Mit dieser Vorgabe der Richtlinie ist aber die Überlassungshöchstdauer von 18 Monaten vereinbar, da es sich bei ihr nicht um eine starr fixierte Überlassungsdauer, sondern um eine Obergrenze handelt und bis zu dieser Höchstgrenze die Dauer der Überlassung ohne jegliche Vorgaben frei bestimmt werden kann.[657]

Nach Art. 4 Abs. 1 HS 1 der Leiharbeitsrichtlinie sind Verbote oder Einschränkungen des Einsatzes von Leiharbeit nur aus Gründen des Allgemeininteresses gerechtfertigt. Dies könnte auf den ersten Blick die Unvereinbarkeit einer Höchstüberlassungsdauer mit Art. 4 Abs. 1 der Richtlinie zur Konsequenz haben.[658] Der EuGH hat aber in seinem Urteil in der Rechtssache AKT vom 17.03.2015 ausgeführt, dass Art. 4 Abs. 1 der Leiharbeitsrichtlinie dahingehend auszulegen sei, „dass er nur an die zuständigen Behörden des Mitgliedstaats gerichtet ist, indem ihnen eine Überprüfungsverpflichtung auferlegt wird, damit sie sicherstellen, dass etwaige Verbote und Einschränkungen des Einsatzes von Leiharbeit gerechtfertigt sind, und dass er daher die nationalen Gerichte nicht verpflichtet, alle Bestimmungen des nationalen Rechts unangewendet zu lassen, die Verbote oder Einschränkungen des Einsatzes von Leiharbeit enthalten, die nicht aus Gründen des Allgemeininteresses im Sinne von Art. 4 I gerechtfertigt sind".[659] Demzufolge lege Art. 4 Abs. 1 der Leiharbeitsrichtlinie nur den Rahmen fest, in welchem sich die Regelungstätigkeit der Mitgliedstaaten in Bezug auf Verbote und Einschränkungen des Einsatzes von Leiharbeit bewegen darf und ordne gerade nicht den Erlass einer bestimmten Regelung in diesem Bereich an.[660] Durch diese Entscheidung hat der EuGH den Mitgliedstaaten auch hinsichtlich der Frage, ob das in der Leiharbeitsrichtlinie vorgegebene Merkmal „vorübergehend" zu konkretisieren ist oder nicht, einen

---

657 So *Hamann*, NZA 2015, 904 (904). Auch *Sansone*, Gleichstellung von Leiharbeitnehmern, S. 468 ist der Ansicht, dass Art. 2 der Leiharbeitsrichtlinie die Festlegung einer Höchstüberlassungsdauer zumindest nicht ausschließt, sofern genügend Flexibilität für den Leiharbeitnehmereinsatz bei Entleihern verbleibt und auch das Spannungsverhältnis zu Art. 4 der Leiharbeitsrichtlinie Beachtung findet.

658 In diese Richtung gehend noch vor der sogleich geschilderten EuGH-Entscheidung v. 17.03.2015 *Thüsing*, NZA 2014, 10 (12); *Thüsing/Stiebert*, DB 2012, 632 (634).

659 EuGH v. 17.03.2015 – C-533/13 (Auto- ja Kuljetusalan Työntekijäliitto AKT ry/ Öljytuote ry, Shell Aviation Finland Oy), NJW 2015, 1233 (1233 f.). Nach *Hamann/ Klengel*, EuZA 2017, 194 (199) ist diese Entscheidung des EuGH begrüßenswert, da der Abs. 1 des Art. 4 der Leiharbeitsrichtlinie im Zusammenhang mit Abs. 2 und 3 und der Überschrift „Überprüfung der Einschränkungen und Verbote" von Art. 4 der Richtlinie gesehen werden muss, wo es stets um die Überprüfungspflicht der Mitgliedstaaten geht.

660 EuGH v. 17.03.2015 – C-533/13 (Auto- ja Kuljetusalan Työntekijäliitto AKT ry/ Öljytuote ry, Shell Aviation Finland Oy), NJW 2015, 1233 (1234).

weiten Gestaltungsspielraum zuerkannt.[661] Außerdem fällt nach Art. 4 Abs. 1 HS 2 der Leiharbeitsrichtlinie „die Notwendigkeit, das reibungslose Funktionieren des Arbeitsmarktes zu gewährleisten" unter die Gründe des Allgemeininteresses nach Art. 4 Abs. 1 HS 1 der Richtlinie und stellt folglich einen möglichen Rechtfertigungsgrund für Verbote oder Einschränkungen des Einsatzes von Leiharbeit dar.[662] Das vom Gesetzgeber mit der (Wieder-) Einführung der Höchstüberlassungsdauer verfolgte Ziel, die Substitution von Stammarbeitsplätzen durch den dauerhaften Leiharbeitnehmereinsatz zu verhindern (s. näher hierzu Kapitel 6, E., I., 3., a)), dient gerade dem reibungslosen Funktionieren des Arbeitsmarktes, denn sowohl in nationaler wie auch in europäischer Hinsicht (s. hierzu auch die Erwägungsgründe 11 und 15 der Leiharbeitsrichtlinie) ist der Arbeitsmarkt am sog. Normalarbeitsverhältnis auszurichten.[663] Des Weiteren kann einem in einer bestimmten Einsatzbranche erhöhten Einsatzbedarf an Leiharbeitnehmern auch durch sachnähere Kollektivverträge abgeholfen werden.[664] Und auch dem in Art. 6 Abs. 1 bis 3 der Leiharbeitsrichtlinie zum Ausdruck kommenden Ziel, den Zugang der Leiharbeitnehmer zur unbefristeten Anstellung beim Entleiher zu fördern, ist die Überlassungshöchstdauer dienlich; denn dadurch, dass der Leiharbeitnehmer nicht dauerhaft und auch nicht ohne Unterbrechung hintereinander befristet dem gleichen Entleiher überlassen werden darf, steigen zumindest im Grundsatz die Chancen des Leiharbeitnehmers hinsichtlich einer Übernahme durch den Entleiher.[665] Nach alledem kann von einem Verstoß der Überlassungshöchstdauer gegen Art. 4 Abs. 1 HS 1 der Leiharbeitsrichtlinie keine Rede mehr sein.

Schließlich wird vermehrt in der arbeitnehmerbezogenen Ausgestaltung der Überlassungshöchstdauer (s. hierzu Kapitel 6, E., I., 1., a)) ein Verstoß gegen Art. 5 Abs. 5 der Leiharbeitsrichtlinie gesehen, da durch diesen Arbeitnehmerbezug ohne weiteres unmittelbar aufeinander folgende Überlassungen in Form von Rotationsstrategien möglich sind.[666] In der Tat schreibt Art. 5 Abs. 5 der

---

661 Vgl. die Ausarbeitung des Fachbereichs Europa zur EU-Rechtskonformität der jüngeren Gesetzgebung zur Leiharbeit und Werkverträgen, PE 6-3000-107/16, S. 7; *Hamann*, NZA 2015, 904 (904).

662 S. hierzu auch Erwägungsgrund 18 der Leiharbeitsrichtlinie.

663 *Ulrici*, AÜG, § 1 Rn. 28.

664 *Ulrici*, AÜG, § 1 Rn. 28.

665 S. ausführlicher hierzu *Hamann/Klengel*, EuZA 2017, 194 (200).

666 So u. a. *Absenger*, WSI-Mitteilungen 2017, 70 (71); *Ulber*, AiB 2017, 27 (27); *ders.*, AuR 2017, 238 (238 f.); *Wank*, RdA 2017, 100 (109).
Ein vergleichbares Problem in abgeschwächter Form stellt sich bei der Frage, ob die in Art. 1 Abs. 1b S. 2 AÜG vorgeschriebene Unterbrechungsfrist von „nur" mehr als drei Monaten ausreicht, um eine Umgehung der Richtlinie durch aufeinander folgende Überlassungen zu verhindern. Hierauf soll aber vorliegend nicht näher eingegangen werden, weil der Frage für Leihgeschäfte im Profisport keine nennenswerte Bedeutung zukommt. Bei Spielerleihgeschäften im Profisport wird die Unterbrechungszeit nämlich in aller Regel zumindest annähernd eine

Richtlinie vor, dass die Mitgliedstaaten die erforderlichen Maßnahmen ergreifen sollen, um „insbesondere aufeinander folgende Überlassungen, mit denen die Bestimmungen der Richtlinie umgangen werden sollen, zu verhindern". Es könnten aber im Extremfall im Wege einer entsprechenden Leiharbeitnehmerrotation sämtliche Arbeitsplätze eines Betriebs bzw. Unternehmens dauerhaft mit Leiharbeitnehmern besetzt werden.[667] Dann kann von einer Verhinderung der Substitution von Stammarbeitsplätzen durch den dauerhaften Einsatz von Leiharbeitnehmern selbsterklärend keine Rede mehr sein.[668] Hinzu kommt, dass ein solcher Arbeitnehmerbezug auch nicht in den Kontext anderer Normen des Europarechts bei der Frage des Vorliegens von aufeinander folgendem, vorübergehendem Einsatz passt, sondern i. d. R. an den Arbeitsplatz angeknüpft wird.[669] Dieses Szenario wird nach zum Teil vertretener Ansicht als dennoch mit der Leiharbeitsrichtlinie vereinbar angesehen, indem davon ausgegangen wird, der Dauerverleih sei vom Geltungsbereich der Richtlinie, welcher in Art. 1 Abs. 2 der Richtlinie festgelegt ist, nicht erfasst, weil Art. 1 Abs. 1 der Richtlinie kein Verbot enthalte, sondern nur den Anwendungsbereich der Richtlinie begrenze.[670] Diese Interpretation erscheint aber vor dem Hintergrund nicht wirklich überzeugend, dass so die Vorgaben der Richtlinie nur allzu einfach umgangen werden könnten. In den Erwägungsgründen 11, 12 und 23 der Leiharbeitsrichtlinie zeigt sich auch, dass der Richtliniengeber nicht lediglich einen Teil der Leiharbeit regeln, sondern für die Leiharbeit insgesamt einen harmonisierten Rahmen auf Gemeinschaftsebene schaffen wollte.[671] Damit ist aber trotzdem noch nicht unbedingt gesagt, dass dieser Arbeitnehmerbezug gegen Art. 5 Abs. 5 der Leiharbeitsrichtlinie verstößt. Denn es muss auch berücksichtigt werden, dass wegen seiner nach Art. 16 GRC geschützten unternehmerischen Freiheit im Grundsatz der Arbeitgeber darüber entscheidet, ob und wie er freie Arbeitsplätze besetzt.[672] Zudem eröffnet auch Art. 5 Abs. 5 der Leiharbeitsrichtlinie den Mitgliedstaaten und

---

komplette Hin- oder Rückrunde umfassen, s. Kapitel 6, E., I., 1., b). S. näher zu dieser Thematik beispielsweise *Hamann/Klengel*, EuZA 2017, 194 (204 ff.).

667 *Ulber*, AiB 2017, 27 (27). Nach *Hamann*, NZA 2015, 904 (905) ist durch solch einen Arbeitnehmerbezug das Personaloutsourcing legalisiert.

668 Auch wenn der Schutz der Stammarbeitnehmer weder in Art. 2 der Leiharbeitsrichtlinie noch in den Erwägungsgründen der Leiharbeitsrichtlinie ausdrücklich genannt ist, so zeigt dennoch die Historie der Richtlinie, dass der Richtliniengeber auch die Stammarbeitnehmer im Blick hatte, s. näher hierzu *Hamann/Klengel*, EuZA 2017, 194 (201 f.).

669 *Ulber*, AuR 2017, 238 (239), der anschließend ein Beispiel aus dem Kommissionsentwurf zur Änderung der Entsenderichtlinie nennt.

670 So *Rieble/Vielmeier*, EuZA 2011, 474 (488 ff.); *Thüsing/Stiebert*, DB 2012, 632 (633 f.); *Ulrici*, AÜG, § 1 Rn. 27.

671 *Hamann*, NZA 2015, 904 (905).

672 *Hamann/Klengel*, EuZA 2017, 194 (202). S. zum nationalen Recht hierzu BAG v. 20.11.2014 – 2 AZR 512/13, NZA 2015, 679 (679 ff.).

damit auch dem nationalen Gesetzgeber zumindest einen gewissen Gestaltungsspielraum. Darüber hinaus erscheint auch eine Rechtsmissbrauchskontrolle im Einzelfall durch die nationalen Gerichte wie im Befristungsrecht denkbar.[673] Hier hat der EuGH in der Rechtssache Kücük[674] zum Missbrauchsverbot nach § 5 Nr. 1 RV[675] entschieden, dass ein wiederholtes oder sogar dauerhaftes Zurückgreifen des Arbeitgebers auf befristete Arbeitsverträge zur Vertretung auch dann auf einen etwaigen Missbrauch im Einzelfall hin zu überprüfen ist, wenn für jeden dieser befristeten Arbeitsverträge in einzelner Betrachtung ein sachlicher Grund i. S. v. § 5 Nr. 1 lit. a RV gegeben ist. Seit diesem Urteil des EuGH vom 26.01.2012 führt auch das BAG eine solche institutionelle Rechtsmissbrauchskontrolle bei Kettenbefristungen durch.[676]

Somit bleibt festzuhalten, dass eine Unvereinbarkeit der Höchstüberlassungsdauer mit der Leiharbeitsrichtlinie – wenn überhaupt – nur hinsichtlich eines Verstoßes des Arbeitnehmerbezugs gegen Art. 5 Abs. 5 der Richtlinie angenommen werden könnte. Auch eine dahingehende Feststellung durch den EuGH im Falle seiner Befassung erscheint jedoch vor dem Hintergrund seiner großzügigen Entscheidung im Jahr 2015 in der Rechtssache AKT[677] nicht sonderlich wahrscheinlich. Darauf, dass bei Leihgeschäften im Profisport eine solche Gefahr der Substitution von Stammarbeitsplätzen durch den dauerhaften Einsatz von rotierenden Leihspielern zumindest im herkömmlichen Sinne bei gesonderter Betrachtung jedes einzelnen Arbeitsplatzes gar nicht wirklich besteht, wird an späterer Stelle zurückzukommen sein, s. hierzu dann Kapitel 6, E., I., 4., a).

2. Entstehungsgeschichte und Entwicklung der Überlassungshöchstdauer

Nachdem die Rahmenbedingungen dargelegt wurden, soll nun die Entstehungsgeschichte und Entwicklung der Überlassungshöchstdauer beleuchtet werden, um daraus u. U. Rückschlüsse zu ziehen in Bezug auf die Frage, ob die

---

673 Vgl. zu diesem Gedanken *Hamann/Klengel*, EuZA 2017, 194 (209 f.), welche dies im Rahmen der Frage der Vereinbarkeit wiederholter Einsätze nach Unterbrechung mit der Leiharbeitsrichtlinie vorschlagen.

674 EuGH v. 26.01.2012 – C-586/10 [Bianca Kücük/Land Nordrhein-Westfalen], NJW 2012, 989 (989 ff.).

675 RV steht für die am 18.03.1999 geschlossene Rahmenvereinbarung über befristete Arbeitsverhältnisse im Anhang der Richtlinie 1999/70/EG des Rates vom 28.06.1999 zu der EGB-UNICE-CEEP-Rahmenvereinbarung über befristete Arbeitsverträge (kurz: Rahmenvereinbarung).

676 S. BAG v. 18.07.2012 – 7 AZR 443/09, NZA 2012, 1351 (1351 ff.); BAG v. 19.02.2014 – 7 AZR 260/12, NZA-RR 2014, 408 (408 ff.); BAG v. 12.11.2014 – 7 AZR 891/12, NZA 2015, 379 (380 ff.); BAG v. 24.8.2016 – 7 AZR 41/15, NJW 2017, 586 (589).

677 EuGH v. 17.03.2015 – C-533/13 [Auto- ja Kuljetusalan Työntekijäliitto AKT ry/ Öljytuote ry, Shell Aviation Finland Oy], NJW 2015, 1233 (1233 f.).

Überlassungshöchstdauer bei Spielerleihen im Profisport grundsätzlich zur Anwendung zu kommen hat.

Bereits in seiner ursprünglichen Fassung vom 12.10.1972 enthielt das AÜG in § 3 Abs. 1 Nr. 6 AÜG a. F. eine Überlassungshöchstdauer von drei Monaten; diese wurde dann stückweise ausgeweitet auf sechs Monate im Jahr 1985, auf neun Monate im Jahr 1994, auf zwölf Monate im Jahr 1997 und sogar auf 24 Monate im Jahr 2002.[678] Diese Erweiterung der Überlassungshöchstdauer erfolgte, um die Beschäftigungspotenziale der Leiharbeit zu nutzen.[679] Mit der Hartz-Reform wurde anschließend im Jahr 2003 die Überlassungshöchstdauer vollständig gestrichen.[680] Seit dem 01.12.2011 schrieb dann der neu eingefügte § 1 Abs. 1 S. 2 AÜG a. F. vor, dass die Überlassung von Arbeitnehmern an Entleiher vorübergehender Natur sein müsse, was zur Auslösung eines heftigen Meinungsstreits bezüglich der Frage führte, ob damit ein Verbot der nicht mehr vorübergehenden Arbeitnehmerüberlassung normiert werden sollte.[681] Schließlich wurde zum 01.04.2017 mit der jüngsten AÜG-Reform wieder eine Überlassungshöchstdauer von 18 Monaten neu eingeführt.

Aus dieser Entwicklung wird einerseits ersichtlich, dass eine Überlassungshöchstdauer bei der Arbeitnehmerüberlassung keine neuartige Erscheinung ist, sondern vielmehr im größten Zeitraum seit Einführung des AÜG eine solche existierte. Auch die Höhe der Überlassungshöchstdauer war zur meisten Zeit sogar noch geringer als die heute geltenden 18 Monate.

Andererseits zeigt sich aus der Tatsache, dass mit der Einführung des AÜG im Jahr 1972 eine Überlassungshöchstdauer von lediglich drei Monaten gewählt wurde, dass der Gesetzgeber mit dieser Regelung wohl nicht die Leihgeschäfte im Sport im Blickfeld hatte, sondern vielmehr andere Branchen. Aufgrund der Verbandsregularien der Mannschaftssportarten hinsichtlich von Wechselfristen, Spielberechtigung etc. und der Tatsache, dass die einzelnen Hin- und Rückrunden bei den Mannschaftssportarten für gewöhnlich länger als drei Monate andauern, ist es offensichtlich, dass bei Geltung einer Überlassungshöchstdauer von lediglich drei Monaten Leihgeschäfte im Profisport für alle Beteiligten nicht wirklich attraktiv erscheinen würden; dies v. a. deshalb, weil der Spieler dadurch für einige Spiele der betroffenen Hin- oder Rückrunde weder für den Entleiher noch für den Verleiher spielberechtigt wäre, was den mit dem Leihgeschäft verfolgten Interessen aller Beteiligten ersichtlich zuwiderlaufen würde.[682]

---

678 S. näher hierzu auch mit Verweisen auf die jeweiligen Gesetzesmaterialien *Lembke/Ludwig*, NJW 2014, 1329 (1330).

679 *Lembke*, NZA 2017, 1 (3).

680 S. näher hierzu auch mit Verweisen auf die jeweiligen Gesetzesmaterialien *Lembke/Ludwig*, NJW 2014, 1329 (1330 f.).

681 S. zu dieser Thematik mit weiteren Verweisen *Lembke*, NZA 2017, 1 (3).

682 Schon zur damaligen Zeit im Jahr 1972 dauerte die einzelne Hin- oder Rückrunde bei den Mannschaftssportarten für gewöhnlich länger als drei Monate an und auch die Verbandsregularien der Mannschaftssportarten waren hinsichtlich von

Dass der damalige Gesetzgeber bei der Einführung des AÜG generell nicht die Leihgeschäfte im Sport im Blickfeld hatte, erscheint indes nicht verwunderlich. Bis heute werden bei Spielerleihgeschäften diverse Vorgaben des AÜG einfach nicht angewendet und hiergegen wurde auch noch von keiner staatlichen Stelle o. ä. vorgegangen. Dies ändert aber nichts daran, dass eine etwaige Umgehung der im AÜG vorgeschriebenen Überlassungshöchstdauer durch deren Nichtbeachtung bei Leihgeschäften im Profisport an der aktuellen Gesetzeslage gemessen werden muss. Danach sind aktuell 18 Monate als Überlassungshöchstdauer maßgeblich, was zumindest einen Zeitraum von umgerechnet eineinhalb Spielzeiten bei Mannschaftssportarten beinhaltet.

Festzuhalten bleibt daher, dass die Geltung einer Überlassungshöchstdauer keine neuartige Erscheinung ist. Für die Beurteilung der Frage, ob die Nichtbeachtung der Überlassungshöchstdauer bei Leihgeschäften im Profisport eine gesetzeswidrige Umgehung des AÜG darstellt, hilft die Entstehungsgeschichte und Entwicklung der Überlassungshöchstdauer an sich aber nicht wirklich weiter, da auch in der Vergangenheit der Gesetzgeber bei Einführung, Veränderung bzw. Abschaffung der Überlassungshöchstdauer nicht den Sport im Blickfeld hatte. Selbstverständlich ist damit noch nicht gesagt, dass aus der Entstehungsgeschichte keine Rückschlüsse auf den Sinn und Zweck der Überlassungshöchstdauer zu ziehen sind (s. hierzu Kapitel 6, D., I., 3.).

3. *Ziel bzw. Sinn und Zweck der Überlassungshöchstdauer*

In ihrem der AÜG-Reform von 2017 zugrundeliegenden Gesetzesentwurf zur Änderung des Arbeitnehmerüberlassungsgesetzes und anderer Gesetze vom 20.07.2016 bringt die Bundesregierung zum Ausdruck, dass durch die Wiedereinführung der Überlassungshöchstdauer Rechtssicherheit geschaffen, die Leiharbeitnehmer geschützt und einer dauerhaften Substitution von Stammbeschäftigten entgegengewirkt werden soll.[683] Dass die exakte Fixierung einer Überlassungshöchstdauer von 18 Monaten zu mehr Rechtssicherheit führt im Vergleich zu dem vor der AÜG-Reform vom 01.04.2017 einzig ausschlaggebenden Merkmal der „vorübergehenden" Überlassung von Arbeitnehmern und dadurch auch die effektive Kontrollierbarkeit erheblich erhöht ist, bedarf insoweit keiner weiteren Erörterung.[684] Im Folgenden wird aber näher darauf eingegangen, ob der Schutz der Leiharbeitnehmer und die Verhinderung einer dauerhaften

---

Wechselfristen, Spielberechtigung etc. zumindest im Kern den heutigen Verbandsregularien ähnlich.

683 S. den Gesetzesentwurf der Bundesregierung zur Änderung des Arbeitnehmerüberlassungsgesetzes und anderer Gesetze v. 20.07.2016, BT-Drs. 18/9232, S. 20.

684 S. hierzu auch die Antwort der Bundesregierung auf die Kleine Anfrage der Abgeordneten Beate Müller-Gemmeke, Corinna Rüffer, Brigitte Pothmer, weiterer Abgeordneter und der Fraktion BÜNDNIS 90/DIE GRÜNEN – Drucksache 18/9559 – v. 22.09.2016, BT-Drs. 18/9723, S. 6.

Substitution von Stammarbeitnehmern durch Leiharbeitnehmer tatsächlich beide als Ziel bzw. Sinn und Zweck der Überlassungshöchstdauer anzusehen sind.

a) Schutz der Stammarbeitnehmer

Zwar wird teilweise vorgebracht, der Schutz der Stammarbeitnehmer rechtfertige keine Überlassungshöchstdauer, weil diese vor dem Hintergrund, dass erst nach Abzug der Leiharbeitnehmer eine betriebsbedingte Kündigung möglich sei und daher eine betriebsbedingte Kündigung der Stammarbeitnehmer mit steigender Anzahl der Leiharbeitnehmer immer schwieriger werde, durch den Einsatz von Leiharbeitnehmern gerade geschützt würden.[685] Dennoch ist richtigerweise ganz überwiegend anerkannt, dass der Schutz der Stammarbeitnehmer vor einer dauerhaften Substitution durch Leiharbeitnehmer vom Sinn und Zweck der Überlassungshöchstdauer umfasst ist.[686] Zwar ist die Weiterbeschäftigungsmöglichkeit tatsächlich im Regelfall auch auf Arbeitsplätze zu erstrecken, die mit einem Leiharbeitnehmer besetzt sind, weshalb diese Arbeitsplätze zumeist als „frei" i. S. v. § 1 Abs. 2 S. 2, 3 KSchG anzusehen sind, wenn es sich um Dauerarbeitsplätze handelt und die Leiharbeitnehmer nicht nur aufgrund von vorübergehenden Auftragsspitzen oder zur Vertretung eingesetzt werden, da die

685 So *Thüsing* (Schriftliche Stellungnahme, BT-Drs. 18(11)737neu, v. 14.10.2016), in: Materialien des Ausschusses für Arbeit und Soziales zur öffentlichen Anhörung von Sachverständigen in Berlin am 17. Oktober 2016 (zu den BT-Drs. 18/9232, 18/9664, 18/7370) – Zusammenstellung der schriftlichen Stellungnahmen – v. 17.10.2016, BT-Drs. 18(11)761neu, 26 (31).

686 S. den Gesetzesentwurf der Bundesregierung zur Änderung des Arbeitnehmerüberlassungsgesetzes und anderer Gesetze v. 20.07.2016, BT-Drs. 18/9232, S. 20; die Antwort der Bundesregierung auf die Kleine Anfrage der Abgeordneten Beate Müller-Gemmeke, Markus Kurth, Brigitte Pothmer, weiterer Abgeordneter und der Fraktion BÜNDNIS 90/DIE GRÜNEN – Drucksache 18/307 – v. 04.02.2014, BT-Drs. 18/421, S. 2; *Franzen*, ZfA 2016, 25 (35); *Ulrici*, AÜG, § 1 Rn. 13.
Dieses Ziel wird auch bereits in dem diesem Gesetzesentwurf zugrundeliegenden Koalitionsvertrag zwischen CDU, CSU und SPD vom 16.12.2013, S. 69 angedeutet, indem die Leiharbeit auf ihre Kernfunktionen hin orientiert werden soll. So Deutscher Gewerkschaftsbund (DGB) (Schriftliche Stellungnahme, BT-Drs. 18(11)731, v. 11.10.2016), in: Materialien des Ausschusses für Arbeit und Soziales zur öffentlichen Anhörung von Sachverständigen in Berlin am 17. Oktober 2016 (zu den BT-Drs. 18/9232, 18/9664, 18/7370) – Zusammenstellung der schriftlichen Stellungnahmen – v. 17.10.2016, BT-Drs. 18(11)761neu, 9 (10); *Düwell* (Schriftliche Stellungnahme, BT-Drs. 18(11)760, v. 14.10.2016), in: Materialien des Ausschusses für Arbeit und Soziales zur öffentlichen Anhörung von Sachverständigen in Berlin am 17. Oktober 2016 (zu den BT-Drs. 18/9232, 18/9664, 18/7370) – Zusammenstellung der schriftlichen Stellungnahmen – v. 17.10.2016, BT-Drs. 18(11)761neu, 80 (81).

Leiharbeitnehmer keinen Arbeitsvertrag mit dem Entleiher haben.[687] Allerdings ist zu beachten, dass die aktuellen Stammarbeitnehmer nicht als Individuen, sondern als abstrakte Gruppe geschützt werden; und zwar als eine solche Gruppe, welche einen Betrieb prägt, der dem arbeitsmarktpolitischen Ziel entspricht, sog. Normalarbeitsverhältnisse zu bewahren.[688] Damit steht auch im Einklang, dass der Gesetzgeber nur die Einsatzbranche als die die sog. Normalarbeitsverhältnisse schaffende Branche mit einer kollektivvertraglichen Abweichungsmöglichkeit von der gesetzlichen Überlassungshöchstdauer versehen hat, s. § 1 Abs. 1b S. 3 bis 6 AÜG.[689] Es soll generell verhindert werden, dass Stammarbeitnehmer entlassen werden, um sie durch Leiharbeitnehmer zu ersetzen. Hierbei ist auch zu beachten, dass es neben der betriebsbedingten Kündigung noch weitere Kündigungsarten gibt (verhaltensbedingte oder personenbedingte Kündigung) und dem Arbeitgeber bei jeder Kündigung aufgrund seiner unternehmerischen Freiheit nach Art. 12 Abs. 1 GG bzw. Art. 16 GRC ein mehr oder weniger großer Entscheidungsspielraum zukommt. Zudem soll die Überlassungshöchstdauer auch dazu beitragen, dass die Unternehmen vermehrt Stammarbeitnehmer und keine Leiharbeitnehmer auf freiwerdenden bzw. neu geschaffenen Arbeitsplätzen einsetzen.

Vielfach wird die arbeitnehmerbezogene und nicht arbeitsplatzbezogene Ausgestaltung der Überlassungshöchstdauer kritisiert, da es so den Unternehmen weiterhin möglich ist, dauerhaften Bedarf an Arbeitsleistung durch den Einsatz von Leiharbeit zu befriedigen und demzufolge die Verdrängung der Stammarbeitnehmer durch Leiharbeitnehmer nicht verhindert werden könne.[690] Aus diesem Grund sehen auch diverse Stimmen die Ausgestaltung der Überlassungshöchstdauer als gegen Art. 5 Abs. 5 der Leiharbeitsrichtlinie verstoßend an (s. Kapitel 6, E., I., 1., d)). Dies ändert aber nichts daran, dass der Schutz der Stammarbeitnehmer vor einer dauerhaften Substitution durch Leiharbeitnehmer als Ziel der Überlassungshöchstdauer ganz überwiegend anerkannt ist. Um beurteilen zu können, ob dieses Ziel durch die Wiedereinführung der

---

687 S. näher hierzu mit weiteren Verweisen *Hamann*, NZA 2010, 1211 (1214 ff.); *Oetker*, in: ErfK zum Arbeitsrecht, 430 KSchG § 1 Rn. 256; a. A. aber *Moll/Ittmann*, RdA 2008, 321 (325 ff.).

688 *Ulrici*, AÜG, § 1 Rn. 13.

689 Vgl. *Ulrici*, AÜG, § 1 Rn. 13.

690 S. z. B. Deutscher Gewerkschaftsbund (DGB) (Schriftliche Stellungnahme, BT-Drs. 18(11)731, v. 11.10.2016), in: Materialien des Ausschusses für Arbeit und Soziales zur öffentlichen Anhörung von Sachverständigen in Berlin am 17. Oktober 2016 (zu den BT-Drs. 18/9232, 18/9664, 18/7370) – Zusammenstellung der schriftlichen Stellungnahmen – v. 17.10.2016, BT-Drs. 18(11)761neu, 9 (10); *Düwell* (Schriftliche Stellungnahme, BT-Drs. 18(11)760, v. 14.10.2016), in: Materialien des Ausschusses für Arbeit und Soziales zur öffentlichen Anhörung von Sachverständigen in Berlin am 17. Oktober 2016 (zu den BT-Drs. 18/9232, 18/9664, 18/7370) – Zusammenstellung der schriftlichen Stellungnahmen – v. 17.10.2016, BT-Drs. 18(11)761neu, 80 (81).

Überlassungshöchstdauer tatsächlich in dem gewünschten Maße erreicht wird, muss freilich die weitere Entwicklung abgewartet werden. Diese rechtspolitische Kritik erscheint aber zumindest in dieser Intensität auch nicht angebracht. Spätestens nach 18 Monaten steht der Arbeitgeber vor der Wahl, entweder den bisherigen Leiharbeitnehmer als Stammarbeitnehmer einzustellen oder die Stelle mit einem anderen Leiharbeitnehmer zu besetzen.[691] Hierbei ist davon auszugehen, dass häufig die Vertrautheit mit dem Arbeitsplatz und dem Arbeitsumfeld und der dadurch entfallenden Einarbeitungszeit ein gewichtiges Argument für den bisherigen Leiharbeitnehmer darstellt. Daher ist nicht von der Hand zu weisen, dass dadurch nach und nach mehr freie Arbeitsplätze mit Stammarbeitnehmern besetzt werden und somit die Wiedereinführung der Überlassungshöchstdauer tatsächlich zur Verhinderung der Verdrängung der Stammarbeitnehmer durch Leiharbeitnehmer beiträgt.

Mit diesem Ergebnis steht auch im Einklang, dass der Schutz der Stammarbeitnehmer zwar weder in Art. 2 der Leiharbeitsrichtlinie noch in den Erwägungsgründen der Leiharbeitsrichtlinie ausdrücklich genannt ist, sich jedoch eindeutig aus der Historie der Richtlinie ergibt, dass der Richtliniengeber auch die Stammarbeitnehmer im Blick hatte.[692] Bei Betrachtung der Historie der Richtlinie wird deutlich, dass der Schutz der beim entleihenden Unternehmen festangestellten Arbeitskräfte vor negativen Folgen durch das Zurückgreifen auf Leiharbeit dem Willen des historischen Richtliniengebers entspricht.[693] Da keine andersartigen Standpunkte ersichtlich sind, ist dieses Richtlinienziel noch immer aktuell und es würde ihm zuwiderlaufen, wenn der Entleiher Stammarbeitnehmer entlassen würde, um sie durch Leiharbeitnehmer ersetzen zu können.[694] Dieser Schutz der Stammarbeitnehmer passt insoweit auch zu dem von der Richtlinie verfolgten sog. „Flexicurity"-Grundsatz, wonach auf ein ausgewogenes Verhältnis zwischen Flexibilität und Sicherheit auf dem Arbeitsmarkt abzustellen ist, s. Erwägungsgrund 9 S. 2 der Leiharbeitsrichtlinie.[695]

---

691 Selbstverständlich kann der Arbeitgeber auch einen anderen (neuen) Arbeitnehmer als Stammarbeitnehmer einstellen.

692 S. näher hierzu *Hamann/Klengel*, EuZA 2017, 194 (201 f.).

693 *Hamann/Klengel*, EuZA 2017, 194 (202).

694 *Hamann/Klengel*, EuZA 2017, 194 (202).

695 S. zu diesem ausgewogenen Verhältnis zwischen Flexibilität und Sicherheit auf dem Arbeitsmarkt auch *Brors*, AuR 2013, 108 (111 ff.).
Diesem „Flexicurity"-Grundsatz entsprechend, wonach größere Flexibilität auf den europäischen Arbeitsmärkten („flexibility") mit möglichst großer Sicherheit („security") verknüpft werden soll, sind in Art. 2 der Leiharbeitsrichtlinie die häufig gegensätzlichen Richtlinienziele des Leiharbeitnehmerschutzes und der Flexibilisierung von Arbeitsbeziehungen normiert. So *Preis/Sagan*, Europ. Arbeitsrecht, § 12 Rn. 12.1.

b) *Schutz der Leiharbeitnehmer*

Deutlich diskussionswürdiger erscheint die Frage, ob der Schutz der Leiharbeitnehmer tatsächlich vom Sinn und Zweck der Überlassungshöchstdauer umfasst ist.

Von nicht wenigen Stimmen wird zum Teil aus unterschiedlichen Gründen vertreten, die Wiedereinführung der Überlassungshöchstdauer sei für die Leiharbeitnehmer nicht vorteilhaft, sondern sogar nachteilhaft.[696] So wird vorgebracht, durch die Überlassungshöchstdauer bestünde nach 18 Monaten für die Leiharbeitnehmer die erhebliche Gefahr des Arbeitsplatzverlustes, da der Entleiher gar keine andere Wahl habe als das Leiharbeitsverhältnis nach 18 Monaten zu beenden, sofern er an einer dauerhaften Übernahme des Leiharbeitnehmers nicht interessiert ist.[697] Die Nachteile für den Leiharbeitnehmer liegen dann auf der Hand, er muss einen neuen Arbeitsplatz finden, sich dort neu einarbeiten und u. U. auch schlechtere Arbeitsbedingungen an der neuen Arbeitsstelle akzeptieren; dies hat zur Konsequenz, dass gerade häufige Arbeitsplatzwechsel für den Leiharbeitnehmer mitunter sehr belastend sein können.[698] Sofern Branchentarifverträge i. S. v. § 8 Abs. 4 AÜG existieren, haben kurze Einsätze bei wechselnden Entleihern auch negative Auswirkungen auf das Arbeitsentgelt der Leiharbeitnehmer, da dann die Frist bis zur Aufstockung des Entgelts auf das gleiche Niveau wie bei Stammarbeitnehmern des Entleihers (Equal Pay) jeweils neu zu laufen beginnt.[699] Zudem variiert das Gehalt von Zeitarbeitnehmern häufig ohnehin

---

696 So z. B. *Ulrici*, AÜG, § 1 Rn. 13, der auch richtigerweise ausführt, dass zwar die Verletzung der Überlassungshöchstdauer durch die Sanktionen in §§ 9 Abs. 1 Nr. 1b, 10 Abs. 1 AÜG den Leiharbeitnehmern dienlich ist und die Leiharbeitnehmer auch durch kollektivvertragliche Vereinbarungen i. S. v. § 1 Abs. 1b S. 3 bis 6 AÜG weitere Rechte erhalten können, dies beides aber nicht als den Normzweck prägend anzusehen ist, v. a. da Sanktionen vermieden und gerade nicht angestrebt werden sollen.

697 *Baeck/Winzer/Hies*, NZG 2016, 415 (419); in diese Richtung auch Bundesverband Druck und Medien e.V. (Stellungnahme zum Entwurf eines Gesetzes zur Änderung des Arbeitnehmerüberlassungsgesetzes und anderer Gesetze – BT-Drs. 18/9232, BT-Drs. 18(11)724, v. 05.10.2016), in: Materialien des Ausschusses für Arbeit und Soziales zur öffentlichen Anhörung von Sachverständigen in Berlin am 17. Oktober 2016 (zu den BT-Drs. 18/9232, 18/9664, 18/7370) – Zusammenstellung der schriftlichen Stellungnahmen – v. 17.10.2016, BT-Drs. 18(11)761neu, 108 (109).

698 *Baeck/Winzer/Hies*, NZG 2016, 415 (419).

699 Bundesverband Druck und Medien e.V. (Stellungnahme zum Entwurf eines Gesetzes zur Änderung des Arbeitnehmerüberlassungsgesetzes und anderer Gesetze – BT-Drs. 18/9232, BT-Drs. 18(11)724, v. 05.10.2016), in: Materialien des Ausschusses für Arbeit und Soziales zur öffentlichen Anhörung von Sachverständigen in Berlin am 17. Oktober 2016 (zu den BT-Drs. 18/9232, 18/9664, 18/7370) – Zusammenstellung der schriftlichen Stellungnahmen – v. 17.10.2016, BT-Drs. 18(11)761neu, 108 (109). In diese Richtung auch *Thüsing* (Schriftliche Stellungnahme, BT-Drs. 18(11)737neu, v. 14.10.2016), in: Materialien des Ausschusses für Arbeit und Soziales

durch bestehende Branchenzuschläge mit der Einsatzdauer, wobei im Grundsatz der Lohn bei längerer Einsatzdauer höher ausfällt.[700]

Allerdings arbeiten bei empirischer Betrachtung des gesamten Arbeitsmarktes Leiharbeitnehmer allgemein häufig unter schlechteren Arbeitsbedingungen, was sich beispielsweise in geringerem Arbeits- und Gesundheitsschutz, häufigerem Stehen, monotonem Arbeiten oder schlechteren klimatischen Bedingungen zeigt, weshalb zum Schutz der Leiharbeitnehmer neben der nach neun bzw. 15 Monaten verpflichtenden Zahlung von Equal Pay (s. § 8 Abs. 4 AÜG) auch eine Überlassungshöchstdauer notwendig erscheint.[701] V. a. aber darf nicht vergessen werden, dass spätestens nach 18 Monaten der Arbeitgeber vor der Wahl steht, entweder den Leiharbeitnehmer als Stammarbeitnehmer fest einzustellen oder die Stelle mit einem anderen Leiharbeitnehmer zu besetzen.[702] Hierbei wird oftmals die Vertrautheit mit dem Arbeitsplatz und dem Arbeitsumfeld und die dadurch entfallende Einarbeitungszeit ein gewichtiges Argument für den bisherigen Leiharbeitnehmer darstellen. Daher ist richtigerweise davon auszugehen, dass dadurch, dass die Leiharbeitnehmer nicht dauerhaft und auch nicht grenzenlos direkt hintereinander befristet bei demselben Entleiher zum Einsatz kommen dürfen, die Chancen für die Leiharbeitnehmer steigen, vom Entleiher übernommen zu werden.[703] So wird dann auch die dauerhafte Vorenthaltung der

zur öffentlichen Anhörung von Sachverständigen in Berlin am 17. Oktober 2016 (zu den BT-Drs. 18/9232, 18/9664, 18/7370) – Zusammenstellung der schriftlichen Stellungnahmen – v. 17.10.2016, BT-Drs. 18(11)761neu, 26 (30 f.).

700 *Cellier* (Schriftliche Stellungnahme, BT-Drs. 18(11)729, v. 11.10.2016), in: Materialien des Ausschusses für Arbeit und Soziales zur öffentlichen Anhörung von Sachverständigen in Berlin am 17. Oktober 2016 (zu den BT-Drs. 18/9232, 18/9664, 18/7370) – Zusammenstellung der schriftlichen Stellungnahmen – v. 17.10.2016, BT-Drs. 18(11)761neu, 6 (7).

701 So Wirtschafts- und Sozialwissenschaftliches Institut (WSI) der Hans-Böckler-Stiftung (Schriftliche Stellungnahme, BT-Drs. 18(11)750, v. 13.10.2016), in: Materialien des Ausschusses für Arbeit und Soziales zur öffentlichen Anhörung von Sachverständigen in Berlin am 17. Oktober 2016 (zu den BT-Drs. 18/9232, 18/9664, 18/7370) – Zusammenstellung der schriftlichen Stellungnahmen – v. 17.10.2016, BT-Drs. 18(11)761neu, 59 (63).

702 Selbstverständlich kann der Arbeitgeber auch einen anderen (neuen) Arbeitnehmer als Stammarbeitnehmer einstellen.

703 *Hamann/Klengel*, EuZA 2017, 194 (200); *Franzen*, ZfA 2016, 25 (35); in diese Richtung auch die Antwort der Bundesregierung auf die Kleine Anfrage der Abgeordneten Beate Müller-Gemmeke, Corinna Rüffer, Brigitte Pothmer, weiterer Abgeordneter und der Fraktion BÜNDNIS 90/DIE GRÜNEN – Drucksache 18/9559 – v. 22.09.2016, BT-Drs. 18/9723, S. 7; a. A. aber *Cellier* (Schriftliche Stellungnahme, BT-Drs. 18(11)729, v. 11.10.2016), in: Materialien des Ausschusses für Arbeit und Soziales zur öffentlichen Anhörung von Sachverständigen in Berlin am 17. Oktober 2016 (zu den BT-Drs. 18/9232, 18/9664, 18/7370) – Zusammenstellung der schriftlichen Stellungnahmen – v. 17.10.2016, BT-Drs. 18(11)761neu, 6 (7), die davon ausgeht,

Gleichstellung mit den Arbeitsbedingungen vergleichbarer Stammarbeitnehmer des Entleihers verhindert.[704] Durch diese gesteigerten Übernahmechancen fördert die Überlassungshöchstdauer den in der Arbeitnehmerüberlassung als von enormer Wichtigkeit eingestuften sog. „Klebeeffekt“, da der Entleiher kaum noch Anreiz hätte, einen als qualifiziert angesehenen Leiharbeitnehmer fest anzustellen, wenn auch Überlassungen von langer Dauer zulässig wären.[705] Daher kann durchaus davon ausgegangen werden, dass die Leiharbeitnehmer durch die klare Begrenzung des Zeitraums, in dem sie eingesetzt werden können, geschützt werden.[706] Damit steht auch im Einklang, dass mit der Überlassungshöchstdauer bis dahin bestehende tarifvertragliche Vereinbarungen aus der Praxis in das AÜG aufgenommen wurden, welche die Einsatzdauer in zeitlicher Hinsicht begrenzen oder den Entleiher nach einer bestimmten Einsatzdauer zum Anbieten eines Arbeitsvertrags gegenüber dem Leiharbeitnehmer verpflichten.[707]

Mit diesem Ergebnis stimmt ebenfalls überein, dass der Schutz der Leiharbeitnehmer auch ausdrückliches Ziel der Leiharbeitsrichtlinie ist, s. nur Erwägungsgrund 23 S. 1 und Art. 2 der Leiharbeitsrichtlinie.

Um beurteilen zu können, ob die Wiedereinführung der Überlassungshöchstdauer tatsächlich im gewünschten Maße zum Schutz der Leiharbeitnehmer beiträgt, muss (ebenfalls) die weitere Entwicklung abgewartet werden. Dies ändert aber nichts daran, dass der Schutz der Leiharbeitnehmer tatsächlich (ebenfalls) ein Ziel der Überlassungshöchstdauer darstellt, wie im Gesetzesentwurf betont.[708] Dieses Ziel ist aus den ausgeführten Gründen auch keinesfalls als völlig unerreichbar o. ä. anzusehen. Folglich ist auch der Schutz der Leiharbeitnehmer vom Sinn und Zweck der Überlassungshöchstdauer umfasst.

c) Zwischenergebnis

Somit sind sowohl der Schutz der Leiharbeitnehmer als auch die Verhinderung einer dauerhaften Substitution von Stammarbeitnehmern durch Leiharbeitnehmer als Ziel bzw. Sinn und Zweck der Überlassungshöchstdauer anzusehen.

---

dass die willkürlich festgesetzte Zahl von 18 Monaten die Übernahmequote von Zeitarbeitnehmern in Kundenunternehmen nicht steigern werde, da Zeitarbeitnehmer i. d. R. entweder gleich nach Ablauf von wenigen Wochen oder Monaten oder eben gar nicht übernommen werden würden.

704 *Hamann/Klengel*, EuZA 2017, 194 (200).

705 *Franzen*, ZfA 2016, 25 (35).

706 So der Gesetzesentwurf der Bundesregierung zur Änderung des Arbeitnehmerüberlassungsgesetzes und anderer Gesetze v. 20.07.2016, BT-Drs. 18/9232, S. 20.

707 So der Gesetzesentwurf der Bundesregierung zur Änderung des Arbeitnehmerüberlassungsgesetzes und anderer Gesetze v. 20.07.2016, BT-Drs. 18/9232, S. 20.

708 S. den Gesetzesentwurf der Bundesregierung zur Änderung des Arbeitnehmerüberlassungsgesetzes und anderer Gesetze v. 20.07.2016, BT-Drs. 18/9232, S. 20.

4. *Übertragung auf die Leihgeschäfte im Profisport*

Ausgehend von diesen Schutzzwecken der Überlassungshöchstdauer in Form des Schutzes der Leiharbeitnehmer und der Verhinderung einer dauerhaften Substitution von Stammarbeitnehmern durch Leiharbeitnehmer ist nun zu beurteilen, ob die Nichtbeachtung der Überlassungshöchstdauer bei Leihgeschäften im Profisport eine gesetzeswidrige Umgehung des AÜG darstellt oder ob diese Nichtbeachtung aufgrund der Besonderheiten des Sports gerechtfertigt ist.

a) Schutz der Nichtleihspieler

Fraglich ist, ob die Nichtleihspieler der entleihenden Vereine vor einer dauerhaften Substitution durch Leihspieler geschützt werden müssen bzw. sollten.

Zunächst ist auf die bei der Prüfung der Vereinbarkeit der Überlassungshöchstdauer mit der Leiharbeitsrichtlinie (s. Kapitel 6, E., I., 1., d)) angesprochene Thematik zurückzukommen, dass die Gefahr der Substitution eines Nichtleihspielers durch den dauerhaften Einsatz von rotierenden Leihspielern zumindest im herkömmlichen Sinne bei gesonderter Betrachtung jedes einzelnen Arbeitsplatzes nicht wirklich besteht. Dies liegt daran, dass gar nicht hinreichend klar ist, welcher Arbeitsplatz genau durch den dauerhaften Einsatz unterschiedlicher Leihspieler besetzt wird. Jeder Verein hat abhängig von Trainerphilosophie, finanziellen Möglichkeiten etc. schon eine unterschiedliche Anzahl von Spielern in seinem Profikader und auch die einzelnen Spielpositionen sind regelmäßig mit einer unterschiedlichen Anzahl von Spielern besetzt. Denn die Vereine verfolgen hierbei oftmals divergierende Strategien. Dies wird noch erheblich dadurch verstärkt, dass häufig ein Spieler auch nicht einer bestimmten Position zugeordnet werden kann, wenn er variabel, je nach Bedarf, auf verschiedenen Positionen einsetzbar ist.[709]

Es wäre aber zu vorschnell, daraus direkt zu schließen, die Nichtleihspieler bedürften infolgedessen keines Schutzes vor der dauerhaften Substitution durch Leihspieler. Bei Nichtbeachtung der Überlassungshöchstdauer im Profisport besteht generell die Gefahr, dass mehr Leihspieler von einem Verein angestellt werden. Dies nicht zuletzt auch aufgrund der diversen Vorteile, die Leihgeschäfte für die entleihenden Vereine mit sich bringen (s. Kapitel 1, B., II., 1.). Mit steigender Anzahl der Leihspieler in einem Kader wird naturgemäß die Wahrscheinlichkeit größer, dass auch immer mehr von diesen zu Stammspielern reifen und der Bedarf an Nichtleihspielern logischerweise generell geschmälert wird. Infolgedessen wäre es alles andere als sachgerecht, lediglich einen einzelnen Arbeitsplatz zu betrachten bzw. mit der nicht möglichen Bestimmung der genauen Tätigkeit eines Spielers die Nichtbeachtung der Überlassungshöchstdauer im

---

709 Zu dieser nicht möglichen Bestimmung der genauen Tätigkeit eines Spielers s. auch ausführlich Kapitel 6, D., III., 3., d), aa), [2] bei der Frage des vergleichbaren Nichtleihspielers zur Bestimmung des Equal Pay.

Profisport zu rechtfertigen. Die Nichtleihspieler sind vielmehr im Kollektiv zu betrachten. Denn die Stammarbeitnehmer werden generell nicht als Individuen, sondern als abstrakte Gruppe geschützt, welche einen Betrieb prägt, der dem arbeitsmarktpolitischen Ziel entspricht, sog. Normalarbeitsverhältnisse zu bewahren.[710]

Hiermit ist auch schon der elementare Punkt angesprochen: Die Überlassungshöchstdauer soll zu einer geordneten Struktur am Arbeitsmarkt führen. Der Einsatz von Leiharbeitnehmern soll vorübergehender Natur sein und keinesfalls soll der Einsatz von Leiharbeitnehmern Überhand im Vergleich zu den Normalarbeitsverhältnissen gewinnen. Daher soll die Überlassungshöchstdauer eine abstrakt-generelle Regelung darstellen, „die für alle Überlassungen und in der Arbeitswelt auftretenden Arbeitsplatzgestaltungen gilt und zu gleichwertigen Ergebnissen führt".[711] Dieser Aussage kann nichts dahingehend entnommen werden, warum dies bei Leihgeschäften im Profisport anders sein soll. Es sind auch keine Gründe dafür ersichtlich, warum gerade im Profisport nicht auch die Anstellung von Nichtleihspielern den Regelfall darstellen und im Vergleich zu Leihspielern die Überhand behalten sollte. Im Gegenteil, eine solche Überlassungshöchstdauer liegt auch im Interesse des Sports, um die „Grundstruktur" im Rahmen des Wettkampfs zu bewahren, da sie dazu beiträgt, dass sich das finanzielle Kräfteverhältnis der Vereine zumindest in der langfristigen Kaderstärke der jeweiligen Vereine widerspiegelt, was die Vereine zu einem möglichst effizienten wirtschaftlichen Agieren anhält und dadurch auch dem Sport im Gesamten zugutekommt.[712]

Die Schutzwürdigkeit der Nichtleihspieler entfällt auch nicht deswegen, weil im Profisport sämtliche Arbeitsverträge mit Spielern befristet abgeschlossen werden.[713] Dies ändert nichts daran, dass die befristet angestellten Nichtleihspieler vor

---

710 *Ulrici*, AÜG, § 1 Rn. 13. S. hierzu auch Kapitel 6, E., I., 3., a). Damit stimmt auch überein, dass der Gesetzgeber nur die Einsatzbranche als die die sog. Normalarbeitsverhältnisse schaffende Branche mit einer kollektivvertraglichen Abweichungsmöglichkeit von der gesetzlichen Überlassungshöchstdauer versehen hat, s. § 1 Abs. 1b S. 3 bis 6 AÜG. Vgl. *Ulrici*, AÜG, § 1 Rn. 13.

711 So die Antwort der Bundesregierung auf die Kleine Anfrage der Abgeordneten Beate Müller-Gemmeke, Corinna Rüffer, Brigitte Pothmer, weiterer Abgeordneter und der Fraktion BÜNDNIS 90/DIE GRÜNEN – Drucksache 18/9559 – v. 22.09.2016, BT-Drs. 18/9723, S. 6.

712 S. ausführlich hierzu Kapitel 5, A., VI. bezüglich der im nationalen Handball verbandsrechtlich vorgegebenen Maximalausleihdauer gemäß § 69a S. 5 DHB-Spielordnung, wonach bei in dieser Hinsicht günstigem Wechselzeitpunkt auch maximal ca. eineinhalb Jahre, also ca. 18 Monate, als Ausleihzeitraum möglich sind. Hierbei wird auch auf die positive Wirkung einer solchen Maximalausleihdauer auf die Identifikation der Fans mit ihrem Verein eingegangen.

713 Diese generelle Handhabung hat das BAG in BAG v. 16.01.2018 – 7 AZR 312/16, NJW 2018, 1992 (1992 ff.) im Fall Heinz Müller für wirksam erklärt; sie sei u. a. durch die Eigenart der Arbeitsleistung nach § 14 Abs. 1 S. 2 Nr. 4 TzBfG

einer dauerhaften Substitution durch Leihspieler geschützt werden müssen. In den meisten Fällen besitzen die Nichtleihspieler befristete Arbeitsverträge mit einer längeren Laufzeit als 18 Monaten.[714] Dies schon deshalb, weil Spieler nach Auslaufen des Vertrags ablösefrei wechseln können, weshalb die Vereine in aller Regel bemüht sind, entweder den Vertrag mit dem Spieler frühzeitig zu verlängern oder ihn bereits vor Auslaufen des Vertrags an einen anderen Verein zu verkaufen, um noch eine Ablösesumme zu erzielen. Gerade bei Topspielern, für die oftmals eine hohe Ablösesumme bezahlt wurde, oder bei jungen Perspektivspielern werden zumeist Fünfjahresverträge (Verträge mit längerer Laufzeit als fünf Jahren ergeben für die Vereine wegen § 624 S. 1 BGB für gewöhnlich keinen Sinn und sind auch nach § 5 Nr. 1 Abs. 4 S. 2 LOS bzw. nach Art. 18 Abs. 2 S. 2 des FIFA-Reglements nicht gestattet) abgeschlossen.

So stattete der FC Bayern München sowohl den polnischen Topstürmer Robert Lewandowski, der zur Saison 2014/2015 ablösefrei von Borussia Dortmund kam, als auch den chilenischen Nationalspieler Arturo Vidal, der im Sommer 2015 für 37,5 Millionen Euro von Juventus Turin verpflichtet wurde, mit einem Fünfjahresvertrag aus.[715]

Der FC Schalke 04 verpflichtete zur Saison 2012/2013 den damals 18-jährigen und als „Jahrhunderttalent" geltenden heutigen Nationalspieler Leon Goretzka für viereinhalb Millionen Euro vom VfL Bochum und schloss mit ihm einen Fünfjahresvertrag ab.[716]

Bei solchen häufig nicht unerheblich langen Vertragslaufzeiten erscheinen die Nichtleihspieler zumindest in ähnlicher Weise schutzbedürftig wie sie es bei unbefristeten Arbeitsverträgen wären. Dieser Zeitraum genügt oftmals, dass die Spieler sich an den Verein, die Umgebung etc. gewöhnt haben und sie einen möglichst langen Verbleib bei dem Verein sowohl in sportlicher als auch in örtlicher Hinsicht präferieren. Zum anderen kommt es häufig vor, dass die Arbeitsverträge mit den Spielern (zumeist vorzeitig) verlängert werden. Auch eine mehrmalige Vertragsverlängerung ist keinesfalls eine Seltenheit. Daher ist es durchaus auch im Profisport möglich, dass Spieler durch fortwährende Erbringung der erwarteten sportlichen Leistungen und andauernde Vereinstreue auch ohne unbefristeten Arbeitsvertrag eine geraume Zeit für den gleichen Arbeitgeber tätig sind.

---

gerechtfertigt, da ein Spieler die von ihm erwarteten und geschuldeten sportlichen Höchstleistungen nur für eine begrenzte Zeit erbringen könne.

714 Nur bei Spielern mit fortgeschrittenem Alter kommt es häufig vor, dass bloße Einjahresverträge o. ä. abgeschlossen werden.

715 Im Sommer 2018 wechselte Vidal dann gegen eine Ablösesumme in Höhe von 18 Millionen Euro im Wege eines endgültigen Transfers zum FC Barcelona nach Spanien. Lewandowski ließ sich im Sommer 2019 sodann für weitere vier Jahre vertraglich an den FC Bayern München binden.

716 Als „Jahrhunderttalent" wurde er kurz vor seinem Wechsel von Peter Neururer, seinem damaligen Trainer beim VfL Bochum, in einem Interview bezeichnet.

So gehört der deutsche Torschützenkönig der WM 2010 in Südafrika, Thomas Müller, seit der Saison 2009/2010 dem Profikader des FC Bayern München an. Er spielt insgesamt schon seit der Saison 2000/2001 beim deutschen Rekordmeister, zunächst durchlief er acht Jahre diverse Altersstufen im Jugendbereich und in der Saison 2008/2009 spielte er für die 2. Mannschaft, ehe ihm anschließend der Durchbruch in die Profimannschaft gelang. Sein aktueller Arbeitsvertrag ist bis zum Ablauf der Saison 2022/2023 datiert.

Außerdem werden auch in anderen Branchen die Arbeitsverträge mit den Mitarbeitern regelmäßig wegen der Eigenart der Arbeitsleistung nach § 14 Abs. 1 S. 2 Nr. 4 TzBfG befristet abgeschlossen, wie im Bereich Rundfunk und Fernsehen, im Bereich Presse, Kunst und Wissenschaft und auch bei Bühnenarbeitsverhältnissen.[717] In diesen Branchen ist aber nichts dafür ersichtlich, dass von einer generellen Nichtgeltung der Überlassungshöchstdauer bei Arbeitnehmerüberlassungen ausgegangen wird, zumal es auch die kollektivvertraglichen Abweichungsmöglichkeiten nach § 1 Abs. 1b S. 3 bis 6 AÜG gibt.

Daher spricht der Schutz der Nichtleihspieler vor einer dauerhaften Substitution durch Leihspieler dafür, dass die Überlassungshöchstdauer auch bei Leihgeschäften im Profisport eingehalten werden muss.

b) Schutz der Leihspieler

Bei der Frage, ob die Leihspieler wie Leiharbeitnehmer durch eine Überlassungshöchstdauer geschützt werden müssen bzw. sollten, ist zunächst festzustellen, dass im Profisport die Leihspieler ganz überwiegend unter den gleichen Arbeitsbedingungen wie die Nichtleihspieler arbeiten, man denke insbesondere an Trainingszeiten und -bedingungen, Spieltermine oder sonstige Verpflichtungen zur Mitwirkung bei der Öffentlichkeitsarbeit, Sponsorentermine etc.; in aller Regel haben die Spieler diesbezüglich jeweils dieselben Verpflichtungen zu erfüllen.[718] Daher kann die Feststellung, dass bei empirischer Betrachtung des gesamten Arbeitsmarktes Leiharbeitnehmer häufig unter schlechteren Arbeitsbedingungen arbeiten (s. Kapitel 6, E., I., 3., b)), für den Profisport so nicht bestätigt werden.

Allerdings ist es u. U. gerade das Ziel der Leihspieler, durch gute Leistungen den entleihenden Verein von sich zu überzeugen, um nach Ablauf des Ausleihzeitraums von diesem anschließend fest verpflichtet zu werden. Auch wenn der Leihspieler in aller Regel ohnehin das Ziel haben wird, bestmögliche Leistungen zu erbringen, um allgemein seinen Marktwert zu steigern und sich für sämtliche potenzielle Arbeitgeber attraktiv zu machen, so gibt es durchaus Konstellationen, in denen der Spieler unbedingt möchte, dass er gerade vom Entleiher fest verpflichtet wird. Falls der Entleiher aber (noch) nicht bereit ist, die hierfür fällig

---

717 S. näher hierzu *Meinel*, in: Meinel/Heyn u. a., TzBfG, § 14 Rn. 141 ff.

718 S. zu diesen grundsätzlich identischen Arbeitsbedingungen zwischen Nichtleihspielern und Leihspielern auch ausführlich Kapitel 6, D., II.

werdende Ablösesumme aufzubringen, weil er sich noch unsicher ist, ob der Spieler diese Summe auch wert ist, wird der Spieler alles daransetzen, den Entleiher während des Ausleihzeitraums von sich zu überzeugen.[719] Gerade in Fällen, in denen entweder eine Kaufoption zugunsten des Entleihers zwischen Verleiher und Entleiher vereinbart wurde oder der Spieler in seinem Anschlussarbeitsvertrag bzw. seinem ruhenden Arbeitsvertrag mit dem Verleiher eine Ausstiegsklausel bei Zahlung einer Ablösesumme in bestimmter Höhe festgeschrieben hat, wird es nicht selten das Hauptziel des Spielers sein, den Entleiher durch gute Leistungen zu einer festen Verpflichtung zu bewegen.

Dann stellt sich die Situation aber wie bei Leiharbeitnehmern in anderen Branchen dar, denen in aller Regel auch an einer möglichst raschen Festanstellung durch den Entleiher gelegen ist. Zwar wird der Entleiher bei Geltung der Überlassungshöchstdauer auch im Profisport nach Ablauf der 18 Monate aufgrund der nicht möglichen Bestimmung der genauen Tätigkeit des Spielers hinsichtlich von Position etc. (s. Kapitel 6, D., III., 2., d), aa), [2] und Kapitel 6, E., I., 4., a)) nicht ganz konkret vor der Entscheidung stehen, entweder den bisherigen Leihspieler oder eben einen anderen Spieler (leihweise oder im Wege eines endgültigen Transfers) zu verpflichten. Doch erscheint klar, dass die Vereine immer nur eine begrenzte Anzahl von Neuverpflichtungen vornehmen. Auch wenn die Kadergröße und die Besetzung der einzelnen Positionen in zahlenmäßiger Hinsicht je nach Trainerphilosophie etc. bei den Vereinen variieren, so ist doch eindeutig, dass die Neuverpflichtung eines Spielers, der zumindest für ähnliche Positionen geeignet ist, die Wahrscheinlichkeit verringert, dass noch weitere Spieler für denselben Positionsbereich verpflichtet werden. So verpflichten die Vereine häufig eine bestimmte Anzahl von Neuzugängen im Offensivbereich genau wie im Defensivbereich, freilich jeweils abhängig von Abgängen, Verletzungen usw. anderer Spieler.

Daher ist zumindest im Grundsatz in den besagten Fällen die Konstellation dieselbe wie in anderen Branchen, weshalb die Leihspieler in dieser Hinsicht nicht weniger schutzbedürftig erscheinen. Nach 18 Monaten ist der Entleiher zu der Entscheidung gezwungen, ob er den Leihspieler fest verpflichtet oder nicht. Auch im Profisport wird hierbei häufig ein gewichtiges Argument für den bisherigen Leihspieler bei guten Leistungen während des Ausleihzeitraums sein, dass er sich bereits an den neuen Verein und das Umfeld gewöhnt hat und der Entleiher somit weiß, was er an diesem Spieler hat. Wenn er Bedarf hinsichtlich eines Neuzugangs hat, wäre die Verpflichtung eines anderen Spielers (im vergleichbaren Positionsbereich) oftmals deutlich risikobehafteter, da niemals genau vorhergesagt werden kann, ob dieser in das Spielsystem des Trainers passt, ob und in welcher Länge er eine Eingewöhnungszeit benötigt und ob er überhaupt „einschlägt". Nicht selten wird er daher die „sicherere" Variante der Festverpflichtung des bisherigen Leihspielers wählen.

---

719 S. hierzu auch Kapitel 1, B., II., 1., b) und 3., b).

Insoweit erhöht die Überlassungshöchstdauer daher auch bei Leihgeschäften im Profisport – in welchem Maße auch immer – die Wahrscheinlichkeit des Spielers, vom Entleiher „übernommen" bzw. fest verpflichtet zu werden. Zumindest eine größere Chance in Bezug auf eine frühere feste Verpflichtung infolge der Überlassungshöchstdauer ist in den besagten Konstellationen anzunehmen. Auch wenn im Profisport die Arbeitsverträge mit den Spielern für gewöhnlich nicht mit einer Laufzeit von über fünf Jahren abgeschlossen werden (s. Kapitel 6, E., I., 4., a)) und auch die Verleiher in aller Regel das Leihgeschäft höchstens mit einer solchen Länge eingehen werden, dass der Spieler anschließend noch mindestens ein halbes Jahr vertraglich an sie gebunden ist, um nach Ablauf der Ausleihdauer zumindest noch eine gewisse Ablösesumme für den Spieler erzielen zu können, so bedeutet dies, dass im Extremfall bei Nichtgeltung der Überlassungshöchstdauer Spieler für viereinhalb Jahre an denselben Entleiher verliehen werden könnten.[720] Ein solcher Extremfall würde eintreten, wenn der Verleiher einen Spieler unmittelbar nach Verpflichtung und Abschluss eines Fünfjahresvertrags „weiterverleiht" und als Ausleihzeitraum entweder direkt viereinhalb Jahre vereinbart werden oder die Spielerüberlassung bis zum Erreichen dieser viereinhalb Jahre (u. U. mehrmals) verlängert wird. Freilich müsste auch der Spieler in Bezug auf solche Vereinbarungen seine Zustimmung erteilen. Er würde dann jedoch häufig faktisch zur Zustimmung gezwungen sein, wenn dies die einzige Option wäre, für den Entleiher zu spielen und ihm ansonsten die bloße Reservistenrolle beim Verleiher drohen würde. Bloße eineinhalb Jahre im Vergleich zu viereinhalb Jahren stellen aber doch einen erheblichen Unterschied dar. Folglich fördert die Überlassungshöchstdauer auch im Profisport den in der Arbeitnehmerüberlassung als von enormer Wichtigkeit eingestuften sog. „Klebeeffekt".

An der Schutzwürdigkeit der Leihspieler in dieser Hinsicht ändert sich auch nichts dadurch, dass im Profisport generell nur befristete Arbeitsverträge abgeschlossen werden. Im hinsichtlich einer langfristigen Anstellung günstigsten Fall schließt der Spieler bei „Übernahme" durch den Entleiher einen Fünfjahresvertrag mit diesem. Ein solcher Zeitraum kann keinesfalls als völlig unerheblich angesehen werden, weshalb die Leihspieler dennoch als schutzbedürftig in dieser Hinsicht erscheinen. S. zu dieser Thematik auch Kapitel 6, E., I., 4., a).

Daher spricht neben dem Schutz der Nichtleihspieler vor einer dauerhaften Substitution durch Leihspieler ebenso der Schutz der Leihspieler dafür, dass die Überlassungshöchstdauer auch bei Leihgeschäften im Profisport eingehalten werden muss.

---

720 Durch eine vorzeitige Verlängerung des Anschlussarbeitsvertrags bzw. des ruhenden Arbeitsvertrags zwischen Verleiher und Spieler während des Ausleihzeitraums und einer anschließenden Verlängerung des Ausleihzeitraums zwischen Verleiher und Entleiher (freilich nur mit Zustimmung des Spielers) wäre u. U. sogar noch ein längerer Ausleihzeitraum möglich.

5. *Zwischenergebnis*

Demzufolge bleibt festzuhalten, dass die Nichtbeachtung der Überlassungshöchstdauer nach § 1 Abs. 1 S. 4 i. V. m. Abs. 1b S. 1 AÜG bei Spielerleihgeschäften im Profisport eine gesetzeswidrige Umgehung des AÜG darstellt, die nicht durch die Besonderheiten des Sports gerechtfertigt ist.

II. Kollektivvertragliche Abweichungsmöglichkeiten

Mit der jüngsten AÜG-Reform zum 01.04.2017 sind gleichzeitig mit der Überlassungshöchstdauer in § 1 Abs. 1b S. 3 bis 6 AÜG kollektivvertragliche Abweichungsmöglichkeiten von dieser eingeführt worden. Grundvoraussetzung sämtlicher in § 1 Abs. 1b S. 3 bis 6 AÜG vorgesehenen Abweichungsmöglichkeiten ist hierbei eine dahingehende Vereinbarung durch einen Tarifvertrag i. S. v. § 1 Abs. 1 TVG unter Wahrung der nach § 1 Abs. 2 TVG erforderlichen Schriftform. Daher ist im Folgenden in erster Linie zu untersuchen, ob im Bereich des Profisports von der Überlassungshöchstdauer, die (wie soeben in Kapitel 6, E., I. erörtert) auch bei Spielerleihgeschäften grundsätzlich zu beachten ist, tarifvertraglich abgewichen werden kann.

In Deutschland ist es bislang – bis auf eine vernachlässigbare Ausnahme eines Firmentarifvertrags – noch nicht zum Abschluss eines Tarifvertrags im Profibereich der Mannschaftssportarten, welcher bestimmte Rechte und Pflichten der Spieler als Arbeitnehmer regelt, gekommen.[721] Im Ausland gibt es hierfür aber bereits zahlreiche Beispiele. So existieren in den anderen großen europäischen Fußballnationen Spanien, England, Italien, Frankreich und den Niederlanden schon seit längerer Zeit Tarifverträge und auch in Norwegen und Dänemark wurden im Bereich des Profifußballs schon Tarifverträge abgeschlossen. Besonders Aufsehen erregend waren hierbei auch die Streiks der Spieler zum Beginn der Saison 2011/2012 in Spanien und Italien, weshalb die Saison jeweils erst mit Verzögerung starten konnte.[722] In den USA beispielsweise haben Tarifverträge auch in anderen Mannschaftssportarten wie Basketball, Eishockey, American Football oder Baseball schon eine lange Tradition.[723] Diverse nationale Spielervertretungen gehören auch der FIFPro an, die eine weltweit tätige Vertretung von Profifußballern und deren Interessen darstellt.

---

721 Zur Ausnahme des Firmentarifvertrags zwischen der DAG und dem FC Bayern München im Jahre 1969 s. Fn. 757.

722 S. hierzu beispielhaft http://www.spiegel.de/sport/fussball/einigung-mit-der-liga-spielerstreik-in-spanien-ist-beendet-a-782391.html [zuletzt abgerufen am 12.03.2021]; http://sport.orf.at/stories/2077603/2077602/ [zuletzt abgerufen am 12.03.2021].

723 S. hierzu mit weiteren Verweisen auch *Walker*, SpuRt 2012, 222 (222); *ders.*, in: Württembergischer Fußballverband e.V., Verbandsrechtliche Regelungen, 172 (173 f.); s. hierzu ebenfalls *Merkel*, Sport im kollektiven Arbeitsrecht, S. 88.

Grundvoraussetzung für den Abschluss eines wirksamen Tarifvertrags ist sowohl auf Arbeitnehmer- als auch auf Arbeitgeberseite eine zum Abschluss eines solchen Tarifvertrags fähige Vertragspartei. Demzufolge stellt den Kern der folgenden Untersuchung die Frage dar, wer genau im Profibereich der Mannschaftssportarten eine solche Tarifvertragspartei darstellen könnte. Anschließend wird auf die Folgerungen in Bezug auf eine etwaige Abweichungsmöglichkeit von der Überlassungshöchstdauer bei Spielerleihgeschäften eingegangen.

1. Tarifvertragspartei auf Arbeitnehmerseite

In § 2 Abs. 1 TVG wird genannt, wer als Tarifvertragspartei in Betracht kommt. Dies sind auf Arbeitnehmerseite ausschließlich die Gewerkschaften und nach § 2 Abs. 2 und 3 TVG ggf. auch deren Zusammenschlüsse (Spitzenorganisationen).

Auch in Deutschland haben sich professionellen Mannschaftssport betreibende Spieler vereinsübergreifend für ihre jeweilige Sportart zusammengeschlossen. Den bekanntesten dieser Zusammenschlüsse stellt die Vereinigung der Vertragsfußballspieler (VDV) dar, die im Jahre 1987 von aktiven Fußballprofis gegründet wurde.[724] Im Basketball existiert die Spieler Initiative (SP.IN), welche im Jahre 2005 von den Spielern der deutschen Basketball Nationalmannschaft ins Leben gerufen worden ist.[725] Im Handball wurde im Jahre 2010 die Gemeinschaftliche Organisation für alle Lizenzhandballer (GOAL) gegründet. Auch im Eishockey existierte in den 1990er-Jahren die Vereinigung der Eishockeyspieler (vde), welche sich vor der WM 1992 gebildet hatte. Eine Neugründung einer Sportlervereinigung für das Eishockey wurde in der jüngeren Vergangenheit zumindest angedacht.[726] Diesen Zusammenschlüssen wird häufig die Bezeichnung „Spielergewerkschaft" zuteil und sie sehen sich auch selbst als Spielergewerkschaften an.[727] Daher ist zu überprüfen, ob diese Zusammenschlüsse rechtlich tatsächlich

---

724 Nach *Preis*, Lizenzspieler, S. 115 f. waren noch Anfang der 1970er-Jahre 65 Prozent der Berufsfußballspieler in Deutschland in der Deutschen Angestellten-Gewerkschaft (DAG) organisiert, deren Interessenwahrnehmung aber in erster Linie in der Vertretung der Lizenzspieler in Rechtsstreitigkeiten mit ihren Arbeitgebern bestand. Nach *Merkel*, Sport im kollektiven Arbeitsrecht, S. 86 hatte sich die Bedeutung der DAG im Bereich des Profifußballs durch die Gründung der VDV immer weiter verringert. Seit dem Jahre 2001 hat die DAG keine eigenständige Existenz mehr, sondern ist Teil der Vereinten Dienstleistungsgewerkschaft (ver. di).

725 Vor der SP.IN existierte im Basketball die Vereinigung der Basketball Vertragsspieler (VBV).

726 *Korff*, CaS 2011, 44 (46).

727 So bezeichnet sich die VDV auf ihrer Homepage ausdrücklich als Spielergewerkschaft und die SP.IN sich auf ihrer Homepage als Gewerkschaft, s. https://www.spielergewerkschaft.de/de/VDV/Aufgaben.htm [zuletzt abgerufen am 12.03.2021]; http://www.spinbb.net/index.php?id=was00 [zuletzt abgerufen am 12.03.2021].

als Gewerkschaften und nicht als bloße Interessengemeinschaften zu qualifizieren sind, was sie zu einer potenziellen Tarifvertragspartei auf Arbeitnehmerseite i. S. v. § 2 Abs. 1 TVG machen würde.

Der Gewerkschaftsbegriff ist weder im TVG noch in anderen Gesetzen, welche diesen verwenden, definiert. Es wurde aber in Rechtsprechung und Literatur ein Katalog von Merkmalen, der auf den Koalitionsbegriff des Art. 9 Abs. 3 GG aufbaut, entwickelt, den ein Zusammenschluss erfüllen muss, um eine Gewerkschaft darzustellen.[728] Demnach muss eine tariffähige Koalition frei gebildet, gegnerfrei und gegnerunabhängig, unabhängig von Dritten, demokratisch organisiert, tarifwillig und auf überbetrieblicher Grundlage organisiert sein und zudem das geltende Recht anerkennen und über eine gewisse Durchsetzungsfähigkeit bzw. soziale Mächtigkeit verfügen.[729] Teilweise wird auch die Arbeitskampfbereitschaft generell als zusätzliche Voraussetzung gefordert.[730]

Der Großteil dieser Anforderungen liegt bei den genannten Zusammenschlüssen von Mannschaftssportlern relativ unproblematisch vor.

So wurden sowohl die VDV als auch die SP.IN als auch die GOAL frei gebildet, sie stellen jeweils einen Idealverein gemäß § 21 BGB, mithin einen Verein i. S. v. § 2 Abs. 1 VereinsG und damit eine Vereinigung i. S. v. Art. 9 Abs. 1 GG dar.[731]

In diesen Vereinigungen können auch nur Sportler, also Arbeitnehmer, aktive Mitglieder werden, weshalb die Gegnerfreiheit jeweils vorliegt.[732] Bei der VDV wird die Gegnerfreiheit in Bezug auf ehemalige Spieler, die nach Beendigung ihrer aktiven Karriere in die Vereinsführung gewechselt sind und damit nunmehr Funktionen des Arbeitgebers wahrnehmen, durch die §§ 6 Abs. 4, 14 Abs. 4 S. 1, 24 Abs. 2 der Satzung der VDV gewährleistet, wonach ehemalige Spieler nur passive Mitglieder sein können, welche in der Spielerversammlung nicht stimmberechtigt sind und auch kein Mitglied des Spielerrats sein können.[733] Auch aus § 5 Abs. 1, 2 und 4 der Satzung der SP.IN und § 5 Abs. 2 S. 2 der Satzung der GOAL ergibt sich, dass ehemalige Spieler nur passive Mitglieder werden können. Mangels personeller oder organisatorischer Verflechtungen mit dem Gegner oder sonstiger Dritter und mangels finanzieller Zuwendungen vom Gegner oder

---

728 *Peter*, in: Däubler, TVG, § 2 Rn. 6.

729 S. hierzu auch BAG v. 15.03.1977 – 1 ABR 16/75, BAGE 29, 72 (72 ff.); *Korff*, CaS 2011, 44 (46 ff.).

730 Dieses zusätzliche Erfordernis ist umstritten, wird aber von der h. M. abgelehnt, so z. B. BVerfG v. 26.02.1964 – 1 BvR 79/62, BVerfGE 18, 18 (18 ff.); BAG v. 14.03.1978 – 1 ABR 2/76, AP, TVG § 2 Nr. 30; *Löwisch/Rieble*, TVG, § 2 Rn. 194; bejahend hingegen z. B. *Peter*, in: Däubler, TVG, § 2 Rn. 41 ff.

731 *Korff*, CaS 2011, 44 (47).
Die Legaldefinition des Vereins in Art. 2 Abs. 1 VereinsG ist als authentische Interpretation des Vereinigungsbegriffs in Art. 9 Abs. 1 GG anzusehen. So *Groh*, Vereinsgesetz, § 2 Rn. 2.

732 *Korff*, CaS 2011, 44 (47).

733 *Walker*, SpuRt 2012, 222 (224).

sonstigen Dritten ist auch die Gegnerunabhängigkeit und die Unabhängigkeit von Dritten dieser Vereinigungen zu bejahen.[734]

Da sich in diesen Sportlervereinigungen die Spieler verschiedener Vereine (im Basketball zusätzlich die Spieler der deutschen Nationalmannschaft) zusammengeschlossen haben, steht die Organisation auf überbetrieblicher Grundlage jeweils außer Zweifel. Auch die demokratische Organisation ist jeweils zu bejahen, da sie sich alle in ihrer Satzung zur freiheitlich-demokratischen Grundordnung der Bundesrepublik Deutschland bekennen (s. jeweils § 2 Abs. 2 S. 2 der Satzungen) und auch jeweils nichts dafür ersichtlich ist, dass bei Wahlverfahren, Abstimmungen etc. demokratischen Grundsätzen nicht entsprochen wird.[735]

Diese Sportlervereinigungen sind auch allesamt tarifwillig. Bei der VDV war dies zwar bis zur Satzungsänderung im Jahre 2001 noch anders, die aktuellen Satzungen der VDV, SP.IN und GOAL sehen aber allesamt ausdrücklich die Bereitschaft bzw. den Willen zum Abschluss von Tarifverträgen vor, s. § 2 Abs. 4 lit. a der Satzung der VDV, § 3 Abs. 2 der Satzung der SP.IN und § 3 Abs. 2 der Satzung der GOAL. V. a. die VDV ist auch schon häufig öffentlich dahingehend in die Offensive gegangen und hat ihre Forderung nach einem Tarifvertrag bekräftigt.[736] Nach § 2 Abs. 4 lit. a der Satzung der VDV, § 3 Abs. 2 der Satzung der SP.IN und § 3 Abs. 2 der Satzung der GOAL wird auch jeweils der „Abschluss von Tarifverträgen unter Anwendung aller gewerkschaftlichen Mittel" angestrebt, weshalb auch die Arbeitskampfbereitschaft jeweils zu bejahen ist und daher die streitige Frage, ob die Arbeitskampfbereitschaft überhaupt eine erforderliche Voraussetzung für eine Gewerkschaft ist (s. hierzu Fn. 730), vorliegend dahinstehen kann.[737] Mangels entgegenstehender Anhaltspunkte ist auch davon auszugehen, dass diese Vereinigungen das geltende Schlichtungs- und Arbeitskampfrecht anerkennen.[738]

Einzig näher erörterungswürdig erscheint daher die Durchsetzungsfähigkeit bzw. soziale Mächtigkeit dieser Vereinigungen.[739] Bei der Beurteilung dieser Frage sind sämtliche Umstände des Einzelfalls zu berücksichtigen.[740] Zu beachtende Kriterien sind hierbei in erster Linie die Mitgliederzahl, die Verbands-, insbesondere die Gewerkschaftskonkurrenz, die Kampfstärke, bisherige Tarifabschlüsse,

---

734 *Korff*, CaS 2011, 44 (47).

735 So auch *Korff*, CaS 2011, 44 (47). S. zur internen Ordnung der VDV auch *Pröpper*, NZA 2001, 1346 (1348).

736 In relativ jüngerer Vergangenheit z. B. im Frühjahr 2018. S. hierzu *Suliak*, in: https://www.lto.de/recht/hintergruende/h/gewerkschaft-vdv-forderung-tarifvertrag-profifussball-mindestlohn/ [zuletzt abgerufen am 12.03.2021].

737 S. hierzu auch *Walker*, SpuRt 2012, 222 (224); *ders.*, in: Württembergischer Fußballverband e.V., Verbandsrechtliche Regelungen, 172 (179).

738 So auch *Korff*, CaS 2011, 44 (48).

739 Allgemein zu dieser Voraussetzung s. BAG v. 06.06.2000 – 1 ABR 21/99, NZA 2001, 156 (156 ff.); *Löwisch/Rieble*, § 2 Rn. 178 ff.; *Peter*, in: Däubler, TVG, § 2 Rn. 12 ff.

740 BAG, AP Nr. 55 zu § 2 TVG; s. näher hierzu auch *Löwisch/Rieble*, TVG, § 2 Rn. 189 ff.

Verhandlungserfolge oder sonstige Erfolge und das Vermögen.[741] Zwar ist die Anzahl der Mitglieder bei diesen Spielervereinigungen im Vergleich zu anderen Gewerkschaften relativ klein. So hat die VDV als die größte Spielervereinigung lediglich etwas über 1400 Mitglieder.[742] Der Mitgliederanzahl einer Arbeitnehmervereinigung kommt auch generell eine gewichtige Bedeutung zu.[743] Es ist aber zu beachten, dass mit den aktiven und ehemaligen professionellen Spielern überhaupt nur wenige Menschen umfasst sind.[744] So gesehen weisen diese Sportlervereinigungen sogar einen sehr hohen Organisationsgrad auf.[745] Bei der VDV beträgt der Organisationsgrad wohl heute mindestens 70 bis 80 Prozent.[746] Bei der SP.IN und der GOAL ist von einem zumindest ähnlich hohen Organisationsgrad auszugehen.[747] Dies bei der SP.IN umso mehr auch deshalb, weil in ihr auch die deutschen Nationalspieler Mitglieder sein können, unabhängig davon, in welchem Land sie im Rahmen des Ligabetriebs aktiv sind. Die Spieler können in ihren Vereinen auch nicht einfach durch andere Arbeitnehmer ausgetauscht werden.[748] Dies wirkt sich positiv auf die Kampfstärke dieser Vereinigungen aus. Die große Kampfstärke der Spieler wird dadurch deutlich, dass schon bei einem Streik weniger organisierter Spieler der Spielausgang, die Durchführbarkeit eines Spiels oder sogar der gesamte Spielbetrieb beeinträchtigt werden kann.[749] Dadurch besteht die Gefahr enormer finanzieller Verluste.[750] Diese Mächtigkeit wird auch dadurch abgesichert, dass weder die VDV noch die SP.IN noch die GOAL in ihrer jeweiligen Sportart mit einer anderen Gewerkschaft o. ä. konkurrieren müssen.[751] Zudem bieten diese Sportlervereinigungen ihren Mitgliedern Unterstützung in diversen Bereichen wie z. B. in Rechtsangelegenheiten an. Daraus lässt sich schließen, dass sie trotz ihrer relativ geringen absoluten Mitgliederanzahl über eine ausreichende finanzielle Ausstattung verfügen. Da sie auch schon über mehrere Jahre hinweg Bestand haben (die VDV wurde beispielsweise schon im Jahre 1987 gegründet), ist jeweils von einer dauerhaften Organisation

741 S. näher hierzu *Löwisch/Rieble*, TVG, § 2 Rn. 179.

742 So die VDV auf ihrer eigenen Internetseite, s. https://www.spielergewerkschaft.de/de/VDV/Aufgaben.htm [zuletzt abgerufen am 12.03.2021].

743 BAG v. 06.06.2000 – 1 ABR 10/99, BAGE 95, 36 (43); BAG v. 14.12.2004 – 1 ABR 51/03, BB 2005, 1054 (1057); BAG v. 05.10.2010 – 1 ABR 88/09, NZA 2011, 300 (300 ff.).

744 So auch *Korff*, CaS 2011, 44 (48).

745 So zur VDV *Korff*, CaS 2011, 44 (48); *Pröpper*, NZA 2001, 1346 (1348); *Walker*, SpuRt 2012, 222 (223 f.); *ders.*, ZfA 2016, 567 (602).

746 S. zu früheren Zahlen mit weiteren Verweisen *Walker*, SpuRt 2012, 222 (223).

747 In diese Richtung auch *Korff*, CaS 2011, 44 (48).

748 *Walker*, SpuRt 2012, 222 (224); *ders.*, ZfA 2016, 567 (602).

749 So in Bezug auf Fußballspieler *Kretschmer*, Verwertung von Persönlichkeitsrechten im Profisport, S. 246.

750 S. näher hierzu *Rüth*, Kollektives Arbeitsrecht im Lizenzsport, S. 143 f.

751 Auch *Walker*, SpuRt 2012, 222 (224); *ders.*, ZfA 2016, 567 (602) spricht in Bezug auf die VDV von einer von der VDV „konkurrenzlos vertretenen Berufsgruppe“.

auszugehen.[752] Hierfür spricht auch die professionelle, hauptamtliche Aufgabenwahrnehmung.[753] Zwar kam es bislang noch zu keinem Tarifvertragsabschluss zwischen einer dieser Sportlervereinigungen und einem Tarifpartner auf Arbeitgeberseite. Jedoch haben sie jeweils schon verschiedenartige andere Erfolge in ihrer Koalitionstätigkeit zu verzeichnen. Beispielhaft seien hier die Mitwirkung der VDV bei der Gestaltung der Transfermodalitäten, der zwischen BBL und SP.IN vereinbarte Dialog zur weiteren Verbesserung der professionellen Rahmenbedingungen der BBL-Akteure und die Reduzierung der Spiele zwischen Weihnachten und Neujahr durch die GOAL genannt. Nach alledem kann davon ausgegangen werden, dass diese drei Sportlervereinigungen bei Verhandlungen mit (potenziellen) Tarifpartnern von diesen durchaus ernst genommen werden und daher die Regelung der Arbeitsbedingungen nicht einem Diktat der Arbeitgeberseite entspringt.[754] Somit ist im Endeffekt die Durchsetzungskraft dieser Vereinigungen jeweils als ausreichend anzusehen. Folglich erfüllen sie auch das Kriterium der Durchsetzungsfähigkeit bzw. sozialen Mächtigkeit.

Damit erfüllen sowohl die VDV als auch die SP.IN als auch die GOAL die notwendigen Voraussetzungen einer Gewerkschaft. Demzufolge können sie auch rechtlich standhaltend jeweils als „Spielergewerkschaft“ bezeichnet werden und stellen eine mögliche Tarifvertragspartei auf Arbeitnehmerseite i. S. v. § 2 Abs. 1 TVG dar.[755] Somit existieren im Fußball, Basketball und Handball aktuell bereits tariffähige Spielergewerkschaften. Im Eishockey, Volleyball und anderen Mannschaftssportarten müssten solche erst noch gegründet werden, die dabei selbstverständlich sämtliche Voraussetzungen einer Gewerkschaft zu erfüllen hätten.

2. *Tarifvertragspartei auf Arbeitgeberseite*

Nun soll überprüft werden, ob diesen Spielergewerkschaften eine oder mehrere Tarifvertragsparteien auf Arbeitgeberseite zum Abschluss eines Tarifvertrags zur Verfügung stehen. Nach § 2 Abs. 1 TVG sind mögliche Tarifvertragsparteien auf Arbeitgeberseite einzelne Arbeitgeber oder Vereinigungen von Arbeitgebern und nach § 2 Abs. 2 und 3 TVG ggf. auch Zusammenschlüsse von Vereinigungen von Arbeitgebern (Spitzenorganisationen).

---

752 So zur VDV *Korff*, CaS 2011, 44 (48).

753 So zur VDV *Kretschmer*, Verwertung von Persönlichkeitsrechten im Profisport, S. 246.

754 So die von BVerfG, 20.10.1981 – 1 BvR 404/78, BVerfGE 58, 233 (249); BAG v. 28.03.2006 – 1 ABR 58/04, BAGE, 117, 308 (317); BAG v. 05.10.2010 – 1 ABR 88/09, BAGE 136, 1 (9) formulierte Anforderung.

755 Zu demselben Ergebnis in Bezug auf die VDV kommen nach ausführlicher Erörterung der einzelnen Voraussetzungen auch *Kretschmer*, Verwertung von Persönlichkeitsrechten im Profisport, S. 244 ff.; *Merkel*, Sport im kollektiven Arbeitsrecht, S. 89 ff.; *Pröpper*, NZA 2001, 1346 (1347 ff.); *Rüth*, Kollektives Arbeitsrecht im Lizenzsport, S. 132 ff.

a) Die einzelnen Vereine

Die einzelnen Vereine bzw. deren ausgegliederte Kapitalgesellschaften sind die Arbeitgeber der Spieler und damit von § 2 Abs. 1 TVG erfasst, weshalb sie grundsätzlich als Tarifvertragspartei auf Arbeitgeberseite zum Abschluss sog. Firmen- bzw. Haustarifverträge in Betracht kommen.[756] Allerdings erscheinen solche Firmentarifverträge mit den einzelnen Vereinen generell als nur wenig zweckmäßig; daher wurden, bis auf eine Ausnahme im Jahre 1969, auch noch keine solchen Tarifverträge abgeschlossen.[757] Der administrative Aufwand für die Spielergewerkschaften durch jeweils eigene Tarifverhandlungen mit jedem einzelnen Verein wäre erheblich gesteigert, und aufgrund der stark variierenden wirtschaftlichen Leistungsfähigkeit der Vereine gibt es auch keine Garantie für die Erreichung des Ziels einheitlicher Tarifvertragsabschlüsse.[758] Denn aufgrund der immensen Konkurrenzsituation im Profisport erscheint es durchaus fragwürdig, ob sich die einzelnen Vereine überhaupt auf den Abschluss einheitlicher Tarifverträge einlassen würden. Daher wären solche Firmentarifverträge auch nachteilig hinsichtlich gleicher sportlicher und wirtschaftlicher Chancen und Voraussetzungen der Vereine und damit auch hinsichtlich der Integrität und Attraktivität des Sports bzw. der jeweiligen Sportart.[759] Auch deshalb werden sich die Spielergewerkschaften auf solche Firmentarifverträge wohl kaum einlassen.[760]

b) Die Dachsportverbände

Die Dachsportverbände DFB im Fußball, DBB im Basketball und DHB im Handball scheiden als Tarifvertragsparteien auf Arbeitgeberseite aus, da sie nach ihrer Satzung jeweils nicht tarifwillig sind und schon deswegen weder einen Arbeitgeberverband nach § 2 Abs. 1 TVG noch eine Spitzenorganisation i. S. v. § 2 Abs. 2 und 3 TVG darstellen.[761] Spätestens seit Gründung der jeweiligen Ligaverbände

---

756 So auch *Pröpper*, NZA 2001, 1346 (1350); *Rüth*, Kollektives Arbeitsrecht im Lizenzsport, S. 153 f.; *Walker*, SpuRt 2012, 222 (224); *ders.*, in: Württembergischer Fußballverband e.V., Verbandsrechtliche Regelungen, 172 (180); *ders.*, ZfA 2016, 567 (602).

757 Die Ausnahme betrifft einen Tarifvertrag zwischen der Deutschen Angestellten-Gewerkschaft (DAG) und dem FC Bayern München, der allerdings nur eine Regelung bezüglich der Urlaubsvergütung der Spieler enthielt. S. hierzu mit weiteren Verweisen *Merkel*, Sport im kollektiven Arbeitsrecht, S. 95 f.

758 *Walker*, SpuRt 2012, 222 (224); *ders.*, in: Württembergischer Fußballverband e.V., Verbandsrechtliche Regelungen, 172 (180); *ders.*, ZfA 2016, 567 (602); s. hierzu auch *Kretschmer*, Verwertung von Persönlichkeitsrechten im Profisport, S. 247.

759 *Rüth*, Kollektives Arbeitsrecht im Lizenzsport, S. 154.

760 In diese Richtung auch *Rüth*, Kollektives Arbeitsrecht im Lizenzsport, S. 136 f.

761 So in Bezug auf den DFB *Fröhlich/Strauf*, CaS 2012, 111 (115); *Walker*, in: Württembergischer Fußballverband e.V., Verbandsrechtliche Regelungen, 172 (180); s. hierzu auch *Kretschmer*, Verwertung von Persönlichkeitsrechten im Profisport, S. 247.

DFL Deutsche Fußball Liga e. V.[762], BBL und HBL scheiden diese Dachsportverbände auch als (partielle) Arbeitgeber der Spieler aus.[763]

c) Die Ligaverbände

Als mögliche Tarifvertragsparteien auf Arbeitgeberseite könnten noch die jeweiligen Ligaverbände DFL Deutsche Fußball Liga e. V.[764], BBL und HBL in Betracht kommen. Tarifvertragsabschlüsse zwischen der jeweiligen Spielergewerkschaft und dem jeweiligen Ligaverband erscheinen in Anbetracht der bekannten Tarifverträge im professionellen Mannschaftssport aus dem Ausland, die i. d. R. zwischen der jeweiligen Spielergewerkschaft und „der Liga" abgeschlossen werden, auf den ersten Blick auch naheliegend.[765]

Auch wenn die Ligaverbände den Spielern die Spiellizenzen erteilen und demzufolge über deren Möglichkeit zur Berufsausübung entscheiden, so sind sie dennoch nicht partielle Arbeitgeber der Spieler; denn sie verstehen sich schon selbst gar nicht als Arbeitgeber, sondern vielmehr als Arbeitgeberverband und es wird auch weder ein Arbeitsvertrag zwischen ihnen und den Spielern geschlossen noch bestehen die für Parteien eines Arbeitsvertrags typischen Hauptleistungspflichten nach § 611a BGB zwischen diesen.[766] Damit sind die Ligaverbände jedenfalls nicht als Arbeitgeber Tarifvertragspartei i. S. v. § 2 Abs. 1 TVG.

Womöglich könnten die Ligaverbände aber als Arbeitgeberverbände Tarifvertragspartei i. S. v. § 2 Abs. 1 TVG sein. Ein Arbeitgeberverband muss zum Großteil dieselben Voraussetzungen wie eine Gewerkschaft erfüllen. Bei der BBL und der HBL scheitert die Einstufung als Arbeitgeberverband aber jeweils bereits an

762 Im Jahre 2001 wurde der Name des Vereins „Die Liga – Fußballverband e. V." (zumeist als „Ligaverband" bezeichnet) in „DFL Deutsche Fußball Liga e. V." geändert. Seit Juli 2001 ist die Deutsche Fußball Liga GmbH (kurz DFL) als hundertprozentige Tochter des Ligaverbands DFL Deutsche Fußball Liga e. V. Veranstalterin der Bundesliga und der 2. Bundesliga (im Herrenbereich).

763 So zum DFB *Walker*, SpuRt 2012, 222 (224).

764 Im Bereich des Profifußballs ist die DFL Deutsche Fußball Liga e. V. und nicht die DFL (Deutsche Fußball Liga GmbH) dahingehend zu untersuchen, ob sie womöglich als Tarifvertragspartei auf Arbeitgeberseite in Betracht kommt, da die DFL bloß geschäftsführendes Organ der DFL Deutsche Fußball Liga e. V. ist und diese daher beim Tarifvertragsabschluss vertreten würde. S. hierzu *Kretschmer*, Verwertung von Persönlichkeitsrechten im Profisport, S. 247.

765 *Walker*, SpuRt 2012, 222 (224); *ders.*, in: Württembergischer Fußballverband e.V., Verbandsrechtliche Regelungen, 172 (181).

766 So zum Ligaverband im Fußball (in Bezug auf den damals – bis zur Neueinführung des § 611a BGB – hinsichtlich der Hauptleistungspflichten für Parteien eines Arbeitsvertrags noch ausschlaggebenden § 611 BGB) *Walker*, SpuRt 2012, 222 (226); *ders.*, in: Württembergischer Fußballverband e.V., Verbandsrechtliche Regelungen, 172 (185); so im Ergebnis auch schon *Bergermann*, Doping und Zivilrecht, S. 41; *Wüterich/Breucker*, Arbeitsrecht im Sport, Rn. 98.

der fehlenden Tarifwilligkeit. Weder das BBL-Lizenzstatut noch die Satzung der HBL noch sonstige Satzungen dieser Ligaverbände sehen die Bereitschaft bzw. den Willen zum Abschluss von Tarifverträgen vor. Bei dem DFL Deutsche Fußball Liga e. V. hingegen liegen die meisten Voraussetzungen für einen Arbeitgeberverband vor. Daher verwundert es auf den ersten Blick auch nicht wirklich, dass er sich in seiner Satzung ausdrücklich als Arbeitgeberverband bezeichnet, s. § 4 Nr. 1 lit. i der Satzung des DFL Deutsche Fußball Liga e. V. Er ist ausweislich seiner Satzung tarifwillig, s. die §§ 4 Nr. 1 lit. i, 17 Nr. 2 lit. j, 25 Nr. 2 lit. h der Satzung des DFL Deutsche Fußball Liga e. V. Dass diese Satzung nichts über eine etwaige Arbeitskampfbereitschaft beinhaltet, ist insoweit unschädlich. Denn die Arbeitskampfbereitschaft ist nach h. M. keine notwendige Voraussetzung für einen tariffähigen Arbeitgeberverband.[767] Ob die soziale Mächtigkeit eine notwendige Voraussetzung für einen tariffähigen Arbeitgeberverband darstellt, ist umstritten, wird aber von der h. M. verneint.[768] Dies kann aber ohnehin offenbleiben, weil der DFL Deutsche Fußball Liga e. V. die Bundesliga und 2. Bundesliga (im Herrenbereich) betreibt und sämtliche Arbeitgeber aus diesen beiden Ligen zu seinen Mitgliedern zählen, weshalb er eindeutig eine soziale Mächtigkeit besitzt.[769]

Allerdings muss eine Koalition auch frei gebildet sein, um nach § 2 Abs. 1 TVG Tarifvertragspartei sein zu können (s. Kapitel 6, E., II., 1.). Dies erscheint bei der DFL Deutsche Fußball Liga e. V. aber überaus problematisch. Zwar erfolgte die Gründung dieses privatrechtlichen Ligaverbands freiwillig und nicht aufgrund gesetzlicher Anordnung wie zum Teil bei öffentlich-rechtlichen Vereinigungen.[770] Anders sieht es hingegen bei der Frage aus, ob auch die Mitgliedschaft freiwillig ist oder nicht etwa eine Zwangsmitgliedschaft vorliegt. Eine Zwangsmitgliedschaft wäre unvereinbar mit der durch Art. 9 Abs. 3 GG ebenfalls geschützten negativen Koalitionsfreiheit.[771] Die Vereine bzw. ausgegliederten Kapitalgesellschaften sind faktisch dazu gezwungen, Mitglied im DFL Deutsche Fußball Liga e. V. zu werden, wenn sie als Arbeitgeber in der Bundesliga oder 2. Bundesliga

---

767 *Emmert*, in: Thüsing/Braun, Tarifrecht, 2. Kap. Rn. 157; *Löwisch/Rieble*, TVG, § 2 Rn. 195; *Peter*, in: Däubler, TVG, § 2 Rn. 133.

768 So BAG, NZA 1991, 428 (428 ff.); *Peter*, in: Däubler, TVG, § 2 Rn. 134; wohl auch *Stein*, in: Kempen/Zachert, TVG, § 2 Rn. 112; bejahend hingegen *Emmert*, in: Thüsing/Braun, Tarifrecht, 2. Kap. Rn. 156 und ebenfalls *Oetker*, in: Wiedemann, TVG, § 2 Rn. 521, sofern auch bei den Arbeitnehmervereinigungen die soziale Mächtigkeit als erforderlich angesehen wird.

769 S. näher hierzu *Walker*, SpuRt 2012, 222 (225); *ders.*, in: Württembergischer Fußballverband e.V., Verbandsrechtliche Regelungen, 172 (183).

770 S. näher hierzu *Walker*, SpuRt 2012, 222 (225); *ders.*, in: Württembergischer Fußballverband e.V., Verbandsrechtliche Regelungen, 172 (183 f.).

771 S. näher hierzu mit weiteren Verweisen *Walker*, SpuRt 2012, 222 (225); *ders.*, in: Württembergischer Fußballverband e.V., Verbandsrechtliche Regelungen, 172 (184).

auftreten bzw. tätig werden wollen. Denn aus einer Zusammenschau der §§ 7, 8 Nr. 1 und 10 Nr. 1 der Satzung des DFL Deutsche Fußball Liga e. V. ergibt sich eindeutig, dass nur Mitglieder dieses Ligaverbands die Vereinseinrichtung Bundesliga bzw. 2. Bundesliga nutzen dürfen. Nach § 10 Nr. 1 der Satzung des DFL Deutsche Fußball Liga e. V. benötigen die Vereine bzw. ausgegliederten Kapitalgesellschaften nämlich eine Lizenz zur Nutzung dieser Einrichtung und nach § 8 Nr. 1 der Satzung des DFL Deutsche Fußball Liga e. V. erwerben sie automatisch mit Erteilung der beantragten Lizenz auch die Mitgliedschaft im Ligaverband.[772] Vor diesem Hintergrund kann von einer freiwilligen Mitgliedschaft keine Rede mehr sein. Die Vereine haben gar keine andere Wahl als Mitglied im DFL Deutsche Fußball Liga e. V. zu werden, da es auch keine vergleichbare oder ähnliche Vereinseinrichtung wie die Bundesliga bzw. 2. Bundesliga gibt, was wiederum auf das Ein-Platz-Prinzip (s. Kapitel 5, A., I., 1., c)) zurückzuführen ist.[773] Folglich stellt auch der DFL Ligaverband Fußball e. V. keinen tariffähigen Arbeitgeberverband i. S. v. § 2 Abs. 1 TVG dar.[774] Mit derselben Begründung erfüllen auch die BBL und HBL nicht die Voraussetzung der Freiwilligkeit der Mitgliedschaft (s. § 1 Nr. 2 des BBL-Lizenzstatuts und die §§ 7, 8 Nr. 2 und 5, 9 Nr. 1 der Satzung der HBL), weshalb sie auch deswegen neben ihrer fehlenden Tarifwilligkeit nicht als tariffähige Arbeitgeberverbände angesehen werden können.

Demzufolge kommen die Ligaverbände DFL Deutsche Fußball Liga e. V., BBL und HBL allesamt nicht als Tarifvertragsparteien auf Arbeitgeberseite in Betracht.

3. Folgerungen

Somit kommen aktuell im Profibereich der Mannschaftssportarten lediglich Firmentarifverträge zwischen den Spielergewerkschaften VDV, SP.IN und GOAL und den jeweiligen einzelnen Vereinen in Betracht. Mangels Zweckmäßigkeit ist mit solchen Tarifverträgen in naher Zukunft aber (eher) nicht zu rechnen.

---

772 S. näher zum Ganzen auch *Kretschmer*, Verwertung von Persönlichkeitsrechten im Profisport, S. 249; *Walker*, SpuRt 2012, 222 (225); *ders.*, in: Württembergischer Fußballverband e.V., Verbandsrechtliche Regelungen, 172 (184).

773 Die Ausführungen von *Kretschmer*, Verwertung von Persönlichkeitsrechten im Profisport, S. 249 ff. über einen Vergleich zu Konzernarbeitgeberverbänden, zu einer bloßen Bevollmächtigung des Ligaverbands zur Vertretung der Vereine beim Abschluss von Tarifverträgen mit der VDV und zu dem Gedanken der Beschränkung des Begriffs der Freiwilligkeit auf das Fehlen von staatlichem Zwang bzw. gesetzlich vorgeschriebener Anordnung erscheinen offensichtlich abwegig und bedürfen daher keiner näheren Erörterung. Letztlich verwirft *Kretschmer* selbst diese Überlegungen auch relativ schnell.

774 A. A. *Fröhlich/Strauf*, CaS 2012, 111 (115), die jedoch auf das Problem der freiwilligen Mitgliedschaft überhaupt nicht eingehen.

Die Ligaverbände DFL Deutsche Fußball Liga e. V., BBL und HBL kommen nach ihrer derzeitigen Satzung nicht als Tarifvertragspartner in Betracht. Daran könnte sich höchstens etwas ändern, wenn sie dazu bereit wären, ihre Satzungen zu ändern. Die BBL und HBL müssten zunächst ihre Bereitschaft bzw. ihren Willen zum Abschluss von Tarifverträgen ausdrücklich in ihrer Satzung fixieren. Des Weiteren müssten alle drei Ligaverbände ihre Satzungen dahingehend ändern, dass die Freiwilligkeit der Mitgliedschaft für die Vereine bzw. ausgegliederten Kapitalgesellschaften auch faktisch gewährleistet ist. Dies könnte u. U. durch die Einführung der Möglichkeit einer sog. OT-Mitgliedschaft, also einer Mitgliedschaft ohne Tarifbindung, erreicht werden; dann müsste den Vereinen die freie Wahl zwischen Vollmitgliedschaft und bloßer OT-Mitgliedschaft eröffnet werden.[775] Damit die Vereine zu keiner Zeit durch Zwang tarifgebunden waren, erscheint es dann als angemessen, dass die Vereine im Grundsatz ohne Tarifbindung bleiben und sich dies nur bei positiver Entscheidung zur Tarifbindung ändert.[776] Zudem wäre auch eine dahingehende Gewährleistung durch die Satzung notwendig, dass die bloßen OT-Mitglieder keine Einflussmöglichkeit auf Entscheidungen der Tarifpolitik haben.[777] Allerdings ist von einer derartigen Entwicklung in naher Zukunft nicht auszugehen, da dadurch, dass nicht alle Vereine tarifgebunden wären, die Tarifbindung auch für die prinzipiell tarifgewillten Vereine erheblich an Attraktivität verlieren würde.[778] Es ist davon auszugehen, dass die tarifgewillten Vereine dann sogar eher Firmentarifverträge mit der jeweiligen Spielergewerkschaft präferieren würden, um ihren individuellen Bedürfnissen bzw. Gegebenheiten besser gerecht werden zu können.

Auch die Gründung eines eigenständigen neuen Arbeitgeberverbands durch die Vereine, der unabhängig von dem jeweiligen Ligaverband ist und neben diesem steht und dessen Mitgliedschaft (durch die Satzung abgesichert) freiwillig ist, erscheint denkbar, sofern auch die übrigen Voraussetzungen für einen tariffähigen Arbeitgeberverband erfüllt sind.[779] Aber auch diese Option erscheint für die Vereine aus vergleichbaren Gründen wie bei der Möglichkeit einer OT-Mitgliedschaft nicht unbedingt attraktiv. Aufgrund der Freiwilligkeit der Mitgliedschaft ist es für die Vereine nur schwer vorauszusehen, wie viele und welche Vereine dieser Vereinigung beitreten werden. Und es ist v. a. auch nicht zu

775 S. näher hierzu *Walker*, SpuRt 2012, 222 (225 f.); *ders.*, ZfA 2016, 567 (603). Allgemein zu diesem Wahlrecht bei der Möglichkeit einer OT-Mitgliedschaft s. *Löwisch/Rieble*, TVG, § 3 Rn. 59.

776 *Walker*, SpuRt 2012, 222 (226); in diese Richtung auch *Kretschmer*, Verwertung von Persönlichkeitsrechten im Profisport, S. 251.

777 *Walker*, SpuRt 2012, 222 (226). Allgemein zum Mitwirkungsverbot für OT-Mitglieder s. BAG v. 04.06.2008 – 4 AZR 419/07, NZA 2008, 1366 (1366 ff.); BAG v. 22.04.2009 – 4 AZR 111/08, NZA 2010, 105 (105 ff.); *Löwisch/Rieble*, TVG, § 2 Rn. 156 ff.

778 *Walker*, SpuRt 2012, 222 (226); *ders.*, ZfA 2016, 567 (603).

779 So auch *Kretschmer*, Verwertung von Persönlichkeitsrechten im Profisport, S. 251.

erwarten, dass alle Vereine einer Liga beitreten werden, da diverse Vereine schon häufig eine individuelle Gangart bevorzugt haben. Von einer Gewährleistung der Einheitlichkeit der Arbeitsbedingungen zumindest mit den Spielern, die der jeweiligen Spielergewerkschaft angehören, kann daher keine Rede sein.

Demzufolge erscheint es unwahrscheinlich, dass es in naher Zukunft im Profibereich der Mannschaftssportarten zu einem Tarifvertragsabschluss kommen wird.

Falls es doch dazu kommen sollte, so könnte in einem solchen Tarifvertrag auch die Abweichung von der Überlassungshöchstdauer bei Leihgeschäften vereinbart werden. Nach § 1 Abs. 1b S. 3 AÜG ist erforderlich, dass es sich hierbei um einen Tarifvertrag von Tarifvertragsparteien der Einsatzbranche handelt. Dieses Erfordernis dürfte im Bereich des professionell betriebenen Mannschaftssports aber kaum Probleme bereiten, da Verleiher- und Entleiherbranche i. d. R. zusammenfallen. Den Spielergewerkschaften können sämtliche Spieler bestimmter Spielklassen (bzw. bei der SP.IN auch Nationalspieler) beitreten, völlig unabhängig davon, ob sie überhaupt oder von welchem an welchen Verein sie verliehen sind. Auch auf Arbeitgeberseite werden die einzelnen Vereine häufig sowohl Spieler verleihen als auch entleihen und auch ein neu gegründeter Arbeitgeberverband stünde sämtlichen Vereinen zum Beitritt zur Verfügung, ebenso völlig unabhängig davon, ob und wie häufig sie Spieler verleihen oder entleihen. Gleiches gilt für die Ligaverbände, sollten sie nach entsprechender Satzungsänderung doch als tariffähiger Arbeitgeberverband in Betracht kommen.

Ein solcher Tarifvertrag zwischen einer Spielergewerkschaft und einem neu gegründeten Arbeitgeberverband oder einem Ligaverband nach entsprechender Satzungsänderung würde dann zumindest formal auch die Möglichkeit weiterer kollektivvertraglicher Abweichungsmöglichkeiten von der Überlassungshöchstdauer durch Betriebsvereinbarung nach § 1 Abs. 1b S. 4 bis 6 AÜG eröffnen. Dies erscheint im Bereich des Profisports aber schon deshalb nicht zweckmäßig, weil der Betriebsrat eines Vereins (sofern ein solcher überhaupt besteht oder in Zukunft gebildet werden sollte)[780] nicht nur die Interessen der Spieler, sondern die Interessen sämtlicher Angestellter des Vereins gegenüber dem Verein als Arbeitgeber vertritt.[781] Die Anzahl der sonstigen Angestellten eines Vereins überschreitet die Anzahl der angestellten Spieler im Profibereich in aller Regel aber um ein Vielfaches, weshalb es deutlich sinnvoller erscheint, solche Vereinbarungen über die Überlassungshöchstdauer bei Spielerleihgeschäften mit den Spielergewerkschaften zu treffen, die nur die Interessen der beigetretenen Spieler und gerade nicht auch die Interessen der sonstigen Angestellten der Vereine vertreten.

---

780 Bisher ist es lediglich bei den Fußballvereinen Borussia Dortmund, FC St. Pauli und TSV 1860 München bekannt, dass sie einen Betriebsrat haben bzw. hatten.

781 S. hierzu auch *Rüth*, Kollektives Arbeitsrecht im Lizenzsport, S. 226 f. Allgemein zur Bildung eines Betriebsrats in Sportvereinen s. *Merkel*, Sport im kollektiven Arbeitsrecht, S. 166 ff.; *Rüth*, Kollektives Arbeitsrecht im Lizenzsport, S. 210 ff.

Somit steht fest, dass es zumindest im Grundsatz möglich wäre, von der 18-monatigen Überlassungshöchstdauer tarifvertraglich abzuweichen, sofern es unerwarteterweise im Profibereich der Mannschaftssportarten doch zu einem Tarifvertragsabschluss kommen sollte.

4. *Zeitliche Deckelung der tarifvertraglichen Abweichungsmöglichkeit*

Damit ist aber noch nicht gesagt, dass dann diese Überlassungshöchstdauer tarifvertraglich auf eine beliebige Höhe abgeändert und im Extremfall sogar gänzlich aufgehoben werden dürfte.

a) Verkürzung der Überlassungshöchstdauer

Eine tarifvertragliche Verkürzung der Überlassungshöchstdauer erscheint insoweit im Bereich des professionell betriebenen Mannschaftssports als relativ unproblematisch möglich, da Verleiher- und Entleiherbranche i. d. R. zusammenfallen, s. Kapitel 6, E., II., 3. Die teilweise vorgebrachten kompetenziellen Probleme, wenn auch die Verleiher durch einen Tarifvertrag der Einsatzbranche gebunden werden mit der Konsequenz, dass die Überschreitung der tarifvertraglich vereinbarten Überlassungshöchstdauer dieselben Rechtsfolgen zeitigen würde wie die Überschreitung der 18 Monate nach § 1 Abs. 1b S. 1 AÜG, existieren daher im Bereich des professionell betriebenen Mannschaftssports gar nicht.[782] Daher muss der allgemeine Streit, ob eine tarifvertragliche Verkürzung der Überlassungshöchstdauer möglich ist, vorliegend nicht vertieft werden, wobei der Gesetzesentwurf der Bundesregierung und die h. M. eine solche ohnehin generell für zulässig ansehen.[783] Diese h. M. erscheint v. a. deswegen zustimmungswürdig, weil weder § 1 Abs. 1b S. 3 AÜG noch die Leiharbeitsrichtlinie im

---

782 S. zu diesen kompetenziellen Problemen *Ulrici*, AÜG, § 1 Rn. 104.

783 S. den Gesetzesentwurf der Bundesregierung zur Änderung des Arbeitnehmerüberlassungsgesetzes und anderer Gesetze v. 20.07.2016, BT-Drs. 18/9232, S. 20; *Bissels/Falter*, ArbRAktuell 2017, 4 (6); *Düwell* (Schriftliche Stellungnahme, BT-Drs. 18(11)760, v. 14.10.2016), in: Materialien des Ausschusses für Arbeit und Soziales zur öffentlichen Anhörung von Sachverständigen in Berlin am 17. Oktober 2016 (zu den BT-Drs. 18/9232, 18/9664, 18/7370) – Zusammenstellung der schriftlichen Stellungnahmen – v. 17.10.2016, BT-Drs. 18(11)761neu, 80 (81); *Henssler* (Schriftliche Stellungnahme, BT-Drs. 18(11)741, v. 12.10.2016), in: Materialien des Ausschusses für Arbeit und Soziales zur öffentlichen Anhörung von Sachverständigen in Berlin am 17. Oktober 2016 (zu den BT-Drs. 18/9232, 18/9664, 18/7370) – Zusammenstellung der schriftlichen Stellungnahmen – v. 17.10.2016, BT-Drs. 18(11)761neu, 40 (46); *Krieger/Ampatziadis*, NJW 2017, 593 (594); *Neighbour/Schröder*, BB 2016, 2869 (2870); *Zieglmeier*, DStR 2016, 2858 (2862); a. A. *Ulrici*, AÜG, § 1 Rn. 104, der neben dem Hauptargument der kompetenziellen Probleme noch ausführt, dass die Bezugnahmemöglichkeiten der § 1 Abs. 1b S. 4 ff. AÜG auf die Erstreckung von die Überlassungshöchstdauer verlängernden Tarifverträgen zugeschnitten seien.

Wortlaut Anhaltspunkte für eine derartige Beschränkung der tarifvertraglichen Abweichungsmöglichkeiten liefern. § 1 Abs. 1b S. 3 AÜG spricht insoweit von der Möglichkeit, eine „abweichende Überlassungshöchstdauer" festzulegen. Es ist aber sehr unwahrscheinlich, dass es zu einer dahingehenden tarifvertraglichen Vereinbarung kommen wird. Sämtliche Vereine haben keinerlei Interesse an einer Verkürzung der Überlassungshöchstdauer, da die Möglichkeit solcher Leihgeschäfte den Vereinen sowohl in entleihender als auch in verleihender Funktion diverse Vorteile bringt, s. Kapitel 1, B., II., 1. und 2. Durch eine Vereinbarung der Verkürzung der Überlassungshöchstdauer würden sie sich dieser Option in mehr oder weniger großem Umfang selbst berauben. Daher werden sich wohl weder die Vereine noch ein neu gegründeter Arbeitgeberverband bzw. ein Ligaverband nach entsprechender Satzungsänderung auf eine dahingehende Vereinbarung einlassen. Die Möglichkeit der Spielerleihgeschäfte hat aber auch für die Spieler zahlreiche Vorteile, s. Kapitel 1, B., II., 3. Folglich werden auch die Spielergewerkschaften als Vertretung der Interessen der Spieler sich zumindest nicht auf eine weitreichende Verkürzung der Überlassungshöchstdauer einlassen, damit den Leihspielern ausreichend Zeit verbleibt, um u. a. den entleihenden Verein von ihren sportlichen Qualitäten überzeugen zu können. Es ist auch nicht davon auszugehen, dass sie überhaupt auf eine Verkürzung der 18-monatigen Überlassungshöchstdauer drängen werden. Denn es wird nicht gerade wenigen Leihspielern entgegenkommen, wenn sie mehr als nur eine Saison Zeit haben, sich dem Entleiher zu zeigen; man denke nur an langwierige Verletzungen o. ä.

b) Verlängerung der Überlassungshöchstdauer

Deutlich problematischer erscheint aber die Frage, ob im Bereich des professionell betriebenen Mannschaftssports die Überlassungshöchstdauer durch tarifvertragliche Vereinbarung bis zu einer beliebigen Höhe abgeändert und damit im Extremfall ganz aufgehoben werden dürfte oder ob diese Abweichungsmöglichkeit nach oben hin zeitlich zu deckeln ist.

aa) Europarechtliche Betrachtung

Die Betrachtung dieser Problematik in europarechtlicher Hinsicht hilft nicht wirklich weiter. Einerseits bringt schon Art. 1 Abs. 1 der Leiharbeitsrichtlinie deutlich zum Ausdruck, dass Leiharbeitnehmer dem entleihenden Unternehmen nur „vorübergehend" überlassen werden. Dies wird auch in Art. 3 Abs. 1 lit. b, c, d und e der Leiharbeitsrichtlinie nochmals bestätigt. Somit schreibt die Richtlinie den Mitgliedstaaten vor, dass die Leiharbeit nicht zeitlich unbegrenzt möglich sein soll. Andererseits hat sich die EU-Kommission vor nicht allzu langer Zeit im Jahre 2015 in einem Vertragsverletzungsverfahren gegen die Bundesrepublik Deutschland (welches damit begründet wurde, dass das deutsche Recht damals die unbefristete Arbeitnehmerüberlassung jedenfalls nicht ausdrücklich verboten habe) dahingehend geäußert, dass die Mitgliedstaaten nicht zur Festlegung einer Überlassungshöchstdauer verpflichtet seien und das Fehlen einer solchen

Begrenzung in den nationalen Vorschriften weder gegen die Leiharbeitsrichtlinie noch gegen sonstige spezifische Bestimmungen des EU-Rechts verstoße.[784] Auch wenn die EU-Kommission nicht der EuGH ist, so spricht dies dennoch dafür, dass zumindest eine faktische vollständige Aufhebung der Überlassungshöchstdauer durch Tarifvertrag mit dem Europarecht vereinbar wäre. Für den Bereich des professionell betriebenen Mannschaftssports sind diesbezüglich keine Besonderheiten ersichtlich, weshalb die europarechtliche Betrachtung insgesamt bei der Beantwortung dieser Frage nicht weiterhilft.

bb) Rückschlüsse aus der gesetzlich normierten Kombination aus Überlassungshöchstdauer und Equal-Pay-Grundsatz

Allgemein wird überwiegend davon ausgegangen, dass die Überlassungshöchstdauer faktisch vollständig durch einen Tarifvertrag aufgehoben werden darf, sofern nur irgendeine Überlassungshöchstdauer festgelegt wird, an die für weitere Rechtsfolgen angeknüpft werden kann.[785] In der Tat scheint der Wortlaut des § 1 Abs. 1b S. 3 AÜG zumindest auf den ersten Blick klar für eine solche Interpretation zu sprechen, da er im Gegensatz zu § 1 Abs. 1b S. 6 AÜG (Gestaltungsmacht der Betriebspartner) keine zeitliche Höchstgrenze vorschreibt bezüglich der Gestaltungsmacht der Tarifpartner.[786] Allerdings spricht § 1 Abs. 1b S. 3 AÜG von einer „abweichende[n] Überlassungshöchstdauer“ und gerade nicht von einer Aufhebung o. ä. der Überlassungshöchstdauer. Wenn man sich dazu noch den Gesetzesentwurf der Bundesregierung vor Augen führt, nach dem durch den Tarifvertrag (bzw. durch die aufgrund eines Tarifvertrags getroffene Dienst- bzw. Betriebsvereinbarung) eine „zeitlich bestimmte Überlassungshöchstdauer“ sichergestellt sein muss, „um den vorübergehenden Charakter

---

784 Beschwerdeverfahren gegen Deutschland (Az.: CHAP(2015)00716).

785 *Grimm/Heppner*, ArbRB 2016, 112 (114); *Henssler* (Schriftliche Stellungnahme, BT-Drs. 18(11)741, v. 12.10.2016), in: Materialien des Ausschusses für Arbeit und Soziales zur öffentlichen Anhörung von Sachverständigen in Berlin am 17. Oktober 2016 (zu den BT-Drs. 18/9232, 18/9664, 18/7370) – Zusammenstellung der schriftlichen Stellungnahmen – v. 17.10.2016, BT-Drs. 18(11)761neu, 40 (46); *Ulrici*, AÜG, § 1 Rn. 105; s. hierzu auch *Düwell* (Schriftliche Stellungnahme, BT-Drs. 18(11)760, v. 14.10.2016), in: Materialien des Ausschusses für Arbeit und Soziales zur öffentlichen Anhörung von Sachverständigen in Berlin am 17. Oktober 2016 (zu den BT-Drs. 18/9232, 18/9664, 18/7370) – Zusammenstellung der schriftlichen Stellungnahmen – v. 17.10.2016, BT-Drs. 18(11)761neu, 80 (81 f.); *Hund/Weiss*, DB 2016, 2903 (2904).

786 So auch *Düwell* (Schriftliche Stellungnahme, BT-Drs. 18(11)760, v. 14.10.2016), in: Materialien des Ausschusses für Arbeit und Soziales zur öffentlichen Anhörung von Sachverständigen in Berlin am 17. Oktober 2016 (zu den BT-Drs. 18/9232, 18/9664, 18/7370) – Zusammenstellung der schriftlichen Stellungnahmen – v. 17.10.2016, BT-Drs. 18(11)761neu, 80 (81 f.); *Ulrici*, AÜG, § 1 Rn. 105.

der Arbeitnehmerüberlassung zu gewährleisten“[787], so erscheint es auch nicht abwegig zu fordern, dass durch (richterliche) Rechtsfortbildung generell eine bestimmte Höchstgrenze für die tarifvertragliche Abweichungsmöglichkeit nach § 1 Abs. 1b S. 3 AÜG festgelegt wird, die auch keine faktische Aufhebung der Überlassungshöchstdauer bedeutet.[788] Denn wenn nur die Angabe irgendeiner beliebigen Höchstgrenze erforderlich wäre – also beispielsweise 50 Jahre oder noch mehr –, die erst zum Zeitpunkt des Rentenalters der Leiharbeitnehmer erreicht werden würde, so wäre der vorübergehende Charakter der Arbeitnehmerüberlassung offensichtlich konterkariert.

Im Bereich des professionell betriebenen Mannschaftssports gilt es aber die Besonderheit zu beachten, dass der Equal-Pay-Grundsatz nach § 8 Abs. 1 S. 1 AÜG im Profisport keine Beachtung findet und diese Nichtbeachtung auch aufgrund der Besonderheiten des Sports gerechtfertigt ist, s. hierzu ausführlich Kapitel 6, D. Die Leihspieler sind demnach nicht wie die Leiharbeitnehmer anderer Branchen zusätzlich zur Überlassungshöchstdauer auch noch durch den Gleichstellungsgrundsatz in Bezug auf das Arbeitsentgelt geschützt. Gerade diese seit der AÜG-Reform vom 01.04.2017 gesetzlich geregelte Kombination aus Überlassungshöchstdauer und Equal-Pay-Grundsatz schützt die Leiharbeitnehmer aber besonders und auf eine spezielle Art und Weise: Selbst bei einer tarifvertraglichen Abweichung i. S. v. § 8 Abs. 4 AÜG erhalten die Leiharbeitnehmer spätestens nach neun bzw. 15 Monaten (letzteres bei stufenweiser Heranführung nach spätestens sechs Wochen) dasselbe Arbeitsentgelt wie ein vergleichbarer Stammarbeitnehmer beim Entleiher bzw. ein Arbeitsentgelt, das in dem Tarifvertrag als gleichwertig mit dem tarifvertraglichen Arbeitsentgelt vergleichbarer Arbeitnehmer in der Einsatzbranche festgelegt ist. So sind die Leiharbeitnehmer selbst bei einer erheblichen tarifvertraglichen Verlängerung der 18-monatigen Überlassungshöchstdauer nach § 1 Abs. 1b S. 3 AÜG dahingehend geschützt, dass sie dann zumindest spätestens nach neun bzw. 15 Monaten ein gleichwertiges Arbeitsentgelt erhalten wie die Stammarbeitnehmer. Auch wenn sich eine solche tarifvertragliche Verlängerung der Überlassungshöchstdauer für die Leiharbeitnehmer hinsichtlich des sog. „Klebeeffekts“ (s. Kapitel 6, E., I., 3., b)) negativ auswirkt, so tangiert sie dies zumindest in finanzieller Hinsicht nicht. Denn bei einer Festanstellung durch den Entleiher, welche die Leiharbeitnehmer in aller Regel anstreben, würden sie dasselbe Arbeitsentgelt erhalten wie spätestens nach neun bzw. 15 Monaten auch als Leiharbeitnehmer. Somit kompensiert der Schutz über den Equal-Pay-Grundsatz gewissermaßen auch den durch eine tarifvertragliche Verlängerung der Überlassungshöchstdauer verminderten bzw. sogar

---

787 S. den Gesetzesentwurf der Bundesregierung zur Änderung des Arbeitnehmerüberlassungsgesetzes und anderer Gesetze v. 20.07.2016, BT-Drs. 18/9232, S. 21.

788 So *Seiwerth*, NZA 2017, 479 (480 f.). Auch *Ulber*, in: Ordnungsfragen des Tarifvertragsrechts, 87 (110 ff.) spricht sich noch vor der AÜG-Reform für die Fixierung einer Höchstgrenze der tarifvertraglichen Abweichungsbefugnis aus.

annähernd verloren gegangenen Schutz hinsichtlich des sog. „Klebeeffekts".[789] Dazu passt auch, dass es unter diesem Blickwinkel bei einer tarifvertraglich vereinbarten Verzögerung der Geltung des Equal-Pay-Grundsatzes i. S. v. § 8 Abs. 4 AÜG für die Leiharbeitnehmer in aller Regel auch vorteilhafter ist, länger einem anstatt oftmals unterschiedlichen Entleihern überlassen zu werden.[790] Dieser kompensierende Schutz fällt im Bereich des professionell betriebenen Mannschaftssports vollumfänglich weg. Daher erscheinen die Leihspieler in dieser Hinsicht besonders schutzwürdig. Sie sind auf einen möglichst effektiven Schutz durch die Geltung einer Überlassungshöchstdauer deutlich mehr angewiesen als Leiharbeitnehmer anderer Branchen. Demzufolge erscheint es notwendig und auch angemessen, jedenfalls im Bereich des professionell betriebenen Mannschaftssports die tarifvertragliche Abweichungsmöglichkeit von der Überlassungshöchstdauer nach § 1 Abs. 1b S. 3 AÜG in zeitlicher Hinsicht nach oben auf eine bestimmte Überlassungshöchstdauer zu deckeln, die auch eine faktische vollständige Aufhebung der Überlassungshöchstdauer ausschließt. Die Frage, ob eine solche zeitliche Deckelung auch allgemein, also für sämtliche Branchen, angemessen wäre, braucht deshalb vorliegend nicht weiter erörtert zu werden.

Dass eine solche zeitliche Deckelung einer nach dem Wortlaut uneingeschränkt möglichen tarifvertraglichen Abweichung durch (richterliche) Rechtsfortbildung keinesfalls abwegig ist, zeigt schon die relativ junge Entscheidung des BAG vom 11.10.2016, wonach die Grenze der tariflichen Regelungsbefugnis i. S. v. § 14 Abs. 2 S. 3 TzBfG u. a. bei der Festlegung der Dauer eines sachgrundlos befristeten Arbeitsvertrags bei (maximal) sechs Jahren erreicht ist.[791] Der Wortlaut von § 14 Abs. 2 S. 3 TzBfG spricht hierbei – vergleichbar mit demjenigen von § 1 Abs. 1b S. 3 AÜG – lediglich davon, dass die Befristungshöchstdauer „abweichend" von Satz 1 festgelegt werden kann. Es ist auch nichts dafür ersichtlich, was einer solchen (richterlichen) Rechtsfortbildung auch nur in Bezug auf eine spezielle Branche entgegenstehen sollte. Im Gegenteil: Dies würde den besonderen Umständen einer speziellen Branche mitunter sogar am ehesten gerecht und steht daher auch im Einklang mit der stets anzustrebenden größtmöglichen Einzelfallgerechtigkeit. Die Nichtbeachtung bzw. Nichtgeltung des Equal-Pay-Grundsatzes bei Spielerleihgeschäften im Profisport stellt einen solchen besonderen Umstand im Bereich des professionell betriebenen Mannschaftssports dar.

Nun stellt sich aber die nicht einfach zu beantwortende Frage, welche konkrete zeitliche Höchstgrenze für die tarifvertragliche Abweichungsmöglichkeit von der Überlassungshöchstdauer im Bereich des professionell betriebenen Mannschaftssports am sinnvollsten erscheint. Der Gesetzestext des AÜG hilft

789 In diese Richtung auch *Thüsing*, DB 2016, 2663 (2666), der daher eine absolute Überlassungshöchstgrenze als für nicht mehr mit dem Gedanken des Arbeitnehmerschutzes begründbar ansieht.

790 S. hierzu *Thüsing*, DB 2016, 2663 (2666).

791 BAG v. 26.10.2016 – 7 AZR 140/15, NZA 2017, 463 (463 ff.).

hierbei nur wenig weiter. Einzig § 1 Abs. 1b S. 6 AÜG, wonach bei Verlagerung der Regelungsmacht von den Tarifvertragsparteien auf die Betriebsparteien in Betrieben eines nicht tarifgebundenen Entleihers eine Verlängerung der Überlassungshöchstdauer auf maximal 24 Monate zulässig ist (soweit nicht durch den zugrundeliegenden Tarifvertrag eine von § 1 Abs. 1b S. 1 AÜG abweichende Überlassungshöchstdauer für Betriebs- oder Dienstvereinbarungen festgelegt ist), lässt den Rückschluss zu, dass daher eine tarifvertragliche Verlängerung der Überlassungshöchstdauer auf mindestens 24 Monate erst recht möglich sein muss.[792] Durch diese Begrenzung auf maximal 24 Monate soll ausweislich der Gesetzesbegründung ein „Anreiz zur Tarifbindung" gesetzt werden.[793] Folglich muss die tarifvertragliche Abweichungsmöglichkeit über diese 24 Monate sogar hinausgehen, damit durch die Begrenzung der Abweichungsmöglichkeit für Betriebe eines nicht tarifgebundenen Entleihers auf 24 Monate in § 1 Abs. 1b S. 6 AÜG auch tatsächlich ein solcher Anreiz zur Tarifbindung gesetzt wird.[794] *Seiwerth*, der generell eine bestimmte Höchstgrenze für die tarifvertragliche Abweichungsmöglichkeit nach § 1 Abs. 1b S. 3 AÜG (die auch keine faktische Aufhebung der Überlassungshöchstdauer bedeutet) für erforderlich hält, kommt bei der konkreten Bestimmung dieser branchenunabhängigen allgemeinen Höchstgrenze zu dem Ergebnis von sechs Jahren; er geht hierbei in nachvollziehbarer Weise von einer „Erwerbsbiographie" von höchstens 40 bis 50 Jahren aus und zieht eine Parallele zur Entscheidung des BAG vom 11.10.2016 zur Grenze der tariflichen Regelungsbefugnis i. S. v. § 14 Abs. 2 S. 3 TzBfG heran.[795] Bei Profispielern ist die Ausgangssituation aber etwas anders. Bei ihnen kann regelmäßig von einer Erwerbsbiographie gerade in ihrem Beruf als Profispieler von maximal 15 bis 20 Jahren ausgegangen werden.[796] Die Arbeitsverträge mit Profispielern werden auch prinzipiell bloß befristet abgeschlossen. Aufgrund von § 624 S. 1 BGB (und im Fußball auch wegen § 5 Nr. 1 Abs. 4 S. 2 LOS und Art. 18 Abs. 2 S. 2 des FIFA-Reglements) werden dabei für gewöhnlich Laufzeiten von maximal fünf Jahren vereinbart, s. hierzu auch Kapitel 6, E., I., 4., a). Daher werden die

---

792 So auch *Ulber*, in: Ordnungsfragen des Tarifvertragsrechts, 87 (110 f.).

793 S. den Gesetzesentwurf der Bundesregierung zur Änderung des Arbeitnehmerüberlassungsgesetzes und anderer Gesetze v. 20.07.2016, BT-Drs. 18/9232, S. 21.

794 S. hierzu auch *Seiwerth*, NZA 2017, 479 (481).

795 *Seiwerth*, NZA 2017, 479 (481 f.).

796 Selbstverständlich gibt es hierbei Ausnahmen. Gerade Torhüter können ab und an ihr Profiniveau auch noch mit über 40 Jahren halten, beispielhaft seien hier der frühere mazedonische Torwart von Eintracht Frankfurt Oka Nikolov oder auch der ehemalige italienische Welttorhüter Gianluigi Buffon, der noch heute für Juventus Turin aktiv ist, genannt. Aber auch bei Feldspielern kommt dies ab und an einmal vor, wie z. B. bei Claudio Pizarro, der erst im Sommer 2020 mit 41 Jahren seine aktive Profikarriere beim SV Werder Bremen beendet hat. Weitaus häufiger liegt die Erwerbsbiographie von Profispielern jedoch aus den verschiedensten Gründen teilweise auch deutlich unter diesen 15 bis 20 Jahren.

verleihenden Vereine sich für gewöhnlich auch im Extremfall auf eine Überlassung von höchstens viereinhalb Jahren einlassen, damit der Spieler anschließend noch mindestens ein halbes Jahr vertraglich an sie gebunden ist, um nach Ablauf der Ausleihdauer zumindest noch eine gewisse Ablösesumme für den Spieler erzielen zu können, s. näher hierzu Kapitel 6, E., I., 4., b). Daraus lässt sich ableiten, dass die für die tarifvertragliche Abweichungsmöglichkeit festzulegende Höchstgrenze im Bereich des professionell betriebenen Mannschaftssports jedenfalls zwei Jahre überschreiten, aber unterhalb von viereinhalb Jahren liegen muss. Bei einem Vergleich der Erwerbsbiographie eines Profispielers mit derjenigen von gewöhnlichen Arbeitnehmern fällt auf, dass erstere durchschnittlich gerade einmal ca. etwas mehr als ein Drittel von letzterer beträgt.[797] Vor dem Hintergrund dieser zahlenmäßigen Erkenntnisse erscheint eine Höchstgrenze von zweieinhalb Jahren, also 30 Monaten als angemessen. Sie liegt sechs Monate höher als die in § 1 Abs. 1b S. 6 AÜG für die nicht tarifgebundenen Betriebsparteien festgelegte Höchstgrenze. Da im Bereich des Profisports Betriebsvereinbarungen aber ohnehin nicht zweckmäßig erscheinen (s. Kapitel 6, E., II., 3.), bedarf es einer weitergehenden Differenz in dieser Hinsicht (wohl) nicht, um einen Anreiz zur Tarifbindung zu setzen. Zweieinhalb Jahre sind auch immerhin ein ganzes Jahr mehr als die grundsätzliche 18-monatige Überlassungshöchstdauer nach § 1 Abs. 1b S. 3 AÜG und diese Höchstgrenze entspricht auch der im Vergleich zu gewöhnlichen Arbeitnehmern verkürzten Erwerbsbiographie der Spieler. Eine Höchstgrenze, die etwas über der Hälfte der im Extremfall realistischerweise in Betracht kommenden Höchstdauer der Überlassung liegt, erscheint v. a. vor dem Hintergrund hinnehmbar, dass viereinhalb Jahre als im Extremfall realistisch denkbare Höchstdauer der Überlassung in dieser Hinsicht im Vergleich zu den sonstigen Branchen sehr wenig sind und die Höchstgrenze – wie ausgeführt – mindestens über zwei Jahren liegen muss. Auch aus dem Blickwinkel der Leihspieler erscheint dieser einjährige Unterschied im Vergleich zu den 18 Monaten nach § 1 Abs. 1b S. 3 AÜG hinnehmbar, gerade weil aufgrund der verbandsrechtlichen Regularien hinsichtlich von Wechselfristen und Mindestausleihdauer (s. Kapitel 5, A., II. und III.) eine tarifvertragliche Abweichung von der 18-monatigen Überlassungshöchstdauer ohnehin nur bei halbjährigen Schritten Sinn ergibt. Bei einer Verlängerung kämen dann folglich zwei und anschließend zweieinhalb Jahre als die geringfügigsten sinnvollen Optionen in Betracht. Da die Höchstgrenze aber, wie jetzt bereits mehrfach ausgeführt, zwei Jahre überschreiten muss, stellen zweieinhalb Jahre in dieser Hinsicht bei einer tarifvertraglichen Verlängerung der Überlassungshöchstdauer sogar die geringfügigste, Sinn ergebende Option dar.

Sofern die Tarifvertragsparteien im Bereich des professionell betriebenen Mannschaftssports eine Überlassungshöchstdauer von über zweieinhalb Jahren

797 In Orientierung an die von *Seiwerth* genannte Erwerbsbiographie von höchstens 40 bis 50 Jahren bei gewöhnlichen Arbeitnehmern.

vereinbaren, so kann nicht mehr von einer „abweichenden Überlassungshöchstdauer" i. S. v. § 1 Abs. 1b S. 3 AÜG gesprochen werden, und es bleibt daher bei der Geltung der 18-monatigen Überlassungshöchstdauer nach § 1 Abs. 1b S. 1 AÜG, auch weil für eine „geltungserhaltende Reduktion" auf die gerade noch zulässige Höchstgrenze – also zweieinhalb Jahre – keine Rechtsgrundlage besteht.[798] Zudem wäre ansonsten u. U. die Gefahr von Missbräuchen erheblich erhöht.

Zwar können die Tarifvertragsparteien grundsätzlich auch die Verlängerung der Überlassungshöchstdauer mit Höchstquoten verknüpfen, die einen bestimmten Anteil der Leiharbeitskräfte an der Gesamtbelegschaft festschreiben.[799] Im Bereich des professionell betriebenen Mannschaftssports erscheint es aber gänzlich unwahrscheinlich, dass es zu einer dahingehenden tarifvertraglichen Vereinbarung in Bezug auf den Anteil von Leihspielern innerhalb eines Vereins kommen wird.[800] Eine solche Höchstquote liegt ganz und gar nicht im generellen Interesse der Spieler, da die Möglichkeit eines Spielerleihgeschäfts unabhängig davon, wie viele Leihspieler ein Verein bereits hat, auch für die Spieler diverse Vorteile hat, s. Kapitel 1, B., II., 3. Daher werden sich die jeweiligen Spielergewerkschaften wohl kaum auf eine solche Vereinbarung einlassen. Auch die einzelnen Vereine haben an solch einer Vereinbarung keinerlei Interesse, wenn diese nur für sie und nicht auch für die anderen Vereine als Konkurrenten gilt, weshalb es auch deswegen (ziemlich) sicher nicht zu einem dahingehenden Firmentarifvertrag kommen wird. Aus demselben Grund läge die Festlegung einer solchen Höchstquote auch nicht im Interesse eines neu gegründeten Arbeitgeberverbands bzw. eines Ligaverbands nach entsprechender Satzungsänderung, wenn diesem nicht alle Vereine beigetreten sein sollten. Denn eine solche Höchstquote ergibt für die beigetretenen Vereine nur bei einheitlicher Geltung für alle Vereine Sinn.

c) Fazit

Also ist im professionell betriebenen Mannschaftssport die tarifvertragliche Abweichungsmöglichkeit von der Überlassungshöchstdauer nach oben hin zeitlich auf eine Höchstgrenze von zweieinhalb Jahren bzw. 30 Monaten gedeckelt. Bei einer diese Höchstgrenze überschreitenden tarifvertraglichen Vereinbarung bleibt es bei der Geltung der 18-monatigen Überlassungshöchstdauer.

---

798 So richtigerweise *Seiwerth*, NZA 2017, 479 (482), der generell eine Höchstgrenze von sechs Jahren für die tarifvertragliche Abweichungsmöglichkeit nach § 1 Abs. 1b S. 3 AÜG für erforderlich hält, zu einer diese Höchstgrenze überschreitenden tarifvertraglichen Vereinbarung.

799 S. den Gesetzesentwurf der Bundesregierung zur Änderung des Arbeitnehmerüberlassungsgesetzes und anderer Gesetze v. 20.07.2016, BT-Drs. 18/9232, S. 21.

800 Im Fußball wird aber wohl schon in naher Zukunft aufgrund der geplanten Beschränkungen von Leihgeschäften durch die FIFA u. a. die Maximalanzahl der Leihgeschäfte eines Vereins pro Saison verbandsrechtlich vorgegeben sein, s. ausführlich Kapitel 5, A., VII.

5. *Zwischenergebnis*

Demzufolge bleibt festzuhalten, dass ein Tarifvertragsabschluss in naher Zukunft im Bereich des professionell betriebenen Mannschaftssports nicht wirklich wahrscheinlich erscheint. Die Spielervereinigungen VDV, SP.IN und GOAL erfüllen zwar sämtliche Voraussetzungen einer Gewerkschaft. Aktuell stehen diesen Spielergewerkschaften auf der Arbeitgeberseite aber nur die einzelnen Vereine bzw. deren ausgegliederte Kapitalgesellschaften als Tarifvertragspartei zur Verfügung. Solche Firmentarifverträge erscheinen aber nur wenig zweckmäßig. Die Dachsportverbände DFB, DBB und DHB erfüllen aktuell genauso wenig die Voraussetzungen eines tariffähigen Arbeitgeberverbands wie die Ligaverbände DFL Deutsche Fußball Liga e. V., BBL und HBL. Eine Satzungsänderung der Ligaverbände oder die Gründung eines neuen eigenständigen Arbeitgeberverbands, wobei jeweils die Tarifwilligkeit und die auch faktische Freiwilligkeit der Mitgliedschaft (z. B. durch die Einführung einer OT-Mitgliedschaft) durch die Satzung zu gewährleisten wäre, ist zwar prinzipiell denkbar. Aber auch diese Entwicklung erscheint mangels Attraktivität für die tarifgewillten Vereine nicht sonderlich wahrscheinlich. Falls es tatsächlich doch zu einem Tarifvertragsabschluss im Profibereich der Mannschaftssportarten kommen sollte, so wäre im Grundsatz auch eine tarifvertragliche Abweichung von der 18-monatigen Überlassungshöchstdauer möglich. Allerdings ist diese tarifvertragliche Abweichungsmöglichkeit von der Überlassungshöchstdauer bei Spielerleihgeschäften im Profisport nach oben hin zeitlich auf eine Höchstgrenze von zweieinhalb Jahren bzw. 30 Monaten gedeckelt. Bei einer diese Höchstgrenze überschreitenden tarifvertraglichen Vereinbarung bleibt es bei der Geltung der 18-monatigen Überlassungshöchstdauer.

III. Ergebnis

Folglich stellt die Nichtbeachtung der Überlassungshöchstdauer nach § 1 Abs. 1 S. 4 i. V. m. Abs. 1b S. 1 AÜG bei Spielerleihgeschäften im Profisport eine gesetzeswidrige Umgehung des AÜG dar, die nicht durch die Besonderheiten des Sports gerechtfertigt ist. Eine tarifvertragliche Abweichung von dieser Überlassungshöchstdauer wäre zwar im Grundsatz möglich, ist aber zumindest vorerst nicht zu erwarten. Diese tarifvertragliche Abweichungsmöglichkeit von der Überlassungshöchstdauer besteht im Bereich des professionell betriebenen Mannschaftssports aber nur bis zur Höchstgrenze von zweieinhalb Jahren bzw. 30 Monaten.

Aus deutscher Perspektive erscheint es daher in jeglicher Hinsicht sehr wünschenswert, dass die jeweiligen Weltsportverbände verbandsrechtlich eine der Überlassungshöchstdauer vergleichbare Regelung hinsichtlich der Spielerleihen normieren. Nur so wäre auch auf internationaler Ebene langfristig eine vollumfängliche Chancengleichheit in Bezug auf die einzelnen Vereine unterschiedlicher Länder sichergestellt, da in den anderen Ländern eine solche Überlassungshöchstdauer zumeist gar nicht existiert oder zumindest auf Spielerleihgeschäfte im Profisport keine Anwendung findet. Solche Regelungen würden demzufolge auch im Interesse eines möglichst fairen Wettbewerbs liegen. Es wäre demnach begrüßenswert, wenn der in § 69a S. 5 DHB-Spielordnung geregelten und auch mit § 138 Abs. 1 BGB i. V. m. Art. 12 Abs. 1 GG und Art. 45 AEUV im Einklang stehenden Maximalausleihdauer (s. Kapitel 5, A., VI.) gewissermaßen eine Vorbildfunktion zukommen würde.

F. Gesamtergebnis zu Kapitel 6

Durch die gegenwärtige Praxis der Spielerleihe im Profisport wird lediglich die 18-monatige Überlassungshöchstdauer nach § 1 Abs. 1 S. 4 i. V. m. Abs. 1b S. 1 AÜG gesetzeswidrig umgangen. Die Nichtbeachtung der Erlaubnispflicht, etwaiger Formvorschriften o. ä. und des Equal-Pay-Grundsatzes ist jeweils durch die Besonderheiten des Sports bzw. Profisports gerechtfertigt. Dass es zu einer tarifvertraglichen Abweichung von dieser Überlassungshöchstdauer in naher Zukunft im Bereich des Profisports kommen wird, ist unwahrscheinlich. Bei Spielerleihgeschäften im Profisport dürfte die Überlassungshöchstdauer aber ohnehin durch tarifvertragliche Vereinbarung maximal auf zweieinhalb Jahre bzw. 30 Monate verlängert werden.

Kapitel 7: Alternativmöglichkeiten

Nach den bisherigen Ausführungen ist die gegenwärtige Praxis der Spielerleihe im Profisport überwiegend mit der geltenden Rechtslage vereinbar. Lediglich Spielerüberlassungen von einer Dauer, die 18 Monate überschreitet, sind unvereinbar mit der Überlassungshöchstdauer nach § 1 Abs. 1 S. 4 i. V. m. Abs. 1b S. 1 AÜG und sind daher nach geltendem Recht eigentlich nicht möglich. Eine dahingehende tarifvertragliche Abweichungsvereinbarung wäre zwar in bestimmten Szenarien bzw. unter bestimmten Voraussetzungen grundsätzlich möglich. Wie ausgeführt, sind die im Profisport denkbaren tarifvertraglichen Abweichungsmöglichkeiten aber jeweils nicht für beide potenziellen Tarifvertragsparteien ausreichend attraktiv. Zudem wäre bei Spielerleihgeschäften im Profisport ohnehin nur eine Verlängerung der Überlassungshöchstdauer durch tarifvertragliche Vereinbarung auf maximal zweieinhalb Jahre bzw. 30 Monate möglich. Daher soll im Folgenden untersucht werden, ob es für die Vereine Alternativmöglichkeiten gibt, um dieselbe oder zumindest ähnliche Wirkung zu erzeugen wie ein Leihgeschäft mit einer Überlassungsdauer von über 18 Monaten. Gerade auch hinsichtlich der internationalen Wettbewerbsfähigkeit wäre eine solche Alternativmöglichkeit für die deutschen Vereine von gewichtiger Bedeutung. Denn auch wenn es im Interesse einer möglichst vollumfänglichen Chancengleichheit zwar äußerst wünschenswert wäre, so ist nicht davon auszugehen, dass die FIFA oder die anderen jeweiligen Weltsportverbände in naher Zukunft eine dem deutschen Recht vergleichbare Überlassungshöchstdauer in ihr Verbandsrecht aufnehmen werden. Dies zeigt schon das in der Vergangenheit bereits häufig zu Tage getretene Selbstverständnis bzw. die Selbstüberzeugung des Sports. Ohne eine dahingehende Alternativmöglichkeit hätten die deutschen Vereine Wettbewerbsnachteile im Vergleich zum Großteil der ausländischen Vereine, da in den anderen Ländern eine solche Überlassungshöchstdauer zumeist gar nicht existiert oder zumindest auf Spielerleihgeschäfte im Profisport keine Anwendung findet.

A. Handhabung wie bei gewöhnlicher Arbeitnehmerüberlassung

Eine dahingehende vertragliche Konstruktion bei den Spielerleihgeschäften im Profisport wie bei der gewöhnlichen Arbeitnehmerüberlassung, dass auch während des Ausleihzeitraums nur der verleihende Verein der Arbeitgeber des Spielers bleibt und dieser seine Arbeitgeberrechte im Rahmen des Überlassungsvertrags an den entleihenden Verein abtritt, erscheint für die Vereine überhaupt nicht sinnvoll. Nach dem jeweiligen aktuellen Verbandsrecht würden die entleihenden Vereine dann (wohl) schon regelmäßig keine Spielerlaubnis für den entliehenen Spieler erhalten. Selbst bei einer diesbezüglichen Änderung des

Verbandsrechts wäre diese Konstruktion auch bei sehr detaillierter Regelung im Rahmen des Überlassungsvertrags zwischen Verleiher und Entleiher unpraktikabler als die gegenwärtige Konstruktion. V. a. aber würde bei einer solchen vertraglichen Konstruktion die Überlassungshöchstdauer nach § 1 Abs. 1 S. 4 i. V. m. Abs. 1b S. 1 AÜG ebenso gelten. Auch die Erlaubnispflicht nach § 1 Abs. 1 S. 1 AÜG und ggf. weitere Vorschriften des AÜG müssten dann wohl Beachtung finden. Demnach wäre eine solche Handhabung alles andere als eine sinnvolle Alternative zur gegenwärtigen Praxis der Spielerleihe im Profisport.

B. Einbau von Rückkaufoptionen

Die Verwendung von Rückkaufoptionen könnte jedoch u. U. als Alternative zu den Spielerleihgeschäften dienen.

I. Verkauf eines Spielers mit Rückkaufoption

Eine Alternativmöglichkeit könnte der bereits in der jüngeren Vergangenheit in erster Linie im Fußball nicht selten so praktizierte Verkauf eines Spielers mit der Vereinbarung einer Rückkaufoption zugunsten des Verkäufervereins darstellen.[801] Eine solche Rückkaufoption bzw. Rückkaufklausel gibt dem verkaufenden Verein die Möglichkeit, den Spieler zu einer bereits fixierten Rückkaufsumme zu einem späteren Zeitpunkt wieder verpflichten zu können, während dieser noch einen gültigen Arbeitsvertrag mit dem kaufenden Verein hat.[802] Diese Konstruktion ist v. a. in Spanien und Italien populär, aber auch in einer Vielzahl anderer Länder – wie z. B. England oder auch Deutschland – findet diese zumindest teilweise Anwendung. Auch im Basketball wird immer mehr auf jene Konstruktion zurückgegriffen. Diese Konstruktion ist gerade bei jungen Spielern, deren Entwicklung noch abgewartet werden muss, für den Verkäuferverein attraktiv. Denn so verliert der verkaufende Verein den Spieler nicht endgültig, sondern kann ihn bei guter Weiterentwicklung beim Käuferverein durch Ziehen der Rückkaufoption zurückholen; oftmals übersteigt die vereinbarte Rückkaufsumme die vom kaufenden Verein zu zahlende Ablösesumme, damit das gesamte Geschäft auch

---

801 Im Fußball könnte dieses Modell in Zukunft generell durch die geplanten Beschränkungen von Leihgeschäften durch die FIFA (s. hierzu ausführlich Kapitel 5, A., VII.) erheblich an Attraktivität als Alternative zu Leihgeschäften gewinnen. Dies auch deshalb, weil zumindest in Deutschland die jeweiligen Zweitmannschaften eines Vereins höchstens in der 3. Liga spielen dürfen, was häufig vom Niveau her nicht genügen dürfte, um den eigenen Spielern durch Spielpraxis in der 2. Mannschaft eine adäquate sportliche Entwicklung zu ermöglichen.

802 *Junghänel/Thiess/Neitzel*, in: http://sportsandlaw.de/juristisches-einmaleins-im-fussball-transfergeschaeft-rueckkaufklauseln-kaufoptionen-ausstiegsklauseln [zuletzt abgerufen am 12.03.2021].

für den Käuferverein ausreichend attraktiv ist.[803] Gerade bei einer unerwarteten Entwicklungsexplosion eines jungen Spielers kann auch eine solche höhere Rückkaufsumme noch deutlich unter dem durch diese Entwicklung u. U. erheblich gestiegenen Marktwert des Spielers liegen, weshalb das Gebrauchmachen von der Rückkaufoption in wirtschaftlicher Hinsicht für den Verkäuferverein dennoch äußerst sinnvoll ist.

Das prominenteste Beispiel dieser Konstruktion stellt wohl Álvaro Morata dar.[804] Der spanische Nationalspieler wurde zur Saison 2014/2015 für 20 Millionen Euro von Real Madrid zu Juventus Turin transferiert. Zwei Jahre später machte Real von der damals vereinbarten Rückkaufoption Gebrauch und holte Morata gegen Zahlung der festgeschriebenen 30 Millionen Euro nach Madrid zurück. Ein gutes Jahr später wurde Morata dann gegen eine Ablösesumme in Höhe von 66 Millionen Euro von Real Madrid an den FC Chelsea London verkauft.

Der spanische Nationalspieler Daniel Carvajal wurde zur Saison 2012/2013 für fünf Millionen Euro von Real Madrid an Bayer 04 Leverkusen verkauft. Schon ein Jahr später machte Real Madrid von der vereinbarten Rückkaufoption Gebrauch und holte Carvajal gegen Zahlung von sechseinhalb Millionen Euro zurück nach Madrid.

Niclas Füllkrug wurde zur Saison 2014/2015, nachdem er zuvor schon ein Jahr an die SpVgg Greuther Fürth ausgeliehen war, gegen eine Ablösesumme von 300.000 Euro vom SV Werder Bremen zum damaligen Zweitligisten 1. FC Nürnberg transferiert. Hierbei hatte sich Werder Bremen eine Rückkaufoption nach der Saison 2015/2016 gegen Zahlung von 1,8 Millionen Euro einräumen lassen. Von dieser Rückkaufoption machte Werder Bremen aber keinen Gebrauch, da zu dieser Zeit im Angriff kein Bedarf an Neuzugängen bestand. Füllkrug verließ den 1. FC Nürnberg aber dennoch nach der Saison 2015/2016. Hannover 96 überwies für seine Festverpflichtung 2,2 Millionen Euro nach Nürnberg.

Durch diese Konstruktion des Verkaufs eines Spielers mit anschließender Rückkaufoption für den Verkäuferverein kann im Grundsatz relativ problemlos erreicht werden, dass ein Spieler auch länger als 18 Monate für einen anderen Verein spielt und anschließend zu seinem ursprünglichen (Verkäufer-) Verein zurückkehrt, sofern dies der Verkäuferverein dann noch möchte und bereit dazu ist, die hierfür festgeschriebene Rückkaufsumme zu bezahlen. Der Zeitpunkt, ab dem eine solche Rückkaufoption für den Verkäuferverein besteht, kann hierbei im Prinzip ohne eine Höchstgrenze o. ä. frei vereinbart werden.

Es erscheint aber fraglich, ob durch diese Konstruktion des Verkaufs eines Spielers mit Rückkaufoption gerade im Hinblick auf Praktikabilitätsgesichtspunkte

---

803 S. hierzu auch *Junghänel/Thiess/Neitzel*, in: http://sportsandlaw.de/juristisches-einmaleins-im-fussball-transfergeschaeft-rueckkaufklauseln-kaufoptionen-ausstiegsklauseln [zuletzt abgerufen am 12.03.2021].

804 *Winkelhagen*, in: https://sports.bwin.de/de/news/fussball/morata-kehrt-zu-real-zurueck-die-rueckkaufoption-zahlt-sich-aus [zuletzt abgerufen am 12.03.2021].

vergleichbare oder zumindest ähnliche Wirkungen ausgelöst werden wie bei einem Spielerleihgeschäft. Um dies beurteilen zu können, müssen die einzelnen Konsequenzen bzw. auch die Vor- und Nachteile dieser Konstruktion für die drei Beteiligten Verkäuferverein, Käuferverein und Spieler genauer betrachtet und mit denjenigen beim Leihgeschäft verglichen werden:

Für den Verkäuferverein hat diese Konstruktion natürlich den Vorteil, überhaupt eine Ablösesumme zu erhalten, die in aller Regel deutlich über einer etwaigen Leihgebühr liegt. Zudem hat er es durch die Rückkaufoption selbst in der Hand zu entscheiden, ob er nach einer entsprechenden Entwicklung des Spielers diesen zurückholen möchte. Eine solche Entwicklung, die aber nur bei ausreichender Spielzeit des Spielers denkbar ist, wird dem Spieler durch den Wechsel zu einem sportlich vermeintlich etwas schwächeren Verein durch diese Konstruktion genauso ermöglicht wie durch ein Leihgeschäft. Allerdings ist zu beachten, dass der Verkäuferverein im Fußball nicht wie der Verleiher durch § 5 Nr. 2 S. 6 LOS verbandsrechtlich abgesichert ist. Nach § 5 Nr. 2 S. 6 LOS darf der entleihende Verein den Spieler nur dann zu einem dritten Club transferieren, wenn dazu sowohl der verleihende Verein als auch der Spieler schriftlich ihre Erlaubnis erteilen. Vor dem Hintergrund des allgemein anerkannten Grundsatzes der Relativität der Schuldverhältnisse hätte bei der Konstruktion des Verkaufs mit Rückkaufoption der Verkäuferverein u. U. keine Möglichkeit mehr, den Spieler zurückzubekommen, sofern der Käuferverein den Spieler zu einer Zeit weitertransferiert, in der die Rückkaufoption noch nicht greift bzw. ausgeübt werden kann. Dieses Szenario könnte z. B. eintreten, wenn eine Rückkaufoption zugunsten des Verkäufervereins erst nach zwei Jahren vereinbart wurde, der Käuferverein den Spieler aber bereits nach einem Jahr an einen dritten Verein „weiterverkauft". Dann wird dem Verkäuferverein zwar (wohl) regelmäßig ein Schadensersatzanspruch gegen den Käuferverein zustehen, ohne eine gesonderte Vereinbarung wird er aber oftmals keine Möglichkeit haben, den Spieler tatsächlich auch wieder zurückzuerhalten. Eine solche Gefahr kann aber durch eine dementsprechende vertragliche Vereinbarung erheblich begrenzt werden, indem beispielsweise eine dann fällig werdende Vertragsstrafe in einer Höhe vereinbart wird, die weit über den potenziellen Einnahmen des Käufervereins aus einem Weitertransfer liegt. Heutzutage ist es ohnehin unumgänglich für den Verkäuferverein, sämtliche Szenarien genauestens zu überdenken und mit dem Käuferverein möglichst detailliert zu regeln, um im professionell betriebenen Mannschaftssport erfolgreich wirtschaften zu können. Dementsprechende rechtliche Beratung etc. ist daher der absolute Standard.

Dass ein „Weiterverkauf" durch den Käuferverein als mögliches Szenario auch i. d. R. schon bei den anfänglichen Verhandlungen zwischen Verkäuferverein und Käuferverein bedacht wird bzw. Berücksichtigung findet, zeigt auch folgendes Beispiel: Der deutsche Nationalspieler Emre Can wechselte im Sommer 2013 für fünfeinhalb Millionen Euro vom FC Bayern München zu Bayer 04 Leverkusen. Hierbei wurde eine Rückkaufoption nach der Saison 2014/2015 zugunsten von Bayern München vereinbart. Allerdings konnte Can Bayer Leverkusen schon zur Saison 2014/2015 nach Liverpool verlassen, da der FC Liverpool die festgeschriebene Ablösesumme von zwölf Millionen Euro bezahlte. Von diesen zwölf Millionen Euro flossen aber auch zwei Millionen Euro nach München aufgrund der damaligen Vereinbarung zwischen Bayern München und Bayer Leverkusen im Rahmen des Can-Transfers.[805]

Für den Käuferverein hat eine solche Rückkaufklausel den Vorteil, dass dadurch für gewöhnlich eine geringere Ablösesumme vereinbart wird, als wenn dem Verkäuferverein keine solche Rückkaufklausel eingeräumt wird, weshalb der Käuferverein u. U. einen Neuzugang erwerben kann, dessen Finanzierung ihm ohne eine solche Klausel nicht möglich gewesen wäre.[806] Dies ändert aber nichts daran, dass nicht selten ein potenzieller Käuferverein auch nicht in der Lage ist, diese (etwas) geminderte Ablösesumme für den Spieler zu zahlen. Denn auch diese geminderte Ablösesumme liegt in aller Regel noch deutlich höher als eine etwaige, zumeist fällig werdende, Leihgebühr im Rahmen eines Leihgeschäfts. Zwar wird der mit einer solchen Rückkaufklausel einhergehende Verlust an Planungssicherheit für den Käuferverein mitunter dadurch ausgeglichen, dass er beim Ziehen der Rückkaufoption durch den Verkäuferverein zumeist Gewinn machen wird, da die dann fällig werdende Ablösesumme für den Rückkauf i. d. R. die damalige vom Käuferverein gezahlte Ablösesumme übersteigt und er dadurch häufig ausreichend Geld für die Verpflichtung adäquaten Ersatzes zur Verfügung haben wird.[807] Demnach kann diese Konstruktion für den Käuferverein durchaus auch in wirtschaftlicher Hinsicht lukrativ sein. Einen sportlichen Vorteil von einem solchen Spieler, zumindest für die Zeit bis der Verkäuferverein die Rückkaufoption ziehen kann, erhofft er sich ja ohnehin. Aber auch dies ändert nichts daran, dass der Käuferverein zunächst einmal finanziell dazu fähig sein muss, diese geminderte Ablösesumme aufzubringen, wozu gerade finanzschwächere Vereine oftmalig nicht in der Lage sind.[808] Daher stellt diese Konstruktion

805 S. zur ganzen Thematik des Wechsels von Emre Can von Leverkusen nach Liverpool auch https://www.transfermarkt.de/wechsel-von-emre-can-nach-liverpool-ist-perfekt/view/news/161887 [zuletzt abgerufen am 12.03.2021].

806 *Junghänel/Thiess/Neitzel*, in: http://sportsandlaw.de/juristisches-einmaleins-im-fussball-transfergeschaeft-rueckkaufklauseln-kaufoptionen-ausstiegsklauseln [zuletzt abgerufen am 12.03.2021].

807 S. hierzu auch *Junghänel/Thiess/Neitzel*, in: http://sportsandlaw.de/juristisches-einmaleins-im-fussball-transfergeschaeft-rueckkaufklauseln-kaufoptionen-ausstiegsklauseln [zuletzt abgerufen am 12.03.2021].

808 Demzufolge haben die Käufervereine oftmals erst recht nicht die finanziellen Möglichkeiten, den Verkäuferverein durch eine Zahlung in dementsprechender Höhe zu einer einvernehmlichen Aufhebung der Rückkaufklausel zu bewegen, um zu verhindern, dass der Spieler bei guter Entwicklung wohl zum Verkäuferverein zurückkehren muss. S. näher zu dieser grundsätzlichen Möglichkeit für den Käuferverein, die Rückkaufklausel „aufzukaufen" *Junghänel/Thiess/Neitzel*,

für einige Vereine zumindest zum Teil keine wirkliche Alternative zu einem Leihgeschäft dar. Dies wird zwar u. U. teilweise durch ein Entgegenkommen des Verkäufervereins in finanzieller Hinsicht etwas abgemildert, da der Verkäuferverein gerade bei jungen Spielern häufig an diesem Modell interessiert ist, aber auch dieses Entgegenkommen wird oftmals nicht ausreichen, zumal nicht selten auch andere finanzstärkere Vereine ein Interesse an der Verpflichtung des Spielers im Rahmen eines solchen Modells haben.

Für den Spieler unterscheidet sich diese Konstruktion von einem Leihgeschäft dahingehend, dass er keine Gewissheit bezüglich seiner Rückkehr zum Verkäuferverein zu einem bestimmten Zeitpunkt hat. Diese hängt davon ab, ob der Verkäuferverein von der Rückkaufoption Gebrauch macht. Häufig besteht diese Ungewissheit aber auch bei Leihgeschäften, wenn eine anschließende Kaufoption zugunsten des Entleihers vereinbart wird. Dem Spieler kommt es in erster Linie bei Abschluss eines solchen Verkaufs- oder Leihgeschäfts darauf an, möglichst schnell für einen anderen Verein als für seinen bisherigen spielen zu können, da er zumindest aktuell bei seinem bisherigen Verein keine ihn zufriedenstellende sportliche Perspektive hat. Wie dieses Ergebnis dann letztlich erreicht wird, ist für ihn dabei sekundär und es wird auch eher selten vorkommen, dass er schon zum Zeitpunkt des Wechsels weiß, dass er auf jeden Fall zu einem bereits festgelegten Zeitpunkt wieder zum verleihenden bzw. verkaufenden Verein zurückkehren möchte. Bei entsprechenden Vereinbarungen in Bezug auf die Rückkaufsumme zwischen Verkäufer- und Käuferverein, auf die der Spieler bei den gesamten Verhandlungen aber (i. d. R. durch seinen Berater) auch Einfluss nehmen kann, sind auch erhebliche Vorteile für den Spieler gerade durch den Gebrauch dieser Konstruktion denkbar; es kann z. B. eine automatische Erhöhung der Rückkaufsumme bei einer Mindestanzahl von absolvierten Pflichtspielen des Spielers vereinbart werden, was ein finanzielles Interesse des Käufervereins an einem möglichst häufigen Pflichtspieleinsatz des Spielers zur Konsequenz hätte.[809] Freilich ist es gerade bei Leihgeschäften mit Kaufoption zum Teil das vornehmliche Ziel der Spieler, den entleihenden Verein von ihren Qualitäten zu überzeugen und so zu einem Ziehen der Kaufoption zu bewegen. Es kommt aber genauso vor, dass ein Spieler nach einer positiven Entwicklung lieber zum verleihenden Verein zurückkehren möchte, weil zumindest in der Mehrzahl der Fälle der verleihende Verein insgesamt eine sportlich bessere bzw. ambitioniertere Mannschaft hat als der entleihende Verein und daher die sportliche Perspektive für die zu gestandenen Profis entwickelten Spieler beim

in: http://sportsandlaw.de/juristisches-einmaleins-im-fussball-transfergeschaeft-rueckkaufklauseln-kaufoptionen-ausstiegsklauseln [zuletzt abgerufen am 12.03.2021].

809 S. hierzu auch *Junghänel/Thiess/Neitzel*, in: http://sportsandlaw.de/juristisches-einmaleins-im-fussball-transfergeschaeft-rueckkaufklauseln-kaufoptionen-ausstiegsklauseln [zuletzt abgerufen am 12.03.2021].

verleihenden Verein oftmals die bessere ist. Dies hängt immer von den Gegebenheiten des Einzelfalls, den persönlichen Präferenzen des Spielers etc. ab.

Damit kann zusammengefasst festgehalten werden, dass die Konstruktion des Verkaufs eines Spielers mit Rückkaufoption zugunsten des Verkäufervereins für die verkaufenden Vereine durchaus eine Alternative zum Leihgeschäft darstellt. Die Gefahr für den Verkäuferverein, den Spieler durch ein vereinbarungswidriges „Weiterverkaufen" durch den Käuferverein an einen dritten Verein endgültig zu verlieren, kann durch dementsprechende Klauseln, Nebenabreden etc. in dem Verkaufsvertrag zwischen Verkäufer- und Käuferverein doch sehr relativiert werden. Ansonsten hat eine solche Konstruktion ohnehin nur Vorteile für den Verkäuferverein. Bei den Spielern wiegt der mit dieser Konstruktion einhergehende Verlust der Gewissheit in Bezug auf eine spätere Rückkehr zum Verkäuferverein, die aber ohnehin bei Leihgeschäften mit Kaufoption in gleichem Maße besteht, nicht sonderlich schwer und wird jedenfalls durch die Vorteile dieser Konstruktion kompensiert. Auch für den Käuferverein kann diese Konstruktion eine sinnvolle Alternative zu einem Leihgeschäft darstellen, u. a. da hierdurch mitunter sogar ein wirtschaftlicher Gewinn zu erzielen ist durch die im Vergleich zur Kaufsumme regelmäßig höhere Rückkaufsumme. Allerdings gilt dies nur für Vereine, die zumindest gewisse finanzielle Ressourcen bereits in der Ausgangssituation zur Verfügung haben, um die Ablösesumme für den Spieler zu stemmen. Auch wenn die Ablösesumme in aller Regel durch die Vereinbarung einer solchen Rückkaufoption geringer ausfällt, als wenn eine solche nicht vereinbart wird, so überfordert diese gerade finanzschwächere Vereine dennoch nicht selten, weil sie in den meisten Fällen immer noch deutlich höher ausfällt als eine etwaige, zumeist fällig werdende, Leihgebühr im Rahmen eines Leihgeschäfts. Dieses Problem bzw. Hindernis der nicht ausreichenden finanziellen Mittel, um auch eine solche (geminderte) Ablösesumme stemmen zu können, trifft aber auch nicht nur die finanzschwachen Vereine. Ebenso ist es auch Vereinen mit durchschnittlichen finanziellen Möglichkeiten im Gegensatz zur Finanzierung einer etwaigen Leihgebühr teilweise nicht möglich, die im Rahmen dieser Konstruktion fällig werdende Ablösesumme für einen guten und damit teuren Spieler aufzubringen.

II. 18-monatiges Leihgeschäft mit Kaufoption und Rückkaufoption

Fraglich ist, ob es eine Möglichkeit gibt, dieses finanzielle Problem aufseiten des Käufervereins zumindest etwas abzumildern. Denn – wie ausgeführt – ist es v. a. finanzschwächeren Vereinen zum Teil nicht möglich, die fällig werdende Ablösesumme aufzubringen (auch wenn diese in aller Regel durch die Vereinbarung einer solchen Rückkaufoption zugunsten des Verkäufervereins geringer ausfällt), die Finanzierung einer etwaigen Leihgebühr hingegen schon. Denkbar wäre der Abschluss eines im Profisport gewöhnlichen Leihgeschäfts mit einer Überlassungsdauer von 18 Monaten, wobei eine anschließende Kaufoption zugunsten des Entleihers, gleichzeitig aber auch für den Fall des Ziehens der Kaufoption durch den Entleiher zugunsten des Verleihers bzw. dann Verkäufervereins eine Rückkaufoption zu einem bestimmten späteren Zeitpunkt vereinbart wird. Die Anwendung einer Kaufoption in Kombination mit einer etwas höheren Rückkaufoption stellt generell eine relativ neue Transferform im Bereich des Fußballs dar, durch welche dem entleihenden Verein eine versteckte Ausbildungsentschädigung zugesichert wird, um dadurch die Chancen der verliehenen Jungtalente auf Spielpraxis zu steigern.[810]

Auch bei dem Leihgeschäft in Bezug auf den belgischen Stürmer Michy Batshuayi, den Borussia Dortmund zu Beginn der Rückrunde der Saison 2017/2018 vom FC Chelsea London als Nachfolger für den zum FC Arsenal London abgewanderten gabunischen Topstürmer Pierre-Emerick Aubameyang für diese Rückrunde auslieh, war ein solches Modell der Kombination aus Kaufoption und Rückkaufoption wohl im Gespräch; letztlich ließ sich Dortmund aber wohl nicht auf das dahingehende Angebot des FC Chelsea ein und bei dem Leihgeschäft wurde auf sämtliche diesbezügliche Klauseln verzichtet.[811]

Diese Konstruktion hätte den Vorteil, dass die gesetzlich mögliche Höchstüberlassungsdauer voll ausgereizt wird und anschließend auf diese Weise der Spieler noch länger für den Entleiher spielen kann, ohne dass der Verleiher bzw. dann Verkäuferverein den Spieler endgültig verliert.

Für den Verleiher würde damit zwar ein gewisses Maß an Planungsungewissheit einhergehen und auch eine Ablösesumme würde er – wenn überhaupt – erst nach 18 Monaten erhalten. Dies ist aber sämtlichen Leihgeschäften mit anschließender Kaufoption immanent und keine Besonderheit der vorliegenden Konstruktion. Die Häufigkeit der Praktizierung des Modells von Leihgeschäften mit anschließender Kaufoption im Profisport zeigt, dass die damit einhergehenden Vorteile für den Verleiher oftmals überwiegen bzw. die Entleiher häufig auch auf eine solche Kaufoption bestehen und ansonsten u. U. das gesamte Leihgeschäft ablehnen.[812]

Für die Spieler würde sich durch eine solche Konstruktion das Maß an Ungewissheit erhöhen. Sie wissen zunächst nicht, ob sie nach 18 Monaten zum verleihenden Verein zurückzukehren haben und zusätzlich nicht, ob sie bei einem Ziehen der Kaufoption dann zu einem späteren festgelegten Zeitpunkt durch Ziehen der Rückkaufoption zum Verkäuferverein, also dem früheren Verleiher,

---

810 So die Aussage von Jatin Dietl, dem Area Manager Transfermarkt Italien, s. https://www.transfermarkt.de/tm-erklart-wie-laufen-leihen-mit-kaufoption-wie-mit-kaufpflicht-/view/news/281587 [zuletzt abgerufen am 12.03.2021].

811 S. näher hierzu http://www.sportbuzzer.de/artikel/kurioser-grund-darum-hat-der-bvb-bei-batshuayi-keine-kaufoption/ [zuletzt abgerufen am 12.03.2021].

812 Da eine Kaufoption einen einseitigen Vorteil für den entleihenden Verein darstellt, hat der verleihende bzw. dann verkaufende Verein demzufolge z. B. etwas bessere Argumente bei der Aushandlung der Höhe der Ablösesumme etc.

zurückzukehren haben. Allerdings ist die grundsätzliche Ungewissheit über den zukünftigen Arbeitgeber sämtlichen Leihgeschäften mit anschließender Kaufoption immanent und keine Besonderheit der vorliegenden Konstruktion. Zudem wird sich die Frage des zukünftigen Arbeitgebers häufig in eine solche Richtung entwickeln, die auch im dann aktuellen Interesse des Spielers liegt. Der Entleiher wird die Kaufoption in aller Regel nur bei einer sportlich überzeugenden Leistung des Spielers während des Ausleihzeitraums ziehen, es entspricht dann zumindest oftmals auch dem Interesse des Spielers, diesen gemeinsamen erfolgreichen Weg fortzuführen. Der zumeist bessere und finanzkräftigere Verleiher bzw. Verkäuferverein wird sodann die Rückkaufoption regelmäßig nur dann ziehen, wenn er davon überzeugt ist, dass dem Spieler nun auch bei ihm der Durchbruch gelingt. Bei einer solchen Überzeugung des Verkäufervereins von den Qualitäten des Spielers wird es dann zumindest häufig auch im Interesse des Spielers liegen, zu diesem Zeitpunkt zum regelmäßig besseren und finanzkräftigeren Verleiher bzw. Verkäuferverein zurückzukehren. Hinzu kommt, dass es bei solchen längeren Zeiträumen für den Spieler auch nicht unbedingt vorteilhaft ist, wenn schon feststeht, wann genau er für welchen Verein spielt. Aufgrund der allgemeinen Schnelllebigkeit im Sport ergibt es zumindest in sportlicher Hinsicht auch Sinn, wenn sich der jeweilige zukünftige Arbeitgeber gewissermaßen aus der Entwicklung des Spielers ergibt.

Für den Entleiher bzw. dann Käuferverein lässt sich auch durch diese Konstruktion das geschilderte finanzielle Problem bezüglich der Ablösesumme zwar nicht völlig aus der Welt schaffen, wenn er den Spieler länger als 18 Monate in seinem Kader haben möchte. Nach 18 Monaten wäre die Ablösesumme dann fällig. Allerdings wird das finanzielle Problem durch diese Konstruktion zumindest etwas abgeschwächt. Der entleihende Verein hat eineinhalb Jahre Zeit, die notwendigen finanziellen Mittel aufzutreiben, sei es durch den Verkauf anderer Spieler, der Akquisition weiterer Sponsorengelder oder durch sonstige Sparmaßnahmen etc. Sicherlich wird es Ablösesummen geben, welche von einigen entleihenden Vereinen auch in eineinhalb Jahren nahezu unmöglich aufgebracht werden können. Ein weiterer nicht zu unterschätzender Vorteil dieser Konstruktion ist jedoch, dass der Entleiher auf diese Weise eineinhalb Jahre Zeit hat, die Entwicklung des Spielers genauestens zu beobachten – auch wie er zum Verein generell passt – um dann deutlich besser beurteilen zu können, ob es sich lohnt, für diesen Spieler in finanzieller Hinsicht an die Schmerzgrenze zu gehen und das notwendige Geld für die Ablösesumme aufzutreiben. Den letzteren Gedankengang fortführend kann der Entleiher nach eineinhalb Jahren mitunter auch erheblich besser beurteilen, inwiefern die festgeschriebene Ablösesumme den Qualitäten des Spielers entspricht bzw. sich die Summe über oder unter dem (geschätzten) Marktwert des Spielers bewegt. Daher kann nach dieser Zeit i. d. R. ebenso deutlich besser beurteilt werden, ob sich ein Kauf mit Rückkaufoption zu einer höheren Rückkaufsumme auch in wirtschaftlicher Hinsicht lohnt, wenn man auf ein Gebrauchmachen von der Rückkaufoption durch den Verkäuferverein zu dem festgelegten Zeitpunkt spekuliert.[813]

Folglich kann dieses finanzielle Problem aufseiten des Käufervereins, eine Ablösesumme für den Spieler aufbringen zu müssen, auch durch die Konstruktion eines 18-monatigen Leihgeschäfts mit der Vereinbarung einer anschließenden Kaufoption des Entleihers und der gleichzeitigen Vereinbarung einer Rückkaufoption zugunsten des Verleihers bzw. dann Verkäufervereins zu einem bestimmten späteren Zeitpunkt zwar nicht völlig aus der Welt geschafft werden. Es kann jedoch durch diese Konstruktion wenigstens in einigen Fällen zumindest etwas abgeschwächt werden.

C. Einbau von Rückkaufpflichten

Wie die Ausführungen zum Einbau von Rückkaufoptionen (s. Kapitel 7, B.) gezeigt haben, bieten dementsprechende Vereinbarungen zumindest in vielerlei Hinsicht eine Alternativmöglichkeit zu den (bloßen) Leihgeschäften im Profisport, auch wenn das finanzielle Problem aufseiten des Käufervereins, eine Ablösesumme für den Spieler aufbringen zu müssen, letztlich nicht gänzlich aus der Welt geschafft werden kann. Diese Ausführungen haben aber v. a. gezeigt, dass aufgrund des allgemein anerkannten Grundsatzes der Vertragsfreiheit sehr vieles im Bereich von speziellen, individuellen Vereinbarungen möglich ist. Auch sehr tiefgehende, facettenreiche, detaillierte und komplexe Vereinbarungen sind im Grundsatz möglich und oftmals auch erforderlich, um angestrebte Ziele möglichst effektiv zu erreichen.

Als weitere Alternativmöglichkeit neben dem Einbau von Rückkaufoptionen könnte auch der Einbau von Rückkaufpflichten in Betracht kommen.[814] Es könnte

---

813 Aufgrund dieser geschilderten Vorteile für die entleihenden Vereine hinsichtlich der Einschätzung des Werts des Spielers gerade für den eigenen Verein, die mit einer Kaufoption nach 18 Monaten einhergehen, soll auf die denkbare Konstruktion eines 18-monatigen Leihgeschäfts mit der Vereinbarung einer anschließenden Kaufpflicht des Entleihers und einer gleichzeitigen Vereinbarung einer Rückkaufoption des Verleihers bzw. dann Verkäufervereins zu einem bestimmten späteren Zeitpunkt vorliegend nicht weiter eingegangen werden, da hierbei diese geschilderten Vorteile für den Entleiher eben gerade nicht bestehen würden. Eine Leihe mit Kaufpflicht bzw. Kaufverpflichtung ist im Endeffekt eine vereinbarte Ratenzahlung, da der Entleiher dadurch die Ablösesumme erst zu einem späteren Zeitpunkt zahlen muss. S. *Junghänel/Thiess/Neitzel*, in: http://sportsandlaw.de/juristisches-einmaleins-im-fussball-transfergeschaeft-rueckkaufklauseln-kaufoptionen-ausstiegsklauseln [zuletzt abgerufen am 12.03.2021].

814 Auch dieses Modell könnte im Fußball in Zukunft generell durch die geplanten Beschränkungen von Leihgeschäften durch die FIFA (s. hierzu ausführlich Kapitel 5, A., VII.) erheblich an Attraktivität als Alternative zu Leihgeschäften gewinnen. Dies auch deshalb, weil zumindest in Deutschland die jeweiligen Zweitmannschaften eines Vereins höchstens in der 3. Liga spielen dürfen, was

beim Verkauf des Spielers gleichzeitig eine Rückkaufpflicht des Verkäufervereins zu einer bestimmten Ablösesumme vereinbart werden. Die Rückkaufpflicht wird hierbei regelmäßig gleichzeitig auch das Rückkaufrecht beinhalten. Der Zeitpunkt, zu dem diese (vereinbarte) Rückkaufpflicht greifen soll, könnte unproblematisch auch deutlich über 18 Monaten nach dem Verkauf des Spielers liegen.

Für den Verkäuferverein hätte diese Konstruktion sicherlich im Vergleich zu einer vereinbarten Rückkaufoption den Nachteil, dass er dann nicht frei über den Rückkauf entscheiden kann, sondern hierzu verpflichtet ist. Dafür hat er durch diese Pflicht aber bessere Argumente bei der Aushandlung der Höhe der Ablösesumme und Rückkaufsumme. Die Gefahr, aufgrund der fehlenden verbandsrechtlichen Absicherung den Spieler endgültig zu verlieren, wenn der Käuferverein den Spieler einfach ohne Zustimmung des Verkäufervereins weitertransferiert, ist gleichermaßen durch entsprechende vertragliche Vereinbarungen relativierbar wie bei der Konstruktion des Verkaufs mit Rückkaufoption.

Bei dieser Konstruktion hat der Spieler Gewissheit in der Hinsicht, zu welcher Zeit er in Zukunft für welchen Verein spielen wird. Dass er zum Verkäuferverein auch dann zurückkehren muss, wenn er sich beim Käuferverein gut entwickelt hat, sich dort wohlfühlt und eigentlich gar nicht zurückkehren möchte, ist zumindest kein neues Phänomen, sondern diese Situation besteht genauso bei Leihgeschäften ohne anschließende Kaufoption für den Entleiher. Es wäre zwar theoretisch denkbar, dass die Vereine vereinbaren, dass der Käuferverein das einseitige Recht erhält, auf die Rückkaufverpflichtung des Verkäufervereins zu verzichten und damit auch dessen Recht zum Rückkauf zum Erlöschen zu bringen. Dies hätte aber zur Konsequenz, dass die Konstruktion für den Verkäuferverein sogar deutlich nachteilhafter als ein gewöhnlicher Verkauf des Spielers ohne Zusatzvereinbarungen wäre, weshalb er sich in aller Regel nicht auf eine dahingehende Vereinbarung einlassen wird bzw. dann jedenfalls als Ausgleich auf eine spürbar höhere Ablösesumme bestehen würde.

Für den Käuferverein hat diese Konstruktion im Vergleich zu einem Kauf mit der bloßen Rückkaufoption des Verkäufervereins den Vorteil, dass der Verkäuferverein auch dann verpflichtet ist, den Spieler gegen Zahlung der vereinbarten Rückkaufsumme zurückzunehmen, wenn dieser nicht die von sämtlichen Beteiligten erwünschte Entwicklung genommen hat. Allerdings besteht das finanzielle Problem aufseiten des Käufervereins, eine Ablösesumme für den Spieler aufbringen zu müssen, grundsätzlich auch bei dieser Konstruktion. Es wird mitunter sogar noch erheblich dadurch verschärft, dass der Verkäuferverein als Ausgleich für die Einräumung einer solchen Rückkaufpflicht auf eine höhere Ablösesumme beharren und/oder auf eine Senkung des Rückkaufpreises drängen wird. Dieses finanzielle Problem könnte zwar u. U. durch die Konstruktion eines 18-monatigen Leihgeschäfts mit der Vereinbarung einer anschließenden

---

häufig vom Niveau her nicht genügen dürfte, um den eigenen Spielern durch Spielpraxis in der 2. Mannschaft eine adäquate sportliche Entwicklung zu ermöglichen.

Kaufoption des Entleihers und der gleichzeitigen Vereinbarung einer Rückkaufpflicht des Verleihers bzw. dann Verkäufervereins zu einem bestimmten späteren Zeitpunkt aus vergleichbaren Gründen wie bei der derselben Konstruktion mit einer Rückkaufoption statt einer Rückkaufpflicht des Verleihers bzw. dann Verkäufervereins (s. Kapitel 7, B., II.) wenigstens in einigen Fällen zumindest etwas abgeschwächt werden. Dies ändert aber nichts daran, dass sich dieses finanzielle Problem aufseiten des Käufervereins generell beim Einbau einer Rückkaufpflicht des Verkäufervereins gravierender darstellt als beim Einbau einer Rückkaufoption zugunsten des Verkäufervereins.[815]

Dennoch sollte ein spezieller Vorteil einer Rückkaufpflicht des Verkäufervereins näher beleuchtet werden. Im Gegensatz zur Konstruktion mit einer Rückkaufoption steht bei der Rückkaufpflicht fest, dass es zum Rückkauf des Spielers durch den Verkäuferverein zu einem bereits festgelegten Zeitpunkt kommen wird. Auch die dann an den Käuferverein zu zahlende Rückkaufsumme steht bereits zum Zeitpunkt des Kaufs des Spielers durch den Käuferverein bzw. zu Beginn des 18-monatigen Leihgeschäfts mit anschließender Kaufoption des Entleihers fest. Daher wäre im Hinblick auf den Grundsatz der Vertragsfreiheit ggf. auch zumindest etwas Gestaltungsspielraum für Stundungsvereinbarungen o. ä. Wenn ein Käuferverein die Ablösesumme jedenfalls nicht in vollem Umfang stemmen kann, könnte daran gedacht werden, wenigstens einen Teil dieser Ablösesumme als Zahlungspflicht zu stunden bis zum bereits festgelegten Zeitpunkt der Rückkaufpflicht des Verkäufervereins und dann den noch ausstehenden Teil der Ablösesumme mit der Rückkaufsumme zu verrechnen. Sicherlich würde sich ein solches Modell ab einem bestimmten Ausmaß wohl der Gefahr aussetzen, ein Missbrauchsgeschäft darzustellen. Den Extremfall der Ausreizung dieses Modells würde eine Stundung der vollständigen Ablösesumme und spätere Verrechnung mit der zum Teil gleich hohen oder höheren Rückkaufsumme darstellen. Dann müsste der Käuferverein im Endeffekt überhaupt keine Ablösesumme zahlen und stünde sogar besser da als bei Zahlung einer etwaigen Leihgebühr.

---

815 Hierbei sind selbstverständlich jeweils die Konstruktionen eines direkten Verkaufs oder eines vorgeschalteten Leihgeschäfts mit anschließender Kaufoption des Entleihers zu vergleichen. Auch die denkbare Konstruktion eines 18-monatigen Leihgeschäfts mit der Vereinbarung einer anschließenden Kaufpflicht des Entleihers und einer gleichzeitigen Vereinbarung einer Rückkaufpflicht des Verleihers bzw. dann Verkäufervereins zu einem bestimmten späteren Zeitpunkt würde nichts daran ändern, dass sich dieses finanzielle Problem aufseiten des Käufervereins generell beim Einbau einer Rückkaufpflicht des Verkäufervereins gravierender darstellt als beim Einbau einer Rückkaufoption zugunsten des Verkäufervereins, weshalb auf diese Konstruktion vorliegend auch nicht weiter eingegangen werden soll. Im Gegenteil: Eine Kaufpflicht statt Kaufoption des Entleihers würde sogar zu einer erheblich schwächeren Abmilderung dieses finanziellen Problems aufseiten des Entleihers bzw. dann Käufervereins führen, s. Kapitel 7, B., II. und speziell Kapitel 7, B., II., Fn. 813.

Die Missbrauchsgefahr würde dabei sowohl hinsichtlich der jeweiligen verbandsrechtlichen Vorschriften zu den Spielerleihgeschäften als auch hinsichtlich der AÜG-Vorschriften, speziell in Bezug auf die dort normierte Überlassungshöchstdauer (s. hierzu ausführlich Kapitel 6, E.), mit zunehmender Annäherung an diesen Extremfall stetig ansteigen. In gewissen Maßen erscheint dieses Modell aber aufgrund des Grundsatzes der Vertragsfreiheit möglich. Wenn beispielsweise maximal die Hälfte der Ablösesumme gestundet würde, wäre der sofort fällige Teil der Ablösesumme regelmäßig immer noch höher, wenn nicht sogar bedeutsam höher, als eine etwaige – wenn überhaupt – vereinbarte Leihgebühr. Daher erscheint in einem solchen Fall die Missbrauchsgrenze wohl als noch nicht überschritten. Freilich sind hierbei stets die Gesamtumstände des Einzelfalls zu beachten.

Selbsterklärend hat dieses Modell für den Verkäuferverein neben den generellen Nachteilen einer Rückkaufpflicht im Vergleich zu einer Rückkaufoption den erheblichen Nachteil, dass er den gestundeten Teil der Ablösesumme eigentlich niemals zur Verfügung hat und diesen daher auch nicht in andere Spielertransfers etc. investieren kann. Direkte Vorteile werden für den Verkäuferverein mit einer solchen Stundung hingegen in aller Regel nicht einhergehen. Demzufolge wird er sich auch nur in den seltensten Fällen auf ein solches Modell einlassen. Dies erscheint aber dann denkbar, wenn der Verkäuferverein in finanzieller Hinsicht nicht unbedingt darauf angewiesen ist, sofort die vollständige Ablösesumme zur Verfügung zu haben und es ihm gerade auf eine möglichst lange Überlassung mit anschließend gewährleisteter Rückkehr des Spielers ankommt. Dann könnte ein solches Modell für den Verkäuferverein, sofern die Missbrauchsgrenze nicht überschritten wird und auch sämtliche steuerliche Aspekte in der Kalkulation berücksichtigt werden, zumindest in manchen Fällen Sinn ergeben, da auf diese Weise auch eine Rückkehr des Spielers erst nach (deutlich) längerer Zeit als 18 Monaten vereinbart werden kann.

D. Ergebnis

Eine Handhabung der vertraglichen Konstruktion bei den Spielerleihgeschäften im Profisport wie bei der gewöhnlichen Arbeitnehmerüberlassung stellt alles andere als eine sinnvolle Alternative zur gegenwärtigen Praxis der Spielerleihe im Profisport dar.

Der Verkauf eines Spielers mit einer zugunsten des Verkäufervereins vereinbarten Rückkaufoption stellt für den Verkäuferverein und den Spieler durchaus eine Alternative zu einem Leihgeschäft dar. Für den Käuferverein ist diese Konstruktion im Grundsatz allerdings nur denkbar, wenn ausreichende finanzielle Mittel zur Verfügung stehen. V. a. finanzschwächere Vereine können aber oftmals die im Rahmen dieses Modells fällig werdende Ablösesumme nicht aufbringen, wohingegen ihnen die Finanzierung einer etwaigen Leihgebühr noch möglich wäre. Dies gilt auch für Vereine mit durchschnittlichen finanziellen Möglichkeiten, wenn die Verpflichtung eines guten und damit teuren Spielers im

Raum steht. Dieses finanzielle Problem aufseiten des Käufervereins kann durch die Konstruktion eines 18-monatigen Leihgeschäfts mit der Vereinbarung einer anschließenden Kaufoption des Entleihers und der gleichzeitigen Vereinbarung einer Rückkaufoption zugunsten des Verleihers bzw. dann Verkäufervereins zu einem bestimmten späteren Zeitpunkt zwar nicht völlig aus der Welt geschafft werden. Es kann jedoch durch diese Konstruktion wenigstens in einigen Fällen zumindest etwas abgeschwächt werden.

Das finanzielle Problem des Käufervereins stellt sich generell beim Einbau einer Rückkaufpflicht des Verkäufervereins gravierender dar als beim Einbau einer Rückkaufoption zugunsten des Verkäufervereins. Dennoch sind Konstellationen denkbar, in denen die durch eine Rückkaufpflicht bereits feststehende Rückkehr des Spielers zum Verkäuferverein durch eine wegen des Grundsatzes der Vertragsfreiheit prinzipiell mögliche Stundungsvereinbarung in Bezug auf einen Teil der Ablösesumme ausgenutzt werden könnte. Dieser Teil der Ablösesumme würde dann zum Rückkaufzeitpunkt mit der Rückkaufsumme verrechnet, sodass der Käuferverein diesen Teil der Ablösesumme im Endeffekt überhaupt nicht aufbringen müsste. Allerdings müssen bei einem solchen Modell Missbrauchsgrenzen beachtet und auch alle steuerlichen Aspekte genauestens kalkuliert werden. Ohnehin erscheint dieses Modell für den Verkäuferverein nur dann sinnvoll, wenn er nicht unbedingt darauf angewiesen ist, dass ihm die vollständige Ablösesumme sofort zur Verfügung steht und ihm gerade an einer möglichst langen, 18 Monate (erheblich) übersteigenden Überlassung mit anschließend gewährleisteter Rückkehr des Spielers gelegen ist.

Kapitel 8: Schluss

Zusammenfassung der Ergebnisse

1. Die Bedeutung von Leihgeschäften im Profifußball bzw. im gesamten Profimannschaftssport hat in den letzten Jahren erheblich zugenommen.
2. Solche Leihgeschäfte entsprechen sehr häufig den Interessen aller Beteiligten, weil sie für alle Vorteile bringen, wenn nicht sogar die einzig sinnvolle oder realistische Option darstellen.
3. Der Vertragsgegenstand des im Rahmen des Drei-Personen-Verhältnisses zwischen dem verleihenden und entleihenden Verein geschlossenen Spielerüberlassungsvertrags besteht darin, dass der Verleiher sich gegenüber dem Entleiher verpflichtet, den (noch bestehenden) Arbeitsvertrag mit dem Spieler aufzulösen bzw. während des Ausleihzeitraums darauf zu verzichten, selbst eine Spielerlaubnis für den Spieler zu beantragen.
4. Die besseren Argumente sprechen dafür, die Spielerleihe als eigenständige Wechselform und nicht als Sonderform des Transfers in Form eines zeitlich begrenzten Transfers anzusehen.
5. Die Spielerleihe ist als Vertrag „sui generis" einzuordnen.
6. Hinsichtlich von etwaigen Verletzungen des Spielers trifft den Verleiher eine Informationspflicht gegenüber dem Entleiher. Die Grundsätze der Störung der Geschäftsgrundlage sind bei unerkannten Verletzungen o. ä. im Regelfall nicht anwendbar. Bei Zustimmung des Spielers trifft den Entleiher während der Ausleihdauer eine umfängliche Auskunftspflicht gegenüber dem Verleiher über Verletzungen und Erkrankungen des Spielers.
7. Die durch den geschlossenen Arbeitsvertrag bestehenden Hauptleistungs- und Nebenpflichten zwischen entleihendem Verein und Spieler weisen gegenüber den generell bestehenden (Hauptleistungs- und Neben-) Pflichten zwischen einem Verein als Arbeitgeber und einem angestellten Spieler keine Besonderheiten auf.
8. Sowohl den verleihenden Verein als auch den Spieler treffen durch die bereits feststehende Rückkehr des Spielers gesteigerte nach- und vorvertragliche Nebenpflichten dem anderen gegenüber.
9. Eine Vertragsstörung in einem der im Rahmen des Leihgeschäfts abgeschlossenen und wirksam zustande gekommenen Vertragsverhältnisse hat auf das Leihgeschäft im Gesamten zumindest keine direkten Auswirkungen.

10. Das FIFA-Reglement normiert ein weiteres (eigenständiges) rechtliches Konstrukt der Spielerleihe für die internationalen Leihgeschäfte im Profifußball. Die FIFA lässt es genügen, wenn Verleiher und Spieler ein Ruhen des Arbeitsvertrags während der Ausleihdauer vereinbaren. Unterschiede hinsichtlich der rechtlichen Qualifizierung solcher Leihgeschäfte und der einzelnen Rechtsbeziehungen der an solchen Leihgeschäften Beteiligten im Vergleich zum Konstrukt im deutschen Profifußball ergeben sich hieraus aber nicht.

11. In England und der Schweiz existieren in Bezug auf Spielerleihgeschäfte im Profifußball einige Besonderheiten, in Österreich dagegen sind keine Eigenheiten erkennbar.

12. Während im nationalen Handballprofisport U 23-Spieler im Rahmen von Leihgeschäften besonders behandelt werden, sind im nationalen Basketball, Eishockey und Volleyball hingegen keine Besonderheiten hinsichtlich der Praxis der Spielerleihe ersichtlich.

13. Sämtliche Verbandsregelungen, welche die Arbeitnehmerfreizügigkeit bzw. die Berufsfreiheit der Spieler beschränken – also die Regelungen in Bezug auf die Wechselfristen, die Mindestausleihdauer, die Maximalanzahl von Vereinen, für die ein Spieler im Laufe eines Spieljahres spielen darf, die vertragliche Bindung nur zu einem Verein und die Maximalausleihdauer –, sind mit Art. 45 AEUV und § 138 Abs. 1 BGB i. V. m. Art. 12 Abs. 1 GG vereinbar. Gleiches gilt für die geplanten zukünftigen Beschränkungen von Leihgeschäften durch die FIFA bzw. die entsprechenden, potenziell in Zukunft existierenden, Regelungen im FIFA-Reglement bzw. in der LOS der DFL.

14. Diese verbandsrechtlichen Vorgaben sind auch in einer Gesamtschau in Bezug auf ihr kumulatives Zusammenwirken mit Art. 45 AEUV und § 138 Abs. 1 BGB i. V. m. Art. 12 Abs. 1 GG vereinbar.

15. Auch verstoßen weder das Zweifachspielrecht im Handball noch die Sonderlizenz im Basketball noch die Doppelspielrechte im Volleyball für Jugendspieler gegen das AGG.

16. Das Arbeitnehmerüberlassungsgesetz findet auf die Spielerleihe keine direkte Anwendung. Jedoch muss jede in Betracht kommende Vorschrift des AÜG gesondert auf eine etwaige gesetzeswidrige Umgehung untersucht werden. Für grenzüberschreitende Spielerleihen gilt grundsätzlich nichts anderes als für Spielerleihen ausschließlich innerhalb Deutschlands.

17. Die Nichtbeachtung bzw. Nichtanwendung der Erlaubnispflicht des Verleihers bei Spielerleihen im Profisport stellt keine gesetzeswidrige Umgehung des § 1 Abs. 1 S. 1 AÜG dar.

18. Durch die gegenwärtige Praxis der Spielerleihe im Profisport werden auch keinerlei Formvorschriften o. ä. des AÜG gesetzeswidrig umgangen.

19. Die Nichtbeachtung des Equal-Pay-Grundsatzes bei Leihgeschäften im Profisport stellt keine gesetzeswidrige Umgehung des § 8 Abs. 1 S. 1 AÜG dar. In Bezug auf die sonstigen wesentlichen Arbeitsbedingungen neben dem Arbeitsentgelt ergeben sich bei Leihspielern im Profisport ohnehin keine Probleme mit der Einhaltung des Gleichstellungsgrundsatzes.

20. Die Nichtbeachtung der Überlassungshöchstdauer nach § 1 Abs. 1 S. 4 i. V. m. Abs. 1b S. 1 AÜG bei Spielerleihgeschäften im Profisport stellt eine gesetzeswidrige Umgehung des AÜG dar. Eine tarifvertragliche Abweichung von der Überlassungshöchstdauer i. S. v. § 1 Abs. 1b S. 3 AÜG ist zumindest vorerst nicht zu erwarten. Schon ein Tarifvertragsabschluss im Bereich des professionell betriebenen Mannschaftssports erscheint in naher Zukunft nicht wirklich wahrscheinlich. Falls es tatsächlich doch zu einem solchen Tarifvertragsabschluss kommen sollte, so wäre im Grundsatz auch eine tarifvertragliche Abweichung von der 18-monatigen Überlassungshöchstdauer möglich. Allerdings ist diese tarifvertragliche Abweichungsmöglichkeit von der Überlassungshöchstdauer bei Spielerleihen im Profisport nach oben hin zeitlich auf eine Höchstgrenze von zweieinhalb Jahren bzw. 30 Monaten gedeckelt. Bei einer diese Höchstgrenze überschreitenden tarifvertraglichen Vereinbarung bleibt es bei der Geltung der 18-monatigen Höchstüberlassungsdauer.

21. Eine Handhabung der vertraglichen Konstruktion bei den Spielerleihgeschäften im Profisport wie bei der gewöhnlichen Arbeitnehmerüberlassung wäre alles andere als eine sinnvolle Alternative zur gegenwärtigen Praxis der Spielerleihe im Profisport.

22. Der Verkauf eines Spielers mit einer zugunsten des Verkäufervereins vereinbarten Rückkaufoption stellt für Verkäuferverein und Spieler durchaus eine Alternative zum Leihgeschäft dar. Für den Käuferverein ist diese Konstruktion im Grundsatz jedoch nur denkbar, wenn ausreichende finanzielle Mittel zur Verfügung stehen. Das finanzielle Problem aufseiten des Käufervereins kann durch die Konstruktion eines 18-monatigen Leihgeschäfts mit der Vereinbarung einer anschließenden Kaufoption des Entleihers und der gleichzeitigen Vereinbarung einer Rückkaufoption zugunsten des Verleihers bzw. dann Verkäufervereins zu einem bestimmten späteren Zeitpunkt wenigstens in einigen Fällen zumindest etwas abgeschwächt werden.

23. Sofern u. a. Missbrauchsgrenzen beachtet werden, sind auch Ausnahmekonstellationen denkbar, in denen der Einbau einer Rückkaufpflicht des Verkäufervereins gekoppelt mit einer Stundungsvereinbarung zugunsten des Käufervereins in Bezug auf einen Teil der Ablösesumme eine Alternative zum Leihgeschäft darstellen kann.

Literaturverzeichnis

Absenger, Nadine: Die Reform von Leiharbeit und Werkverträgen: erfreuliche Neuregelungen, aber auch viele Schwächen. In: WSI-Mitteilungen 2017, S. 70 ff.

Adolphsen, Jens: Grundfragen und Perspektiven der Sportschiedsgerichtsbarkeit. In: SchiedsVZ 2004, S. 169 ff.

Adolphsen, Jens/Nolte, Martin/Lehner, Michael/Gerlinger, Michael: Sportrecht in der Praxis, Stuttgart 2012. Zitiert: Bearbeiter, in: Adolphsen/Nolte u. a., Sportrecht in der Praxis.

Adomeit, Klaus/Mohr, Jochen: Allgemeines Gleichbehandlungsgesetz (AGG) – Kommentar zum AGG und zu den anderen Diskriminierungsverboten, 2. Auflage, Stuttgart u. a. 2011. Zitiert: Adomeit/Mohr, AGG.

Arens, Wolfgang: Transferbestimmungen im Fußballsport im Lichte des Arbeits- und Verfassungsrechts. In: SpuRt 1994, S. 179 ff.

Ders.: Der Fall Bosman – Bewertung und Folgerungen aus der Sicht des nationalen Rechts. In: SpuRt 1996, S. 39 ff.

Baeck, Ulrich/Winzer, Thomas/Hies, Dominic: Neuere Entwicklungen im Arbeitsrecht – Zweiter Referentenentwurf zur Änderung des Arbeitnehmerüberlassungsgesetzes und anderer Gesetze. In: NZG 2016, S. 415 ff.

Bauer, Hartmut/Kahl, Wolfgang: Europäische Unionsbürger als Träger von Deutschen-Grundrechten? In: JZ 1995, S. 1077 ff.

Bauer, Jobst-Hubertus/Krieger, Steffen: Allgemeines Gleichbehandlungsgesetz – Kommentar, 4. Auflage, München 2015. Zitiert: Bauer/Krieger, AGG.

Bayreuther, Frank: Vergütungsstrukturen und Equal-pay in der Arbeitnehmerüberlassung nach der AÜG-Reform. In: NZA 2017, S. 18 ff.

Becker, Friedrich/Wulfgramm, Jörg: Kommentar zum Arbeitnehmerüberlassungsgesetz, 3. Auflage, Neuwied/Darmstadt 1985. Zitiert: Becker/Wulfgramm, AÜG.

Becker, Michael Nikolaus: Verfassungsrechtliche Schranken für die Regelung des Lizenzfussballsports in der Bundesrepublik Deutschland, Mainz 1982. Zitiert: Becker, Verfassungsrechtliche Schranken für die Regelung des Lizenzfussballsports.

Bergermann, Michael: Doping und Zivilrecht – Rechtmäßigkeit von Doping-Sanktionen sowie durch Doping begründete Schadensersatzansprüche, Frankfurt am Main u. a. 2002. Zitiert: Bergermann, Doping und Zivilrecht.

Berkemeyer, Michael: Die Leihgabe von Berufssportlern, Frankfurt am Main u. a. 2011. Zitiert: Berkemeyer, Leihgabe von Berufssportlern.

Beuthien, Volker: Lohnminderung bei Schlechtleistung oder Arbeitsunlust? In: ZfA 1972, S. 73 ff.

Bieber, Roland/Epiney, Astrid/Haag, Marcel/Kotzur, Markus: Die Europäische Union – Europarecht und Politik, 14. Auflage, Baden-Baden 2021. Zitiert: Bearbeiter, in: Bieber/Epiney u. a., Die Europ. Union.

Bissels, Alexander/Falter, Kira: Ausgewählte Rechtsprobleme der AÜG-Reform (Teil 1). In: ArbRAktuell 2017, S. 4 ff.

Dies.: Ausgewählte Rechtsprobleme der AÜG-Reform (Teil 2). In: ArbRAktuell 2017, S. 33 ff.

Bodewig, Theo: Vertragliche Pflichten „post contractum finitum". In: JURA 2005, S. 505 ff.

Bohnau, Markus: Der Vereinswechsel des Lizenzfussballspielers in arbeitsrechtlicher Betrachtung, Bielefeld 2003. Zitiert: Bohnau, Vereinswechsel des Lizenzfussballspielers.

Borchard, Michael: Die Wirksamkeit der im deutschen Lizenzfußball verwendeten Musterverträge, Bielefeld 1999. Zitiert: Borchard, Wirksamkeit der im deutschen Lizenzfußball verwendeten Musterverträge.

Börner, Lothar: Berufssportler als Arbeitnehmer, Darmstadt 1969.

Brecht, Constantin: Arbeitnehmerfreizügigkeit im Cotonou-Abkommen – Analysiert am Beispiel des Sports, Baden-Baden 2009. Zitiert: Brecht, Arbeitnehmerfreizügigkeit.

Breuer, Christoph/Wicker, Pamela: Sportökonomische Analyse der Lebenssituation von Spitzensportlern, Köln 2010.

Brömmekamp, Utz: Die Spielerleihe – Tatsächliche und alternative Formen der vorübergehenden Spielerüberlassung im Fußballsport, Bielefeld 1977. Zitiert: Brömmekamp, Spielerleihe.

Brors, Christiane: „Vorübergehend" – Zur Methodik der Auslegung von RL am Bsp. des Merkmals „vorübergehend" aus Art. 1 Abs. 1 der RL 2008/104/EG (Leiharbeits-RL). In: AuR 2013, S. 108 ff.

Brügger, Kathrin/Willems, Lara-Christina: Status quo und Änderungen durch die AÜG-Reform zum 1.4.2017 – Grenzüberschreitende Arbeitnehmerüberlassung. In: AuA 2017, S. 272 ff.

Buchner, Herbert: Die Rechtsverhältnisse im deutschen Lizenzfußball. In: RdA 1982, S. 1 ff.

Burghardt, Gabriel: Die Ausgliederungslösung und die 50+1-Regel: Ein System mit Zukunft? In: SpuRt 2013, S. 142 ff.

Butte, Freyja C.: Das selbstgeschaffene Recht des Sports im Konflikt mit dem Geltungsanspruch des nationalen Rechts – Dargestellt am Beispiel des Lizenzfußballs unter besonderer Berücksichtigung der Umsetzung des FIFA-Reglements bezüglich Status und Transfer von Spielern im deutschen

Rechtsraum, Baden-Baden 2010. Zitiert: Butte, Das selbstgeschaffene Recht des Sports.

Calliess, Christian/Ruffert, Matthias: EUV/AEUV – Das Verfassungsrecht der Europäischen Union mit Europäischer Grundrechtecharta – Kommentar, 5. Auflage, München 2016. Zitiert: Bearbeiter, in: Calliess/Ruffert, EUV/AEUV.

Carl, Klaus/Kayser, Dietrich/Mechling, Heinz/Preising, Wulf: Handbuch Sport – Wissenschaftliche Grundlagen von Unterricht und Training, Band 1, Düsseldorf 1984. Zitiert: Bearbeiter, in: Carl/Kayser u. a., Handbuch Sport.

Däubler, Wolfgang: Tarifvertragsgesetz – Mit Arbeitnehmer-Entsendegesetz, 4. Auflage, Baden-Baden 2016. Zitiert: Bearbeiter, in: Däubler, TVG.

Däubler, Wolfgang/Bertzbach, Martin: Allgemeines Gleichbehandlungsgesetz – Handkommentar, 4. Auflage, Baden-Baden 2018. Zitiert: Bearbeiter, in: Däubler/Bertzbach, AGG.

Däubler, Wolfgang/Hjort, Jens Peter/Schubert, Michael/Wolmerath, Martin: Arbeitsrecht – Individualarbeitsrecht mit kollektivrechtlichen Bezügen – Handkommentar, 4. Auflage, Baden-Baden 2017. Zitiert: Bearbeiter, in: Däubler/Hjort u. a., Hk-ArbR.

Dauner-Lieb, Barbara/Langen, Werner: BGB – Schuldrecht, Band 2/1 – §§ 241–610, 3. Auflage, Baden-Baden 2016. Zitiert: Bearbeiter, in Dauner-Lieb/Langen, BGB.

Deutscher, Jörg: 50 + 1-Regelung in der Fußball-Bundesliga – Zur Mehrheitsbeteiligung von Investoren an Fußballklubs. In: SpuRt 2009, S. 97 ff.

Dörner, Heinrich: „Mängelhaftung“ bei Sperre des transferierten Fussballspielers? – BGH, NJW 1976, 565. In: JuS 1977, S. 225 ff.

Dreier, Horst: Grundgesetz – Kommentar, Band I – Präambel, Artikel 1–19 –, 3. Auflage, Tübingen 2013. Zitiert: Bearbeiter, in: Dreier, GG.

Ehlers, Dirk: Europäische Grundrechte und Grundfreiheiten, 4. Auflage, Berlin u. a. 2014. Zitiert: Ehlers, Europ. Grundrechte und Grundfreiheiten.

Eichel, Benjamin: Transferentschädigungen für Berufsfußballspieler – Neue Erkenntnisse für die Behandlung des Sports im Europarecht durch „Bosman II“? – Anmerkung zu EuGH, Rs. C-325/08, Olympique Lyonnais SASP/Olivier Bernard, Newcastle UFC. In: EuR 2010, S. 685 ff.

Epping, Volker: Grundrechte, 8. Auflage, Berlin 2019.

Epping, Volker/Hillgruber, Christian: Beck´scher Online-Kommentar Grundgesetz, 45. Edition, Stand 15.08.2020. Zitiert: Bearbeiter, in: BeckOK GG.

Erbs, Georg/Kohlhaas, Max/Häberle, Peter: Strafrechtliche Nebengesetze, Band 1, München Stand Oktober 2020. Zitiert: Bearbeiter, in: Erbs/Kohlhaas u. a., Strafrechtliche Nebengesetze.

Erman, Walter/Westermann, Harm-Peter/Grunewald, Barbara/Maier-Reimer, Georg: Erman – Bürgerliches Gesetzbuch – Handkommentar mit AGG,

EGBGB (Auszug), ErbbauRG, HausratsVO, LPartG, ProdHaftG, UKlaG, VAHRG und WEG, Band I, 16. Auflage, Köln 2020. Zitiert: Bearbeiter, in: Erman, BGB.

Fechner, Frank/Arnhold, Johannes/Brodführer, Michael: Sportrecht, Tübingen 2014. Zit.: Fechner/Arnhold u. a., Sportrecht.

Forsthoff, Ulrich: Drittwirkung der Grundfreiheiten: Das EuGH-Urteil Angonese. In: EWS 2000, S. 389 ff.

Franzen, Martin: Tarifdispositive Gestaltung einer Höchstüberlassungsdauer nach AÜG. In: ZfA 2016, S. 25 ff.

Franzen, Martin/Gallner, Inken/Oetker, Hartmut: Kommentar zum europäischen Arbeitsrecht, 3. Auflage, München 2020. Zitiert: Bearbeiter, in: Franzen/Gallner u. a., Komm. zum europ. Arbeitsrecht.

Freckmann, Anke/Gallini, Dominik: Verändert Equal Pay die Leiharbeitsbranche? In: BB 2013, S. 309 ff.

Frenz, Walter: Handbuch Europarecht, Band 1 – Europäische Grundfreiheiten, 2. Auflage, Berlin u. a. 2012; Band 4 – Europäische Grundrechte, Berlin u. a. 2009.

Fritzweiler, Jochen: Doping – Sanktionen, Beweise, Ansprüche –, Bern/München/Wien 2000. Zitiert: Fritzweiler, Doping.

Fritzweiler, Jochen/Pfister, Bernhard/Summerer, Thomas: Praxishandbuch Sportrecht, 4. Auflage, München 2020. Zitiert: Bearbeiter, in: Fritzweiler/Pfister u. a., Praxishandbuch Sportrecht.

Fröhlich, Martin/Strauf, Hendrik: Das Streikrecht der Fussballprofis in Spanien und Deutschland. In: CaS 2012, S. 111 ff.

Gebhardt, Denis: Modelle für die Reform des Transfersystems für Berufsfußballspieler aus rechtlicher und tatsächlicher Sicht, Frankfurt am Main u. a. 2000. Zitiert: Gebhardt, Modelle für die Reform des Transfersystems.

Gitter, Wolfgang/Schwarz, Wolfgang: Sport und Sozialversicherung. In: RdA 1982, S. 37 ff.

Gramlich, Ludwig: Grundfreiheiten contra Grundrechte im Gemeinschaftsrecht? – Überlegungen aus Anlaß der EuGH-Entscheidung Bosman. In: DÖV 1996, S. 801 ff.

Ders.: Vertragsfreiheit für Sportler in EG-Mitgliedstaaten am Beispiel Deutschlands. In: SpuRt 2000, S. 89 ff.

Grimm, Detlef/Heppner, Charlotte: Höchstüberlassung für die Leiharbeit – 18, 24 Monate und ein Ende? In: ArbRB 2016, S. 112 ff.

Groh, Kathrin: Vereinsgesetz, Baden-Baden 2012.

Gröpl, Christoph/Windthorst, Kay/von Coelln, Christian: Grundgesetz – Studienkommentar, 4. Auflage, München 2020. Zitiert: Bearbeiter, in: Studienkommentar GG.

Grunsky, Wolfgang: Kurzkommentar zum Urteil des BAG vom 21.03.1990 – 7 AZR 198/89. In: EWiR 1991, S. 113 f.

Gsell, Beate/Krüger, Wolfgang/Lorenz, Stephan/Reymann, Christoph: beck-online.GROSSKOMMENTAR, Stand 01.01.2021. Zitiert: Bearbeiter, in: BeckOGK.

Gutzeit, Martin/Vrban, Benjamin: „Jungprofi“ oder „Jugendlicher“ – 3:2 für Schalke oder Nachtruhe für Draxler? In: SpuRt 2011, S. 60 f.

Hamann, Wolfgang: Die Richtlinie Leiharbeit und ihre Auswirkungen auf das nationale Recht der Arbeitnehmerüberlassung. In: EuZA 2009, S. 287 ff.

Ders.: Leiharbeitnehmer statt eigene Arbeitnehmer – Zulässigkeit und Grenzen einer Personalaustauschstrategie. In: NZA 2010, S. 1211 ff.

Ders.: Die Reform des AÜG im Jahr 2011. In: RdA 2011, S. 321 ff.

Ders.: Umsetzung der Vorgabe „vorübergehend“ in der Leiharbeitsrichtlinie – Regulierungsempfehlungen an den nationalen Gesetzgeber. In: NZA 2015, S. 904 ff.

Hamann, Wolfgang/Klengel, Ernesto: Die Überlassungsdauer des reformierten AÜG im Lichte des Unionsrechts. In: EuZA 2017, S. 194 ff.

Dies.: Die AÜG-Reform 2017 im Lichte der Richtlinie Leiharbeit. In: EuZA 2017, S. 485 ff.

Hamann, Wolfgang/Rudnik, Tanja: Die Berechnung der Überlassungshöchstdauer nach dem neuen AÜG. In: NZA 2017, S. 209 ff.

Happ, Daniel/van der Most, Marijke: Was ist „gelegentlich“? – Die unscheinbare Privilegierung in § 1 Abs. 3 Nr. 2a AÜG. In: BB 2017, S. 2809 ff.

Hau, Wolfgang/Poseck, Roman: Beck'scher Online-Kommentar, 57. Edition, Stand: 01.02.2021. Zitiert: Bearbeiter, in: BeckOK BGB.

Heink, Peter: Sportspezifischer Arbeitszeitschutz – Anpassung des Rechts oder Anpassung an das Recht?, Baden-Baden 2012. Zitiert: Heink, Sportspezifischer Arbeitszeitschutz.

Henssler, Martin: Arbeitsrecht und Schuldrechtsreform. In: RdA 2002, S. 129 ff.

Ders.: Überregulierung statt Rechtssicherheit – der Referentenentwurf des BAMS zur Reglementierung von Leiharbeit und Werkverträgen. In: RdA 2016, S. 18 ff.

Ders.: Fremdpersonaleinsatz durch On-Site-Werkverträge und Arbeitnehmerüberlassung – offene Fragen und Anwendungsprobleme des neuen Rechts. In: RdA 2017, S. 83 ff.

Hilpert, Horst: Eilrechtsschutz im Sport (Teil 1) – Zugleich Besprechung des Urteils des LG Berlin v. 29. 8. 2007 Fall „TuS Makkabi“. In SpuRt 2007, S. 223 ff.

Hobe, Stephan/Tietje, Christian: Europäische Grundrechte auch für Profisportler – EuGH, NJW 1996, 505. In: JuS 1996, S. 486 ff.

Horst, Johannes/Jacobs, Constanze: Arbeits- und verbandsrechtliche Konsequenzen des Dopings. In: RdA 2003, S. 215 ff.

Hromadka, Wolfgang/Maschmann, Frank: Arbeitsrecht, Band 1 – Individualarbeitsrecht, 7. Auflage, Berlin u. a. 2018. Zitiert: Hromadka/Maschmann, Arbeitsrecht.

Hufen, Friedhelm: Berufsfreiheit – Erinnerung an ein Grundrecht. In: NJW 1994, S. 2913 ff.

Ders.: Staatsrecht II Grundrechte, 8. Auflage, München 2020.

Hund, Daniel/Weiss, Elisabeth: Umgang mit der Überlassungshöchstdauer nach der AÜG-Reform – Möglichkeit einer Entleiherkette im gemeinsamen Betrieb? -. In: DB 2016, S. 2903 ff.

Imping, Andreas: Die arbeitsrechtliche Stellung des Fußballspielers zwischen Verein und Verbänden, Köln 1995. Zitiert: Imping, Die arbeitsrechtliche Stellung des Fußballspielers.

Ittmann, Erasmus Benjamin: Pflichten des Sportlers im Arbeitsverhältnis – Zugleich ein Beitrag zur Vertragsgestaltung durch Vereine und Berufssportler, Baden-Baden 2004. Zitiert: Ittmann, Pflichten des Sportlers.

Jacoby, Florian/von Hinden, Michael: Bürgerliches Gesetzbuch – Studienkommentar (begründet von Kropholler, Jan), 17. Auflage, München 2020. Zitiert: Jacoby/von Hinden, BGB Studienkommentar.

Jarass, Hans D./Kment, Martin: Grundgesetz für die Bundesrepublik Deutschland – Kommentar (begründet und bis zur 15. Auflage bearbeitet von Jarass, Hans D./Pieroth, Bodo), 16. Auflage, München 2020. Zitiert: Jarass/Pieroth, GG.

Jauernig, Othmar/Stürner, Rolf: Jauernig – Bürgerliches Gesetzbuch – mit Rom-I, Rom-II, Rom-III-VO, EG-UntVO/HUntProt und EuErbVO – Kommentar, 18. Auflage, München 2021. Zitiert: Bearbeiter, in: Jauernig, BGB.

Junker, Markus/Beckmann, Roland Michael/Rüßmann, Helmut: juris Praxiskommentar BGB, Band 2 – Schuldrecht, 9. Auflage, Saarbrücken 2020. Zitiert: Bearbeiter, in: jurisPK-BGB.

Kainer, Friedemann: Grundfreiheiten und staatliche Schutzpflichten – EuGH, NJW 1998, 1931. In: JuS 2000, S. 431 ff.

Kaske, Joachim: Das arbeitsrechtliche Direktionsrecht und die arbeitsrechtliche Treuepflicht im Berufssport, Bayreuth 1983. Zitiert: Kaske, Das arbeitsrechtliche Direktionsrecht.

Kempen, Otto Ernst/Zachert, Ulrich: TVG – Tarifvertragsgesetz, 5. Auflage, Frankfurt am Main 2014. Zitiert: Bearbeiter, in: Kempen/Zachert, TVG.

Kingreen, Thorsten/Poscher, Ralf: Grundrechte – Staatsrecht II – Mit ebook: Lehrbuch, Entscheidungen, Gesetzestexte – (begründet von Pieroth, Bodo/Schlink, Bernhard), 36. Auflage, Heidelberg 2020. Zitiert: Kingreen/Poscher, Grundrechte.

Kissel, Otto Rudolf: Arbeitsrecht und Meinungsfreiheit. In: NZA 1988, S. 145 ff.

Klees, Andreas: Die so genannte "50+1"-Regel im deutschen Profifußball im Lichte des europäischen Wettbewerbsrechts. In: EuZW 2008, S. 391 ff.

Knauth, Klaus-Wilhelm: Die Rechtsformverfehlung bei eingetragenen Vereinen mit wirtschaftlichem Geschäftsbetrieb – dargestellt am Beispiel der Bundesliga-Fussballvereine, Köln 1976. Zitiert: Knauth, Rechtsformverfehlung bei eingetragenen Vereinen.

Korff, Niklas: Vereinsinterne und vereinsübergreifende Mitbestimmung im professionellen deutschen Mannschaftssport. In: CaS 2011, S. 44 ff.

Kretschmer, Marc Alexander: Die Verwertung von Persönlichkeitsrechten im Profisport – Eine rechtliche Analyse sogenannter Vermarktungsklauseln, Tübingen 2016. Zitiert: Kretschmer, Verwertung von Persönlichkeitsrechten im Profisport.

Krieger, Steffen/Ampatziadis, Sophia: Die Reform der Arbeitnehmerüberlassung – Auf was müssen Unternehmen achten? In: NJW 2017, S. 593 ff.

Köhler, Helmut: BGB Allgemeiner Teil – Ein Studienbuch, 44. Auflage, München 2020. Zitiert: Köhler, BGB AT.

Lackner, Karl/Kühl, Kristian, Strafgesetzbuch – Kommentar, 29. Auflage, München 2018. Zitiert: Bearbeiter, in: Lackner/Kühl, StGB.

Lembke, Mark: Die geplanten Änderungen im Recht der Arbeitnehmerüberlassung. In: DB 2011, S. 414 ff.

Ders.: AÜG-Reform 2017 – Eine Reformatio in Peius. In: NZA 2017, S. 1 ff.

Lembke, Mark/Ludwig, Pascal M.: Die Leiharbeit im Wechselspiel europäischer und nationaler Regulierung. NJW 2014, S. 1329 ff.

Linsenmaier, Wolfgang: Das Verbot der Diskriminierung wegen des Alters. In: RdA Sonderbeilage Heft 5/2003, S. 22 ff.

Löwisch, Manfred/Caspers, Georg/Neumann, Daniela: Beschäftigung und demographischer Wandel – Beschäftigung älterer Arbeitnehmerinnen und Arbeitnehmer als Gegenstand von Arbeits- und Sozialrecht, Baden-Baden 2003. Zitiert: Löwisch/Caspers u. a., Beschäftigung und demographischer Wandel.

Löwisch, Manfred/Rieble, Volker: Tarifvertragsgesetz – Kommentar, 4. Auflage, München 2017. Zitiert: Löwisch/Rieble, TVG.

Lücke, Jörg: Die Berufsfreiheit – Eine Rückbesinnung auf den Text des Art. 12 Abs. 1 GG, Heidelberg 1994. Zitiert: Lücke, Berufsfreiheit.

Malatos, Andreas: Berufsfussball im europäischen Rechtsvergleich, Kehl am Rhein/Straßburg 1988. Zitiert: Malatos, Berufsfussball.

Maschmann, Frank: Die mangelhafte Arbeitsleistung. In: NZA Beilage 1/2006, S. 13 ff.

Maunz, Theodor/Dürig, Günter/Herzog, Roman/Scholz, Rupert/Herdegen, Matthias/Klein, Hans H.: Grundgesetz – Kommentar, Band II – Art. 6–15, München Stand August 2020. Zitiert: Bearbeiter, in: Maunz/Dürig, GG.

Medicus, Dieter/Petersen, Jens: Bürgerliches Recht – Eine nach Anspruchsgrundlagen geordnete Darstellung zur Examensvorbereitung, 27. Auflage, München 2019. Zitiert: Medicus/Petersen, Bürgerliches Recht.

Meinel, Gernod/Heyn, Judith/Herms, Sascha: Teilzeit- und Befristungsgesetz – Kommentar, 5. Auflage, München 2015. Zitiert: Bearbeiter, in: Meinel/Heyn u. a., TzBfG.

Merkel, Benjamin: Der Sport im kollektiven Arbeitsrecht, Aachen 2003. Zitiert: Merkel, Sport im kollektiven Arbeitsrecht.

Merten, Detlef/Papier, Hans-Jürgen: Handbuch der Grundrechte in Deutschland und Europa, Band V – Grundrechte in Deutschland – Einzelgrundrechte II, Heidelberg 2013. Zitiert: Bearbeiter, in: Merten/Papier, Handbuch der Grundrechte.

Michael, Lothar/Morlok, Martin: Grundrechte, 7. Auflage, Baden-Baden 2020. Zitiert: Michael/Morlok, Grundrechte.

Moll, Wilhelm/Ittmann, Benjamin: Betriebsbedingte Kündigung und Leiharbeit. In: RdA 2008, S. 321 ff.

Müller-Glöge, Rudi/Preis, Ulrich/Schmidt, Ingrid/Dieterich, Thomas/Hanau, Peter/Schaub, Günter: Erfurter Kommentar zum Arbeitsrecht, 21. Auflage, München 2021. Zitiert: Bearbeiter, in: ErfK zum Arbeitsrecht.

von Münch, Ingo/ Kunig, Philip: Grundgesetz – Kommentar, Band 1: Präambel bis Art. 69, 7. Auflage, München 2021. Zitiert: Bearbeiter, in: von Münch/Kunig, GG.

Münchener Kommentar zum Bürgerlichen Gesetzbuch: Band 1 – Allgemeiner Teil – §§ 1–240 – AllgPersönlR – ProstG – AGG, 8. Auflage, München 2018; Band 4 – Schuldrecht – Besonderer Teil I – §§ 433 bis 534 – Finanzierungsleasing – CISG, 8. Auflage, München 2019; Band 6 – Schuldrecht – Besonderer Teil III – §§ 631 bis 704, 8. Auflage, München 2020. Zitiert: Bearbeiter, in: MüKo, BGB.

Nebeling, Martin/Gründel, Sarah: Vermeidung des Gleichstellungsgrundsatzes in Mischbetrieben mit Zeitarbeit. In: BB 2009, S. 2366 ff.

Neighbour, Kerstin/Schröder, Matthes: Die Reform des Arbeitnehmerüberlassungsgesetzes – Was ändert sich zum 1.4.2017? In: BB 201, S. 2869 ff.

Nettesheim, Martin: Die europarechtlichen Grundrechte auf wirtschaftliche Mobilität (Art. 48, 52 EGV). In: NVwZ 1996, S. 342 ff.

Nolte, Martin: Grundlagen des Sportrechts – Ein Skriptum zur Vorlesung und Klausurvorbereitung, 4. Auflage, Köln 2018. Zitiert: Nolte, Grundlagen des Sportrechts.

Oberthür, Nathalie: Das Transfersystem im Lizenzfußball – Untersuchung der Zulässigkeit internationaler Transfer- und Entschädigungsregelungen nach arbeits-, verfassungs- und europarechtlichen Aspekten und deren Umsetzbarkeit im deutschen Lizenzfußball, Frankfurt am Main u. a. 2002. Zitiert: Oberthür, Transfersystem.

Oppermann, Thomas/Classen, Claus Dieter/Nettesheim, Martin: Europarecht – Ein Studienbuch, 8. Auflage, München 2018. Zitiert: Oppermann/Classen u. a., Europarecht.

Osthoff, Karl-Heinz: Rechts- und sittenwidrige Entscheidungsbeschränkungen für Berufssportler, insbesondere für Lizenzfußballspieler, Bochum 1983. Zitiert: Osthoff, Rechts- und sittenwidrige Entscheidungsbeschränkungen für Berufssportler.

Pache, Eckhard: Der Grundsatz der Verhältnismäßigkeit in der Rechtsprechung der Gerichte der Europäischen Gemeinschaften. In: NVwZ 1999, S. 1033 ff.

Palandt, Otto: Bürgerliches Gesetzbuch – mit Nebengesetzen – insbesondere mit Einführungsgesetz (Auszug) einschließlich Rom I-, Rom II- und Rom III-Verordnungen sowie EU-Güterrechtsverordnungen, Haager Unterhaltsprotokoll und EU-Erbrechtsverordnung, Allgemeines Gleichbehandlungsgesetz (Auszug), Wohn- und Betreuungsvertragsgesetz, Unterlassungsklagengesetz (PalHome), Produkthaftungsgesetz, Erbbaurechtsgesetz, Wohnungseigentumsgesetz, Versorgungsausgleichsgesetz, Lebenspartnerschaftsgesetz (PalHome), Gewaltschutzgesetz, 80. Auflage, München 2021. Zitiert: Bearbeiter, in: Palandt, BGB.

Palme, Christoph: Das Bosman-Urteil des EuGH: Ein Schlag gegen die Sportautonomie? In: JZ 1996, S. 238 ff.

Pauken, Thomas: Mitarbeiteraustausch im arbeitsrechtlichen Fokus. In: GWR 2017, S. 331 ff.

Persch, Sven: Der EuGH und die Besonderheiten des Sports im Arbeitsrecht. In: NZA 2010, S. 986 ff.

Petermann, Alfred: Sportlexikon, Köln 1969.

Poschenrieder, Franz-Joachim: Sport als Arbeit – Konsequenzen aus arbeitsrechtlicher Sicht unter Einbeziehung der Grundrechte, München 1977. Zitiert: Poschenrieder, Sport als Arbeit.

Preis, Bernd: Der Lizenzspieler im Bundesligafußball – Rechtsprobleme eines atypischen beruflichen Abhängigkeitsverhältnisses, Frankfurt am Main 1973. Zitiert: Preis, Lizenzspieler.

Preis, Ulrich: Prinzipien des Kündigungsrechts bei Arbeitsverhältnissen – Eine Untersuchung zum Recht des materiellen Kündigungsschutzes, insbesondere zur Theorie der Kündigungsgründe, München 1987. Zitiert: Preis, Prinzipien des Kündigungsrechts.

Ders.: Der Arbeitsvertrag – Handbuch der Vertragsgestaltung, 6. Auflage, Köln 2020. Zitiert: Preis, Arbeitsvertrag.

Preis, Ulrich/Sagan, Adam: Europäisches Arbeitsrecht – Grundlagen – Richtlinien – Folgen für das deutsche Recht, 2. Auflage, Köln 2019. Zitiert: Preis/Sagan, Europ. Arbeitsrecht.

Pröpper, Martin: Die Vereinigung der Vertragsspieler als Gewerkschaft – Ist der Schritt zum Tarifvertragsrecht im deutschen Profifußball vollzogen? In: NZA 2001, S. 1346 ff.

Prütting, Hanns/Wegen, Gerhard/Weinreich, Gerd: Bürgerliches Gesetzbuch – Kommentar, 15. Auflage, Köln 2020. Zitiert: Bearbeiter, in: Prütting/Wegen u. a., BGB.

Raab, Thomas: Europäische und nationale Entwicklungen im Recht der Arbeitnehmerüberlassung. In: ZfA 2003, S. 389 ff.

Raif, Alexander: Reform der Leiharbeit – Was ändert sich für Unternehmen? In: GWR 2011, S. 303 ff.

Ramm, Thilo: Die Aufspaltung der Arbeitgeberfunktionen – (Leiharbeitsverhältnis, mittelbares Arbeitsverhältnis, Arbeitnehmerüberlassung und Gesamthafenarbeitsverhältnis). In: ZfA 1973, S. 263 ff.

Resch, Reinhard: Jugendförderung oder Altersdiskriminierung? In: SpuRt 2007, S. 98 ff.

Reschke, Eike/Haas, Ulrich/Haug, Tanja: Handbuch des Sportrechts (SportR) – Dokumentation mit Erläuterungen, Neuwied – Loseblattsammlung – Lieferung 41 – 01.07.2005. Zitiert: Reschke/Haas u. a., Handbuch des Sportrechts.

Reuter, Dieter: Probleme der Transferentschädigung im Fußballsport. In: NJW 1983, S. 649 ff.

Rieble, Volker/Klebeck, Ulf: Lohngleichheit für Leiharbeit. In: NZA 2003, S. 23 ff.

Rieble, Volker/Vielmeier, Stephan: Umsetzungsdefizite der Leiharbeitsrichtlinie. In: EuZA 2011, S. 474 ff.

Riese, Christoph/Noll, Paul: Europarechtliche und verfassungsrechtliche Aspekte der Inländerdiskriminierung. In: NVwZ 2007, S. 516 ff.

Rolfs, Christian/Giesen, Richard/Kreikebohm, Ralf/Meßling, Miriam/Udsching, Peter: Beck´scher Online-Kommentar Sozialrecht, 59. Edition, Stand 01.12.2020. Zitiert: Bearbeiter, in: BeckOK SozR.

Roth, Philipp: Ablösesummen im Vertrags- und Amateursport. In: AuA 2001, S. 217 ff.

Röthel, Anne: Anmerkung zum Urteil des EuGH v. 13.04.2000 – C-176/96 (Rs. Lehtonen). In: EuZW 2000, S. 379 f.

Dies.: Grundfreiheiten und private Normgebung – Zur unmittelbaren Drittwirkung der Grundfreiheiten auf Verbandsnormen. In: EuR 2001, S. 908 ff.

Rüsing, Jörg: Sportarbeitsrecht, Berlin 2006.

Rüth, Holger: Kollektives Arbeitsrecht im Lizenzsport – Chancen und Risiken der Anwendung tarifvertraglicher und betriebsverfassungsrechtlicher Regelungsinstrumente, Bonn 2003. Zitiert: Rüth, Kollektives Arbeitsrecht im Lizenzsport.

Ders.: Tarifvertragliche Gehaltsobergrenze („Salary Cap") bei Gehältern von Lizenzsportlern? In: SpuRt 2003, S. 137 ff.

Rybak, Frank: Das Rechtsverhältnis zwischen dem Lizenzfußballspieler und seinem Verein, Frankfurt am Main u. a. 1999. Zitiert: Rybak, Rechtsverhältnis zwischen dem Lizenzfußballspieler und seinem Verein.

Sachs, Michael: Grundgesetz – Kommentar, 8. Auflage, München 2018. Zitiert: Bearbeiter, in: Sachs, GG.

Sansone, Piero: Gleichstellung von Leiharbeitnehmern nach deutschem und Unionsrecht, Baden-Baden 2011. Zitiert: Sansone, Gleichstellung von Leiharbeitnehmern.

Schaefer, Philipp: Die Vereinbarkeit der „50+1"-Regel mit dem Europarecht, Baden-Baden 2012. Zitiert: Schaefer, „50+1"-Regel.

Schaub, Günter/Ahrendt, Martina/Koch, Ulrich/Linck, Rüdiger/Treber, Jürgen/Vogelsang, Hinrich: Arbeitsrechts-Handbuch – Systematische Darstellung und Nachschlagewerk für die Praxis, 18. Auflage, München 2019. Zitiert: Schaub u. a., Arbeitsrechts-Handbuch.

Schiefer, Bernd/Köster, Hans-Wilhelm/Borchard, Axel/Korte, Walter: Arbeits- und sozialrechtliche Gesetzgebung der Großen Koalition – Bestandsaufnahme 2017 – Bundesteilhabegesetz, Betriebsrentenstärkungsgesetz, AÜG-Reform etc. –. In: DB 2017, S. 546 ff.

Schmidt, Marlene/Senne, Daniela: Das gemeinschaftsrechtliche Verbot der Altersdiskriminierung und seine Bedeutung für das deutsche Arbeitsrecht. In: RdA 2002, S. 80 ff.

Schmoeckel, Mathias/Rückert, Joachim/Zimmermann, Reinhard: Historisch-kritischer Kommentar zum BGB, Band III – Schuldrecht – Besonderer Teil – §§ 433–853 – 1. Teilband – vor § 433–§ 656, Tübingen 2013. Zitiert: Bearbeiter, in: HKK zum BGB.

Schnabel, Günter/Thieß, Günter: Lexikon Sportwissenschaft, Berlin 1993.

Scholz, Rupert/Aulehner, Josef: Die „3 + 2"-Regel und die Transferbestimmungen des Fußballsports im Lichte des europäischen Gemeinschaftsrechts. In: SpuRt 1996, S. 44 ff.

Schroeder, Werner: Anmerkung zum Urteil des EuGH v. 15.12.1995 – C-415/93 (Rs. ASBL u. a./Bosman). In: JZ 1996, S. 254 ff.

Ders.: Anmerkung zum Urteil des EuG v. 30.09.2004 – T-313/02, (Rs. Meca-Medina und Majcen/Kommission). In: SpuRt 2005, S. 23 f.

Schulz, Sebastian: Grundrechtskollisionen im Berufssport – Entstehung, Auflösung und Überprüfbarkeit, Baden-Baden 2011. Zitiert: Schulz, Grundrechtskollisionen im Berufssport.

Schulze, Reiner/Dörner, Heinrich/Ebert, Ina/Hoeren, Thomas/Kemper, Rainer/Saenger, Ingo/Scheuch, Alexander/Schreiber, Klaus/Schulte-Nölke, Hans/Staudinger, Ansgar/Wiese, Volker: Bürgerliches Gesetzbuch – Handkommentar, 10. Auflage, Baden-Baden 2019. Zitiert: Bearbeiter, in: Hk-BGB.

Schüren, Peter: Leiharbeit in Deutschland. In: RdA 2007, S. 231 ff.

Schüren, Peter/Hamann, Wolfgang: Arbeitnehmerüberlassungsgesetz – Kommentar, 5. Auflage, München 2018. Zitiert: Bearbeiter, in: Schüren/Hamann, AÜG.

Seip, Markus: Vertragsrechtliche und ökonomische Analyse des Spielertransfervertrages im Profifußball, Baden-Baden 2017. Zitiert: Seip, Vertragsrechtliche und ökonomische Analyse des Spielertransfervertrages.

Seiwerth, Stephan: Gestaltung der neuen Überlassungshöchstdauer des AÜG durch Tarifvertrag. In: NZA 2017, S. 479 ff.

Siegmann, Heinz: „Gewährleistungsansprüche" beim Spielertransfer. In: Württembergischer Fußballverband e.V., Rechtsprobleme beim Vereinswechsel eines Fußballspielers – Referate bei einem Richter-Seminar am 10. und 11. September 1982 im Haus Waltersbühl in Wangen/Allgäu, Stuttgart 1983, S. 40 ff. Zitiert: Siegmann, in: Württembergischer Fußballverband e.V., Rechtsprobleme beim Vereinswechsel.

Sodan, Helge: Grundgesetz, 4. Auflage, München 2018. Zitiert: Bearbeiter, in: Sodan, GG.

Soergel, Hans-Theodor: Bürgerliches Gesetzbuch – mit Einführungsgesetz und Nebengesetzen, Band 8 – Schuldrecht 6 – §§ 535–610, 13. Auflage, Stuttgart 2007. Zitiert: Bearbeiter, in: Soergel, BGB.

von Staudinger, Julius: J. von Staudingers Kommentar zum Bürgerlichen Gesetzbuch – mit Einführungsgesetz und Nebengesetzen: Buch 1 – Allgemeiner Teil – §§ 139–163 – (Allgemeiner Teil 4b), Neubearbeitung 2020, Berlin 2020; Buch 2 – Recht der Schuldverhältnisse. Einleitung zum Schuldrecht – §§ 241–243 – (Treu und Glauben), Neubearbeitung 2019, Berlin 2019; §§ 631–651 – (Werkvertragsrecht), Neubearbeitung 2019, Berlin 2019. Zitiert: Bearbeiter, in: Staudinger, BGB.

Stein, Andreas: Das Weißbuch der EU-Kommission zum Sport – Bestandsaufnahme zur Anwendung des Wettbewerbsrechts auf Sportregeln. In: SpuRt 2008, S. 46 ff.

Stern, Klaus: Grundrechte der Sportler. In: Schroeder, Friedrich-Christian/Kauffmann, Hans: Sport und Recht, Berlin u. a. 1972, S. 142 ff. Zitiert: Stern, in: Sport und Recht.

Stopper, Martin: Die 50+1-Regel im deutschen Profi-Fußball. In: WRP 2009, S. 413 ff.

Stopper, Martin/Lentze, Gregor: Handbuch Fußball-Recht – Rechte, Vermarktung, Organisation, 2. Auflage, Berlin 2018. Zitiert: Bearbeiter, in: Stopper/Lentze, Handbuch Fußball-Recht.

Straub, Eugen/Racky, Frank/Hilbert, Lukas: Entgeltgleichstellung bei Arbeitnehmerüberlassung – Arbeitsrechtlicher Überblick und lohnsteuerliche Herausforderung(en) – insbesondere im Hinblick auf die gesetzliche Neuregelung im AÜG. In: BB 2017, S. 2459 ff.

Streinz, Rudolf: Die Auswirkungen des EG-Rechts auf den Sport. In: SpuRt 1998, S. 1 ff.

Ders.: EG-Grundfreiheiten und Verbandsautonomie – Zu den Urteilen des EuGH vom 11. 4. 2000 in den verb. Rs. C-51/96 und C-191/97 – Deliège (SpuRt 2000, S. 148) und vom 13. 4. 2000 in der Rs. C-176/96 – Lehtonen (SpuRt 2000, S. 151). In: SpuRt 2000, S. 221 ff.

Ders.: Europarecht, 10. Auflage, Heidelberg 2016. Zitiert: Streinz, Europarecht.

Ders.: Grundfreiheiten des EG-Vertrags für Sportler und Autonomie von Sportverbänden – Darstellung des Urteils des EuGH v. 11.04.2000 – verb. Rs. C-51/95 u. C-191/97 (Rs. Deliège). In: JuS 2000, S. 1015 ff.

Ders.: Europarecht – Grundfreiheiten. In: JuS 2009, S. 1034 ff.

Talkenberg, Sibylle: Reform der Arbeitnehmerüberlassung – Fragen der praktischen Umsetzung. In: NZA 2017, S. 473 ff.

Teschner, Carsten: Doping als Kündigungsgrund. In: NZA 2001, S. 1233 ff.

Tettinger, Peter J.: Das Grundrecht der Berufsfreiheit in der Rechtsprechung des Bundesverfassungsgerichts. In: AöR 1983, S. 92 ff.

Thüsing, Gregor: Dauerhafte Arbeitnehmerüberlassung: Neues vom BAG, vom EuGH und auch vom Gesetzgeber. In: NZA 2014, S. 10 ff.

Ders.: Zur Vorbereitung auf die AÜG-Reform – Hinweise und Fragen zum neuen Recht –. In: DB 2016, S. 2663 ff.

Ders.: Arbeitnehmerüberlassungsgesetz – Kommentar, 4. Auflage, München 2018. Zitiert: Bearbeiter, in: Thüsing, AÜG.

Thüsing, Gregor/Braun, Axel: Tarifrecht – Handbuch, 2. Auflage, München 2016. Zitiert: Bearbeiter, in: Thüsing/Braun, Tarifrecht.

Thüsing, Gregor/Stiebert, Tom: Zum Begriff „vorübergehend“ in § 1 Abs. 1 Satz 2 AÜG. In: DB 2012, S. 632 ff.

Ulber, Daniel: Tarifvertragliche Regulierung der Arbeitnehmerüberlassung. In: Giesen, Richard/Junker, Abbo/Rieble, Volker: Ordnungsfragen des Tarifvertragsrechts (8. ZAAR-Tagung – Hamburg, 2. September 2016), München 2017, S. 87 ff. Zitiert: Ulber, in: Ordnungsfragen des Tarifvertragsrechts.

Ulber, Jürgen: Die Richtlinie zur Leiharbeit. In: AuR 2010, S. 10 ff.

Ders.: Das neue AÜG. In: AiB 2017, S. 27 ff.

Ders.: Die AÜG-Reform: Neuregelung zur Diskriminierung und zum funktionswidrigen Einsatz von Leiharbeitnehmern. In: AuR 2017, S. 238 ff.

Ulber, Jürgen/Stang, Dieter: Die geplante Neuregelung der Leiharbeit. In: AuR 2015, S. 250 ff.

Ulrici, Bernhard, Arbeitnehmerüberlassungsgesetz – Handkommentar, Baden-Baden 2017. Zitiert: Ulrici, AÜG.

Vedder, Christoph/Heintschel von Heinegg, Wolff: Europäisches Unionsrecht – EUV/AEUV/Grundrechte-Charta – Handkommentar – mit den vollständigen Texten der Protokolle und Erklärungen, 2. Auflage, Baden-Baden 2018. Zitiert: Bearbeiter, in: Vedder/Heintschel von Heinegg, Europ. Unionsrecht.

Vieweg, Klaus: Normsetzung und -anwendung deutscher und internationaler Verbände – Eine rechtstatsächliche und rechtliche Untersuchung unter besonderer Berücksichtigung der Sportverbände, Berlin 1990. Zitiert: Vieweg, Normsetzung.

Vieweg, Klaus/Röthel, Anne: Verbandsautonomie und Grundfreiheiten. In: ZHR 2002, S. 6 ff.

Walker, Wolf-Dietrich: Beweisrechtliche und arbeitsrechtliche Probleme des Dopings. In: Vieweg, Klaus: Doping – Realität und Recht – internationales Symposium am 4. und 5.7.1997 in Erlangen, Berlin 1998, S. 135 ff. Zitiert: Walker, in: Vieweg, Doping.

Ders.: Tarifverträge im deutschen Profifußball. In: SpuRt 2012, S. 222 ff.

Ders.: Tarifverträge im deutschen Profifußball. In: Württembergischer Fußballverband e.V.: Verbandsrechtliche Regelungen zur Gewährleistung eines wirtschaftlich und sportlich fairen Wettbewerbs – Arbeitnehmerrechte im Fußball – Tagungsband der wfv-Sportrechtsseminare vom 28.-30. September 2012 und 27.-29. September 2013 in Wangen/Allgäu, Baden-Baden 2014, S. 172 ff. Zitiert: Walker, in: Württembergischer Fußballverband e.V., Verbandsrechtliche Regelungen.

Ders.: Braucht der Sport ein eigenes Arbeitsrecht? In: ZfA 2016, S. 567 ff.

Wank, Rolf: Änderungen im Leiharbeitsrecht. In: RdA 2017, S. 100 ff.

Wassmer, Sven: Die Auswirkungen der Grundfreiheiten des Vertrages zur Gründung der Europäischen Gemeinschaften auf den Berufssport, Tübingen 2002. Zitiert: Wassmer, Auswirkungen der Grundfreiheiten.

Weckesser, Irene: Die Auswirkungen des im Rahmen des Ersten Gesetzes für Moderne Dienstleistungen am Arbeitsmarkt eingeführten Gleichbehandlungsgrundsatzes in der Arbeitnehmerüberlassung, Erlangen-Nürnberg 2008. Zitiert: Weckesser, Auswirkungen des Gleichbehandlungsgrundsatzes.

Wehrheim, Michael: Bilanzierung von Aufhebungszahlungen im Lizenzfußball. In: BB 2004, S. 433 ff.

Weisemann, Ulrich/Spieker, Ulrich: Sport, Spiel und Recht, 2. Auflage, München 1997. Zitiert: Weisemann/Spieker, Sport.

Wendeling-Schröder, Ulrike/Stein, Axel: Allgemeines Gleichbehandlungsgesetz – Kommentar, München 2008. Zitiert: Bearbeiter, in: Wendeling-Schröder/Stein, AGG.

Wernsmann, Rainer: Die Deutschengrundrechte des Grundgesetzes im Lichte des Europarechts. In: JURA 2000, S. 657 ff.

Wertenbruch, Johannes: Die „Gewährleistungsansprüche" des übernehmenden Bundesligavereins bei Transfer eines nicht einsetzbaren DFB-Lizenzspielers. In: NJW 1993, S. 179 ff.

Ders.: Vertragsnatur, Gewährleistung und Bilanzierung beim Spielerkauf nach Bosman. In: Crezelius, Georg/Hirte, Heribert/Vieweg, Klaus: Festschrift für Volker Röhricht – Zum 65. Geburtstag – Gesellschaftsrecht – Rechnungslegung – Sportrecht, Köln 2005, S. 1297 ff. Zitiert: Wertenbruch, in: Festschrift Röhricht.

Wertheimer, Frank: Bezahlte Karenz oder entschädigungslose Wettbewerbsenthaltung des ausgeschiedenen Arbeitnehmers? In: BB 1999, S. 1600 ff.

Westerkamp, Georg: Ablöseentschädigungen im bezahlten Sport, Münster 1980. Zitiert: Westerkamp, Ablöseentschädigungen.

Wiedemann, Herbert: Tarifvertragsgesetz – mit Durchführungs- und Nebenvorschriften – Kommentar, 8. Auflage, München 2019. Zitiert: Bearbeiter, in: Wiedemann, TVG.

Wiedemann, Herbert/Thüsing, Gregor: Der Schutz älterer Arbeitnehmer und die Umsetzung der Richtlinie 200/78/EG. In: NZA 2002, S. 1234 ff.

Willemsen, Heinz Josef/Mehrens, Christian: Beabsichtigte Neuregelung des Fremdpersonaleinsatzes – Mehr Bürokratie wagen? In: NZA 2015, S. 897 ff.

Wunderlich, Nina: Das Grundrecht der Berufsfreiheit im europäischen Gemeinschaftsrecht – Der Schutz der Wirtschaftsteilnehmer gegenüber Eingriffen der Gemeinschaft in ihre berufliche Freiheit, Baden-Baden 2000. Zitiert: Wunderlich, Grundrecht der Berufsfreiheit.

Wüterich, Christoph/Breucker, Marius: Das Arbeitsrecht im Sport, Stuttgart/München 2006. Zitiert: Wüterich/Breucker, Arbeitsrecht im Sport.

Ziegelmayer, David/Bissels, Alexander: Terra incognita: die Abwerbung von Zeitarbeitnehmern am Arbeitsplatz – Zur Problematik der Übernahme von Leiharbeitnehmern durch die „Konkurrenz" –. In: DB 2015, S. 1659 ff.

Zieglmeier, Christian: Werkverträge und Arbeitnehmerüberlassung im Lichte des AÜG 2017 – Reichweite der Bindungswirkung einer europäischen A-1-Bescheinigung. In: DStR 2016, S. 2858 ff.

Zippelius, Reinhold/Würtenberger, Thomas: Deutsches Staatsrecht – Ein Studienbuch (begründet von Maunz, Theodor), 33. Auflage, München 2018. Zitiert: Zippelius/Würtenberger, Deutsches Staatsrecht.

Internetdokumente

Barlow, Matt: Next transfer deadline day set for chaos as FIFA's emergency loan ban comes into play with Football League clubs bound to suffer. In: http://www.dailymail.co.uk/sport/football/article-3427432/Next-transfer-deadline-day-set-chaos-FIFA-s-emergency-loan-ban-comes-play-Football-League-clubs-bound-suffer.html [zuletzt abgerufen am 12.03.2021].

Bauer, Vincent: FIFA beendet den Leih-Wahnsinn – so profitiert die Bundesliga. In: https://www.fussballtransfers.com/a5034420795839863079-fifa-beendet-den-leih-wahnsinn-so-profitiert-die-bundesliga#:~:text=Die%20FIFA%20hat%20beschlossen%2C%20dem,der%20anderen%20Seite%20zu%20verleihen. [zuletzt abgerufen am 12.03.2021].

Boßmann, Berries/Osing, Tim: FIFA stoppt den Menschenhandel – Klubs dürfen nicht mehr unbegrenzt Spieler verleihen – Wieso die Bundesliga davon profitieren kann. In: https://sportbild.bild.de/fussball/2018/fussball/fifa-leihgeschaefte-transfers-grenze-57197004.sport.html [zuletzt abgerufen am 12.03.2021].

Bundesärztekammer: Bekanntmachungen – (Muster-)Berufsordnung für die in Deutschland tätigen Ärztinnen und Ärzte – MBO-Ä 1997 – in der Fassung der Beschlüsse des 121. Deutschen Ärztetages 2018 in Erfurt – geändert durch Beschluss des Vorstandes der Bundesärztekammer am 14.12.2018. In: https://www.bundesaerztekammer.de/fileadmin/user_upload/downloads/pdf-Ordner/MBO/MBO-AE.pdf [zuletzt abgerufen am 12.03.2021].

Bundesagentur für Arbeit: Fachliche Weisungen Arbeitnehmerüberlassungsgesetz (AÜG) – Fassung vom 01.08.2019. In: https://www.arbeitsagentur.de/datei/fw-aueg_ba016586.pdf [zuletzt abgerufen am 12.03.2021].

Cáceres, Javier: Millionenschwere Praktika. In: http://www.sueddeutsche.de/sport/spanien-millionenschwere-praktika-1.3837725 [zuletzt abgerufen am 12.03.2021].

DFL Deutsche Fußball Liga: DFL Wirtschaftsreport 2019 – Die ökonomische Situation im Lizenzfußball. In: https://media.dfl.de/sites/2/2019/02/DFL_Wirtschaftsreport_2019_DE_M-1.pdf [zuletzt abgerufen am 12.03.2021].

DFL Deutsche Fußball Liga: DFL Wirtschaftsreport 2020 – Die ökonomische Situation im Lizenzfußball. In: https://media.dfl.de/sites/2/2020/02/DE_DFL_Wirtschaftsreport_2020_S.pdf [zuletzt abgerufen am 12.03.2021].

DFL Deutsche Fußball Liga: DFL Wirtschaftsreport 2021 – Die ökonomische Situation im Lizenzfußball. In: https://media.dfl.de/sites/2/2021/03/D_DFL_Wirtschaftsreport_2021_M.pdf [zuletzt abgerufen am 12.03.2021].

Dreis, Achim: Volleyball-Nationalspieler – Wanderarbeiter am Netz. In: http://www.faz.net/aktuell/sport/mehr-sport/volleyball-nationalspieler-wanderarbeiter-am-netz-13152073.html [zuletzt abgerufen am 12.03.2021].

Fédération Internationale de Football Association (FIFA): Kommentar zum Reglement bezüglich Status und Transfer von Spielern. In: https://docplayer.org/25536859-Kommentar-zum-reglement-bezueglich-status-und-transfer-von-spielern.html [zuletzt abgerufen am 12.03.2021].

Fuchs, Marco: Neun Saudi-Araber wechseln nach Spanien – Bank-Lehre. In: http://www.spiegel.de/sport/fussball/la-liga-neun-saudi-araber-wechseln-nach-spanien-a-1189379.html [zuletzt abgerufen am 12.03.2021].

Günther, Judith: Irrsinn mit den Leihgeschäften – Wenn Fußballprofis zur Bestellware werden. In: https://www.n-tv.de/sport/fussball/Wenn-Fussballprofis-zur-Bestellware-werden-article20622323.html [zuletzt abgerufen am 12.03.2021].

Industrie- und Handelskammer (IHK) Osnabrück – Emsland – Grafschaft Bentheim: Arbeitnehmerüberlassung: Änderungen ab 1. April 2017. In: https://www.osnabrueck.ihk24.de/recht_und_fair_play/Aktuelles/Arbeitnehmerueberlassung--Aenderungen-am-1--April_2017/3693856 [zuletzt abgerufen am 12.03.2021].

Janssen, Stefan: FIFA plant Begrenzung der Leihgeschäfte: Warum es die Falschen treffen kann. In: https://www.90min.de/posts/6585407-fifa-plant-begrenzung-der-leihgeschaefte-warum-es-die-falschen-treffen-kann [zuletzt abgerufen am 12.03.2021].

Junghänel, Lasse/Thiess, Lars/Neitzel, Leonard: Juristisches Einmaleins bei Fußballtransfers – Rückkaufklauseln, Kaufoptionen. In: http://sportsandlaw.de/juristisches-einmaleins-im-fussball-transfergeschaeft-rueckkaufklauseln-kaufoptionen-ausstiegsklauseln [zuletzt abgerufen am 12.03.2021].

Knopp, Filip: James-Transfer: Leihgebühr 13 Millionen, Kaufoption 42 Millionen. In: https://www.realtotal.de/james-transfer-leihgebuehr-13-millionen-kaufoption-42-millionen/ [zuletzt abgerufen am 12.03.2021].

Körner, Niels/Boßmann, Berries: Leihen werden stark eingeschränkt – Wie die Fifa den Transfermarkt revolutionieren will. In: https://sportbild.bild.de/fussball/2020/fussball/fifa-beschluss-leihen-transfermarkt-transfers-69094948.sport.html [zuletzt abgerufen am 12.03.2021].

Lobe, Adrian: Verschiebemasse – Die fragwürdigen Verleihtricks des FC Chelsea. In: https://www.welt.de/sport/fussball/article138551887/Die-fragwuerdigen-Verleihtricks-des-FC-Chelsea.html [zuletzt abgerufen am 12.03.2021].

Meyn, Jörg/Bremer, Uwe: Wie Hertha vom doppelten Ibisevic profitiert. In: https://www.morgenpost.de/sport/hertha/article207034711/Wie-Hertha-vom-doppelten-Ibisevic-profitiert.html [zuletzt abgerufen am 12.03.2021].

SP.IN spieler initiative: Was ist SP.IN? In: http://www.spinbb.net/index.php?id=was00 [zuletzt abgerufen am 12.03.2021].

Suliak, Hasso: Gewerkschaftsforderung – Ein Tarifvertrag für den Profifußball. In: https://www.lto.de/recht/hintergruende/h/gewerkschaft-vdv-forderung-tarifvertrag-profifussball-mindestlohn/ [zuletzt abgerufen am 12.03.2021].

Transfermarkt GmbH und Co. KG: http://www.transfermarkt.de/ [zuletzt abgerufen am 12.03.2021].

Vereinigung der Vertragsfußballspieler e. V. (VDV): Die VDV – Deine Spielergewerkschaft. In: https://www.spielergewerkschaft.de/de/VDV/Aufgaben.htm [zuletzt abgerufen am 12.03.2021].

Volleyball Bundesliga GmbH: Nachwuchsförderung in der VBL – Einbindung von Stützpunktmannschaften in den Lizenzligaspielbetrieb. In: https://www.volleyball-bundesliga.de/cms/home/die_liga/wirueberuns/jugendfoerderung.xhtml [zuletzt abgerufen am 12.03.2021].

Weber, Nils: Sparen oder sterben – Der HSV Handball liegt auf der Intensivstation. In: https://www.mopo.de/sport/sparen-oder-sterben-der-hsv-handball-liegt-auf-der-intensivstation-3601760 [zuletzt abgerufen am 12.03.2021].

Wilkinson, Jack: Emergency loan window: System changes explained. In: http://www.skysports.com/football/news/11095/10509644/emergency-loan-window-system-changes-explained [zuletzt abgerufen am 12.03.2021].

Winkelhagen, André: Morata kehrt zu Real zurück – Die Rückkaufoption zahlt sich aus. In: https://sports.bwin.de/de/news/fussball/morata-kehrt-zu-real-zurueck-die-rueckkaufoption-zahlt-sich-aus [zuletzt abgerufen am 12.03.2021].

o. V.: Einigung mit der Liga – Spielerstreik in Spanien ist beendet. In: http://www.spiegel.de/sport/fussball/einigung-mit-der-liga-spielerstreik-in-spanien-ist-beendet-a-782391.html [zuletzt abgerufen am 12.03.2021].

o. V.: Streik in Italien offiziell beendet – Serie-A-Auftakt am Freitag. In: http://sport.orf.at/stories/2077603/2077602/ [zuletzt abgerufen am 12.03.2021].

o. V.: HSV Hamburg muss um die Lizenz bangen. In: http://www.rp-online.de/sport/handball/handball-bundesliga-hsv-hamburg-droht-verlust-der-lizenz-aid-1.4175942 [zuletzt abgerufen am 12.03.2021].

o. V.: „Bild“ berichtet – Wechsel von Emre Can nach Liverpool ist perfekt. In: https://www.transfermarkt.de/wechsel-von-emre-can-nach-liverpool-ist-perfekt/view/news/161887 [zuletzt abgerufen am 12.03.2021].

o. V.: Bayern-Plan: Financial Fairplay in der Bundesliga. In: http://www.bild.de/sport/insider/bayern-muenchen/financial-fairplay-in-der-bundesliga-41313218.bild.html [zuletzt abgerufen am 12.03.2021].

o. V.: Emergency Loan: In England darf schon wieder gewechselt werden. In: https://www.transfermarkt.de/emergency-loan-in-england-darf-schon-wieder-gewechselt-werden/view/news/211584 [zuletzt abgerufen am 12.03.2021].

o. V.: Vor Saisonwechsel – Serie A: Deshalb haben Italiens Klubs so viele Leihspieler. In: https://www.transfermarkt.de/serie-a-deshalb-haben-italiens-klubs-so-viele-leihspieler/view/news/240529 [zuletzt abgerufen am 12.03.2021].

o. V.: James, Kessié & Co. – TM erklärt: Wie laufen Leihen mit Kaufoption, wie mit Kaufpflicht? In: https://www.transfermarkt.de/tm-erklart-wie-laufen-leihen-mit-kaufoption-wie-mit-kaufpflicht-/view/news/281587 [zuletzt abgerufen am 12.03.2021].

o. V.: Kylian Mbappé vor Wechsel zu Paris St. Germain: So trickst PSG das Financial Fairplay erneut aus. In: https://web.de/magazine/sport/fussball/international/kylian-mbappe-wechsel-paris-st-germain-trickst-psg-financial-fairplay-32500306 [zuletzt abgerufen am 12.03.2021].

o. V.: England schließt das Transferfenster künftig vor Saisonstart. In: https://www.derwesten.de/sport/fussball/england-schliesst-das-transferfenster-kuenftig-vor-saisonstart-id211849629.html [zuletzt abgerufen am 12.03.2021].

o. V.: Das sind die Meinungen der Bundesligisten – Bundesliga-Tenor zum Transferende: „Kürzer wäre besser". In: www.kicker.de/news/fussball/bundesliga/startseute/705669/artikel_bundesliga-tenor-zum-transferende_kuerzer-waere-besser.html [zuletzt abgerufen am 12.03.2021].

o. V.: Villareal verleiht Enes Ünal an Levante. In: http://www.goal.com/de/meldungen/villarreal-enes-uenal-levante-leihe-spanien-primera-division/15m2wa9fvrfh41eggp9ap4ymid [zuletzt abgerufen am 12.03.2021].

o. V.: Villareals Ünal per Sofort-Leihe zu Levante. In: https://www.laola1.at/de/red/fussball/international/spanien/la-liga/news/fc-villareals-enes-uenal-per-sofort-leihe-zu-ud-levante/ [zuletzt abgerufen am 12.03.2021].

o. V.: Spanischer Ligaverband verteilt Leihspieler auf neun Teams – Seltsames Geschäft: Warum neun Saudis in La Liga landen. In: http://www.kicker.de/news/fussball/intligen/startseite/716062/artikel_seltsames-geschaeft_warum-neun-saudis-in-la-liga-landen.html [zuletzt abgerufen am 12.03.2021].

o. V.: Kurioser Grund: Darum hat der BVB bei Batshuayi keine Kaufoption. In: http://www.sportbuzzer.de/artikel/kurioser-grund-darum-hat-der-bvb-bei-batshuayi-keine-kaufoption/ [zuletzt abgerufen am 12.03.2021].

o. V.: „Sport-Bild"-Infos – FIFA begrenzt Leihwechsel: Das Ende für Chelseas und Juves Transfermodell? In: https://www.transfermarkt.de/fifa-begrenzt-leihwechsel-das-ende-fur-chelseas-und-juves-transfermodell-/view/news/319488 [zuletzt abgerufen am 12.03.2021].

o. V.: FIFA veröffentlicht Reformpaket für Transfersystem. In: http://www.goal.com/de/meldungen/fifa-reform-transfersystem-leihgeschaefte-sollen-limitiert/1mngnjeabdil1hdq74ouyumo0 [zuletzt abgerufen am 12.03.2021].

o. V.: Begrenzung von Leihwechseln – „Begriffen, dass wir handeln müssen“: FIFA bestätigt Reformen zum Transfersystem. In: https://www.transfermarkt.de/-bdquo-begriffen-dass-wir-handeln-mussen-ldquo-fifa-bestatigt-reformen-zum-transfersystem/view/news/320409 [zuletzt abgerufen am 12.03.2021].

o. V.: Für mehr Chancengleichheit – Weniger Leihen: FIFA plant Transferreformen. In: http://www.kicker.de/news/fussball/intligen/startseite/731731/artikel_weniger-leihen_fifa-plant-transferreformen.html [zuletzt abgerufen am 12.03.2021].

o. V.: Wichtige Beschlüsse des FIFA-Rats für die weitere Fussballförderung. In: https://de.fifa.com/about-fifa/news/y=2018/m=10/news=wichtige-beschlusse-des-fifa-rats-fur-die-weitere-fussballforderung.html [zuletzt abgerufen am 12.03.2021].

o. V.: Privatjet und Chauffeur-Zuschuss – Mbappés absurde Forderungen an PSG. In: https://www.watson.de/sport/fu%C3%9Fball/451997011-privatjet-und-chauffeur-zuschuss-mbapp-s-absurde-forderungen-an-psg [zuletzt abgerufen am 12.03.2021].

o. V.: Chelsea, Juve & Co. betroffen – FIFA schränkt Leihgeschäfte drastisch ein. In: https://www.4-4-2.com/weitere/fifa/fifa-schraenkt-leihgeschaefte-drastisch-ein/ [zuletzt abgerufen am 12.03.2021].

o. V.: Serie A besonders betroffen – Neue Regelungen: FIFA begrenzt Leihdeals ab Sommer – Limit wird 2022 nochmals gesenkt. In: https://www.transfermarkt.de/neue-regelungen-fifa-begrenzt-leihdeals-ab-sommer-ndash-limit-wird-2022-nochmals-gesenkt/view/news/355870 [zuletzt abgerufen am 12.03.2021].

www.ingramcontent.com/pod-product-compliance
Ingram Content Group UK Ltd.
Pitfield, Milton Keynes, MK11 3LW, UK
UKHW021928290926
8980IPUK00016B/1514